LA FORCE DE LA BONTÉ

Par l'Esprit LUCIUS

ANDRÉ LUIZ RUIZ

LA FORCE DE LA BONTÉ

Traduction en français :
Grecia Pfisil Haron & Maricielo Rivera
Lima, Perou, Février 2022

Titre original en portugais :
"A Força da Bondade" © André Luiz Ruiz, 2004

Couverture :

Triomphe de la Foi

Martyrs chrétiens à l'époque de Néron

par Eugene Romain Thirion (1839-1910)

Conception:

Santiago Salazar Mena

World Spiritist Institute

Houston, Texas, USA
E–mail: contact@worldspiritistinstitute.org

Du Medium

André Luiz de Andrade Ruiz

Il a commencé à connaître le spiritisme grâce aux exemples reçus de ses parents, Miguel D. D. Ruiz et Odete de Andrade Ruiz, également admirateurs de la doctrine codifiée par Kardec.

Né dans la ville de Bauru, État de São Paulo, Brésil, le 11 août 1962, il a établi sa résidence à Birigui, dans le même État, où il s'est transféré à Campinas en 1977.

En 1979, il a commencé à fréquenter la Société Bénéfique Bezerra de Menezes, où il se trouve encore aujourd'hui, développant, aux côtés de nombreux compagnons dédiés à l'idéal chrétien, le travail fraternel d'assistance aux frères dans leur cheminement évolutif.

Synopsis

Dans ce roman captivant, l'Esprit Lucius nous transporte aux moments lumineux vécus par l'humanité à l'époque de Jésus, impliquant le sénateur Públio Lentulus, sa femme Livia, Zacarías, Fúlvia et Pilate, entre autres. À travers leurs drames et expériences, le lecteur ressentira que, malgré nos chutes et nos erreurs, l'Amour ne nous abandonne jamais à l'abandon, nous aidant à sortir des abîmes obscurs où nous avons été plongés par notre ignorance.

Les processus de sauvetage dans les régions spirituelles inférieures, le soutien lumineux du monde invisible au moment du sacrifice, l'importance de la bonté en tant que facteur de victoire dans les luttes quotidiennes, sont quelques-uns des thèmes spirituels abordés par Lucius dans cette œuvre qui poursuit l'histoire des personnages de Pilate, Fúlvia, Sulpicio, Zacarías, Livia, Cleofás, Lucilio et Siméon, qui a commencé dans le roman "*L'Amour ne t'oublie jamais.*"

TABLE DES MATIÈRES

Mots de Lucius 7
1. SE SOUVENANT DE L'HISTOIRE 8
2. LES CONSÉQUENCES DU MAL 18
3. DEVANT ELLE-MÊME 27
4. LES CATACOMBES 35
5. PAROLES PROPHÉTIQUES 39
6. TÉMOIGNAGES ACCEPTÉS 47
7. LE CHANT DE LA BONTÉ 54
8. LA PROTECTION SPIRITUELLE 64
9. MAINS QUI S'OUVRENT 73
10. LE BIEN COMME RÉCOMPENSE DE LA BONTÉ 82
11. APPRENDRE AVEC L'AMOUR 90
12. PAROLES DE ZACARÍAS 99
13. L'ABÎME 106
14. L'EFFORT DU BIEN 116
15. LE SAUVETAGE DE PILATE 125
16. LE SAUVETAGE DE FULVIA 133
17. LE TOUR DE SULPICIO 145
18. FORCES MAJESTUEUSES 155
19. EXPLICATIONS AVANT LE RETOUR 169
20. LE RETOUR 177
21. LA VIEILLE RÔME REVIENT 185
22. CLÁUDIO RUFUS 193
23. LES MISÈRES DE LA CAPITALE IMPÉRIALE 198
24. SERAPIS 206
25. DANS LE PALACE 215
26. L'EXPÉRIENCE SERAPIS 224
27. SENTIMENTS ET INTÉRÊTS 234

28. L'ÉGOÏSME EN ACTION 245
29. RÉUNIONS ET RENCONTRES 257
30. SOUTIEN SPIRITUEL.. 267
31. DÉCISIONS MALHEUREUSES 275
32. LA NOUVELLE ROUTINE... 286
33. L'AMERTUME DE LA PASSION 297
34. AFFECTION MALADIVE... 312
35. L'ANCIEN SCÉNARIO POUR LES MÊMES ERREURS 324
36. LICINIO CRISTIANO 336
37. LA FOLIE QUI SÈME LA DOULEUR.................................. 347
38. DES SURPRISES TRAGIQUES 360
39. L'ABSENCE DE DIEU DANS LES CŒURS 374
40. LEÇON POUR LICINIUS... 387
41. FIDÉLITÉ AU BIEN... 399
42. RENONCEMENT ET PRISE DE CONSCIENCE 413
43. DÉCOUVRIR LA VÉRITÉ.. 426
44. LA FORCE DE LA BONTÉ.. 445

Mots de Lucius

Cher Lecteur,

Nous revenons à votre cœur avec la continuité des mêmes personnages du livre « L'Amour ne t'oublie jamais », relatant les conséquences des actes humains sur la réalité de leurs Esprits immortels, ainsi que les effets de nos choix quotidiens qui répercutent sur notre existence future.

Plus que de provoquer un impact inconfortable, notre objectif est de révéler comment fonctionnent, avec exactitude et clémence, les mécanismes de la Justice Divine, cherchant à abriter les créatures immatures sous le manteau de l'Auguste Miséricorde.

Que votre cœur parvienne à s'ouvrir à « La Force de la Bonté » de la même manière sensible que vous avez reçu l'étreinte de « L'Amour ne t'oublie jamais », en vous rappelant qu'ils ont été écrits pour que vous vous enrichissiez de l'exemple du Bien et que cela se transforme en actes de Bonté qui bénéficient à ceux qui croisent votre chemin.

Vous êtes le seul qui puisse faire cela pour vous-même !

Que votre lumière brille !

Paix à vous,

Lucius.

1.
SE SOUVENANT DE L'HISTOIRE

Dans l'année lointaine 38, la figure de Pilate entrerait dans une période encore plus turbulente, car son comportement malheureux de mettre fin à sa propre vie le transférerait dans le monde spirituel pratiquement sans aucune protection ou soutien qui puisse l'aider à faire face à cette nouvelle situation.

Prisonnier de l'expérience de l'exil, bien que sans la présence de Zacarías, qui serait parti pour la vie spirituelle quelques mois auparavant, victime du poison qui était destiné pour lui-même, Pilate pourrait là commencer à racheter à travers la douleur certains des désordres commis, faisant mûrir son esprit et apprenant à conquérir une certaine humilité face à l'adversité.

Là, dans la prison de l'ancienne garnison où il avait conquis certaines de ses gloires mondaines, il pourrait mieux évaluer la transitoire des choses, la manière capricieuse dont la vie s'écoule, dans un va-et-vient, dans un effet de balancier qui place l'homme en hauteur, puis le conduit au niveau le plus bas, celui des simples esclaves.

Malgré les manières cruelles que le pouvoir mondain avait de punir les personnes qui ne servaient plus à ses intérêts, le châtiment infligé à l'ancien gouverneur puissant lui fut donné en fonction de ses besoins évolutifs afin de favoriser sa rénovation intérieure.

La loi de l'Univers ne se préoccupait pas de maintenir l'homme diminué dans sa fausse condition de pouvoir et de noblesse. Selon les règles spirituelles, l'intention primaire était et sera toujours de guider la créature vers la vérité et vers une véritable maturité.

Ainsi, son exil dans une prison au même endroit d'où il était sorti comme un commandant romain respecté était ce qui pourrait lui être le plus bénéfique par rapport à tout autre destin qui lui aurait été offert, car la honte viendrait briser ses fibres arrogantes, l'humiliation favoriserait dans son esprit la recherche de nouveaux chemins pour comprendre la transitoire des gloires humaines.

Pour cela, la bonté divine et la force du véritable Amour avaient garanti pour lui la constante compagnie de Zacarías qui, depuis Jérusalem, se dédoublait pour que Pilate soit aidé et ne se sente pas seul dans la longue marche de la chute qui viendrait devant lui.

De plus, Zacarías avait réussi à obtenir le soutien de Lucilio qui, même en son absence, pouvait continuer à être un protecteur et à couvrir les besoins les plus urgents.

Pendant ce temps, rien de tout cela ne parvenait à sensibiliser l'âme affaiblie de cet homme qui avait été vaincu par ses propres pièges.

Sa fragilité morale restait exposée à sa conscience et l'affection qu'il recevait de Zacarías et de Jésus lui-même, qui ne l'avait pas négligé depuis avant d'être sa victime, le troublait en raison de la honte qu'il ressentait, une honte qu'il ne savait comment surmonter.

La vérité était qu'un grand mélange de sentiments contradictoires s'établissait au plus profond de son esprit.

Et, l'absence de Zacarías, le grand ami et conseiller généreux, le laissait perdu au milieu de la tempête morale qu'il vivait, sans courage pour continuer, sans voir le soutien que Lucilio pourrait lui apporter et sans force pour faire face à la grande tragédie du Calvaire dont il se sentait responsable de n'avoir rien fait.

Ainsi, il ne lui fut pas difficile de choisir le chemin apparemment le plus facile, le moins déshonorant pour un soldat en disgrâce, mais infiniment plus douloureux pour l'esprit accablé par les déceptions d'une vie adverse.

Le suicide fut le dernier acte de son esprit faible, dépourvu des grandes décisions spirituelles qui impliqueraient toujours renonciation, patience, compréhension de ses propres faiblesses et culpabilités, ainsi que l'effort patient de recommencer.

La perturbation spirituelle l'accompagnait également dans son déséquilibre personnel.

Cela parce que Sulpicio Tarquínius, son bras droit pendant de longues années de gouvernement dans la province, son complice dans les crimes, son aide de camp immédiate, couvrant ses faiblesses, son complice dans les désordres et les vols, avait été transféré du côté spirituel de la vie des années auparavant, à l'occasion de l'exécution du vieux Siméon, en Samarie, lorsque la grande et lourde croix de bois sur laquelle il avait fait attacher le vieillard qui était en train d'être fouetté, après avoir supporté plus longtemps les assauts du supplice, se délogea de sa base et tomba soudainement sur le bourreau, le projetant au sol, ce qui lui causa la mort immédiate.

Depuis lors, l'esprit arriéré et violent de Sulpicio restait collé à celui du gouverneur pour le servir ou influencer ses décisions odieuses, maintenant le même ordre de complicité négatif. Il l'incitait à la cruauté, lui produisait des sensations provocantes qui l'incitaient à la négligence, à rechercher de nouvelles aventures, ce qui pourrait être considéré comme un mariage parfait entre un esprit et un incarné, dans l'affinité des goûts, des désirs et des infériorités.

Pendant ce temps, avec le passage du temps et l'approche de Zacarías, Sulpicio commença à percevoir les modifications de Pilatos et son inclination vers un autre chemin, ce qui lui causa une véritable terreur, car il ne pouvait concevoir se détacher de celui qu'il considérait comme le chef auquel il devait obéir.

Avec cela, et sans pouvoir effectivement s'imposer face aux fortes vibrations de Zacarías, Sulpicio commença à nourrir un fort désir d'obliger Pilatos à sortir de cette influence et, de manière directe, participa à l'intrigue sombre qui conduisit Zacarías à ingérer le poison que Sávio avait mis dans l'eau qu'il apportait à la prison de Pilatos.

Esprit ignorant, il croyait qu'en éloignant Zacarías de la présence du gouverneur, il serait plus facile de retrouver l'influence et le contrôle qu'il avait sur lui.

Cependant, après la mort de Zacarías, tout s'empira, car la perte du meilleur et unique ami rendit Pilatos encore plus lié aux enseignements que le vieil homme lui avait laissés, le faisant réfléchir aux choses d'une manière différente, sans cette méchanceté caractéristique des vieux temps.

L'image de Jésus n'était pas oubliée par le prisonnier et, maintes fois, Pilatos avait été surpris par Sulpicio en train de prier pour ce prophète juif, ce qui provoquait dans son esprit une réaction immédiate de révolte.

Ainsi, croyant que le gouverneur était sous l'effet d'une hallucination, d'un sort qui lui enlevait la capacité de penser ou d'agir, Sulpicio délibéra qu'il devrait tout faire pour que Pilatos se transfère dans le monde spirituel, afin que, laissant cette vie de douleurs et de déceptions, ils puissent reprendre le chemin des désordres, bien que loin du corps de chair.

De plus, Sulpicio se laissa emporter par un sentiment de colère contre Lucilio et même, à certaines occasions, contre Pilatos lui-même, qu'il croyait que, s'il n'était pas victime d'un nouveau sort, sa transformation était un signe certain de trahison.

Et lui, fidèle lictor ayant donné sa vie pour servir cet homme despote et puissant, ne laisserait pas les choses suivre ce chemin, où le gouverneur décidait de changer de camp, de devenir le bon, de changer de dieux – ce qui était considéré comme une hérésie des plus graves dans l'ancienne croyance des Romains – sans qu'il, Sulpicio, n'intervienne.

Que ce soit pour essayer de sauver le prisonnier de ce chemin torturant, que ce soit pour le punir de ses nouvelles conduites considérées comme des faiblesses inacceptables, il est certain que Sulpicio commença à influencer encore plus directement le gouverneur, lui transmettant des pensées inférieures, s'accrochant à ses faiblesses morales, faisant que des idées négatives peuplaient ses rêves, sans lui permettre le repos indispensable.

Plus que cela, pendant le repos, maintes fois, Pilatos se voyait poursuivi par des êtres sombres, horribles, accusateurs et défigurés qui, en vérité, étaient ses anciennes victimes rassemblées par l'esprit de Sulpicio, qui les tirait des cavernes sombres où la révolte et la haine les avaient projetés pour l'aider à renforcer l'étau autour de cet échec de dirigeant terrestre.

L'esprit du lictor, sachant que Pilatos avait blessé beaucoup de gens par son comportement, dans l'idée d'augmenter le poids négatif sur l'esprit et l'âme de ce dernier, provoquait que de nombreux hommes et femmes qui s'étaient transférés dans le monde spirituel avec haine et désir de vengeance contre le gouverneur pouvaient maintenant le faire alors que celui-ci était vaincu et réduit à l'état de misérable prisonnier.

Cette mesure aggrava l'état moral de Pilatos, car, à travers les failles de ses culpabilités et de ses pensées inférieures, une grande quantité d'entités se liait à sa structure magnétique et commençait à lui sucer ses forces vitales, produisant un état de grande faiblesse, altérant sa conscience des choses, profitant des complexes de culpabilité contre lesquels Pilatos ne luttait pas, les rendant encore pires.

Avec tout cela, le prisonnier s'enfonçait.

Des voix intérieures, échos de la pensée et des paroles de ses anciennes victimes, profitaient de sa fragilité et s'imposaient à lui avec des insinuations malicieuses, des accusations sinistres, des persécutions constantes qui ne lui laissaient aucun répit.

LA FORCE DE LA BONTÉ

De plus, elles parvenaient toujours à influencer l'un des soldats du camp pour qu'il s'approchât de la porte gardant la cellule afin de se moquer de son état, l'accusant de faire honte à la légion dans laquelle il avait servi précédemment, le plaçant dans une mauvaise situation devant l'empereur.

C'étaient de vieux serviteurs qui nourrissaient un orgueil de caste et la simple présence d'un gouvernant militaire en disgrâce était un déshonneur pour cette organisation.

Pilatos devait écouter tout cela et ne comptait que sur la parole amicale de Lucilio, maintenant que Zacarías était mort.

Les influences venant de tous côtés, ajoutées à la faiblesse morale de son caractère tiède, le firent voir dans l'épée qui lui avait été offerte à une certaine occasion, placée à sa portée par l'un de ceux qui se moquaient de lui et souhaitaient se débarrasser de cette honte, le dernier recours pour sortir de cette vie.

Ainsi, il ne tarda pas à saisir le métal froid et rigide de l'épée romaine, se jeta contre le mur de la cellule, l'enfonçant dans son ventre dans ce qu'il considérait comme une mort au moins digne pour un soldat.

Rien ne parvint à dissuader Pilatos de cette attitude.

De l'autre côté, un cortège ténébreux l'attendait. Désormais, il n'était plus composé uniquement de Sulpicio, qui arborait l'apparence sordide d'un esprit échoué, mais aussi de tant d'autres qu'il fut possible de trouver pour le perturber dans une forme de vengeance préalable, afin de le conduire dans le monde invisible où ils pouvaient, effectivement, exercer le châtiment qu'ils considéraient comme le plus approprié.

Innombrables femmes défigurées, vêtues de haillons et infectées, s'approchaient maintenant de son esprit perturbé et confus et se jetaient sur lui, parlant de choses lubriques et sensuelles, s'offrant comme si elles étaient ses nouvelles élues. L'état horrible dans lequel elles se présentaient provoquait des nausées dans cet esprit immature, le faisant tenter de fuir cet endroit, sans y parvenir.

Cela, parce que le suicidé ne se voit pas capable de laisser derrière lui ses propres constructions mentales et de s'isoler dans un environnement qui lui procurerait un peu de paix.

Rebelle par nature, il doit maintenant assumer ses décisions personnelles et capricieuses, devant faire face au moment de la récolte des épines qu'il avait semées.

LA FORCE DE LA BONTÉ

Les femmes passaient et venaient leurs maris blessés et humiliés, conduits à l'infortune et à la destruction de leurs rêves à cause des exactions de ce gouverneur autoritaire et luxurieux.

Puis venaient ceux qu'il avait fait emprisonner injustement, ceux qu'il avait dépouillés de leurs biens, ceux qui avaient été victimisés par son arrogance, ceux qu'il avait lésés dans leur vie personnelle, dans la politique, dans les injustices de ses jugements sommaires, ceux qui étaient morts lors des persécutions sanglantes, lors de la mort de Sulpicio, etc.

Après venaient ceux qui l'accusaient d'avoir tué le fils de Dieu, de n'avoir rien fait pour empêcher son assassinat. Ainsi, ces entités moqueuses reproduisaient sous ses yeux la scène finale où il se lavait les mains et, au moment précis où ils répétaient cet acte, de la somptueuse jarre, au lieu de l'eau cristalline, sortait du sang bouillonnant qui fumait au contact de ses mains.

Cette vision était celle qui lui faisait le plus de mal à l'âme.

De plus, dans son corps spirituel, Pilatos ressentait une douleur profonde dans le ventre, à l'endroit où il avait été blessé par la perforation de l'épée, comme s'il avait encore la lame enterrée dans son ventre, saignant sans cesse et sans pouvoir trouver de moyens pour arrêter la blessure.

Au sommet du désespoir, Pilatos aperçut la silhouette de Sulpicio qui l'observait sans intervenir.

Un éclat d'espoir s'empara du regard du suicidaire insensé, croyant que Sulpicio viendrait à son aide.

En vain, il prononça son nom, comme s'il le convoquait à nouveau pour une tâche comme il le faisait autrefois à la cour romaine.

Sulpicio ne bougeait pas de sa place, et son immobilisme opprimait encore plus Pilatos.

Les larmes de désespoir affluèrent naturellement à ses yeux et, dès qu'elles commencèrent à être versées, une onde de rires stridents parvint à ses oreilles, et des accusations mesquines, irrévérencieuses, ironiques et cruelles lui furent lancées au visage :

– Depuis quand une serpent peut-il pleurer ? – disait l'un des plus agressifs.

– Ces larmes sont de l'acide qui vont lui ronger la chair – disait un autre, s'imposant à la victime comme pour l'hypnotiser, ce qui provoquait chez Pilatos une altération de ses traits, comme si des sillons profonds marquaient le chemin par lequel la goutte caustique s'écoulait.

Le gouverneur était désormais livré à ses actes et à la semence qu'il avait plantée dans le passé, face aux fruits amers qui en découlaient, comme s'ils lui rendaient l'effort de la semence sous la forme d'un fardeau proportionnel à la qualité de ce qu'il avait planté.

Son état émotionnel et mental approchait de l'hallucination, tentant tout pour sortir de là, s'éloignant des tableaux horribles qui ne s'éloignaient pas de lui.

Les mots de pardon ne servirent à rien, ni une posture de repentance. Il semblait, au contraire, que plus il se maintenait humble ou se humiliait devant cette foule, plus il entendait de sarcasmes et d'ironie, car personne ne croyait à ses nouvelles dispositions. Aucun des présents n'était prêt à laisser maintenant qu'il se modifie avant de régler les comptes pour tout ce qu'ils avaient souffert entre ses mains impitoyables.

Face à ce scénario perturbant, Pilatos tenta de retourner dans le corps physique qui avait été déposé dans une pauvre grotte éloignée du campement, essayant de faire revenir le corps à la vie, car il ne parvenait pas à expliquer la sensation de vitalité qui l'enveloppait.

Oui, il avait pensé à se suicider. Cependant, bien qu'il se souvienne du geste désespéré qu'il avait vu son corps blessé et sanglant, il ne comprenait toujours pas pourquoi il n'était pas mort.

Sa conscience était lucide, aucun ancêtre n'était à ses côtés pour lui tendre la main comme cela lui avait été enseigné depuis longtemps.

Où étaient les dieux de sa dévotion qui, depuis sa jeunesse, avaient reçu ses faveurs et ses hommages sous forme d'offrandes ?

Cette persécution était incompréhensible pour lui et, croyant vivre un cruel cauchemar, il chercha à reprendre le corps comme on a l'habitude de le faire lorsqu'un mauvais rêve blesse notre sensibilité.

Ainsi, se sentant fortement attiré vers l'endroit où ses dépouilles avaient été enterrées, il fut tenté de s'y replonger pour se réveiller de cette situation et vaincre la mauvaise impression de ces voix qui le poursuivaient, inflexibles. Cependant, il se heurta à une autre tragédie.

Bien qu'il se fût immergé dans le tas de terre qui recouvrait la tombe sans désirer savoir pourquoi il avait été amené là, dès qu'il fut enveloppé par la masse dense du sol pesant sur son corps, une sensation terrifiante l'envahit à nouveau. C'était comme si des millions de pointes ou de dents déchiraient sa chair, modifiant toute la structure déjà affaiblie par la persécution de lui-même et des autres.

Il se retrouva de nouveau lié au cadavre en décomposition et, en un instant, il sentit toute la puanteur qu'il dégageait. Les millions de pointes aigües et ténébreuses étaient les sensations produites par les millions de colonies de vers et de microorganismes qui dévoraient la chair morte, reproposant la matière pour qu'elle puisse être utilisée à nouveau par la nature dans le modelage de nouveaux corps.

Rien au monde n'avait été aussi désespérant pour son âme que cette vision ténébreuse, où il s'identifiait de manière si grotesque, sans comprendre comment cela était en train de se produire.

Face à cette découverte, les persécutions de ses victimes étaient un doux poison, préférable à toute idée de s'approcher de cet endroit.

Cependant, sa conduite suicidaire l'enfermait dans le sépulcre et, peu importe combien il souhaitait s'en éloigner, il se sentait désormais immanquablement attiré par les sensations cadavériques. Dans un effort herculéen, il réussit à se lever de la caverne, comme celui qui se libère d'une vision tragique d'un film d'horreur. Pendant ce temps, il restait lié à son corps physique par des liens magnétiques qu'il commença à voir et qu'il tenta en vain de rompre avec ses mains.

Ces cordons le maintenaient en contact direct avec les forces biologiques qui détruisaient ses viscères et lui démontraient à lui, l'ancien possesseur, qu'il n'est pas possible de dire adieu à un corps avant l'heure sans avoir à affronter les conséquences de cet acte fou et insensé.

Peu importe combien il s'éloignait désormais du morceau de terre qui lui servait de dernière demeure, il emportait avec lui les sensations cruelles de la décomposition.

Cependant, sa fuite ne le menait pas vers de meilleurs lieux. La foule des fainéants et des opportunistes, des esprits suceurs de fluides vitaux, le recherchaient comme s'ils étaient des vampires en quête de sang pour se sentir nourris.

Naturellement, cette référence n'est qu'une comparaison inappropriée, car tu sais, cher lecteur, que la figure vampirique est le fruit d'un mythe trompeur avec lequel on a cherché à obscurcir un peu plus l'atmosphère terrestre avec un message de terreur.

Cependant, sur le plan spirituel, une grande quantité d'entités qui ont perdu leur corps physique cherchent à trouver une source d'énergie vitale, généralement obtenue à partir de corps récemment rejetés, d'humains ou d'animaux fraîchement sacrifiés, afin d'absorber les forces biologiques qui leur procurent la vaine et temporaire sensation de vitalité corporelle.

Et comme le suicidé est un individu qui porte en lui une bonne charge de ce type d'énergie, son corps n'ayant pas subi les usures naturelles dues à une maladie prolongée ou à la vieillesse qui consume les forces, il est une source généreuse de ce type de ressource, ce qui attire toujours des entités désireuses de les sucer et, par conséquent, elles sont considérées comme de tels vampires sans posséder, toutefois, les traits et apparences patentés par l'industrie cinématographique pour le personnage en question.

C'est pourquoi, en s'éloignant de la pauvre sépulture, Pilate se voyait poursuivi par un grand nombre d'entités qui désignaient sa direction et couraient comme si elles désiraient le déchirer, lui inspirant une peur terrifiante, car il se sentait impuissant à se cacher.

Sans issue immédiate, puisque la présence de ce cordon énergétique était comme le fil d'Ariane qui indiquait le chemin pour que Thésée sorte du labyrinthe où il était allé tuer le Minotaure dans la mythologie grecque, lui montrant le refuge, il ne trouvait de refuge sûr contre ces entités qu'en replongeant dans la froide caverne, où il cachait le lien magnétique des regards d'autrui, qui le perdaient de vue, sans comprendre ce qui était arrivé au suicidé poursuivi.

En revenant dans la caverne, il devait se contenir pour supporter les mêmes sensations pendant un certain temps, jusqu'à ce que ces groupes terrifiants soient passés, afin de pouvoir sortir à nouveau. Ainsi, la saga du gouverneur dans la prison de Vienne avait été extrêmement légère par rapport à ce qu'il était désormais obligé de confronter, à travers la récolte de ses actes, sous forme d'épines douloureuses.

Le désespoir s'était emparé de son être et, peu importe combien il souhaitait trouver une issue, cette issue semblait ne jamais lui parvenir.

De plus, l'image du suicide dans laquelle il voyait la pointe de l'épée s'approcher contre le mur de la prison, était répétée sans cesse.

Quand il ne fuyait pas dans la sépulture, ou qu'il ne fuyait pas des entités suceuses en revenant au sépulcre, ou quand, éloigné de lui, il ne se voyait pas poursuivi par ses victimes, il était asservi par la vision constante de la scène de suicide qui semblait se répéter des millions de fois à ses yeux, impuissants à empêcher de telles images de se succéder.

LA FORCE DE LA BONTÉ

Il n'avait plus notion du temps, ne sachant dire combien de jours s'étaient écoulés.

Il avait constamment faim sans parvenir à manger quoi que ce soit.

Lorsque, s'approchant d'un cours d'eau, il buvait les premières gorgées, il avait l'impression de boire du sang, car ses mains restaient rouges comme dans la vision projetée par ses poursuivants, lorsqu'il les lavait lors du jugement du Christ et acceptait sa culpabilité par la conscience lourde.

Souillées de sang, elles contaminer l'eau avec leur goût âcre et leur couleur rouge, l'empêchant de s'hydrater et d'apaiser sa soif. L'état général du gouverneur se détériorait profondément et il ne faisait que s'enfermer dans son désespoir, cherchant à se cacher dans les cavernes de cette région astrale où il se trouvait, seule façon de se dissimuler un peu de tous ses poursuivants, sous la surveillance de Sulpice. En vérité, Pilate demeura dans cet état durant tout ce temps, jusqu'à la période où les premiers martyrs furent dévorés par les lions à Rome, en l'an 58.

Zacharie lui rendait visite dans les cavernes, mais Pilate n'était pas capable de sentir sa présence.

Et il y avait tant de nouveautés terrifiantes dans la vie du gouverneur et tant de manque de notion sur quoi faire que Pilate n'osait pas retrouver les notions élevées qui avaient été semées dans son âme.

Conduit par Sulpice, il était amené comme un automate pour rencontrer Foulvia, l'ancienne amante, surgissant également devant ses yeux spirituels comme une âme défigurée, surtout maintenant qu'elle se trouvait dans le royaume des morts, dans une situation spirituelle déplorable.

Peu après, il était reconduit aux mêmes cavernes, comme si l'ancien complice dans les crimes le gardait tout en le fouettant occasionnellement avec des promenades terrifiantes.

À la porte de telles grottes, des sentinelles prétoriennes subordonnées à Sulpice montaient une garde vigilante, empêchant l'entrée à quiconque n'était pas autorisé par le licteur, qui se distinguait par sa cruauté et sa mesquinerie.

Pilate n'avait pas encore recouru à la vraie prière ni ne se considérait digne de demander l'aide de Jésus pour son cas. Ses mains étaient encore rouges et sa conscience aussi.

2.
LES CONSÉQUENCES DU MAL

Un autre personnage de notre histoire, également vaincu par sa propre insensibilité, succomba au destin tragique qui attend ceux qui s'abandonnent au chemin des égarements, des intrigues, de la malice délibérée, de la calomnie et du crime. Il s'agit de Fúlvia, celle qui sema des épines sur son passage et qui, dans les dernières années de sa vie, reçut dans son propre corps la souffrance indispensable pour entamer sa propre rectification. Nous savons qu'après ses aventures auprès de divers lits où elle parvenait à obtenir l'assentiment des puissants pour l'élaboration de ses plans, Fúlvia tenta de donner la mort à Pilatos, à travers un amant qui, finalement, fut lui aussi empoisonné par elle, comme récompense à son dévouement.

Après que Sávio perdit la vie dans les agonies douloureuses du cruel empoisonnement, Fúlvia attendait l'arrivée de la nouvelle officielle de la mort de Pilatos, information qui n'arrivait pas aussi rapidement qu'elle l'espérait, exactement parce que le militaire envoyé pour lui donner le poison n'avait pas réussi à le tuer grâce à l'action décisive de Zacarías, qui ingéra le toxique pour sauver le gouverneur prisonnier, suivant la promesse qu'il avait faite à Jésus. Le panorama à Rome se modifiait rapidement après la mort de l'empereur Tibère, quelques mois avant le suicide actuel de Pilatos.

Fúlvia, au milieu des tempêtes politiques, continuait à naviguer sur des mers tumultueuses, cherchant toujours à exercer son influence sur les hommes politiques les plus importants, maintenant tout était engagé pour placer sa fille Aurelia en position avantageuse au sein de cette société corrompue et éloignée des valeurs morales des temps anciens. Aurelia était la copie dégradée de sa mère. Éduquée à la malice, à la séduction, aux comportements immoraux et amoraux, la jeune femme ne se laissait pas sensibiliser par le moindre argument d'ordre éthique. Elle cherchait à résoudre ses problèmes par des chemins tortueux qui lui semblaient plus faciles et appropriés, même si elle devait passer outre les conventions sociales, les normes de respectabilité et les règles de conduite décentes.

LA FORCE DE LA BONTÉ

Cependant, le temps a eu un prix et, autour de l'année 51, au même moment où le préteur Sálvio Lentulus, son mari, retournait dans le monde spirituel, Fúlvia montrait des signes inéluctables de faiblesse organique.

Des douleurs abondantes se répandaient dans tout son corps physique, désormais réduit en haillons par un cancer violent qui dévorait les tissus et était localisé dans les organes génitaux, largement utilisés par Fúlvia pour les innombrables délits qu'elle avait commis, utilisant le centre sacré de la vie pour en faire une arme d'attaque.

Ces zones présentaient de larges blessures qui, en plus de la terrible odeur qu'elles dégageaient, lui infligeaient d'immenses souffrances, car elles étaient toujours infectées en raison des besoins physiologiques qui, devant être réalisés sans que la malade ne se lève du lit, étaient déposés sur les mêmes ulcérations ouvertes, produisant encore plus d'infections purulentes et insupportables.

Les cheveux blancs annonçaient l'arrivée de la vieillesse, accompagnés d'un état d'usure physique en raison des innombrables aventures vécues au cours de sa jeunesse, perturbant tout l'équilibre vital et ouvrant la voie à l'infestation de larves psychiques dans tout le champ de l'organisme vibratoire, préambule aux innombrables manifestations morbides qui blesseraient le cosmos physique et la mèneraient à la désincarnation.

Pour toutes ces raisons, au cours de deux années, la figure de Fúlvia commença à souffrir des tristes conséquences des actes commis auparavant, effets qui n'en étaient qu'à leurs débuts.

La fille unique, qui aurait pu lui tenir compagnie dans la douleur de la période finale de son existence, suivait rigoureusement les mêmes traces apprises avec sa mère, s'occupant des rencontres sociales où elle jouait avec les sentiments d'autrui et s'engageait dans l'infidélité, manquant de respect envers le mari digne que le destin lui avait attribué.

Face à ses douleurs atroces et au poids de sa conscience, dans les derniers jours de son agonie, Fúlvia alternait des moments de raisonnable lucidité avec des moments de profond déséquilibre, durant lesquels elle retournait dans le passé, vociférait des obscénités, lançait des reproches et des injures contre des fantômes que seuls ses yeux pouvaient distinguer dans l'atmosphère sombre de sa chambre.

Toujours assistée par son dévoué gendre, le militaire Emiliano Lucius, elle cherchait souvent à se soulager des lourds flots de douleur et de repentir, maintenant que l'épuisement physique la conduisait vers le destin qui attend tous les êtres sur Terre.

Le moment du retour auprès de ceux qu'elle avait blessés approchait, de ceux qui étaient déjà partis vers la véritable vie avant elle, portant les épines que ses mains avaient plantées dans leurs esprits, victimes de sa ruse et de son venin.

Ainsi, lors des heures de certaine lucidité, Fúlvia s'adressait à Emiliano, qui se plaçait à son chevet, affrontant les vagues nauséabondes de la mauvaise odeur provenant de son corps physique dégénéré, qui pourrissait avant même qu'elle ne meure.

— Mon fils... tu es la seule chose qui me reste en ce monde, car il m'attend de tragiques conséquences dans le sombre royaume de la mort – disait la malade, angoissée.

Souhaitant lui donner de la force et éloigner de son esprit des pensées négatives, Emiliano tentait de détourner la conversation.

Cependant, sentant que sa vie s'épuisait, Fúlvia gardait la même direction dans ses propos, comme si elle désirait se punir elle-même, un impératif de la conscience coupable, largement ignorée par indifférence.

— Non, mon fils, je ne peux pas rétribuer ta dévotion par la même indifférence que j'ai eue tout au long de ma vie.

J'ai été une épouse infidèle, une femme impitoyable et une mère indigne. En tant qu'épouse, j'ai joué une comédie conjugale, car Sálvio savait toujours que nous nous étions mariés par intérêt calculé et pour maintenir une apparence nécessaire à notre façon d'être et à cette société mensongère où nous vivons de mensonges déguisés en vérités. Incapable de me maintenir dans les standards de la décence, je gardais ma cour d'amants parmi les hommes les plus puissants, mais je n'ai jamais refusé une aventure avec un autre moins important, pour satisfaire mes impulsions charnelles. Ainsi, je n'ai pas hésité à coucher avec des autorités et des subordonnés, des Romains et des étrangers, tant que j'en retirais quelque avantage que je pourrais utiliser plus tard sous forme de faveurs que je viendrais réclamer avec intérêts.

J'ai été l'amante de mon propre beau-frère, le mari de ma sœur, sous son propre toit, sans que cela ne me cause le moindre remords.

Combien de fois ai-je entendu Claudia affligée par les conduites illicites de Pilate et tenté de la calmer avec de fausses paroles de compréhension, alors que c'était moi-même qui pervertissais son mariage, blessant son cœur généreux et confiant.

En tant que femme, j'ai ordonné de tuer ceux qui ne m'intéressaient plus, et j'ai moi-même empoisonné certains autres pour que les traces de mes crimes soient effacées pour toujours.

Et en tant que mère, j'ai élevé ma fille en la conduisant dans les mêmes chemins tortueux, formant Aurelia à être toujours fausse et innocente en apparence, mais vipère et mesquine à l'intérieur.

Bien qu'elle fût déjà mariée avec toi, mon fils, sachant son attirance profonde pour un autre, le jeune Plinius Severus, j'ai tout arrangé pour que tous deux puissent consommer leur amour ici-même, sous ce toit, durant ton absence.

Voulant blesser la famille de l'orgueilleux sénateur qui m'a toujours dédaignée dans l'affection secrète que je lui portais, j'ai tenté de lui empoisonner l'esprit contre sa femme, l'accusant de légèreté sans avoir de preuves effectives de sa trahison, tandis que je me mettais en travers du chemin de sa fille Flavia, qui avait épousé Plinius, comme une façon d'unir les deux familles proches depuis des années grâce à la coexistence entre les Lentulus et les Severus.

Sachant la grande passion de Flavia pour le jeune Plinius, j'ai instruit Aurelia, également attirée par des aventures charnelles avec le jeune homme – aussi de la faction militaire et séduite par son allure élancée –, dans les techniques de conquête et de séduction qui ont toujours été efficaces face à des hommes privés de l'affection fidèle et sûre du mariage.

Il ne fallut pas longtemps pour que Plinius troque les joies dans les bras de son épouse pour les nuits aventureuses aux côtés d'Aurelia, en tant que maîtresse lascive et séduisante qui, par des chemins tortueux, devint mon arme contre cette famille que je n'avais pu conquérir avec mon affection sincère.

Tout cela, je l'ai fait par envie et par désir de me venger du bonheur que je n'avais pas pu construire autour de moi.

Je suis sûre que les blessures qui m'assaillent aujourd'hui sont le fruit de cette conduite illicite et vile que, maintenant que je me prépare à mourir, je me vois obligée de confesser devant toi, mon fils, à qui je demande pardon pour tout le mal que je te révèle.

Emilianus, abasourdi, ne savait que faire devant tant de méchanceté confessée là, au bord de l'obscur précipice de la mort, par une femme qui, à présent, n'était plus qu'une ombre malodorante de ce qu'elle avait été dans le passé.

Une brûlure acide lui montait de l'estomac, semblant vouloir lui ronger les entrailles, et, s'il n'avait été pour sa discipline militaire, il aurait vomi là même, tant le dégoût que tout cela lui inspirait était profond.

Il commença à mieux comprendre le comportement d'Aurelia, toujours intéressée par les fêtes, par la compagnie de ces amies douteuses qu'il n'appréciait ni n'approuvait, mais qu'elle utilisait comme prétexte pour ses escapades infidèles, livrant son corps à la passion d'un autre homme.

Alors que ses pensées vaguaient sur tout ce qu'il avait entendu, il fut ramené à la réalité par la malade, prise d'une crise d'apparente folie, qui n'était rien d'autre que le reflet de ses visions spirituelles, apercevant le cortège sombre d'entités vengeresses s'approcher de son lit pour lui lancer des imprécations et renforcer les promesses de vengeance qui, bientôt, pourraient se réaliser grâce à sa désincarnation imminente.

Ainsi, en ces instants, face à ceux qui étaient physiquement présents dans la chambre, à ses côtés, il semblait que la malade délirait.

Cependant, ses paroles et ses cris étaient clairs, liés aux engagements d'un passé récent.

– Emilianus... Emilianus... protège-moi, mon fils... ces maudits ne m'emmèneront pas avec eux...

– Calme-toi, ma mère, calme-toi, il n'y a personne ici en dehors de nous... – répondait le jeune homme sans comprendre clairement les paroles de la vieille.

– Mais, ne vois-tu pas comme cette chambre est remplie d'ombres et de serpents à tête humaine, qui me regardent...? – demandait la femme, angoissée, qui participait maintenant des deux réalités, la physique et la spirituelle.

Je vois ces choses sinistres et sombres, toutes obéissant aux ordres de ce maudit Sulpicius Tarquinius, le licteur de mon beau-frère... il commande une grande légion de soldats masqués, ils se moquent de moi, parlent de ma mort et m'attendent pour reprendre nos anciennes relations…

C'étaient des hommes que j'ai utilisés par le passé, y compris Sulpicius qui m'a toujours désirée et avec qui je me suis couchée plusieurs fois pour obtenir des faveurs auprès du gouverneur ou pour l'impliquer dans mes plans, le rendant complice.

Maintenant, il est ici, ressemblant à un dragon aux yeux de feu et au sourire de serpent, tendant les mains comme s'il voulait m'emporter avec lui.

– Je n'irai pas... je n'irai pas... sale vipère – criait la malade dans son désespoir.

– Il me veut, il enroule son corps autour de moi avec sa queue d'animal, comme s'il voulait m'étrangler pour que je meure plus vite...

– Emilianus, aide-moi, ne me laisse pas partir avec ce démon…

Luttant pour la calmer un peu, le gendre cherchait dans la prière à ses anciens dieux un moyen de paix pour ce cœur affligé, qui se voyait enveloppé par les ombres de ses crimes.

Après de grands efforts, il semblait que les visions la laissaient et elle retrouvait une sérénité raisonnable, pour recommencer à parler avec le jeune homme, mais elle apparaissait désormais épuisée par l'effort de la lutte cruelle qu'elle menait contre ces visions terribles, venues lui réclamer ses anciennes conduites et anciens pactes.

Voyant son état d'abattement, Emiliano demandait qu'elle se repose.

– Et Aurelia, où est-elle ? – exigeait la mère malade, consciente des aventures de sa fille.

– Elle arrivera bientôt à la maison, ma mère – répondait le mari, confus.

LA FORCE DE LA BONTÉ

— Elle est sûrement dans les bras de son amant quelque part, mon fils. Occupe-toi de suivre ta femme pour l'empêcher de continuer ce comportement bas, car tu ne mérites pas un tel traitement...

— Je vais suivre tes conseils, mère, mais je te demande de te reposer maintenant.

— Oui, je me sens abattue. Cependant, demain, je veux que tu reviennes ici, car j'ai besoin de te raconter d'autres secrets infâmes de notre existence malheureuse qui impliquent le comportement d'Aurelia dans notre quotidien.

Sachant que ces mots pouvaient provenir d'une presque folle, le jeune homme promit qu'il reviendrait pour poursuivre la conversation, sans se rendre compte que, dans la pièce à côté, silencieusement, comme c'était son habitude, avec la ruse d'une femme qui se fait silencieuse pour écouter des conversations et des confidences secrètes, se trouvait Aurelia, qui venait de rentrer de ses aventures et avait pu entendre une bonne partie des confessions de sa mère ainsi que les accusations portées contre elle et son comportement illicite.

Se voyant dénudée aux yeux de son époux et sachant que sa mère voulait aggraver les choses pour le lendemain, il ne semblait exister d'autre solution que celle de mettre fin à la vieille malade, comme le corrosif qu'elle avait déjà offert à de nombreux amants et ennemis.

Ainsi, sortant de sa cachette comme si elle n'avait rien entendu, elle s'approcha feignant l'inquiétude du lit maternel, désireuse d'alléger ses souffrances, non sans avoir changé ses vêtements joyeux et festifs qui révéleraient son retour de lieux impropres, encore plus à visiter à ce moment où la mère se trouvait dans ses douloureux agoniements.

Observée par son mari, dont le cerveau bouillonnait de pensées conflictuelles, Aurelia s'efforça de paraître plus douce et préoccupée, affichant le besoin de sa maman de se reposer. À son arrivée, Emiliano s'éloigna de la chambre pour que les deux puissent être plus à l'aise, sachant que la fille, en tant que femme, pourrait s'occuper des blessures de sa mère sans que sa présence vienne l'inhiber dans cette délicate et intime opération.

Pendant ce temps, avec le départ du mari, Aurélia a pu poursuivre ses plans.

– Voudrais-tu prendre un calmant, ma chérie, pour que tu puisses te reposer plus tranquillement ? – demanda la fille.

Accueillie par les mots confiants de celle qui avait toujours été son associée, sa complice dans toutes les erreurs qu'elles avaient commises, Fúlvia se sentait plus en sécurité avec sa présence et ses paroles apparemment douces.

Elle s'assit sur le lit, caressa les cheveux de sa fille et accepta de prendre le calmant pour que le repos soit moins douloureux.

La jeune femme s'efforça de lui préparer le remède, n'oubliant pas d'y ajouter quelques gouttes du poison létal qu'elle gardait dans ses affaires, héritage des pratiques que sa propre mère lui avait enseignées dans les arts de la malice, à travers les leçons qui expliquaient comment se débarrasser de personnes indésirables ou de secrets qui ne pourraient jamais être révélés.

Et, tout en préparant le remède/poison, Aurélia pensait en elle-même :

– Oui, seul la mort peut préserver ce secret pour toujours...

Elle apporta le récipient directement à sa mère et l'obligea à boire tout son contenu, sans le moindre remords, sans le moindre geste d'hésitation. S'éloignant de l'endroit où elle laissait deux servantes pour veiller sur le sommeil de la malade, comme d'habitude, elle se dirigea vers ses appartements, appréhensive, attendant le déroulement des événements.

Il ne fallut pas longtemps pour que l'effet provoque l'étouffement fatal, empêchant la victime même d'exprimer verbalement ses derniers mots.

Tous appelés au chevet par l'état désespéré de la malade, les membres de la maison cherchaient à se rapprocher d'elle pour tenter de soulager sa souffrance fulgurante.

LA FORCE DE LA BONTÉ

En vain, toutes les formes d'aide furent tentées, et ceux qui se consacraient au traitement des maladies de cette époque vinrent, sans parvenir à poser un quelconque diagnostic sur le poison.

Pour tous, la malade était victime de sa propre maladie, et elle fut considérée comme morte quelques heures après sa dernière conversation avec Emiliano.

Malgré l'apparente coïncidence, il ne lui échappa pas que la malade était morte peu après l'arrivée de sa fille, et cette suspicion s'ajouta aux innombrables autres qui encombraient son âme.

La désincarnation de Fúlvia fut tragique pour son esprit. De la même manière qu'elle avait tué beaucoup de gens, directement ou indirectement, elle fut également assassinée en goûtant à sa propre chair les effets du poison qu'elle avait jadis distribué à ceux qu'elle voulait écarter de son chemin.

Dans les sages paroles de Jésus, c'était le fer blessant ceux qui avaient blessé avec du fer, au sens littéral.

Maintenant, dans le monde spirituel, le cortège de ses associés, de ses victimes, de tous ceux avec qui elle avait pactisé au cours de son parcours d'erreurs et de délices, l'attendait, bruyant et terrifiant.

Et à la tête de ce cortège sinistre se tenait Sulpicio, le bourreau de tous les anciens complices, qui semait la peur et la persécution, dominant les âmes compromise par les brèches que leurs erreurs avaient ouvertes dans leurs consciences.

Nous étions en l'an 53 lorsque la désincarnation de Fúlvia se produisit par les mains de sa propre fille.

3.
DEVANT ELLE-MÊME

Le réveil de Fúlvia dans le plan spirituel fut aussi douloureux que le fut la période finale de sa vie.

Nous pourrions dire qu'en arrivant dans le monde de la vérité après que le corps ait été consumé par le poison, Fúlvia semblait apporter avec elle toutes les marques des fixations mentales qu'elle avait développées durant le temps de la vie physique, dans les habitudes, dans les comportements émotionnels, comme cela arrive avec quiconque choisissant les mêmes chemins.

Ainsi, au début, elle ne comprenait pas ce qui lui était arrivé, car le poison avait expulsé son esprit de son corps de manière abrupte et cruelle.

Lorsque ses yeux s'ouvrirent à la vie spirituelle, elle ressentait toutes les contractions des derniers moments dans la matière, manquant d'air, comme si quelque chose la maintenait en vie, mais en même temps, l'empêchait de respirer comme elle en avait besoin. En raison de son mode de conduite durant la vie, la maladie cancéreuse ne s'était pas seulement installée dans le corps physique.

De plus, il est bon d'éclaircir au lecteur que les douleurs qui surgissent dans l'organisme sont le produit des déséquilibres de l'âme, accumulés au cours de l'incarnation présente ou provenant des expériences antérieures de l'âme, ajoutées à celles qui sont demandées par le réincarné comme épreuve pour son façonnement plus rapide et à celles qu'il décide de créer avec les abus auxquels il se livre.

C'est pourquoi, chez Fúlvia, le cancer était la marque de sa réalité spirituelle, alimentée par les vibrations les plus basses de son esprit nécessiteux et ignorant, habitué aux conventions mesquines d'une société corrompue dans laquelle elle s'était insérée en cherchant à utiliser ses armes pour obtenir les avantages matériels qu'elle considérait comme les plus adéquats.

Ainsi, elle développa dans le domaine le plus lié à son souci mental les désajustements correspondants qui vinrent lui dénoncer la conduite morale déficitaire.

LA FORCE DE LA BONTÉ

Si dans le corps physique la matière charnelle, ulcérée par les peurs, présentait encore une certaine résistance aux transformations imposées par l'esprit égaré, cette matière ne se corrodait que lentement, dans le corps spirituel de cette âme malheureuse, les changements et désajustements vibratoires se présentaient de manière grotesque, la transformant, pour ainsi dire, en un mélange de sorcière folle et de monstre déformé.

La région génitale correspondant au bas-ventre dans son corps fluide était totalement déchiquetée par les vices sexuels, amplifiant les caractéristiques morphologiques génitales que Fúlvia avait utilisées de manière indue et exagérée, s'avantageant démesurément.

Elle n'avait presque pas l'augmentation de la forme dégénérée, mais, en plus de cela, la tumeur était également plus grotesque et douloureuse, faisant que Fúlvia devait se soutenir afin de pouvoir marcher avec beaucoup de difficulté dans l'environnement hostile où elle se voyait projetée.

Elle devait marcher les jambes écartées en raison des altérations morphologiques imposées par les dépravations morales auxquelles elle s'était livrée, ce qui l'empêchait de maintenir l'équilibre souhaité. La douleur la suivait et exigeait le prix pour toute la souffrance qu'elle avait disséminée tout au long de son parcours, conformément à la conscience de culpabilité qui déjà lui était imposée, comme nous l'avons vu dans les confessions qu'elle avait faites devant le gendre aimant qui l'assistait.

Pour obtenir un peu de soulagement, elle devait maintenir une des mains au niveau du ventre, le pressant à chaque pas qu'elle faisait, comme pour s'assurer que le balancement ne soit pas trop intense et ainsi que la douleur ne se multiplie pas.

À cela s'ajoutait le problème respiratoire que le poison provoquait dans sa sensation au-delà de la tombe.

Et, pour compléter le tableau dantesque de misères, ses créanciers spirituels, qu'ils soient ses innombrables victimes ou ses nombreux complices, se présentaient à elle, accusateurs et violents pour certains, ironiques et moqueurs pour d'autres, désirant se venger ou cherchant à l'intimider encore davantage.

Nous n'avons pas besoin de dire de l'état intime de Fúlvia que, face à toutes ces réalités irréfutables, elle se laissait emporter par le désespoir, s'approchant de l'insanité complète.

Incapable de comprendre ce qui était arrivé, elle marchait comme elle pouvait dans les zones purgatoriales liminales, où l'obscurité est toujours abondante et les bas instincts prévalent comme le résultat final de l'addition des comportements des individus qui s'y trouvent et se poursuivent mutuellement.

– Emiliano... Emiliano... mon fils... aide-moi ! – criait-elle comme une folle dans cet abîme de douleur et de découragement.

De tonitruantes rires résonnaient comme un écho à sa demande désespérée.

– Sorcière, tu n'as pas besoin d'aide... ! Misérable, maudite ! La mort est peu pour toi, vampire sans âme. Profite de ton séjour en enfer d'où tu ne pourras jamais sortir.

Ces injures et beaucoup d'autres étaient les réponses à ses supplications, provenant de ceux qui l'accompagnaient dans ces abîmes désolés.

Des entités souffrantes qui s'étaient associées pour exercer leur vengeance contre la malheureuse âme de Fúlvia ne lui laissaient aucun répit.

Elle tentait de fuir ce siège, mais la difficulté de marcher l'en empêchait et, souvent, se rendant à la fatigue et à la douleur, elle finissait par tomber au sol, cachant son visage entre les mains, qui cherchaient à boucher ses oreilles pour ne pas entendre les phrases cruelles, sans réussir à empêcher les propos moqueurs et agressifs d'atteindre les tympans de son âme.

Elle ne savait pas comment elle continuait à entendre même avec les oreilles bouchées, car elle n'avait aucune connaissance de la vie spirituelle qui l'accueillait dans une autre réalité où les lois étaient différentes de celles qui régissaient les phénomènes sur Terre.

Ses vêtements se désintégraient et seule la nudité lui restait comme unique vêtement, tout comme elle s'était conduite durant la vie physique. Sauf que, maintenant, son corps était une sculpture grotesque, recouverte d'une peau écailleuse, semblable à celle d'un crapaud, d'où s'échappaient des fluides putrides et malodorants, que Fúlvia tentait de couvrir désespérément pour éviter que cette mauvaise odeur et sa propre nudité ne dénoncent son état de dégénérescence.

LA FORCE DE LA BONTÉ

En raison du manque de tout tissu pour se couvrir, elle essayait de se protéger avec la boue du sol où elle marchait, seule tenue qui, pendant un certain temps, lui permettait de dissimuler sa peau nue.

Cet endroit lui causait des frissons au plus profond de son âme, car, bien qu'extrêmement sombre, il lui permettait de voir et d'être vue par ceux qui l'entouraient. Ainsi, à sa nudité physique, celle qu'elle avait tant utilisée durant sa vie charnelle pour conquérir les faveurs des puissants, s'ajoutait maintenant la peur due à l'état animal de son épiderme, humide et écailleux.

Le temps passé dans cette tanière semblait s'éterniser dans son concept intime, car elle n'avait aucun moyen de déterminer le temps. C'est pourquoi chaque minute lui semblait un supplice sans fin s'étendant sur son esprit, comme si c'était un siècle.

En vain, elle criait aux dieux qu'elle n'avait jamais invoqués avec sincérité et respect, demandant de l'aide. Elle vociférait des injures dès que son état général restait inchangé, maudissant leur indifférence.

Ainsi, Fúlvia demeura pendant quelques années, ne recevant comme unique visite dans ces cavernes que la figure de Sulpicio qui venait la contrôler et laissait l'un de ses sbires comme responsable de la surveiller pour ne pas la perdre de vue, sachant que, lorsque le moment serait venu, il reviendrait la chercher, se rappelant que, malgré la déformation et la monstruosité de cette âme, Sulpicio était lié à elle par des désirs qui, d'une manière ou d'une autre, devenaient les premiers et les plus pauvres liens des esprits, commençant leur parcours d'engagement et d'élévation, même à travers la douleur et la souffrance qu'ils s'infligeaient.

Et il ne pouvait être nié que Fúlvia s'était engagée auprès de lui aussi, voilà qu'ils s'associaient pour d'innombrables persécutions, Fúlvia offrant ses dons physiques et ses faveurs sexuelles en paiement pour la fidélité de Sulpicio, qui était fasciné par la possibilité de la posséder parmi ses conquêtes.

De la même manière que Fúlvia, Sulpicio avait également assumé la forme dégénérée que son retard et sa méchanceté lui imposaient, une fois que dans le monde des esprits fonctionne, comme une tailleur de l'âme, l'usine du sentiment et de la pensée. Si bons et nobles, ils sont capables de tisser un vêtement harmonieux et beau afin que l'âme se présente revêtue de charme.

LA FORCE DE LA BONTÉ

Si inférieurs et corrompus, ils produisent des ombres et des déformations comme conséquence directe, ornementant leur générateur primaire, l'esprit qui les nourrit, d'une apparence grotesque et tragique qui indique son état de retard spirituel. Les deux, donc, s'étaient égalés dans la laideur en traduisant les bas modèles de leurs esprits dans les formes adulterées qui dénonçaient leur ton vibratoire.

La différence était que, étant déjà depuis longtemps dans le plan spirituel, Sulpicio avait appris à mieux contrôler son esprit et, usant de son leadership en tant que licteur intelligent et sagace, organisait un réseau de services et d'influence qu'il dirigeait maintenant d'une main de fer.

D'une certaine manière, il avait lutté et obtenu le poste important dans la structure umbraline grâce à son curriculum de méchancetés et à sa spécialité en tant qu'organisateur d'orgies, d'extorsions, de persécutions qui causaient un impact et une peur chez les plus expérimentés habitants de l'obscurité.

Sulpicio, de cette manière, suivait de près la désincarnation tant de Pilate, quinze ans auparavant, que celle de Fúlvia, désormais également revenue sous son contrôle direct, malgré son état lamentable.

Il est important de dire qu'en Pilate, on observait les mêmes altérations génitales, à peine avec moins de relief que chez Fúlvia, en raison du fait que l'esprit du gouverneur, bien qu'il fût frivole et immature, ne faisait pas du sexe sa principale fixation. Il abusait de la sexualité comme d'un processus de jouissance, comme un apéritif pour satisfaire son plaisir d'homme, non comme le faisait Fúlvia, comme une arme de conquête, comme un outil de travail pour réaliser ses vils désirs.

En plus de cela, en faveur de Pilate, il comptait sur le fait que, bien ou mal, il avait été au service de la collectivité qu'il gouvernait et que, s'il ne s'était pas comporté de manière digne comme on pouvait s'y attendre de tout gouvernant, même médiocre, son administration avait produit quelque chose de bon au fil des années où il avait été à la tête du gouvernement de la province.

De plus, il avait le remords de ses actes, la honte qu'il avait déjà commencé à éprouver durant sa vie physique avec la perte de sa position et l'humiliation de l'exil, ajoutées aux enseignements reçus de Zacharie et au poids de la conscience coupable pour la mort de Jésus.

Toutes ces circonstances pesaient en faveur de Pilate qui, malgré s'être ôté la vie dans un geste généralement considéré comme l'un des crimes les plus graves, avait des circonstances atténuantes et avait accompli certaines bonnes actions qui le protégeaient lors de la récolte des fruits amers dans le monde de la vérité spirituelle.

Ainsi, malgré son état extrêmement dégénéré, l'apparence de Pilate était meilleure que celle de l'état vibratoire de Fúlvia, bien que, évidemment, cela ne susciterait l'envie de personne.

Avec le passage des années, Sulpicio réussit à rassembler l'ex-gouverneur et son ex-amante dans la même caverne afin qu'ils puissent voir l'état répugnant commun et ne désirent plus jamais s'enrouler l'un autour de l'autre.

C'était l'idée de Sulpicio qui, jaloux, souhaitait garder cette femme uniquement pour lui.

Il organisa cette approche dans le but de concrétiser l'éloignement définitif, en raison du dégoût qu'il désirait créer dans leurs esprits.

Et c'était un tel état de répulsion que la vision de l'un et de l'autre leur provoqua, presque immédiatement, de s'éloigner en se lançant des injures de douleur et de révolte l'un contre l'autre.

Pilate, sans identifier Fúlvia au début, fut effrayé par l'état monstrueux de cette entité qui semblait là pour lui causer de la terreur, ce qui, pour qu'il arrive à un soldat romain, devait être réellement très impressionnant.

Fúlvia, à son tour, identifia facilement son ancien amant car l'état de Pilate était moins dégradé que le sien, mais, dès qu'elle le vit, tout en ressentant de la peur face à son état dégénéré, elle commença immédiatement à lui lancer des insultes et des phrases accusatrices, comme si elle n'avait pas été celle qui, par le passé, avait tramé sa mort à travers le bras assassin de Sávio.

Ce n'est que lorsque Fúlvia se mit à l'agresser de manière directe et claire, en faisant référence à leur passé commun, que Pilate réalisa que ce monstre pouvait être cette belle belle-sœur qui avait visité son lit infidèle tant de fois et qui lui procurait la sensation de virilité et de pouvoir, par l'exercice de sa masculinité.

En prenant conscience de cette situation, le gouverneur fut encore plus terrifié, car cette créature ne ressemblait en rien à la belle et élancée femme qui se glissait entre ses draps.

Dans un élan de désespoir, il s'éloigna d'elle en fuyant vers le point le plus profond de la caverne, où il était sous le contrôle de Sulpicio qui, heureux et satisfait de cette réaction, conduisit Fúlvia vers un autre endroit de la même grotte, où il les maintiendrait isolés et surveillés, comme s'ils étaient, tous deux, sous son commandement. Tout cela demeura ainsi pendant plusieurs années, étant donné que les sbires de Sulpicio apportaient régulièrement aux deux prisonniers du mal quelque sorte de nourriture grossière et de petites portions d'un liquide boueux qui pouvait être considéré comme de l'eau sale et impropre à la consommation, mais qui était absorbé par les prisonniers désespérément, comme s'il s'agissait de la sève la plus pure que la nature puisse fournir.

Cet état de choses se maintenait comme une mesure éducative de la loi de l'Univers, qui permet de préserver les conséquences des actes de tous les impliqués dans la tragédie de la vie, comme moyen de les vacciner contre la douleur atroce qu'ils avaient eux-mêmes engendrée dans leurs destins, afin d'éviter de nouvelles rechutes à l'avenir.

Ce n'était pas par la malice d'un Dieu indifférent qu'ils demeuraient là.

C'était justement pour qu'ils apprennent, à travers les conséquences de leurs décisions, ce qui devrait être les meilleures options pour leurs âmes, lorsqu'ils seraient à nouveau repositionnés dans le processus de vivre dans le corps charnel.

Pendant ce temps, au-dessus d'eux flottait la loi de l'Amour qui les connaissait et cherchait les meilleurs chemins pour que leurs esprits puissent recommencer, malgré tout le mal qu'ils avaient commis les uns contre les autres.

C'est pourquoi toutes les forces de l'Amour sont utilisées dans le gouvernement de la vie, car ce sont les seules qui supportent les agressions les plus viles sans réagir de la même manière, ce sont les seules qui comprennent sans être comprises, les seules qui n'asservissent pas ceux à qui elles se dédient comme esclaves par choix.

Souvenez-vous, cher lecteur, seuls ceux qui aiment avec la plénitude de l'Amour spirituel gouvernent réellement la vie. Et cela se produisait aussi dans le chemin de nos personnages malheureux qui, pendant de longues années, resteraient à la merci d'eux-mêmes, incapables de s'abandonner à un sentiment d'affection capable de comprendre, de pardonner, d'étendre la main.

À tous ceux qui sont blessés dans leur affection et qui ne se disposent pas à pardonner, à comprendre les faiblesses des autres, à excuser le départ ou même la trahison des promesses les plus élevées, faites au pied d'autels considérés comme sacrés par les hommes ; à tous ceux qui se considèrent comme des victimes de l'injustice et qui passent à la condition de créateurs d'injustices par la persécution ou par le désir de vengeance ; à tous ceux qui s'abaisseront dans le sentiment pour rendre les fautes morales dont ils ont été victimes en les reproduisant dans leur comportement, trahissant pour payer de la même monnaie, adultérant pour que l'autre souffre de la même manière, se corrompant dans le caractère et dans les idéaux juste pour donner à l'autre ce qu'il mérite, s'abaissant pour ressentir la satisfaction de la revanche ; à tous ceux qui ne comprennent pas encore ce que signifie le véritable Amour, l'état spirituel de Fúlvia, Sulpicio et Pilate peut servir d'exemple, comme indicateur du scénario qui attend ceux qui préfèrent le chemin tortueux de la chute morale, alors qu'ils auraient pu choisir le modèle plus élevé de la foi en Dieu et de la confiance en leur propre capacité à surmonter les déceptions de la vie sans avoir besoin d'être ceux qui s'engagent dans le mal et l'erreur. Souvenons-nous de Jésus quand il disait :

"Il est nécessaire que le scandale vienne. Cependant, que ce ne soit pas toi la pierre d'achoppement."

4.
LES CATACOMBES

Le décor était impressionnant. Les torches illuminaient les niches et les murs environnants, couverts d'inscriptions et de plaques tombales. L'odeur suffocante du lieu laissait penser qu'on ne pourrait y vivre longtemps sans tomber malade, car la ventilation n'était pas suffisante pour rendre cet environnement sain. L'humidité, dans certains cas, se manifestait par des gouttes visibles le long des murs, provenant du plafond troué, faisant de l'endroit un terrain propice à la prolifération de champignons et de microorganismes qui profitaient des éléments chimiques du sol et des substances libérées par les corps en décomposition.

L'obscurité naturelle faisait de ces lieux un endroit propice aux frissons pour tout être vivant qui s'y aventurait, surtout parce qu'il y avait un risque de se perdre dans le labyrinthe de tunnels et de passages souterrains qui se multipliaient, car ce décor se situait bien en dessous de la surface. L'odeur caractéristique témoignait de son destin en tant que dernière demeure pour les Romains de l'époque, qui y déposaient les corps morts dans les diverses niches creusées dans les murs, attendant les hommages propres aux rituels païens, devenus ancêtres et maintenant transformés en dieux de la famille, connus comme dieux tutélaires.

Un murmure étouffé et un mouvement inhabituel rompaient, ce jour-là, la routine d'un lieu toujours silencieux et lugubre. De temps en temps, de petits groupes arrivaient discrètement, descendant en silence par les escaliers, suivant la trace subtile de petites torches que quelqu'un avait allumées pour orienter le chemin des descendantes. Après avoir traversé des corridors et des passages étroits, on arrivait dans une salle voûtée où, à l'époque d'Auguste, se réunissaient les coopératives funéraires, à l'époque, les seules associations autorisées à rassembler des personnes sans être considérées comme des émeutiers par la loi romaine.

À effet de maintenir l'ordre public et pour éviter les réunions séditieuses, en respectant les décisions d'Auguste, seules les réunions publiques pour des raisons pieuses liées à la dernière demeure des défunts étaient autorisées depuis les anciens temps de son glorieux "imperium".

Ainsi, là se trouvaient, maintenant, plus de deux cents personnes entassées pour écouter, dans cette ambiance inappropriée et sombre, la parole lumineuse de l'apôtre venu de Syrie, envoyé par les forces spirituelles pour répandre la lumière sur les ténèbres, le réconfort sur la douleur.

Déjà avaient passé vingt ans depuis que Ponce Pilate se fut enlevé la vie à Vienne, en l'an 38 ap. J.-C., après son exil et sa disgrâce. Au même moment, un peu plus de deux décennies avaient passé depuis que Zacharie, empoisonné, avait remis son corps à la sépulture en l'an 36 ap. J.-C.

Depuis ce temps, Jean de Cléophas s'était transformé en un travailleur dévoué de l'Évangile, converti par la guérison reçue des mains de Zacharie, dans la ville de Nazareth, quand se pourrissait l'ancien lépreux Cléophas dans la cabane que son frère Saül lui avait destinée comme sépulture vivante.

Guéri par la prière fervente de Zacharie, Cléophas passa à le suivre jusqu'à ce qu'il se dirige avec lui vers la ville de Capharnaüm où il se retrouva avec Jésus à qui, également, il passa à accompagner dans toutes ses errances.

Même lors de la crucifixion, Zacharie et Cléophas – qui ajouta le nom de Jean –, maintenant intimes amis, accompagnaient à distance tous les tragiques événements avec le Divin Maître et gardaient toujours dans leurs esprits les souvenirs amers de telles scènes, toujours très dures et douloureuses.

Dispersés, les disciples par les chemins du monde, Jean de Cléophas prit le destin de la prédication des vérités du royaume, laissant Jérusalem et la Maison du Chemin dans les mains des autres disciples du Maître et établissant son travail dans la région la plus au nord, près des communautés éloignées du centre du monde juif, parlant des réalités spirituelles à des créatures éloignées de toutes les influences religieuses orthodoxes.

Antioche était devenu le centre névralgique de son action, principalement après que le converti de Damas, Paul de Tarse, y établit les bases de la communauté chrétienne qui maintiendrait pendant de longues années, réunissant hommes et femmes dédiés à la vivance des vérités de la Bonne Nouvelle.

Là, Jean de Cléophas établirait le centre de son travail et de là serait envoyé à Rome pour les devoirs spirituels qui l'attendaient dans la trajectoire de son âme.

LA FORCE DE LA BONTÉ

Dans une modeste élévation, qui le plaçait un peu plus haut que les autres, à la manière d'une petite tribune, le prédicateur vieilli par les efforts sacrificiels de l'Évangile élevait la voix, écouté dans un silence magnétique par les partisans du message du Divin Maître, qui se multipliaient dans cette Rome païenne, livrée à toutes sortes de dissipation sociale, maintenant sous la direction de l'esprit immature et négligent de Néron.

Les noyaux chrétiens devenaient de plus en plus nombreux et, bien que l'interdiction fût maintenue depuis les temps d'Auguste, il était déjà plus courant que les gens se réunissent dans leurs foyers pour entrer en contact avec les nouvelles idées. Rome grandissait énormément comme le centre d'un monde riche et dépravé. Il devenait de plus en plus difficile de surveiller tous les citoyens et ce qu'ils faisaient.

Le nouveau mouvement commençait à attirer l'attention des autorités en raison du volume avec lequel le nombre de ses adeptes se multipliait, provoquant une altération significative de l'équilibre du culte des anciennes traditions populaires et religieuses. Cependant, bien qu'ils se retrouvaient en petits groupes, ils essayaient finalement de se rassembler dans les catacombes, un lieu isolé et peu surveillé, afin qu'en plus grand nombre, ils puissent écouter un prédicateur inspiré venant leur apporter le renforcement des idéaux et des nouvelles du développement du mouvement chrétien à travers les chemins du monde.

Le message que Jean de Cléophas apportait, prophétique, toucherait le destin de tous ses auditeurs extasiés et envoûtés par l'éloquence de son interlocuteur qui, dans un mélange de sérénité et d'énergie, de force et de douceur, de magnétisme et de simplicité, démontrait clairement qu'il ne parlait pas en son nom, mais qu'il était inspiré par les lumineuses phalanges spirituelles au nom desquelles il avait été envoyé à Rome pour préparer l'environnement des candidats au Royaume de Dieu pour les sacrifices qui étaient attendus de tous les sincères adeptes.

Sa petite figure élevait la voix dans l'atmosphère à peine éclairée et les oreilles attentives de ceux qui, venus de divers endroits de la grande ville pour l'écouter, ne perdaient aucune de ses expressions, émus jusqu'aux larmes par les figures lumineuses et fortes que son verbe leur transmettait au cœur et à la pensée.

Là se trouvaient également, écoutant le sermon spirituel, parmi les hommes, Lucilius Barbatus, l'ancien centurion romain qui avait suivi

Zacharie pour mener Pilate en exil en Germanie supérieure, tandis que tous ses compagnons de l'auberge de Jonas, située dans les environs de la prison Mamertine, se trouvaient aussi là, puisque la semence que Zacharie avait semée et que Lucilius avait soigneusement entretenue avait fertilisé le cœur d'innombrables israélites vivant dans la grande capitale, qui avaient désormais à l'auberge humble leur point de rencontre hebdomadaire.

Et parmi les innombrables femmes qui se rassemblaient dans cet environnement, cherchant également les paroles solides de la Bonne Nouvelle, se trouvait Livia, l'épouse de Publius Lentulus, le sénateur romain en Palestine du temps de Jésus, ainsi que son amie et confidente Ana, sa compagne de tous les instants. Une pléiade d'esprits, lumineuse et dévouée à la semence de la vérité, entourait les plus de deux cents participants de cette assemblée clandestine qui cherchait l'obscurité du sous-sol pour échapper aux regards des autorités arbitraires et mesquines, manipulées par un empereur fou. Ils illuminaient les consciences, ouvraient les chemins du cœur, préparant la semence de ce qui était à venir et qui les transformerait en l'engrais de la vérité dans la terre stérile des plaisirs infâmes que l'ignorance permet de revendiquer sur Terre.

Des langues de feu à Antioche, parfaitement identifiables par les lois spirituelles comme les effets physiques du monde invisible qui marquaient les réunions évangéliques des premiers temps, avaient annoncé des vérités éclatantes pour les créatures de la grande ville où, un jour, le royaume de l'Agneau serait installé sur les cendres des loups qui y avaient régné au nom de l'agressivité et de la luxure, propres à la petite évolution de leurs esprits.

Des airs nouveaux apportaient avec les lumières de la compréhension et les semences lancées là-bas en Palestine lointaine, soufflées par la brise de l'Amour véritable, commençaient à atteindre Rome et ceux qui seraient parmi les premiers à collaborer à l'édification d'un nouvel ordre sur la scène d'un monde en transformation.

Le message de Jean serait transmis sous l'influence protectrice de nombreuses créatures généreuses et d'esprits dévoués, parmi lesquels se trouvaient là Zacharie, Siméon, Gamaliel, Abigail, Étienne et beaucoup d'autres travailleurs des idéaux des premiers temps de pureté et de simplicité.

5.
PAROLES PROPHÉTIQUES

Dans l'atmosphère résonnait la voix énergique et douce de Jean, s'adressant à des auditeurs qui se sentaient en extase face aux révélations faites. Selon ses affirmations ardentes que j'interprète ici pour que le lecteur puisse les évaluer en profondeur, le prédicateur prophétisait qu'en peu de temps les chemins retournaient à la voie qui menait au Divin Maître. Voici que les langues de feu, manifestation indubitable de la Volonté de Dieu au sein de l'église d'Antioche, d'où il était originaire, révélaient que la grande capitale du monde était choisie pour témoigner des vérités spirituelles.

Scène de libertinage et de crimes barbares, sous la blancheur des marbres riches et brillants, serait dans le sein des âmes perdues que s'installerait le nouvel ordre, rétablissant la vérité au-dessus des querelles humaines vénales et iniques.

Les douleurs qui les attendaient sur le chemin de la fidélité aux enseignements de Jésus seraient un prix béni, car elles les libéreraient des chaînes de la vie physique pour les envolées vers Sa lumineuse majesté, dans le retrouvailles désiré par tous ceux qui aimaient véritablement le Christ.

Et si le témoignage que la Vérité demandait, au regard de l'insignifiance humaine, pouvait sembler sans valeur, affirmaient les forces spirituelles qu'à travers ces démonstrations de joie et de courage, les légions lumineuses de Dieu, œuvrant pour le bénéfice des créatures encore en retard et indifférentes, travailleraient pour qu'elles se réveillent et marchent à la rencontre de ce même Christ qu'ils avaient crucifié.

Devant l'horizon sombre qui se levait sur le chemin du véritable adepte des vérités de l'Esprit – poursuivait Jean de Cléophas, inspiré – il était impératif de se souvenir qu'il ne manquerait ni force ni soutien des phalanges lumineuses. Voici que les véritables serviteurs du Seigneur seraient éprouvés dans le feu, dans la douleur de l'adversité, dans la rudesse de la bataille.

Et personne ne devrait oublier que Jésus lui-même, dans le moment le plus douloureux de son parcours, avec un corps déformé après tous les supplices auxquels il avait été soumis, blessé par des griffes de métal qui le maintenaient pour qu'il expire lentement, assoiffé d'eau et d'affection, au moment suprême où il se préparait à rendre son corps au monde et à se remettre aux mains du Père, éleva sa voix et cria vers les cieux pour que le Créateur pardonne à ses agresseurs tyranniques, car ils ne savaient pas ce qu'ils faisaient.

— Là, j'étais personnellement présent, écoutant, pour mon bonheur, la parole du cher Maître, dans les instants de plus grande souffrance qui annonçaient le grand retour au sein du Père...

Poursuivant après une brève interruption, sous l'émotion qui l'envahissait, l'apôtre d'Antioche considéra, devant l'attention de tous, que si le pardon était le mot de la Bonne Nouvelle à utiliser et à demander même pour bénéficier à nos adversaires les plus cruels, quelles douces paroles ne pourraient pas exister dans ce vocabulaire d'espérances pour ces cœurs convoqués à témoigner de leur foi, dans le processus de semence des réalités de l'esprit sur la terre de libertinage et de paganisme ?

À son époque, Jésus avait souffert de la solitude jusqu'à la fin, lorsqu'il remit le dernier rayon de vie dans la fidélité à Dieu et à l'Amour qui l'avaient poussé à tout supporter pour enseigner son pouvoir absolu sur les choses. Maintenant, plus de vingt ans après le triste adieu, il serait nécessaire de ne pas laisser le Divin Maître oublié dans la solitude d'autrefois.

Rome exigerait le sang des justes et des innocents de la même manière que la vieille Jérusalem avait l'habitude de demander le sang de ceux qui venaient semer la lumière dans leurs destins tortueux et sombres.

Et à tous reviendrait le bonheur, plus grand et plus important que l'honneur même, d'être choisis pour ce baptême de feu, afin que l'Innocent Agneau trouve dans ce renoncement, dans cette gratitude et cette dévotion, le témoignage de la croyance la plus sincère en Son amour.

Convoqués par le destin, ils seraient au moment crucial de leurs vies, quand ils seraient ceux qui pourraient pleurer aujourd'hui les larmes qui libèrent dans la fécondation de nouvelles aurores, ou tous devraient pleurer demain les douleurs de la fuite, dans le repentir et la honte de la désertion.

Il percevait, dans l'acoustique de l'âme, que l'avenir réservait à la capitale du péché la ruine et la destruction de ses idoles de pierre, à travers les souffrances et les tempêtes de douleur et de tragédie qui remettraient les hommes imprudents face à leurs œuvres de futilité, fouettant l'esprit le plus lucide et confondant le raisonnement le plus astucieux pour leur apprendre à n'adorer que la simplicité et la vérité, établies comme les fondements de l'Amour du Père au bénéfice de tous ses enfants.

Et avec le sceau du sacrifice de nouveaux innocents, tout comme le sacrifice du Juste fut nécessaire, l'œuvre du bien victorieuse et indestructible continuera à s'imposer de plus en plus dans les cœurs pour vaincre les ténèbres de toute la Terre.

Si, en ce moment, ils pleuraient, les chers frères seraient en train de vivre les derniers instants du témoignage de la foi avant d'entrer dans les frontières de la félicité spirituelle, où tous pourraient sourire de joie dans les demeures célestes destinées à ceux qui sont bienheureux du Christ.

La force des arguments de Jean avait un grand impact sur les âmes des auditeurs qui, sans aucun doute, prenaient conscience des innombrables difficultés qui les attendaient dans ce témoignage nécessaire, lorsque l'on voulait élargir le bien en faveur de plus en plus de souffrants.

Dans les paroles lucides de Jean l'Évangéliste, si la graine, tombant au sol, refuse de mourir, elle restera là, seule, perdue, oubliée. Cependant, si elle accepte de mourir, elle se transformera en beaucoup d'autres graines et ne sera plus seule. (Jean 12 :24). Ainsi, le processus nécessaire de fécondation spirituelle qui commençait dans la grande ville, siège du monde matériel, se transformerait profondément au fil des années à venir.

La lumineuse parole de Jean de Cléophas était le phare, allumé dans les ombres d'un seuil, qui avertissait les voyageurs des dangers de la traversée, sans illusions ni demi-mots. Ses avertissements étaient-ils exagérés ?

Ses expressions fortes et décisives propageraient-elles une situation qui effraierait plus qu'elle n'aiderait les auditeurs ? Venait-il de si loin juste pour terroriser les chrétiens en minorité dans la grande capitale du paganisme ?

C'est souvent ainsi que nous interprétons les avis célestes, en les prenant en connaissance de cause sans que cela nous modifie immédiatement, parce que nous pensons qu'ils sont exagérés, qu'ils alertent simplement pour un avenir incertain, souhaitant que nos vies se transforment et, pour cela, utilisant des images plus effrayantes afin que nous écoutions leurs appels.

Ce sont là des ressources dont nos pensées se servent pour ne pas faire ce qui est impératif et qui nous est déjà signalé. Nous pensons toujours : « Ce n'est pas pour moi, c'est pour un autre qui est ici à mes côtés. Cet avertissement est un peu exagéré, il ne doit pas être pris au pied de la lettre, car les choses ne sont pas ainsi. La plupart des gens font les choses autrement... Je ne serai pas celui qui va tout changer du jour au lendemain, etc. »

Et ainsi, cher lecteur, nous laissons passer les avertissements amicaux du monde spirituel qui, souvent en se servant de nos rêves, de nos intuitions, de nos amis, nous font parvenir à nos oreilles l'alerte pour que nous ne nous perdions pas dans les trajectoires malsaines de nos illusions.

Se réveiller avec un avertissement de danger est inconfortable, mais c'est bien mieux que de devoir se réveiller frappé par l'incendie qui est en train de consumer notre chair, sans clémence.

C'est pourquoi ceux qui se trouvaient dans cet environnement à écouter le message inspiré de l'apôtre d'Antioche savaient que ce n'était pas en vain que ce vieil homme s'était déplacé de si loin pour être là, à ce moment crucial et si important pour leurs destinées.

Au final, l'avertissement arrivait avant l'incendie qui était sur le point d'être provoqué.

Dès que son allocution pleine de force et de courage pour les cœurs fut terminée, après quelques brèves paroles de compréhension échangées avec ceux qui le cherchaient pour des orientations, alors que certains se préparaient déjà à quitter les lieux, on entendit le fracas des sandales, le murmure des manteaux et le bruit des armures, car plus de cinquante soldats romains envahissaient l'espace pour surprendre ceux qui s'étaient rassemblés là.

Les voix des soldats résonnaient à travers les voûtes lugubres de la catacombe presque déserte, pénétrant les couloirs et les passages et provoquant la terreur dans le cœur de la majorité des présents.

Réalignant qu'ils avaient été découverts et qu'il n'y avait guère de possibilité d'évasion, certains plus audacieux commencèrent à éteindre les quelques torches qui illuminaient l'environnement afin que, plongés dans l'obscurité, tous aient une meilleure chance de fuir à travers les couloirs et les labyrinthes du lieu.

Cependant, une fois de plus, l'intervention décisive du prédicateur empêcha cette initiative qui n'aurait fait que produire plus de douleur et d'affliction, en stimulant les soldats à être plus cruels envers ceux qui menaçaient de fuir.

Ainsi, prenant la parole, il descendit de la modeste et improvisée tribune d'où il avait parlé à tous et cria afin que tous l'entendent : – Frères, Jésus n'a-t-il pas enseigné que nous ne devrions jamais cacher la lumière sous le boisseau ! Gardez les torches allumées afin que notre témoignage de foi et de courage soit visible par tous et qu'il n'y ait aucun doute sur notre désir de tout donner pour le Seigneur bien-aimé.

Presque hypnotisés par une étrange force qui paraissait incontrôlable, les plus de deux cent auditeurs étouffèrent toute réaction, qui aurait été vaine face à la garde romaine organisée qui avait déjà occupé tous les couloirs et se préparait à toute réaction violente.

Et à la lumière des flammes incandescentes qui illuminaient tous les passages, Jean de Cléophas s'adressa au centurion romain Lucius Quintilius, tendant les bras sans peur et humblement, afin d'être arrêté sans montrer aucune résistance, en disant :

– Centurion, nous sommes ici pour affronter ce moment de sacrifice et de renonciation sans peur. Exécute tes ordres sans hésitation, car personne ici ne sera un obstacle à ce que tu es venu accomplir.

Sans aucune émotion autre que du mépris, le soldat lâche s'attacha les mains du vieillard, non sans lui donner un coup sur le visage avec le coup arrogant de l'arme en métal qui portait le symbole de l'empire terrestre.

Cependant, sans perdre sa foi en Dieu et en lui-même, pour freiner la réaction que l'acte de violence aurait pu provoquer dans l'esprit de certains jeunes qui, indignés par la scène abjecte, se préparaient à réagir, le vieillard prit à nouveau la parole, disant :

– Cessez toute violence, car elle révèle l'âme malade de l'agresseur. Il vaut mieux être blessé que de blesser, car le message de Jésus ne nous a pas été enseigné pour être oublié. Rappelez-vous qu'à l'heure douloureuse de son emprisonnement, Pierre, pris d'indignation, tira son épée contre le soldat du temple qui venait arrêter Jésus, et la leçon ne tarda pas à venir : Remets ton épée dans son fourreau, car tous ceux qui prennent l'épée périront par l'épée.

Face à l'avertissement héroïque de ce vieil homme calme et vigoureux, tous les esprits se calmèrent, au grand étonnement même des soldats romains.

Et comme l'exemple est le plus puissant des arguments dans la vie, un à un, ceux qui étaient présents commencèrent à imiter le geste de Jean et à étendre les bras pour être pris sans résistance.

Rassemblés sous la surveillance sévère des soldats commandés par Lucius et Clodius Varro, ils furent emmenés à la prison romaine du Circus Maximus, où le lendemain les attendait l'adieu au monde physique, lors des festivités du royaume païen, sous la direction transitoire du dément Domitius Néron, qui ainsi initia le processus de persécution contre les premiers chrétiens. Cependant, à cette époque, il les présenta à la foule en délire comme des esclaves ou condamnés à de telles peines, sans les identifier comme des adhérents de la nouvelle foi, distinction qui serait faite à partir des années 60 après J.-C.

La présence d'une matronne romaine, vêtue de vêtements propres à son statut social et à sa descendance patricienne, ne passa pas inaperçue aux yeux des deux centurions commandants de la garnison prétorienne qui avaient procédé à l'arrestation des innocents.

Livia fut repérée parmi les femmes ordinaires et identifiée comme l'épouse d'une autorité importante, ce qui provoqua frayeur et inquiétude parmi les hommes exécutant les ordres, car ils craignaient des complications avec leurs supérieurs ; ils décidèrent donc que le lendemain, la patricienne importante serait laissée pour la fin, et alors, lorsque tous seraient conduits au sacrifice, elle serait mise à l'écart au moment crucial et renvoyée chez elle, afin qu'elle ne soit pas soumise au martyre, la seule manière d'éviter que les soldats ne soient tenus pour responsables de la mort d'une personnalité importante.

Tout était prêt pour le grand jour, au cours duquel les sénateurs les plus importants et ayant servi le plus longtemps l'État romain seraient honorés par l'empereur cynique et opportuniste.

Là, parmi les célébrés, se trouverait le même Publius Lentulus, participant à la fête bruyante qui culminerait dans le grand podium de folies et d'insanités, érigées au rang de divertissement pour le peuple et d'hommage aux importants serviteurs de Rome. Publius s'accrochait aux intérêts du monde, méprisant les vérités de l'esprit, fier de se croire digne des trophées mondains qui nourrissaient son entendement mesquin d'homme attaché aux concepts de la Terre.

Cependant, après vingt-cinq ans d'isolement de son épouse bien-aimée, en raison de son comportement orgueilleux, la traitant comme une simple esclave dans leur foyer et lui refusant la moindre occasion de se justifier face aux accusations calomnieuses de Fulvia, Publius avait prévu de demander le pardon de la femme aimée en plaçant à ses pieds les lauriers reçus de l'empereur, comme preuve de son repentir et de la dévotion de ses sentiments pour elle.

Livia avait goûté la coupe amère des désagréments domestiques sans se plaindre ni chercher à reprocher à son mari une conduite indigne de sa personne, bien qu'elle ait été considérée par lui comme une femme ayant trahi sa confiance lors d'une rencontre secrète avec le gouverneur Pilate, le jour où Jésus fut jugé en Palestine lointaine.

Après être allée jusqu'au gouverneur pour intercéder en faveur de Jésus, qui était injustement accusé, son homme de confiance, Sulpicius, la conduisit à la chambre particulière de Pilate, où il recevait les femmes avec lesquelles il satisfaisait ses instincts inférieurs. Ne sachant pas qu'elle était enveloppée dans une toile d'araignée de malices et de coïncidences, Livia se présenta devant le gouverneur en vêtements d'esclave, sans vouloir compromettre son mari, important représentant du César dans ces contrées.

Et la main maléfique et rusée de Fulvia, prenant le sénateur par les bras, le conduisit jusqu'à la fenêtre supérieure d'où il pouvait voir la sortie des dits appartements, accusant Livia d'être là pour trahir les engagements affectifs qu'elle avait avec Publius. Bien qu'il ne crût pas à la jeune intrigante, Publius se sentit vaincu par la scène de Livia quittant la chambre de Pilate, ce qui finit par provoquer dans son âme despote de l'époque la décision rebelle de lui accorder le droit de vivre, mais sous la condition de simple servitude dans le foyer, l'éloignant même de la compagnie de sa propre fille.

Le lecteur pourra suivre ce récit avec plus de détails dans l'œuvre précédente "L'Amour ne T'oublie Jamais", dans laquelle le cadre complet de ce drame a commencé à être exposé. Ainsi, vingt-cinq années d'isolement et de renoncement de Livia finirent par modifier l'ardeur du sénateur, tandis qu'un rêve de Calpurnia, épouse de son ami défunt

LA FORCE DE LA BONTÉ

Flaminius Severus, décédé des années auparavant, révélait au sénateur les paroles de son ami décédé, attestant de l'innocence de Livia.

Pour toutes ces raisons, Publius avait réservé le jour de sa plus grande victoire en tant qu'homme public pour s'humilier devant sa femme, dès son retour du spectacle au Cirque Maxime, lui rendant les plus grands hommages en offrande de son repentir. Vingt-cinq ans d'attente pour demander un pardon qui n'atteindrait pas le cœur, blessé par l'injustice, de sa femme, car le lendemain serait un jour de libération pour certains et de plus grandes douleurs pour d'autres.

6.
TÉMOIGNAGES ACCEPTÉS

La nuit fut amère et triste, car on leur avait annoncé que de là, ils ne sortiraient que pour l'arène, où les bêtes les attendaient au petit matin.

Un sinistre avertissement les incitait à profiter des dernières heures de leur existence de la manière qui leur conviendrait, car pour eux, il n'y avait plus d'espoir.

Les femmes furent séparées des hommes et placées dans un autre endroit, tandis que les hommes, moins nombreux, se rassemblèrent autour de Jean de Cléophas, tels des papillons perdus dans la nuit qui se rapprochaient de la flamme chaude et lumineuse d'une petite bougie. Certains laissaient échapper des commentaires qui révélaient leur découragement, leur désespoir, leurs regrets tardifs, et les occasions manquées de compréhension fraternelle avec des êtres chers qu'ils avaient laissés passer et qu'ils ne pourraient plus rattraper.

À tous, la voix calme et posée de Jean cherchait à insuffler la force de la foi, leur transmettant une sérénité et un équilibre qui pénétraient jusqu'au plus profond de leur être, les aidant à supporter cette attente torturante.

Aucun d'entre eux ne réussit à dormir, et il en fut de même pour les femmes, généralement plus équilibrées que les hommes en cette heure de témoignage.

Dans cet endroit isolé, Livia et Anna parlaient d'une voix discrète et, comme l'angoisse des autres rendait les heures du témoignage encore plus lourdes, elles s'éloignèrent des autres afin que leurs confessions se fassent de manière sereine et sans les interruptions inconfortables des commentaires affligés des autres.

Livia se remémorait, dans ses souvenirs nostalgiques, le jour merveilleux de sa rencontre personnelle avec le bien-aimé Maître, au bord du lac de Génésareth, lorsque, la regardant d'une manière inoubliable et connaissant les amertumes de son âme, lui qui voyait son cœur blessé et préoccupé par la façon dont tout se déroulait dans sa vie, malgré la gratitude qu'elle éprouvait pour la guérison de sa fille Flavia en cette période amère de son destin, elle lui avait promis qu'au moment opportun, elle accepterait aussi son sacrifice pour l'édification de son Royaume dans le cœur des hommes.

En parlant doucement à sa chère servante, elle affirmait qu'elle croyait être arrivée au moment de l'abandon absolu de son âme, disant qu'elle ressentait presque une joie intérieure, en se voyant poussée à se dépouiller des illusions de ce monde de mensonges, où le bonheur était si contaminé par les larmes de ceux qui souffraient, et où seuls les égoïstes et les indifférents parvenaient à jouir d'un instant de joie éphémère.

En l'écoutant, la servante, émue, n'osait pas interrompre cet élan où elle confessait ses sentiments les plus profonds :

– Je me souviens du cher Siméon, dans sa petite cabane, qui nous a reçues toutes les trois et nous a protégées de la persécution des sbires de Pilate. J'imagine encore la grandeur de son âme dans le douloureux témoignage de sa propre crucifixion symbolique, victime de l'ignorance de ces hommes sans cœur, principalement Sulpicius qui, en même temps qu'il agressait le pauvre vieil homme sans défense attaché à la croix grossière qu'il maintenait à la porte de son logis, perdit lui aussi la vie peu après, lors de cet événement fatidique, écrasé par cette même croix qui s'effondra sur sa tête, lui fracassant le crâne.

Livia était certaine que l'esprit de Siméon les assistait là, dans ce cachot, car elle savait que l'Amour ne mourait jamais et qu'il restait toujours solidaire de ceux qui étaient restés en arrière. Elle ressentait sa présence et l'affection qu'il leur avait toujours prodiguée, comme un oncle généreux et un frère en Jésus.

Essayant de tirer Livia de cette vague de nostalgie et de mélancolie qui marquait ses paroles, Anna commenta :

– Madame, le sénateur, votre époux, a besoin de votre compagnie dans ce moment difficile de sa vie. Ne pensez pas que ce soit notre fin.

Comprenant l'affection de sa compagne, Livia laissa son esprit se tourner vers les dures étapes de témoignage affectif que le destin lui avait imposées dans son parcours de résignation et de renoncement, pour celui qu'elle avait toujours aimé comme une âme sœur qu'elle se devait d'accompagner sur le chemin terrestre.

Oui, son mari aurait besoin de forces pour affronter les illusions de ses propres décisions. Cependant, le long exil auquel il l'avait soumise au sein même de leur foyer, la privant de la compagnie de sa chère fille,

Flavia, sans lui offrir le droit de plaider son innocence, avait suffi pour lui faire voir les choses autrement.

Livia disait affectueusement que, dans la mesure où la douleur inexorable s'imposait dans la vie des êtres humains au point qu'ils se sentaient impuissants à faire autre chose que de l'affronter, on finissait par comprendre que la vie s'élargissait et que la compréhension des anciennes vérités, autrefois négligées, mûrissait.

Públius était un homme de son époque, vivant sa vie comme les gens de son temps croyaient qu'elle devait être vécue. Il recherchait les éloges éphémères et transitoires des honneurs et des victoires humaines, ce qu'elle comprenait naturellement, sans opposer la moindre critique ni jugement de condamnation.

Elle savait toutefois que ce monde réservait toujours, au fond de la coupe des plaisirs, le poison amer des déceptions. N'y avait-il pas suffisamment d'épines sur la tige des roses les plus parfumées de l'illusion pour blesser profondément ceux qui s'y attachaient follement ?

Ainsi, pour elle, Públius avait choisi un chemin très différent de celui qui l'avait elle-même attirée là. Et, bien qu'elle continue de lui témoigner fidélité et affection comme au premier jour, elle voyait son époux à travers le prisme de l'esprit, comme une âme immature face aux vérités supérieures, qui aurait besoin de sentir l'épine de la fleur lui percer la chair pour se détourner de la folie qui l'avait aveuglé dans son attachement aux honneurs et aux éclats mondains.

Jésus avait enseigné qu'il n'était pas possible de servir deux maîtres et, tant elle que son époux bien-aimé, avaient choisi des maîtres différents à qui rendre leur soumission.

Pour Livia, cependant, c'était déjà un immense réconfort d'avoir reçu de Públius, ces derniers jours, une tendresse qu'elle-même pensait éteinte dans son cœur.

– Il m'a adressé des paroles cordiales, il m'a doucement caressé les mains à certains moments, comme s'il voulait exprimer quelque chose de difficile à dire. Il a mentionné qu'il me réservait une surprise et que je devais m'y préparer dès qu'il serait de retour de la cérémonie avec laquelle l'insensé empereur cherche à honorer les plus anciens serviteurs de l'empire.

Cependant, poursuivit Livia, la méchanceté humaine savait séduire ses sujets par des cérémonies fastueuses et inutiles afin de les embrouiller face au devoir de critiquer l'arbitraire et la folie de celui qui les gouvernait.

Les honorés finissaient par vendre leur impartialité et, subtilement, se trouvaient engagés dans les délires de celui qui les comblait d'attentions, tolérant ses comportements indignes par une gratitude et une indulgence naturelles.

Públius était un homme de force et de courage, mais il se trouvait piégé dans les filets illusoires du pouvoir humain qui, s'il le soutiendrait d'abord au sommet, le précipiterait bientôt dans la poussière dès que cela deviendrait opportun, comme cela se passait pour elles, qui mourraient sans aucun droit ni défense, face à la foule déchaînée qui se divertissait du spectacle cruel de femmes, d'hommes et d'enfants dévorés.

– Pourquoi les hommages qui couronnent les têtes de feuilles et de bijoux rendent-ils les cœurs de ces dignes autorités indifférents, les faisant accepter une telle tragédie comme une partie du rituel qui les exalte ?

Mon époux a repoussé les mots de réconciliation, attendant de recevoir les honneurs que le faux pouvoir impérial lui destine dans quelques heures.

Lorsqu'il reviendra pour me donner la surprise promise, après de longues années d'attente, il ne trouvera que le vide et la solitude.

Émue en l'écoutant, Ana se rappela Flavia, la fille désormais adulte, qui s'était unie à Plinius, fils de Flaminius Severus et de son amie Calpurnia.

– Regarde, Ana, Flavia a suivi les traces de son père, élevée par lui dans le respect de nos traditions et liée à lui par les liens d'affinité créés au fil de toutes ces années.

En réalité, la fille avait été éloignée de l'influence de sa mère, qui ne put guère faire en sorte que son éducation prenne un autre chemin, d'autant plus que les tendances de son esprit se manifestaient plus fortes et plus semblables aux illusions de Públius, son père, inculquées comme modèle de la normalité de la vie. Son cœur suivait les mêmes pas que son père, et elle ne pouvait empêcher qu'il se blessât aux mêmes épines que lui.

Pourtant, comme l'exprimait Livia à son amie servante, elle lui dédiait ses prières quotidiennes, car le sentiment maternel n'oubliait jamais cette âme qui lui avait été confiée un jour, dans le sanctuaire de son ventre, comme un berceau de Dieu pour l'arrivée de la vie sur Terre.

Ainsi, la noble matrone romaine avouait qu'elle s'était totalement détachée de tous les attachements du monde, prête à affronter les épreuves qui les attendaient afin que la vie ait le sens le plus large du Vrai Amour, qui sait mourir pour que davantage de personnes puissent apprendre à aimer.

Avec une inflexion particulièrement tendre, elle parla doucement à la servante :

– Je veux m'adresser à ton cœur pour te demander pardon pour toute chose que j'aurais pu faire à ton détriment ou omettre pour ton bien, car j'ai pour toi l'amour le plus pur de sœur ou de mère dévouée. Je n'ai jamais souhaité t'offenser ou te blesser par la conduite arrogante de celle qui est socialement au-dessus de celles qui, souvent, en tant que servantes humbles, sont les véritables maîtresses par les qualités de l'esprit.

C'était un moment de profonde émotion entre les deux amies, qui se préparaient à affronter les douloureuses contingences d'une épreuve exigeant tout pour la véritable libération de leurs âmes.

Après une pause émue, les mains de Livia prirent entre les siennes les mains calleuses d'Ana, afin que l'affection entre elles devienne encore plus fraternelle, tandis que l'ancienne maîtresse s'adressa à sa confidente pour lui demander une dernière faveur.

– Cependant, il me reste à te demander quelque chose que toi seule peux faire pour moi.

Comme tu le vois, l'heure ultime est arrivée et m'a surprise vêtue des habits élégants de femme de sénateur, alors que mon âme aurait aimé affronter cette épreuve en arborant la tunique humble des serviteurs.

Il ne s'agit pas de honte de ma position ni même de tenter de préserver mon mari de toute pression. Rien de ce que je ferai ou ne ferai pas n'empêchera Públius de subir les amères déceptions du monde qu'il a choisi de servir.

En réalité, je souhaite seulement me séparer de toute apparence mensongère et trompeuse de ce monde et arriver à ce moment décisif comme une véritable servante, qui a tout donné par Amour pour la Vérité que Jésus représente pour nous, et c'est ce qui m'amène à te faire cette demande sincère et humble.

LA FORCE DE LA BONTÉ

En écoutant sa maîtresse, Ana cherchait à comprendre quel serait le dernier souhait que, si elle en avait la possibilité, elle s'empresserait d'exaucer :

– Oui, Ana, j'aimerais que tu échanges tes vêtements avec moi, afin que moi, qui ai toujours vécu dans la facilité et le luxe, je puisse me présenter telle que mon esprit se sent : modeste et dépouillé de tous les ornements mensongers qui séduisent ceux qui vivent dans notre société.

Surprise, Ana pleurait, ne sachant que faire en cette heure si cruciale pour leurs destinées, où la chère patronne lui suppliait son aide pour apparaître humble, même dans son apparence.

Voyant que la servante ne réagissait pas et que le temps pressait, Livia ajouta avec douceur et détermination :

– Si tu souhaites me donner cette dernière satisfaction, ma chère fille, ne tarde pas, car nous n'avons pas beaucoup de temps.

Ne pouvant refuser cette demande aimante de sa bienfaitrice, elles se dirigèrent ensemble vers un divan, légèrement éloigné de la vue des personnes présentes. Dans un geste rapide et simple, elles échangèrent la toge et la tunique, une sorte de vêtement extérieur que l'on plaçait par-dessus la tenue complexe commune à cette époque, transférant de Livia à la servante tous les ornements qu'elle portait sur elle, comme quelques bijoux de tous les jours, fixant sur la toge les broches qui la décoraient, et retirant les bagues ainsi qu'un bracelet pour les remettre à Ana.

Elle garda seulement le collier avec le portrait de son mari, une sorte de camée avec le profil du sénateur en relief, que son époux lui avait offert le jour de leur union, il y a de nombreuses années. Elle désirait mourir par Amour pour le Christ, portant sur sa poitrine le symbole de son amour pour Públius, comme si elle voulait l'emporter avec elle dans un autre monde où la vérité ne blessait pas et ne faisait pas pleurer.

Le jour se leva, et l'ancienne maîtresse ne se distinguait en rien des humbles femmes qui avaient été arrêtées la nuit précédente, tandis que la servante, enveloppée dans la toge de la noblesse, passait parfaitement pour une matrone romaine, parée d'une imposante noblesse.

Les heures passaient lentement, tandis que les hommes et les femmes, réveillés par la lumière d'un nouveau jour, cherchaient à se rapprocher encore plus les uns des autres à travers des chants et des exhortations par lesquels ils se fortifiaient mutuellement.

LA FORCE DE LA BONTÉ

Jean et Livia se trouvaient là, parmi ceux qui restaient intensément attachés à l'objectif suprême de ce moment.

À leurs côtés, le monde spirituel se manifestait également par les douces forces qu'il émettait, tandis que des chants de gloire étaient entonnés dans ces salles de torture par les favoris de Jésus, afin de maintenir l'atmosphère spirituelle saturée de forces de pureté et de pouvoir, adaptées à ce moment de bravoure auquel allaient se soumettre tous ceux qui s'y trouvaient.

Pendant que cela se déroulait dans la prison, chez lui, Públius se perdait dans ses préoccupations concernant les préparatifs pour le grand jour des hommages publics dont il serait l'objet, ne remarquant l'absence de Livia qu'à une heure avancée de la matinée, avec l'arrivée de sa fille Flavia qui cherchait sa mère.

– Regarde, ma fille, je pensais que Livia était restée chez toi avec Ana, passant la nuit là-bas ! – affirma le sénateur, un peu surpris et montrant une certaine inquiétude.

C'était la première fois que Livia passait la nuit hors de la maison sans avoir laissé le moindre avis.

Voyant son angoisse contenue, Flavia tenta de le calmer, sachant qu'il avait prévu une réconciliation ce jour-là, et répondit :

– Va, maintenant, père. Les esclaves t'attendent et la cérémonie ne peut être retardée à cause de ton absence. Je chercherai moi-même maman pour qu'à la fin de l'après-midi, quand tu reviendras, nous puissions tous les trois être réunis ici pour des embrassades de réconciliation définitive.

Un peu plus serein et poussé en avant par la force des engagements pris envers le monde, Publius se laissa conduire jusqu'au Sénat, sans parvenir à extraire de son cœur l'épine de l'inquiétude que causait cette absence inhabituelle et étrange.

Flavia était également inquiète, comme si elle percevait, tout comme son père, les sombres nuages qui s'amoncelaient au-dessus de leurs têtes et qui allaient éclater en une tempête douloureuse dans quelques heures.

7.
LE CHANT DE LA BONTÉ

Le mouvement dans le plan spirituel était assez intense. Tandis que les vivants en corps se mettaient en attente du moment final de leurs existences, cherchant un soutien, que ce soit par le biais de conversations amicales et réconfortantes, ou par le souvenir de Jésus auquel ils recouraient à travers la prière, rassemblés dans cette attente cruelle, les esprits se mobilisaient pour les aider en ce moment si important du destin de l'humanité.

Au loin, la cérémonie conduite par l'empereur se déroulait, rassemblant un grand nombre d'autorités officielles dans les différents lieux où elle avait lieu.

Des temples religieux et des curies, le cortège prenait lentement le chemin du grand espace d'expositions et d'hommages finaux, où le peuple participerait activement. Grâce aux faveurs impériales qui, ouvrant les greniers officiels, favorisaient une généreuse distribution de nourriture à ceux qui prendraient part aux hommages, le cortège officiel était amplifié par la grande affluence de populaires, de curieux, de débutants enthousiastes, d'opportunistes attendant une occasion favorable, des personnes cherchant à peine à se distraire durant cette période monotone où la misère imposait la routine à la majorité.

Le Circus Maximus était jusqu'alors le lieu des festivités, puisque le célèbre Colisée n'avait pas encore été érigé. Ses dimensions gigantesques pour l'époque témoignaient bien de l'importance des événements qui s'y déroulaient dans l'âme populaire, favorisant le vieux concept selon lequel gouverner le peuple, c'était lui donner du pain et des jeux.

Nourriture et divertissement étaient les exigences minimales qui maintenaient les gouvernés pacifiés et satisfaits de leurs besoins, chacun portant les autres frustrations à sa manière.

Alors, après d'innombrables discours et cérémonies, le grand cortège entra enfin dans l'ambiance des fêtes somptueuses où, sous le commandement de l'empereur enivré, les exhibitions artistiques de goût douteux, les combats de gladiateurs, les courses et les danses donneraient le ton considéré comme joyeux et populaire des hommages aux plus anciens sénateurs de l'empire.

Le pavillon impérial dominait l'arène et sous ses galeries se trouvaient les prisons et les entrées du grand espace allongé où se dérouleraient les combats, les courses et les danses.

Enveloppés par les hommages et les révérences, les sénateurs, pour la plupart, étaient en phase avec chaque étape de la cérémonie afin de la conserver dans l'acoustique des souvenirs naturels dont l'orgueil a besoin pour rester brillant et hautain devant lui-même.

Ainsi, le sénateur Públio Lentulus s'était laissé envelopper par l'importance que les pouvoirs transitoires lui accordaient, se déconnectant de toutes les autres circonstances ou préoccupations qui n'étaient pas liées à l'acte où il était inclus comme l'un des honorés.

Au fond de son cœur, cependant, quelque chose le dérangeait sans qu'il abandonne son idylle momentanée pour découvrir ce que cela pouvait être.

Une oppression intérieure le blessait, mais son esprit était fixé sur chaque geste et chaque rituel.

L'arrivée de tous dans leurs places près du pavillon impérial permit aux membres officiels une certaine détente, ce qui renforça, dans son esprit, l'angoisse de Públio.

Cependant, il l'attribuait à l'anxiété de rentrer chez lui et de retrouver Livia pour défaire le long et pénible chemin d'indifférence et d'injustice qu'il s'était lui-même imposé pendant de nombreuses années.

Dans les cachots, le mouvement produisait une agitation intense dans l'air, car l'organisation de toute la fête se concentrait là, où la succession des présentations était orchestrée.

– Est-ce que tout est coordonné, Clodius ? – demanda Cornelius à son subordonné qui était avec lui responsable du résultat final de la présentation, pour laquelle le tableau le plus dramatique était prévu.

– Oui, tout est prêt. Au moment venu, tous seront placés dans l'arène pour le plaisir des présents et en hommage aux dignitaires – répondit Clodius, ironisant sur la tragédie.

– Excellent. Cependant, n'oublie pas d'éloigner cette femme, car nous ne souhaitons pas avoir de problèmes avec la mort de gens puissants à cause de nous.

– Et comment cela doit-il être fait ? Ne serait-il pas mieux de la libérer maintenant que la cérémonie vient juste de commencer pour qu'elle puisse partir ?

– Je pense qu'il vaut mieux le laisser pour la fin, car sortir avant pourrait nous causer plus de problèmes en informant les autorités de sa détention illégale, ce qui nous apporterait des désagréments. Voici ce que nous ferons : quand tous les prisonniers seront conduits à la fin, tu organises une file et tu la laisses en dernier. Après que tous soient entrés, nous l'extraire de la prison et la mettrons dans la rue pour qu'elle puisse s'en aller.

– C'est vrai, je pense qu'avec ça nous résolvons le problème et ne nous créons pas de difficultés – répondit Clodius, en accord avec Cornelius.

Ainsi, les heures de l'après-midi passaient entre les effets éblouissants de présentations ornées et brillantes, des combats violents entre ceux qui étaient entraînés à cela, des jeux et des compétitions athlétiques, attendant l'heure cruciale à laquelle le peuple pourrait, avec plus d'intensité, ressentir les délires de l'empereur et s'y joindre par sa participation et sa connivence.

Pendant ce temps, dans le monde invisible, une grande multitude d'esprits se rassemblait dans l'atmosphère vibratoire de ce qui serait le premier épisode du sacrifice collectif pour la nouvelle cause, qui transformerait le monde romain et se répandrait à travers la Terre. S'il y avait une grande quantité de gens halluciné remplissant les positions des galeries à ciel ouvert en même temps qu'un si grand volume d'esprits dans le besoin se réunissait au même endroit pour participer aux folies et se délecter des plaisirs euphorisants, les esprits ennoblis qui dirigeaient les destins de l'humanité avec amour et intense tendresse commençaient à modifier le tableau général.

Comme s'il s'agissait d'un grand tissu fluide, composé d'énergies subtiles et apaisantes, il fut lancé sur tout le domaine physique de l'immense arène, englobant non seulement les bancs de pierre qui contenaient, une fois pleinement occupés, plus de trois cent mille personnes, mais aussi toutes les entités qui les accompagnaient dans des émotions déséquilibrées.

De cette façon, sur le plan invisible, la couverture susmentionnée servirait à la fois de barrière protectrice, créant un espace délimité où la vibration céleste pourrait agir plus intensément, ainsi que de barrière

LA FORCE DE LA BONTÉ

vibratoire qui maintiendrait toutes les entités rassemblées à cet endroit, sans leur permettant de fuir. D'immenses cordons d'énergie soutenaient tout le périmètre d'un tel toit comme si nous regardions un gigantesque magasin, dont le rez-de-chaussée était transparent et rempli d'énergie subtile et délicate. Au même moment, un groupe d'entités angéliques, préférées par Señor Jesus, se dirigeaient vers l'intérieur du donjon et, à travers des prières magnétiques, enveloppaient le groupe de martyrs dans des bulles de force qui les protégeaient des attaques vibratoires jusqu'à la dernière heure. Pour chacun des hommes et des femmes présents, une entité lumineuse se chargeait d'impliquer toute l'organisation physique avec des fluides baumes, équilibrant le système nerveux central, renforçant le système limbique, aidant à dilater la sensibilité de chacun à la fin de celle-ci. , même dans le corps physique, il pouvait les présenter émanations élevées de cette heure où, comme des héros anonymes, ils seraient conduits au plan de la vraie vie, parmi les humiliations, les cris, les imprécations et les cruautés. Enfin, le moment était venu. Sur le plan physique, le pabellon de l'empereur était rempli d'impatience lorsque serait présenté le numéro final que Nerón porterait au public et à ses honorés de cette heure. Seuls l'empereur et ses amis les plus proches savaient ce qui était prévu pour cette journée. Sur le plan spirituel, une véritable multitude d'acolytes célestes, entités de haute portée évolutive, esprits familiers des martyrs, tous rassemblés en silence pour participer à ce moment solennel qui allait commencer la grande cérémonie céleste de maturité de l'humanité et de prolifération des messages chrétiens. à travers la Terre.

Un hymne d'une beauté exquise et indescriptible résonnait, provenant des hauteurs insondables, remplissant l'atmosphère spirituelle et provoquant des larmes aux yeux de quiconque pouvait le percevoir dans l'acoustique de l'âme.

La musique céleste était également utilisée pour apaiser les entités négatives qui se consortiaient avec les incarnés dans l'environnement, produisant de plus grandes atrocités. Enveloppées par l'atmosphère magnétisée positivement, elles se sentaient inhibées dans leurs actions les plus audacieuses, limitant leur sphère d'action et, qui sait, ressentant que quelque chose de très étrange se produisait.

Beaucoup de ces entités, plus curieuses qu'autre chose, sans comprendre ce qui allait se passer, commencèrent à pressentir que les choses ne se déroulaient pas comme d'habitude lors de ces spectacles. D'autres commencèrent à voir avec leurs yeux spirituels la dimension lumineuse qui enveloppait tout cet environnement, certaines pleines de terreur tandis que d'autres se laissaient impressionner, tombant dans un mutisme, comme hypnotisées par une force qu'elles savaient supérieure à tout ce qu'elles avaient déjà vu.

Prises les dispositions nécessaires pour l'entrée des condamnés à mort, les soldats responsables du cortège de ceux qui se trouvaient là en tant que prisonniers condamnés à la peine capitale permirent leur entrée dans l'arène, réservant pour la fin celle qui se présentait à eux vêtue de manière particulière et importante.

Se rendant compte qu'elle serait séparée de Livia par ordre du soldat qui les conduisait, Ana tenta une protestation selon laquelle elle ne désirait pas être empêchée d'offrir sa vie par amour pour Jésus, à quoi elle reçut l'information de manière grossière que, compte tenu de son importance, elle resterait à la fin pour être présentée dans l'arène dans une condition spéciale.

Cependant, comme nous le savons déjà, dès que les autres prisonniers furent amenés à l'intérieur, Ana fut mise à l'écart et placée dans la rue par une porte latérale, avec la détermination qu'elle retourne chez elle afin de s'éloigner des risques auxquels elle était exposée.

Juan de Cleofás marchait, décidé, en tête des autres hommes et femmes, sans comprendre exactement ce qui allait se passer.

L'entrée de ceux qui allaient dans l'arène était accompagnée du chœur hostile et des huées du public, toujours prêt à humilier ceux qui étaient déjà condamnés à la tragédie.

Enveloppés par les émanations lumineuses, tous les chrétiens s'unissaient en prières à Jésus.

Cleofás, dans ces derniers moments, se souvenait des après-midis heureux en compagnie de Jésus, tout en entrevoyant la petite maison misérable dans laquelle il avait été caché, alors que la lèpre le dévorait.

Ses souvenirs revenaient aux jours heureux de sa jeunesse, lorsqu'il, emporté par des rêves d'amour, s'était unifié à Judith, rêvant de fonder une famille, sans réaliser qu'il détruisait une autre.

En pensant à cela, il se rappelait de Zacharie, le bienfaiteur de son existence, à qui il était lié pour toujours par les liens du plus sincère et fidèle amour, ce même mari qu'il avait rendu malheureux et qui, plus tard, viendrait le libérer de la lèpre et l'orienter vers les chemins du Divin Maître.

Le souvenir de Zacharie lui faisait briller le regard, dans l'émotion qui commençait à se cristalliser en larmes de gratitude et, en même temps, de sincère repentir pour tout ce qu'il avait fait de mal durant cette existence.

Les gouttes cristallines coulaient le long de ses joues comme si les portes du passé s'étaient ouvertes pour une grande révision de son parcours.

Cependant, une main lumineuse touchait son cœur dans les fibres les plus profondes, comme lui murmurant que le passé avait été surpassé par l'amour véritable. Que c'était le moment glorieux de se donner à Jésus afin de fertiliser la semence pour l'avenir radieux qui était destiné aux hommes, que aucun souvenir négatif ne devrait ternir la gloire de ce moment de don et que le soutien du Divin Maître était présent pour accueillir tous.

En vérité, là se tenait Zacharie, le vieil ami, le bienfaiteur de toutes les heures, celui qui acceptait la douleur personnelle et la transformait en semence d'espoir dans le cœur de Cleofás.

Oui, le vieil apôtre, qui avait été désigné par Jésus pour apporter l'amour aux bourreaux les plus cruels, était également autorisé à apporter le baume de réconfort à celui qui, vingt ans auparavant, était devenu son propre disciple, cet fils qu'il n'avait jamais eu. Cleofás se mit à verser d'abondantes larmes, maintenant que ses yeux physiques parvenaient à discerner la figure douce et fraternelle de Zacharie à ses côtés, avec un sourire d'encouragement sur le visage et les yeux également ternis par l'émotion de ce moment.

Ce même Zacharie, qui avait accepté le sacrifice par amour, revenait maintenant pour insuffler amour et confiance à l'ami véritable au moment où le témoignage douloureux lui revenait en tant que document libérateur des culpabilités et des erreurs du passé.

Enveloppé par cette onde de sentiments grandioses, Juan de Cleofás percevait que ses larmes pourraient être interprétées par les autres comme une démonstration de peur ou de lâcheté face à l'angoissant moment. Comprenant ses préoccupations, Zacharie s'approcha de lui pour l'aider, en ce moment ultime, à être l'exemple pour les autres qui se reflétaient tant en lui.

LA FORCE DE LA BONTÉ

— Souviens-toi, cher fils, que chanter doit toujours être la manifestation de la joie face à la plus cruelle adversité.

En entendant clairement ces mots, Juan sourit, reconnaissant pour le rappel, et bien que les larmes continuaient à couler de ses yeux, sa voix forte et confiante se mit à entonner les hymnes religieux que les chrétiens chérissaient tant lors de leurs rencontres solitaires et isolées, avec lesquels ils souhaitaient rendre hommage à l'excellence du Père et à la bonté du Christ.

En entendant sa voix déterminée, ceux qui l'entouraient, également encouragés par son exemple et par les forces spirituelles qui étaient distribuées à tous, se mirent à grossir le chœur, provoquant un fort impact sur la foule qui, autour, était toujours habituée aux spectacles de lâcheté et de peur chez ceux qui étaient mis face à la mort.

Un silence abrupt a parcouru les galeries les plus proches, comme s'il était nécessaire de s'assurer que, effectivement, ces condamnés étaient vraiment en train de chanter.

Et beaucoup entendirent les chants qui semblaient s'élever avec la force de puissants haut-parleurs, atteignant les oreilles de nombreux spectateurs. Pendant ce temps, il ne s'agissait que d'une poignée d'hommes et de femmes chantant des hosannas à un Jésus que la plupart de ceux présents n'avaient jamais connu.

Un malaise parcourut le pavillon de l'empereur, qui ne souhaitait pas que cette scène impressionne le public autour. Ainsi, plus vite que l'éclair, il ordonna que les lions soient lâchés, non sans d'abord décider que ses assistants, dispersés parmi la foule, interrompent ce moment de surprise, reprenant l'animation pour briser l'atmosphère créée.

Aux côtés des martyrs qui chantaient, se trouvait Livia, confondue avec les serviteurs par son humble tenue, et dès qu'elle fut admise et se positionna avec tous les autres devant les luxueuses loges de Néron, où se trouvaient également tous les sénateurs, elle s'agenouilla en prières intimes, mais chercha du regard la silhouette de son mari qui, d'ailleurs, assistait aussi à cette cérémonie lugubre.

Au loin, elle crut entrevoir la silhouette de Publius brillant à la lumière dorée du coucher de soleil, arborant les insignes de la victoire mondaine, ce qu'elle fut interrompue par les bêtes affamées qui avaient été libérées et se jetèrent sur les martyrs avec une fureur anxieuse, déchiquetant leurs corps fragiles.

LA FORCE DE LA BONTÉ

Il est important de mentionner, cependant, qu'au cours des opérations magnétiques auxquelles ils étaient soumis, un doux anesthésiant spirituel leur avait été administré pour qu'ils ne souffrent pas des atrocités bestiales et qu'ils affrontent sans peur ce triste moment de la trajectoire humaine.

C'est pourquoi, alors que le spectacle se poursuivait devant l'euphorie enragée de la foule, maintenant augmentée par la multitude qui se pressait sur les collines environnantes et sur les toits de toutes les constructions voisines d'où l'on pouvait apercevoir l'arène, des hymnes de gloire s'élevaient dans le plan spirituel qui dominait l'environnement et enveloppait tous les présents.

Ainsi, près de cinq cent mille personnes étaient enveloppées par les ondes de la force spirituelle qui se produisait dans ce phénomène de cruauté humaine et de sollicitude céleste, un moment où les émissaires de l'amour venaient semer dans chaque cœur des spectateurs la graine de ce qui deviendrait, dans le futur, le jardin chrétien, plein d'espoir, de force et de la Bonne Nouvelle sur le chemin des hommes.

Un brillant sentier céleste s'ouvrit, illuminant l'arène et permettant à des légions d'archanges du Divin Maître de venir leur apporter l'auréole du sacrifice supporté avec fidélité et confiance, comme symbole glorieux que portent les travailleurs fidèles de la Cause du Christ sur Terre.

Comme il a déjà été dit, dès que les bêtes se jetèrent sur les victimes sans défense, une équipe d'esprits les enveloppa d'un doux étourdissement qui leur facilitait de supporter une si rude désincarnation.

Et tandis que l'arène se couvrait de corps déchiquetés et se teintait de rouge, la cour angélique se formait avec l'arrivée des esprits libérés, emportés par les bras de leurs plus proches collaborateurs.

Zacarías portait Cleofás comme un précieux fardeau du cœur. Siméon emmenait avec un amour céleste l'esprit de Livia, détaché de la matière.

Ainsi, pour chaque victime, des bras lumineux l'accueillaient et la transportaient jusqu'au cercle de forces formé par la projection des rayons célestes qui descendaient d'en haut.

Dans la dimension spirituelle, une véritable agitation se faisait sentir, car une grande partie des esprits ignorants, apercevant la scène élevée qui se déroulait sous leurs yeux, tentaient de quitter leur place pour sauter dans l'arène et courir à la rencontre des lumières divines, comme si toutes leurs espérances s'y trouvaient.

D'autres, voyant la grandeur de ce phénomène, étaient effrayées et voulaient fuir, poussant des cris de terreur.

D'autres encore, en colère de ne pas pouvoir participer à un tel banquet, se mirent à vociférer contre les puissances de l'Amour, laissant libre cours à leurs complexes et à leurs culpabilités, révélant tout leur retard et leurs rancœurs accumulées.

Cependant, aucune des entités ne parvenait à quitter le lieu qu'elle occupait.

Il semblait qu'une force supérieure à tout ce qu'elles connaissaient les avait clouées sur place, les obligeant à assister à tout cela.

Parmi les incarnés présents à ce tumulte, malgré leur penchant habituel pour les spectacles dantesques qui se déroulaient là, plongés dans l'ivresse et la promiscuité, une grande partie des spectateurs, ce jour-là, se laissa impressionner par le geste stoïque et valeureux de ce petit groupe d'innocents qui, malgré la tragédie à laquelle ils étaient exposés, chantaient hosannas à un Dieu qu'ils ne connaissaient pas.

Les vibrations élevées de l'ambiance spirituelle, alliées aux scènes fortes qui se produisaient, ouvrirent, dans l'indifférence du cœur de beaucoup, des fissures de honte, de peur, d'admiration, de curiosité, de surprise, de véritables passages par où, plus tard, une compréhension différente des lois de l'Univers pénétrerait et les transformerait également.

À leurs côtés, des esprits généreux s'efforçaient également de réveiller en eux les fibres les plus intimes, touchant leurs sentiments avec des forces capables de stimuler la compassion, la miséricorde.

Et, jamais comme à cette heure-là, le sénateur Públio Lentulus ne ressentit une telle aversion pour toutes les choses mondaines qu'il avait toujours cherché à conquérir.

Ressentant dans l'acoustique de son âme les adieux émouvants de l'esprit héroïque de celle qui avait été sa femme sur Terre et avait souffert de son injustice, Públio manifesta le désir de fuir cet endroit, se remémorant la rencontre qu'il avait eue avec Jésus de Nazareth dans les lointains jours de Palestine, qui l'avait marqué à jamais, bien qu'il ne l'admette pas publiquement.

S'intéressant au sort des créatures qui succombaient là, dans ce spectacle sanglant, il chercha à s'informer auprès de ses collègues pour savoir s'il s'agissait vraiment de misérables condamnés à mort, ceux qui étaient destinés aux griffes des lions, lorsqu'il fut informé par son collègue au Sénat qu'il circulait dans l'air la rumeur selon laquelle, parmi certains condamnés, la majorité de ceux qui étaient exécutés serait composée de pauvres chrétiens qui avaient été arrêtés dans les catacombes, ce qui n'a fait qu'accroître les angoisses de Públio, se remémorant la mystérieuse disparition de sa femme ce matin-là.

Cependant, les hommages mondains avaient déjà produit un amoncellement de cadavres sur l'arène teintée de rouge qui entourait le somptueux trône du César.

Toute modification des destins et injustices commises arriverait désormais trop tard.

8.
LA PROTECTION SPIRITUELLE

Au même moment où Jean de Cléophas était relevé par des mains amies qui le chérissaient comme un trésor, la Bonté Divine offrait également aux autres, sacrifiés dans l'arène, un accueil généreux, semblable à celui que l'on peut accorder à tous ceux qui, face à leurs expériences personnelles, atteignent la fin de leur existence en étant victimes des injustices. La grande majorité de ceux qui étaient là pour être exécutés devant la foule déchaînée était composée de créatures humbles, souffrantes et désespérées, qui cherchaient dans la parole de la Bonne Nouvelle, cette nuit-là, la force de résister.

Si les chrétiens affrontaient leur sacrifice en tant qu'acte de bravoure morale, certains d'entre eux étaient en cours d'expiation, s'équilibrant ainsi avec la loi de cause et d'effet pour des arbitraires commis dans le passé. Les autres, curieux et en quête d'espoirs spirituels, bien qu'ils ne fussent pas des chrétiens convertis, étaient pris en charge en tant que victimes des injustices, de la violence et des mesquins conflits d'intérêts que les hommes exposaient dans l'arène de la vie.

Il s'agissait de processus douloureux de désincarnation qui, en vérité, représentaient aussi des actes de compensation devant le grand tribunal invisible de la conscience, car parmi eux se trouvaient des incarnés qui, autrefois, avaient également prononcé des sentences iniques et des condamnations infâmes. Conduits vers l'expiation de leurs propres crimes et la purification de leurs consciences, ils devaient retourner dans le monde pour purger les fautes accumulées.

Ainsi, le soutien invisible n'était pas limité aux leaders apostoliques et aux chrétiens convertis, accueillis, comme nous l'avons vu, par des mains sublimes. Chacun des désincarnés présents recevait un soutien en fonction de sa condition spirituelle ; et bien que tous ne se joignaient pas à la lumineuse caravane de ceux qui laissaient dans l'arène le sang du sacrifice pour la cause de l'Amour, ils étaient également pris en charge et transportés vers des lieux compatibles avec l'aide que leur destinait le monde spirituel, les éloignant de cette atmosphère sinistre où leurs corps avaient été déchiquetés.

Pendant ce temps, alors que le monde spirituel s'ouvrait pour accueillir avec gloire ceux qui avaient perdu la vie en cette tragique soirée, dignes des honneurs réservés aux soldats victorieux, il ne négligeait pas de protéger également la foule d'ensorcelés venus assister au spectacle pour satisfaire leurs penchants inférieurs.

Cela s'expliquait par la présence d'une immense pléiade d'esprits dévoués à l'Amour, prêts à recueillir des entités spirituelles inférieures, ignorantes et démunies, qui suivaient les pas des incarnés en quête d'émotions et d'aventures, mais qui, ce jour-là, se trouvaient aimantées par la puissante force qui, sans qu'elles puissent la comprendre, les retenait sur les lieux de ce triste et honteux spectacle.

Sur toute l'arène et les quelque cinq cent mille personnes amassées sur les collines, les toits et les balcons entourant le grand cirque, ce que l'on pourrait appeler le Manteau du Seigneur s'était projeté dans le monde spirituel et, par son doux magnétisme, permettait une transformation de la compréhension et des sentiments chez une multitude d'entités souffrantes qui, trompées par l'ignorance, restaient liées aux hommes, dans une symbiose ou interdépendance néfaste pour les deux, malgré son apparente plaisance.

Ainsi, en présence de ce théâtre de tragédies, de nombreuses entités spirituelles, attachées aux spectateurs et les accompagnant, ressentaient une aversion brutale et souhaitaient fuir les lieux, effrayées. Parfois, la cruauté suscite la panique même chez les individus les plus cruels.

Et cette condition magnétique de l'environnement faisait que ces esprits, plus ignorants que réellement mauvais, se trouvaient désespérés par tout cela et tentaient de s'enfuir en une course effrénée.

Cependant, comme nous l'avons déjà expliqué, ils ne pouvaient pas quitter les lieux, comme s'ils devaient absorber jusqu'à la dernière goutte de ces scènes désagréables, afin de s'en immuniser définitivement.

Il y avait d'autres entités qui, dans un premier temps, partageaient la cruauté démontrée par ceux qui dirigeaient le spectacle, criant insultes et obscénités à ceux qui avaient été présentés dans l'arène, renforçant le chœur des incarnés. Elles semblaient être des loups invisibles se préparant au banquet de chair qui allait bientôt commencer.

Cependant, le geste des condamnés qui se rassemblaient autour de Jean de Cléophas et chantaient des hosannas en une émouvante démonstration de foi en un Dieu inconnu pour la plupart, produisait un tel spectacle de lumière et de force que, dans l'intimité de ces entités avides, un impact se fit sentir, les surprenant également.

Tandis que les spectateurs ne voyaient que des hommes et des femmes chantant dans l'attente d'une fin tragique, le monde spirituel autour témoignait d'un déferlement de lumières et de parfums, de chants et de pouvoirs spirituels qui arrivaient en réponse à cette démonstration de fidélité, surtout celle qui se vit au moment du sacrifice le plus douloureux.

C'est pourquoi, des centaines de milliers d'entités dégradées et malveillantes ressentaient une oppression au niveau du cœur et de l'esprit, comme si une force puissante leur extrayait quelque chose de durci, installé depuis longtemps, et diminuant leurs capacités de penser et de ressentir.

Beaucoup d'entre elles furent menées à des sentiments opposés après avoir vu les mouvements de l'Amour répondant au chant des misérables qu'elles ridiculisaient avec ironie, et se retrouvèrent noyées dans un flot de larmes désespérées, comme si elles commençaient à implorer l'aide de ces puissantes forces, retrouvant un chemin pour sortir de leurs propres ténèbres. Inutile de préciser, pour éclairer le lecteur, que même dans le monde invisible, là dans cette arène de passions inférieures, il y avait une sorte de direction orchestrée par des entités ténébreuses cherchant à manipuler les émotions de la foule en fonction de ce qui semblait le plus propice pour stimuler les passions et maintenir les dominations inférieures sur les incarnés qu'ils dirigeaient facilement.

Ainsi, dans chaque secteur du vaste ensemble de tribunes de cet amphithéâtre, une entité imposante au visage grossier et malveillant se tenait en place, contrôlant le groupe d'esprits qui accompagnaient les incarnés et les maintenant sous son influence.

En cherchant ainsi à imposer la peur chez ceux qui se montraient plus exaltés ou qui souhaitaient se comporter d'une manière que ces esprits dominateurs ne jugeaient pas adéquate, il suffisait qu'un incarné se sente enclin à la compassion envers l'un des gladiateurs ou des combattants présentés dans l'arène, montrant un sentiment plus noble, pour que ces entités dirigeantes s'approchent avec un fouet magnétique invisible, formé par leur volonté et leur connaissance des techniques vibratoires. Elles infligeaient alors des coups, tant à l'entité spirituelle inférieure qui accompagnait ce spectateur qu'à la structure spirituelle du même incarné, de sorte que tous deux ressentaient le malaise produit par de telles attaques et se détachaient de tout sentiment élevé.

Le jour des événements rapportés, se trouvaient également là des entités dures et froides, se croyant exécutrices de la volonté du "grand empereur", un esprit directement lié à celui de Domitius Néron, dans le rôle d'obsesseur cruel qui tirait profit des bassesses et des vices du gouverneur romain pour produire toute sorte de désordres procurant des plaisirs à ses suiveurs invisibles.

Ainsi, cher lecteur, il y avait, aux côtés de l'empereur incarné, une entité qui se faisait également appeler le "grand empereur", pensant posséder un pouvoir suffisant pour diriger le mouvement qui, de l'autre côté de la vie, tentait de reproduire les mêmes plaisirs et sensations viles, exhortant aussi bien les esprits que les incarnés à demeurer attachés à des conduites dissolues.

Dans le monde spirituel inférieur, un réseau de commandement s'établissait pour soutenir ce "grand César", composé de prêtres de divers temples, corrompus par leurs pratiques déplorables, qui, après leur mort sur Terre, parvenaient au monde spirituel dans des conditions des plus difficiles et étaient recrutés par ces entités sombres pour poursuivre leurs pratiques nuisibles et trompeuses.

De même, ce réseau comprenait des magistrats véreux et corrompus, qui, ayant quitté leur corps physique, finissaient assiégés par ces créatures et acceptaient de rester dans les mêmes conceptions anciennes d'une justice misérable et pervertie par des raisonnements tordus et des combinaisons légales.

Les anciens gladiateurs, habitués à la froideur et à la violence du combat, après avoir quitté leur corps dans un état d'ignorance, étaient recrutés pour exercer des fonctions de contrôle des vibrations dans des environnements comme celui-ci, cherchant à utiliser leur apparence effrayante et puissante pour soumettre toute tentative d'élévation spirituelle des spectateurs de tels spectacles.

Ainsi, ce jour-là, ces entités grotesques étaient présentes, tentant d'accomplir leur « travail » auprès des secteurs qu'elles avaient sous leur contrôle, dans l'étendue des gradins du grand amphithéâtre. Cependant, bien que les yeux de tous soient fixés sur le festin, du « grand empereur » au plus inférieur dans la hiérarchie qu'ils avaient établie, les choses ne se déroulaient pas comme dans d'autres spectacles. En effet, il était habituellement bien plus facile de maintenir l'anarchie magnétique sous contrôle, selon des critères qui leur paraissaient les meilleurs, ou plutôt, les pires.

Cela était dû au fait que, touchés par l'émotion de cet acte de dévotion jamais manifesté dans ce théâtre de plaisirs, un grand nombre d'entités spirituelles accompagnant les incarnés, sans parler de ces derniers eux-mêmes, commençaient à s'accorder à un schéma de sentiments incompatible avec le désir de la grande organisation ténébreuse qui soutenait de tels événements.

Innombrables étaient les esprits, jusque-là habitués à vociférer en accompagnant les cris vulgaires et les provocations de la foule, qui, dans ces circonstances, trouvaient le courage de supplier également de l'aide et laissaient couler des larmes longtemps réprimées, se sentant oubliés des dieux de leurs croyances.

À chaque réaction inappropriée de la part des présents, les « Gladiateur » arrivaient avec leur fouet pour frapper ces démonstrations de repentir et de demandes d'aide.

Cependant, les forces que ces esprits méprisés ressentaient, grâce à une nouvelle source d'espoir, les encourageaient à persister sur la voie des supplications. Malgré la peur qu'ils éprouvaient face à ces gladiateurs désincarnés, cruels et violents, ils ne modifiaient pas leur comportement malgré les coups. Ces coups de fouet ne duraient pas longtemps, car, plus loin, à côté ou derrière eux, une autre entité apparaissait, elle aussi transformée par la force de cette même énergie transformatrice.

L'entité agressive tentait de se précipiter vers les endroits où surgissaient des signes de changement parmi les spectateurs, distribuant ses châtiments sous forme de décharges magnétiques de basse fréquence. Cependant, à peine atteignait-elle un lieu qu'un autre esprit plus loin manifestait la même inclination à la transformation, exigeant de l'agresseur un dédoublement impossible pour atteindre tous ceux qui montraient cette volonté de changement indésirable. On voyait ce gladiateur spirituel déconcerté et perdu parmi tant d'âmes qu'il devait châtier, sans y parvenir ni comprendre ce qui se passait. Habitués à la froideur du jugement et à une obéissance aveugle, ces esprits ne s'intéressaient pas aux jeux et aux spectacles de l'arène, mais plutôt à l'accomplissement de leur tâche d'intimidation auprès des spectateurs.

Ce jour-là, ils ne purent pas remplir leur rôle d'inspirer la peur en raison des centaines d'entités qui commencèrent à manifester leur mécontentement face au style de vie qu'elles menaient, attirées par l'inattendue démonstration de beauté spirituelle, mise en scène pour la première fois dans le domaine spirituel de ce cirque.

Il est important de préciser que cela ne se produisit pas seulement dans l'esprit des âmes désincarnées en détresse. Parmi les incarnés, bien que leur constitution physique les empêchât de voir les effets spectaculaires de lumière et d'enchantement, si particuliers ce jour-là pour tous les esprits présents, la vibration élevée du lieu permettait à beaucoup de ressentir certaines des sensations transformatrices qui s'y déployaient. À travers leur "psyché", ils absorbaient les éléments élevés des vibrations en cours, ressentant, dans bien des cas, un changement inexplicable dans leur état d'esprit et une émotion qui, jusque-là, était restée indifférente. Pour plusieurs, assister à ce spectacle de douleur et de cruauté représenta la première fissure dans leur dure armure, qui les amènerait plus tard à s'intéresser à l'idée noble et élevée de croire en un Dieu qui les soutiendrait, même au moment crucial du plus atroce des sacrifices.

À mesure que le groupe de ceux qui avaient perdu leur corps se retirait de cette scène lugubre, un grand nombre d'entités parmi le public — des esprits curieux nourrissant désormais de nouvelles espérances, des êtres autrefois piégés dans les plaisirs terrestres se découvrant lassés de leurs constantes frustrations, ainsi que des esprits malveillants et sarcastiques qui, soudain, se trouvaient impressionnés par le chant de foi des martyrs et par la réponse du monde supérieur à leurs sacrifices — commencèrent à recevoir l'aide d'une grande caravane d'Amour descendue sur Terre, guidant les esprits vers un nouveau niveau de compréhension et d'espérance.

Ainsi, des esprits nobles devinrent visibles dans l'arène, faisant partie de la brillante suite des pêcheurs d'âmes. Vénérables et fraternels, sur le sol sableux qui constituait toute la piste de course où s'exhibaient les athlètes et les chars lors des compétitions, ils étendaient les bras vers les esprits présents dans les gradins, les invitant à les rejoindre.

Cette caravane supérieure était composée de sages, de femmes lumineuses, de matrones romaines vêtues à la mode des anciennes traditions, des esprits qui ressemblaient à des étoiles transformées en êtres humains pour quelques instants, sollicitant avec tendresse ceux qui le désiraient à descendre dans l'arène pour entamer une nouvelle journée.

Face à ce spectacle, une annonce fut diffusée par le système sonore contrôlé par l'esprit obsesseur se faisant appeler "grand empereur", convoquant ses acolytes pour renforcer l'agression afin d'empêcher ou d'intimider les plus enthousiastes. Il alerta tous les membres de l'organisation qu'ils étaient attaqués par des forces ennemies qui ne pourraient pas prévaloir.

D'autres éléments furent envoyés pour encercler les membres des gradins afin de les empêcher de quitter leurs places et de rejoindre ceux qui les appelaient sur la piste de course.

Des centaines d'esprits lumineux étaient prêts à affronter cette situation difficile pour comprendre les impératifs du Bien sur Terre. Courageux, ils restaient sereins et souriants, espérant que ceux qui auraient le courage de surmonter les obstacles accepteraient l'invitation et viendraient vers eux, d'où ils seraient guidés vers d'autres lieux dans le monde spirituel.

Malgré la réaction violente des gladiateurs spirituels, de nombreux esprits de peu de volonté ou de courage retournaient intimidés à leurs places. Cependant, un certain nombre d'entités, réellement fatiguées et revigorées par tout ce qu'elles avaient vu dans cet environnement, fixaient leur regard sur les entités lumineuses qui les invitaient. Ignorant les coups désespérés des vigoureux poursuivants, elles descendaient lentement les marches des gradins et sautaient dans l'arène.

De nombreux gladiateurs les suivaient, tentant de lancer leurs filets sur eux, les blessant avec leurs lances et utilisant les armes auxquelles ils étaient habitués dans leurs métiers de combattants.

Cependant, lorsque les esprits qui se démarquaient de la foule, transformés par l'espoir, maintenaient la connexion avec les entités qui les attendaient les bras étendus, ils commençaient à assimiler les forces d'amour qu'elles généraient. Ainsi, les filets, les lances et les coups magnétiques des gladiateurs ne les atteignaient plus et ne produisaient pas les réactions négatives qui étaient courantes chez ceux qui se laissaient intimider par la peur.

Le magnétisme élevé qui entourait l'esprit inférieur désireux de partir en compagnie des émissaires célestes neutralisait la force collante et agressive qui lui était imposée par les entités poursuivantes, tentant de retenir celui qui se transformait.

Ainsi, pour le désespoir de ceux qui se croyaient puissants dirigeants de cette multitude d'illusions et d'ignorants, utilisant l'intimidation, la force et l'injustice, ce glorieux après-midi, un nombre dépassant les deux cents mille esprits quitta l'environnement de la ville pervertie, libérant l'atmosphère vibratoire des incarnés de leur néfaste compagnie.

Parmi ceux qui acceptèrent les appels de l'espoir se trouvaient tous ceux qui avaient été décrits précédemment, avec l'ajout de plus de deux douzaines d'esprits, décrits comme des gladiateurs, qui, également fatigués par ce type de comportement et ayant un intérieur plus apte aux modifications morales imposées par les processus évolutifs, purent être touchés par les effluves spirituels élevés qui leur étaient également projetés.

Arrivés dans l'arène, tous furent recueillis par la lumineuse caravane et, sans comprendre pourquoi, furent frappés par un lourd sommeil, s'endormant immédiatement au contact des puissantes forces du Bien qui les accueillaient.

Ainsi, si environ deux cents personnes périssaient dans l'arène, au nom d'une croyance sincère, mourant à cause des injustices humaines, elles incarneraient un tel exemple d'amour et de foi qu'en plus d'avoir semé une nouvelle graine dans l'esprit et le cœur d'une multitude incalculable d'incarnés, entourant près d'un demi-million de spectateurs, elles seraient également le véhicule du réveil d'une multitude d'esprits souffrants, inspirés par des exemples de confiance et de foi, prêts à changer leur vie en quête d'une meilleure condition spirituelle.

Ainsi, cher lecteur, n'oublie jamais que ton modeste témoignage, silencieux et patient, est une force si puissante que ni toi-même ne peux en mesurer l'ampleur ni prévoir les résultats de son application sur ceux qui t'entourent ou qui connaissent tes exemples.

Face aux difficultés qui surgissent, au lieu de déserter ou d'y penser, imite les premiers martyrs du cirque et élève ta pensée vers le Créateur de tous en témoignant de ta confiance et de ta foi en Son pouvoir souverain.

Sache qu'Il t'a permis d'arriver jusqu'ici parce qu'Il croit en ta capacité à surmonter ce défi. Saches que tu es prêt à affronter avec courage la lutte qui se présente et, plus que cela, qu'Il t'a déjà envoyé la caravane céleste d'amis invisibles qui te soutiendront au moment du sacrifice, lorsque de plus en plus de souffrants pourront en bénéficier.

Ainsi, dans toute situation d'angoisse, lorsque les lions de la critique, de l'injustice, de l'incompréhension, du manque d'amour, de la solitude, de l'indifférence, de la douleur physique ou morale, de l'abandon,

LA FORCE DE LA BONTÉ

de l'infidélité, de la calomnie, de l'offense, du ressentiment ou de la tristesse viendront à toi pour déchirer ta chair devant un auditoire qui te hue et te ridiculise, souviens-toi qu'il s'agit là de l'opportunité sublime de te transformer en levain qui atteindra le cœur de ceux qui t'agressent et les transformera pour toujours.

Rien de ce que ces lions te feront ne sera aussi profond et transformateur que ce que ta conduite courageuse et fraternelle fera dans l'intérieur de ceux qui te font souffrir.

C'est pourquoi, n'oublie jamais que si la douleur te flagelle et te place dans la condition de victime, ton tempérament généreux peut être plus puissant et bénéfique que tout acte de violence ou de revanche.

Ainsi, nous comprenons que le pardon devient la vengeance de la victime, une vengeance douce, une vengeance qui construit et transforme l'agresseur pour le bien et pour toujours.

Et n'oublie pas un détail : les lions peuvent être nombreux, très grands et rugir très fort pour intimider...

Cependant, toi aussi, comme les chrétiens dans l'arène, tu peux chanter pour eux...

9.
MAINS QUI S'OUVRENT

L'accueil des martyrs dans le plan spirituel fut très émouvant, surtout parce que chacun d'eux avait à ses côtés un esprit ami, lié par des liens séculaires, qui s'occupait de porter dans ses bras l'esprit nouvellement libéré pour le déposer devant Celui au nom duquel ils avaient tout donné de ce qu'ils possédaient dans le monde.

Une fois de plus, nous parvenons à comprendre les paroles de Jésus lorsque l'on retire le sens caché derrière la lettre froide. Les lumineuses exhortations contenues dans Matthieu 16: 24–26 continuent d'arriver jusqu'à nos jours et enseignent :

« Alors Jésus dit à ses disciples : Si quelqu'un veut venir après moi, qu'il renonce à lui-même, qu'il prenne sa croix et me suive. Car quiconque veut sauver sa vie la perdra, mais quiconque perdra sa vie à cause de moi la trouvera. En effet, que profitera à l'homme de gagner le monde entier s'il perd son âme ? Ou que donnera l'homme en échange de son âme ? »

Ainsi, tous ceux qui étaient là en tant que chrétiens et qui avaient été considérés comme des criminels et des bandits aux yeux des hommes avaient accepté de tout perdre, de donner leur propre vie par Amour pour le Messie, vivant ainsi ses paroles. Lorsque sonna le clairon de la libération, des chants joyeux enivraient le retour dans le sein de Celui qui les attendait, avec des beautés et des gloires indescriptibles dans le pauvre langage des hommes. Décrire l'accueil de ces premiers témoignages dans le plan spirituel serait comme tenter de construire un arc-en-ciel dans le ciel avec le matériau dont les hommes construisent leurs cabanes dans les bidonvilles.

Pendant ce temps, les entités lumineuses qui transportaient les nouveaux arrivants devaient les soutenir le long des chemins fleuris et enivrants, les protégeant durant les jours nécessaires pour le rééquilibrage partiel du périsprit, bien que certains d'entre eux se trouvaient plus endormis.

Ainsi, après avoir passé le temps nécessaire à la meilleure préparation des esprits des martyrs, ils furent dirigés vers le lieu préparé afin que, une fois récupérés du choc rapide de la désincarnation violente dans l'arène de Rome, ils puissent recevoir le prix suprême des mains du même Seigneur Compatissant et Amoureux.

À côté de Livia se tenait Siméon, tandis que Zacharie soutenait fermement l'esprit de Jean de Cléophas, qui, de manière plus consciente, s'attachait à l'ami avec un sentiment de gratitude pour tout ce qu'il avait appris de lui et pour les exemples reçus durant les heures cruciales de son existence.

Réunis dans un vaste salon qui se mêlait à la nature lumineuse de ce plan diaphane, dont la noblesse, sans exagération, s'imposait par la beauté et le bon goût jamais égalés par les créations humaines, une combinaison de simplicité et d'éclat céleste, les nouveaux arrivants prenaient place dans des fauteuils confortables qui ressemblaient davantage à des nids doux et fleuris où leurs esprits se recomposaient des derniers événements vécus avec le corps physique. Derrière chacun d'eux se tenait celui qui les avait recueillis et qui s'était chargé de les protéger jusqu'à cet endroit, où ils partageraient les joies du Gouvernant Céleste.

Ainsi, tous avaient un ami spirituel qui les aidait à se rééquilibrer, tandis que, dans un local beaucoup plus éloigné, à l'écart de ces énergies intenses mais protégé par des forces douces et apaisantes, se rassemblait l'immense quantité d'entités retirées des spectateurs, converties à l'espoir qui leur souriait à ce moment tragique et désireuses d'accepter le Royaume de Dieu dans leurs vies.

Tous les plus de deux cent mille esprits, y compris les gladiateurs repentis, étaient soumis aux disciplines de l'Amour qui veille doucement, les préparant à témoigner de la grandeur de ce moment sublime dans la vie de ceux qui acceptaient de mourir pour une cause plus grande que tout.

Ainsi, dans l'environnement où ils se réunissaient, un immense écran de matériau très subtil, quelque chose ressemblant à une fine étoffe de soie pure, serait utilisé pour que tous puissent avoir une vision claire de ce moment.

La majorité de ceux qui se trouvaient là n'avaient jamais entendu parler de Jésus, mais leurs esprits gardaient dans le plus profond de leur être la certitude que le Gouverneur de la Terre, la plus haute autorité spirituelle de la planète, participerait à cet événement.

C'est précisément pour cela qu'ils auraient le droit de voir ce rassemblement, car le simple fait d'apercevoir le Christ, même à travers un appareil semblable au cinéma des humains, serait très déterminant pour leurs esprits.

Ainsi, alors qu'un silence se faisait dans l'environnement principal où se trouvaient les premiers martyrs de son Évangile dans la grande métropole mondiale, un chœur angélique s'élevait avec des chants qui élevaient les âmes et faisaient jaillir des larmes spontanées. On pourrait dire que, s'il y avait des pierres là, elles auraient appris à pleurer d'émotion.

Pour mieux imaginer, le lieu préparé pour les martyrs ressemblait à un théâtre avec des sièges disposés en amphithéâtre, comme s'ils étaient fixés à la paroi interne d'une coquille, atteignant 360 degrés, avec la scène située au centre de l'immense salle.

La région entourant la scène centrale était composée des sièges déjà décrits, où se trouvaient les esprits qui seraient accueillis à ce banquet d'Amour.

Des lumières douces illuminaient tous les sièges de l'espace vaste, occupés par les esprits qui venaient pour participer aux bienvenues, des entités impliquées dans le travail de semence de l'Évangile sur Terre, de futurs chrétiens préparés à mener la bataille du Bien, des amis et des familles spirituels des arrivants, des tuteurs et des martyrs d'autres temps, des délégations spirituelles de tous les peuples de la Terre apportant des esprits candidats pour porter le message d'espoir sur les chemins humains vers d'autres lieux, tous étaient là, silencieux et émerveillés.

Pendant ce temps, le centre où se trouvait la scène était entouré d'une pénombre respectueuse du repos paisible des voyageurs qui s'adaptaient à ce nouvel environnement spirituel. Ils recevaient une lumière douce émanant du reflet de celle destinée aux sièges des présents, également soucieux du calme de leurs frères, affaiblis et protégés.

Il ne fallut pas longtemps pour qu'une entité lumineuse, annonçant l'arrivée de ce moment tant attendu, se transporte au centre de la scène, d'où sa silhouette pouvait être vue et entendue de tous sans qu'elle n'ait à fournir d'effort vocal plus grand que de prononcer sereinement ses paroles.

Son esprit, auréolé d'une lumière saphirine, comme s'il était composé de rayons stellaires dérobés au ciel nocturne, irradiait une sympathie telle qu'elle se propagea naturellement à toute l'assemblée, faisant taire tous les bruits et, avec simplicité, elle commença à esquisser les contours de cette rencontre tant espérée.

LA FORCE DE LA BONTÉ

L'émotion qui s'empara de la grande assemblée fut immédiate. Son visage jovial et en même temps mature troublait l'esprit de ceux qui cherchaient à comprendre rationnellement ce qui se passait.

Là, en cet instant, c'était le cœur qui était appelé à ressentir, car la raison aurait bien du mal et serait trop pauvre pour comprendre.

— Chers frères — dit l'orateur humble et serein —, la Bonté du Père et la tendre sollicitude de Jésus nous ont permis de nous retrouver ici pour saluer les vainqueurs du monde. Et tandis que les haillons sont rendus au plan de l'illusion, nous nous trouvons ici face aux véritables essences. Les brefs moments lacrymaux sur Terre ne seront-ils pas facilement supportés en comparaison des immenses récompenses au Ciel ?

Nombreux sont ceux qui reviennent de la vie dans des conditions terribles, après avoir reçu toutes sortes de faveurs divines pour triompher de petites adversités ! La cupidité, les intérêts personnels, les défauts moraux, les caprices de l'individualité affaiblissent tellement la volonté des vivants incarnés que toute festivité nous semble bien petite, aussi grande soit-elle, si elle a pour but d'accueillir ceux qui n'ont pas faibli sur la scène mensongère et illusoire de la Terre des hommes.

Ainsi, seule peut être récompensée cette démonstration de fidélité par la générosité de Celui qui a tout vaincu, tout offert par Amour pour le Père et pour nous tous.

Chers frères, élevons la prière par laquelle nos âmes rendront grâce au Créateur pour ceux qui sont sortis des ténèbres de la matière sans s'être égarés dans les chemins tortueux et séduisants, tandis que nous nous abandonnons à l'Amour de Son Fils qui, sans aucun doute, saura les accueillir avec une tendresse et un sentiment que nous n'avons pas encore réussi à conquérir.

Et, en disant cela, il ferma les yeux pour entamer une prière sincère et émouvante, tandis que les lumières intérieures de l'endroit s'estompaient peu à peu, enveloppant tout d'une douce et faible clarté, au rythme des mélodies spirituelles jouées par une invisible orchestre.

— « Père bien-aimé, nous voici pour accueillir les héros de ton amour, les victorieux artisans de ta volonté, ceux qui ont étouffé leurs propres désirs pour que Ton Désir s'incarne en eux, et nous nous unissons à tous ceux qui sont venus également pour accepter les bénédictions de ton invitation amoureuse à recommencer leur parcours, en abandonnant les erreurs et les illusions de tant de siècles.

LA FORCE DE LA BONTÉ

Nous nous reconnaissons cependant misérables et dénués de mérite pour rendre hommage à la hauteur de leurs valeurs, et c'est pourquoi nous implorons Celui qui Te représente avec tant de fidélité devant nous tous, afin qu'il puisse étendre ses mains de lumière sur eux pour qu'ils se réveillent fortifiés et reçoivent les étreintes chaleureuses que nous destinons à ceux que nous admirons pour leur engagement, leur renoncement et leur fidélité envers Toi.

Écoute-nous, Jésus, la prière que nous faisons pour ces martyrs de Ta cause, afin que la vie qu'ils ont perdue pour Toi leur soit rendue en Gloires Célestes en Ton sein aimant et fraternel... et pour nous tous, invités à la réforme de notre être, affamés de nouvelles forces et avides de nouveaux horizons... »

L'orateur s'était transformé aux yeux spirituels de tous les présents.

Sa silhouette avait repris les vêtements pauvres de ce jeune homme du passé, ardent défenseur de la logique du Bien, devenu fidèle défenseur de la logique de l'Amour au sein de la modeste communauté fondée par Simon Pierre à Jérusalem.

Et que ce soit parce que la prière qu'il prononçait le transportait dans le passé lointain, ou parce que son cœur s'identifiait aux victimes de l'ignorance, tous purent entrevoir sa transformation physique qui se transmutait en celle du passé : le premier des martyrs de la cause de Jésus sur Terre. Oui, Étienne était là.

Victime de la rage de Saul de Tarse, lapidé dans l'enceinte du temple à Jérusalem, ce jeune idéaliste qui avait versé le premier sang pur sans proférer la moindre injure contre ses agresseurs, se livrant à Dieu et à Jésus, fut par droit et par mérite convié à élever la prière initiale, par laquelle tous se prépareraient, rendant grâce au Créateur pour toutes les merveilles de son Royaume Céleste et pour ceux qui étaient présents, frappés par la misère produite par l'ignorance, mais vaillants et victorieux.

Ses vêtements resplendissaient, et aux endroits où les pierres l'avaient blessé, il semblait qu'un rayon de lumière y avait laissé ses racines pour le transformer en un filet lumineux, comme si chaque cicatrice était une médaille spirituelle.

Du sommet de sa tête, à mesure qu'il invoquait la présence du Christ, dans l'humilité de sa confession de subalternité, comme s'il n'était pas aussi l'un des plus grands vainqueurs de la route humaine, un rayon de lumière intense s'éleva vers le ciel pour rejoindre un autre, encore plus lumineux, qui descendait d'en haut.

Reliés en un canal de vibration radiante, dans l'atmosphère tamisée de cette vaste salle hypnotisée par de telles beautés, c'était comme si une étoile du firmament s'approchait par cette route lumineuse et se projetait au centre de la scène. C'était la forme la plus lumineuse que n'importe quel esprit ait pu entrevoir dans les sombres environnements terrestres. Sa luminosité majestueuse, cependant, n'empêchait pas les yeux de se fixer sur Elle, pour ne pas perdre la beauté de cet instant inoubliable.

L'étoile qui approchait était accompagnée des accords les plus émouvants et inoubliables que nos pauvres oreilles auraient pu entendre.

À côté de ceux-ci, les plus belles mélodies semblaient des chansons de foire, et tous les grands musiciens inspirés, malgré leur juste et noble accomplissement, ne passeraient pas de simples apprentis de la beauté sonore.

Il n'y avait personne qui ne se laissait emporter par des larmes abondantes.

En même temps, pour tous ceux qui se trouvaient dans les premiers rangs entourant le centre de l'auditorium, de cette étoile jaillissaient des rayons qui les atteignaient à la hauteur du cœur, comme une injection d'énergie puissante qui les sortait de leur état de trouble momentané, afin de les éveiller à la réalité de cet instant.

L'environnement, dans son ensemble, se mit à irradier d'une telle manière que, si le Soleil s'était déplacé ici, il aurait encore moins illuminé que ce qui se voyait à ce moment-là.

Même en essayant de décrire ces scènes véritables, notre esprit se sent ému de la plus profonde émotion et il nous est difficile de traduire par de froids mots tout ce qui se passait là.

Peu à peu, l'étoile commença à prendre une forme humaine et, si je puis dire quelque chose, en contemplant cette figure, je peux affirmer que peu eurent le courage de le regarder dans les yeux, mais tous constatèrent qu'il était pieds nus.

Oui, là se tenait le Sublime Pèlerin, le tuteur de nos âmes et le Maître parmi tous les maîtres.

Aussitôt qu'il se matérialisa, sa forme physique continuait de briller d'une manière stellaire.

LA FORCE DE LA BONTÉ

Il s'approcha d'Étienne qui, ému, s'agenouilla devant lui.

Jésus se pencha devant le jeune lumineux, le releva avec tendresse et lui dit :

— Souviens-toi, mon fils, que je vous appelle mes amis et je suis ici non pour être servi, mais pour servir.

Étienne esquissa un timide sourire, ses larmes mouillant son visage, et répondit :

— Seigneur, tes vrais amis sont arrivés...

Les regardant avec une inflexion d'affection, Jésus sourit et dit :

— Tous sont mes véritables amis, Étienne, même ceux qui ne le savent pas encore. Mon âme est remplie de joie, car l'œuvre de Dieu n'est jamais vaine...

Et en disant cela, il quitta le centre de la scène et se dirigea vers chaque siège où un esprit s'éveillait face à cette luminosité.

Il s'approcha de Zacharie qui, plein de respect, lui sourit, ému, en disant :

— Seigneur, notre Cléophas est revenu portant les marques du sacrifice, par grand amour pour le Père et pour Toi.

En le regardant, Jésus posa la main droite sur le front de Jean, le plus lucide parmi tous les nouveaux arrivants, qui ouvrit alors les yeux pleinement, s'exclamant, surpris :

— Mon Jésus... je... je ne suis pas... digne... d'entrer dans... ta... demeure.

Voyant son humilité spontanée, Jésus s'agenouilla pour le regarder droit dans les yeux et lui dit :

— Jean, le travailleur fidèle et digne de son salaire. Toi qui as été fidèle dans peu de choses, je te confierai beaucoup d'autres...

Le disciple n'avait rien à dire, et s'il avait eu quelque chose, il n'aurait pu le prononcer.

Aussitôt, il pensa à ses frères qui avaient également péri dans l'arène, et le Maître lui répondit :

— Tous sont ici, mon fils bien-aimé. La maison du Père est vaste et accueille tous avec tendresse.

Un sourire de tranquillité emplit son visage, et Jean se sentit fortifié et prêt.

LA FORCE DE LA BONTÉ

Ensuite, Jésus passa auprès de tous les martyrisés et posa sa main sur eux, s'entretenant avec chacun, démontrant le même amour et la même attention, les identifiant personnellement, montrant qu'il connaissait leur drame personnel, leurs douleurs et leurs afflictions, et tous les sacrifices que la vie avait exigés dans cette dure épreuve désormais achevée.

Livia, qui venait après Jean, également touchée par le magnétisme du Maître, se rappela leur rencontre au bord du lac de Génésareth, lorsque Jésus lui avait dit qu'il accepterait son sacrifice quand l'heure serait venue. Dans un geste d'intense émotion, tandis que Jésus se dirigeait vers elle, elle demanda à Simon de l'aider, car elle voulait être agenouillée lorsque Jésus arriverait près d'elle.

Simon, comprenant l'importance de ce moment intime, lui offrit ses bras solides et, avec sa chère sœur, il s'agenouilla également pour que le Maître les trouve ainsi, tous les deux.

L'atmosphère était chargée d'un tel magnétisme que nul parmi les présents n'osa détourner le regard de cette scène. Cela inspira même ceux qui avaient des appréhensions à affronter les défis pour semer la Bonne Nouvelle parmi les hommes, leur faisant perdre toute crainte de supporter l'ignominie de l'ignorance humaine afin de l'illuminer.

De toutes parts, des âmes voyaient s'éveiller en elles l'inclination pour l'héroïsme, afin que le meilleur d'elles-mêmes fût mis au service de la plus noble des Causes.

Une fois qu'il eut veillé sur tous les valeureux martyrs de la première heure, parmi lesquels se trouvait également Lucilius, le Seigneur prit la parole, s'adressant aux générations futures pour parler des plans de Dieu dans l'évolution de l'humanité. Il contempla les horizons de l'avenir et exhorta tous à persévérer dans le Bien, car il faudrait encore beaucoup de douleur pour que le cœur des créatures comprenne la grandeur du Royaume de la Vérité et de l'Amour.

C'était, en vérité, un sermon prophétique, annonçant à tous les joies et les douleurs qui les attendaient dans les jours futurs, les aidant à comprendre les plans supérieurs de la direction spirituelle de la Terre pour ceux qui appartenaient au troupeau confié à Sa garde.

Au moment de la solennelle élévation, il n'y avait personne qui ne se liait aux lumineuses exhortations, manifestations du plus pur sentiment d'intérêt et de dévotion pour tous les frères humains.

LA FORCE DE LA BONTÉ

Et même parmi ceux qui, là-bas dans un autre lieu, assistaient aux événements par l'écran spirituel, il n'y en eut aucun qui ne ressentît la honte de son passé, le visage baigné des larmes acides du repentir, comme il sera bientôt décrit.

Beaucoup se jetèrent au sol dans un spectacle de désespoir, vite pris en charge par les veilleurs spirituels qui orientaient les déséquilibrés vers le traitement nécessaire pour leur rétablissement. Ainsi, dans les deux lieux se trouvaient les deux types d'invités au banquet de l'Amour.

Dans le principal hall, avec Jésus, se tenaient les dévoués serviteurs de la Cause du Bien, ceux qui avaient perdu leur vie par amour pour Jésus, recevant la vie en retour, enrichie par la gratitude céleste pour le devoir accompli, ce qui leur permettrait de nouvelles trajectoires de travail.

Et, dans l'autre espace plus éloigné, mais tout aussi bien encadrés par des esprits bienveillants, se trouvaient les invités au travail et au sacrifice, presque envieux, souhaitant affronter tout pour obtenir la chance d'atteindre un moment de gloire spirituelle, semblable à celui qu'ils auraient souhaité, alors que dans leur existence physique, ils ne cherchaient qu'à subsister, jouir et profiter des instants d'euphorie. Maintenant, ils ressentaient la honte de leurs erreurs, se sentant dépouillés de tout mérite pour solliciter une nouvelle chance de retour dans le monde. Et, loin de là, conservée dans la mémoire de Zacharie, se trouvait la figure de Pilate, enveloppée dans la souffrance de son acte insensé, qui lui avait ôté la possibilité de vivre physiquement, il y avait plus de vingt ans.

À tous ceux qui avaient échoué spirituellement, on pourrait appliquer les paroles de Matthieu :

« *Que servira-t-il à un homme de gagner le monde entier, s'il perd son âme ?* »

10.
LE BIEN COMME RÉCOMPENSE DE LA BONTÉ

Dans les lieux spirituels lumineux, la réunion des personnages ayant été recueillis après la tragédie du Cirque Maxime cet après-midi tragique ressemblait à la réalisation d'un beau rêve que nous portons tous en nous, mais que nous croyons ne jamais voir se concrétiser.

Au fur et à mesure que la figure lumineuse de Jésus visitait, un par un, les premiers martyrs de la première tuerie collective au nom de la cause de la Bonne Nouvelle, en plein cœur de ce monde considéré civilisé, les esprits qui recevaient l'influx d'Amour, émanant du cœur aimant du Divin Maître, étaient touchés par une luminosité et une vitalité qui, sans exception, les relevaient dans un état de pleine capacité et de lucidité.

À la fin de ce parcours, tous étaient déjà complètement libérés de toute perturbation spirituelle, cet état naturel qui suit le processus de la mort du corps et qui peut durer de quelques heures à plusieurs siècles, selon les leçons spirituelles, et dont la durée dépend de l'état de maturité et de préparation de l'esprit revenant au monde invisible.

En tant que victimes courageuses de toutes les vicissitudes et sacrifices, auxquels ils n'avaient pas fui, ils purent tous recevoir l'accueil d'esprits amis qui, dans les moments les plus cruciaux de leurs derniers témoignages, les entouraient déjà et les soutenaient.

Ainsi, même après avoir recouvré leur pleine lucidité, la bienveillance de ces compagnons dévoués et lumineux constituait une autre raison de remplir de bonheur le cœur de ceux qui avaient triomphé d'eux-mêmes.

Comme nous l'avons dit, Jean de Cléophas et Lucilius furent accueillis par Zacharie, Livia reçut l'affection des mains de Siméon, tandis que tous les autres étaient embrassés par des êtres aimants qui leur étaient liés par des liens étroits d'amour sincère.

Avec de tels sentiments éveillés, les nouveaux arrivants se sentaient légers et appartenaient à une dimension qui leur semblait plus proche de bénédictions indescriptibles et jamais imaginées, comme si tout ce que Jésus avait promis lorsqu'il était sur Terre semblait encore bien insuffisant comparé à la réalité qui les attendait.

La beauté de tout, dans un mélange de simplicité et de rare splendeur, produisait dans l'esprit un enchantement et une élévation sans pareilles.

Tandis que ces émotions étaient ressenties par tous les esprits réunis là pour rendre hommage aux voyageurs de la semence fertile de l'Amour parmi les hommes, en même temps, loin de là, cet Amour illimité pénétrait également les cœurs.

Comme le lecteur doit s'en souvenir, ce ne furent pas seulement les victimes des lions qui furent recueillies ce jour-là.

Comme nous l'avons déjà expliqué, toute une grande famille spirituelle qui avait été recueillie cet après-midi-là dans le Cirque de la cruauté et de l'ignorance, avait été accueillie dans un espace éloigné, de grandes proportions, où des mains généreuses et dédiées à la cause du Bien les soutenaient dans les moments d'émotion et de désespoir qu'ils subissaient, au contact de ces scènes merveilleuses projetées sur un grand écran, comparé de manière modeste à un grand cinéma.

Par la force des vibrations spirituelles de haute qualité qui avaient imprégné toute l'arène et la plate-forme, bien que de manière invisible pour la majorité, lorsque les martyrs élevèrent leur pensée vers Dieu à travers le chant qu'ils offraient, pour l'étonnement de beaucoup de ceux présents, le monde spirituel put activer toutes les ressources disponibles pour déclencher un grand processus d'aide collective aux entités ignorantes rassemblées là, que ce soit pour accompagner les désincarnés, ou simplement par curiosité et plaisir morbide devant ce spectacle cruel.

Face à l'impact de la valeur, du courage et de la foi surhumaine de ces quelques êtres humains victimes de l'ignorance de milliers, nombreux furent ceux qui se sentirent contraints de réfléchir sur ce geste inhabituel qui démontrait une force et un courage peu connus dans un monde de disputes et de conflits, où les plus violents et agressifs étaient les plus enviés, admirés et imités.

Réunis, ces esprits qui se laissaient toucher par cette sensation, les travailleurs de l'Amour présents là-bas se firent visibles à la foule d'entités enragées, se positionnant dans l'arène devant elles et les invitant à descendre afin qu'elles puissent être aidées.

LA FORCE DE LA BONTÉ

Des milliers d'esprits se mirent à crier à l'aide, pour la surprise et le désespoir des entités ténébreuses qui pensaient garder le contrôle sur cette existence manquant de préparation.

Stimulus par les visions aimantes qui les invitaient à s'approcher, quittant les bancs et suivant leurs directions, ils étaient agressés par d'autres entités cruelles et violentes qui faisaient tout pour intimider ceux qui montraient le désir de changer de vie.

Cependant, l'atmosphère d'élévation construite par le monde spirituel était telle que le nombre de ceux qui se disposaient à rechercher l'accueil généreux du Bien, dans les bras des entités lumineuses, empêchait toute forme efficace d'intimidation, surtout parce que, parmi ces esprits gladiateurs chargés d'effrayer les autres avec leur violence, plus de vingt de ces entités finirent par se laisser porter par la vague d'espoir qui les enveloppait en cet instant, abandonnant leur poste de garde et suivant les autres entités vers les mains amies qui se tendent vers elles.

Ainsi, plus de deux cent mille esprits dans le besoin et ignorants furent recueillis ce jour-là. Il est vrai que tous agissaient de leur propre volonté, se libérant des oppressions qui les tourmentaient et suivant leur chemin avec leurs propres délibérations spirituelles.

Et recueillis par les travailleurs dédiés au service de Jésus, ils tombaient endormis au même instant où ils s'approchaient de l'arène, où l'atmosphère beaucoup plus énergisée était telle que le choc magnétique semblait les induire en sommeil, moment durant lequel ils étaient recueillis et emmenés dans cet environnement préparé à l'avance dans le plan spirituel pour les recevoir. Dans ce vaste lieu, ils étaient accueillis avec affection et placés sur des sièges confortables où ils attendraient le retour à une conscience plus lucide.

Comme il ne s'agissait pas de nouveaux défunts, ils n'avaient pas à faire face aux problèmes de perturbation qui surviennent avec l'esprit après la mort physique. Sur tous ceux-là, dans cet environnement spirituel bien plus élevé que celui auquel ils étaient habitués à fréquenter avec les incarnés négligents et vicieux, une légère pluie de fluides balsamiques était projetée sur eux, pénétrant tout l'organisme périspirituel de ces entités endormies et leur insufflant une nouvelle sensation de vitalité.

En vérité, c'était comme un processus de nettoyage, une asepsie nécessaire pour la nouvelle étape évolutive qu'ils avaient choisi de parcourir. Ils devaient se débarrasser des émanations denses qui s'étaient accumulées dans leurs âmes pendant tout le temps de leurs erreurs et de leurs liens inappropriés avec la matière, dans les processus de vampirisation des forces des incarnés eux-mêmes et de maintien de vices et de comportements inadaptés à leur condition d'esprits.

L'inhalation de telles énergies à travers la respiration et la pénétration dans leurs périspiritus nettoyait leur structure personnelle des émanations les plus grossières, comme une douche pour éliminer les impuretés les plus volumineuses. À mesure que cela se produisait, avec la libération de ces forces négatives, les esprits revenaient à la conscience, se réveillant et identifiant l'environnement généreux qui les accueillait. Le grand amphithéâtre spirituel était entièrement enveloppé d'une légère pénombre qui garantissait une sensation de paix et de recueillement, tandis que le toit immense, voûté et transparent, permettait de voir un ciel jamais vu par les yeux des humains, limités par leur regard captif de la surface de la Terre.

Dans les lieux spirituels où ils se trouvaient recueillis, le ciel était plus riche en détails, bien que ce fût les mêmes étoiles identifiées par les yeux qui les regardaient. Elles étaient plus grandes, plus brillantes, enveloppées par une obscurité accueillante et imposante, comme si elles semblaient être des perles avec leur propre éclat, insérées dans une vaste couverture de précieux velours.

Tout là-bas faisait penser à un Père dont l'immensité était incalculable, mais dont l'humilité émut le plus petit des êtres créés, se révélant modestement dans tout ce qui existait. Les dieux créés par les hommes, face à tout ce spectacle, n'avaient aucun sens. Ils étaient des constructions mesquines et capricieuses, partageant les mêmes défauts et faiblesses humaines qui ne ressemblaient en rien à la Souveraine Noblesse de toute cette atmosphère.

Aussitôt qu'ils ouvraient les yeux dans ce lieu, ils étaient attirés par l'immensité de la vision cosmique, pénétrant leur esprit spirituel et leur infusant non seulement l'enchantement de la surprise face à l'émerveillement, mais aussi, en plus de cela, une sensation de misère personnelle, de honte face à l'excellence de l'Univers qu'ils n'avaient jamais expérimentée.

Beaucoup pleuraient en silence, poussés par leurs erreurs à se rappeler leurs fautes, se repentant de tous les actes insensés qu'ils avaient adoptés tout au long de leur vie. D'autres se laissaient emporter par la mélancolie et la douleur d'avoir gaspillé tant d'opportunités pendant lesquelles ils étaient restés privés de ressentir un tel extase spirituel.

Embellissant toute cette atmosphère, la musique céleste berçait les émotions de tous avec une sonorité jamais imaginée par aucun de ces oreilles habituées au bruit violent des tambours des défilés militaires des armées qui arrivaient dans la grande capitale impériale de leurs jours, sans aucune notion esthétique qui leur rappelât les beautés de l'esprit. De plus, l'énergie qui tombait sur eux sous forme de léger voile, presque comme une brume fine, apportait avec elle un parfum qui, selon la perception de chacun de ceux qui étaient là, prenait l'odeur qui leur rappelait les souvenirs les plus agréables.

Les parfums se succédaient, enivrant chaque entité en quête, qui, en les inhalant, était amenée à se souvenir dans sa mémoire olfactive des bonnes choses qu'elle avait vécues.

Le parfum de la mère, de l'épouse ou du mari, le parfum caractéristique des enfants, l'odeur des fleurs qu'ils cultivaient, du champ sauvage où chacun avait vécu des moments de bonheur, tous possédaient un type de mémoire dans cette zone, qui était activée par le contact avec les forces spirituelles qui les enveloppaient. C'est pourquoi ils étaient amenés à se souvenir des occasions généreuses que la vie leur avait déjà offertes pour être heureux, occasions que la plupart avaient gaspillées à la recherche d'une vie d'aventures et de plaisirs sans profondeur.

Cette évocation leur parvenait également pour effacer de leurs esprits les fausses idées d'une infélicité éternelle, d'une condamnation cruelle et d'une vie sans beauté, sans moments de joie, les ramenant à l'époque de leurs bons souvenirs, ce qui leur donnait un sentiment de plus grande responsabilité envers la vie.

Lorsque le temps avait fait son œuvre dans le processus de purification et d'introspection de chacun d'eux, et qu'ils étaient pleinement éveillés et revenus à leur propre conscience, beaucoup avaient besoin d'être assistés par un infirmier spirituel qui les soutenait, et des postes de soins étaient dispersés dans tout le lieu, à intervalles réguliers, afin de ne laisser aucun des plus malheureux ou des plus nécessiteux sans assistance.

L'éveil de notre indifférence est très douloureux pour l'esprit, qui doit assumer par lui-même, sans qu'aucune accusation ou jugement ne vienne de l'extérieur, les erreurs commises, les défaillances de la journée humaine, le gaspillage et la paresse, la malveillance et l'omission. Beaucoup s'approchent du désespoir, moment où ils sont protégés par l'action fluide d'un ami présent pour aider à ce moment-là.

LA FORCE DE LA BONTÉ

Le grand écran lumineux continuait à diffuser exclusivement des scènes des beautés de l'Univers, la plupart inconnues des désincarnés présents et des incarnés des jours actuels. La danse des galaxies dans le cosmos lointain, les forces silencieuses de la lumière et de la gravité dansant autour des points qui les commandaient comme des maîtres habiles, des couleurs inconnues des humains, des combinaisons de formes et d'harmonies jamais vues, étaient le fond qui rendait l'atmosphère encore plus propice aux changements moraux nécessaires pour tous ces esprits.

À un moment donné, lorsque l'heure de début de l'activité arriva, le centre du grand amphithéâtre fut illuminé plus intensément et une figure féminine s'y établit à la vue de tous afin que, avec douceur et tendresse, elle puisse parler à ceux qui étaient prêts à écouter ses paroles.

Sa silhouette était également sculptée avec soin, dans l'allure d'une jeunesse lumineuse et sereine, une sagesse que l'on ne saurait dire si elle appartenait à une presque adolescente ou à une douce dame. Ses cheveux tombaient légèrement sur ses épaules, et sa tunique blanche et simple témoignait d'une humilité et d'une résignation que ces esprits n'avaient jamais ressenties. Sa posture douce inspirait dans leurs cœurs la nostalgie de la mère, tout en éveillant en eux l'amour qu'ils pouvaient ressentir pour une fille. Beaucoup la voyaient comme la matérialisation des filles oubliées dans le temps, tandis que d'autres désiraient embrasser ses mains avec la tendresse de ceux qui retrouvent le cœur maternel, après toutes les excentricités et les abus d'une existence perdue.

S'adressant à tous, et sentant que sa figure éveillait ce spectre d'émotions, elle commença en disant :

– Chers frères, que la bonté de Dieu et l'amour de Jésus nous acceptent comme les humbles serviteurs de la cause de la vérité. Je suis ici en votre présence par la miséricorde du Père, non par des mérites que je ne possède pas. Je viens à votre rencontre simplement en tant que sœur qui vous aime beaucoup, pour vous dire qu'à la Maison du Père, il n'y a pas de portes fermées pour ceux qui frappent, affligés, en quête de réconfort. Nos anciens dieux continuent d'être irritables et sourds sur leurs autels, comme s'ils se divertissaient avec nos larmes. Pendant ce temps, Jésus ouvre ses bras pour nous recevoir et pleure avec nous à cause de nos souffrances. Et à vous tous qui avez accepté de donner un nouveau cap à vos pas, sur le chemin lumineux qui commence à envahir la Terre et qui parviendra à tous les cœurs, ce moment est inégalé dans le parcours de vos esprits.

LA FORCE DE LA BONTÉ

Laissez derrière vous tout sentiment de souffrance, de peur, d'infériorité, car s'il est vrai que tout ce que nous avons fait d'erreur nous cause de la douleur et du regret, il est aussi vrai que nous pourrons tous racheter le mal, en refaisant les choses selon d'autres principes. La moisson est grande et les ouvriers sont peu nombreux. C'est pourquoi, chers frères, profitons de ce moment pour que de nouvelles forces nous poussent à tuer en nous cet être imparfait qui nous a conduits à l'abîme de l'ignorance et à multiplier nos efforts dans la construction du nouvel esprit capable de se relever de telles profondeurs de l'erreur, portant d'autres dans ses bras.

Vous êtes tous le témoignage vivant de l'Amour du Père, voici qu'en raison de quelques courageux suiveurs de la Vérité, vous avez pu parvenir à ce moment inoubliable de félicité céleste, jamais imaginé.

C'est pourquoi, il ne nous reste qu'à exprimer notre gratitude à la Bonté Céleste, non plus à travers des offrandes et des sacrifices sanglants à des dieux insensés, mais par le sacrifice de nos défauts et erreurs sur l'autel sacré de nos cœurs. Si vous êtes repentants du passé, profitez de cette heure et conversez avec Celui qui vous a créés, qui nous a créés, et engagez-vous avec Lui dans un nouvel engagement de travail, un engagement de respect pour la Vérité de l'Esprit et de dévouement à la Cause de l'Amour entre les hommes.

Si vous avez honte des égarements du passé, je peux vous affirmer que la grande officine est ouverte et nous permettra de réparer nos erreurs.

Bientôt, le monde devra être peuplé d'esprits meilleurs, de créatures qui auront le désir de payer leurs dettes en semant le Bien dans le cœur stérile des indifférents. Si vous désirez véritablement le pardon de votre propre conscience, vous aurez l'occasion de le demander par votre effort et sacrifice, en vous présentant dans cet endroit de travail, aux côtés des hommes.

Les paroles de cette créature lumineuse infusaient tant d'espoir à tous ceux qui l'écoutaient que des larmes coulaient des yeux, même des travailleurs, des infirmiers, des dévoués serviteurs spirituels qui, là aussi, trouvaient pour eux-mêmes l'immense champ de service qui les accueillait généreusement et productivement.

Le cœur de cette jeune femme s'illumina à tel point que son plexus semblait une lampe diffusant des lumières multicolores dans toutes les directions.

LA FORCE DE LA BONTÉ

Profitant du moment de bonheur que l'ambiance propice offrait à ces esprits immatures qui s'éveillaient aux réalités de la vie, la jeune femme continua :

– Jésus nous a enseigné qu'il n'importe pas à quel moment nous acceptons le service du travail. Que ce soit à la première appel, que ce soit à la dernière convocation, tous les travailleurs honnêtes seront payés de la même manière. C'est pourquoi, la parole que le Père a pour toutes nos erreurs et faiblesses n'est pas de réprobation ou de condamnation. Elle est d'encouragement et de courage pour que nous nous levions avec une volonté ferme. Et si nous avons eu le courage de faire tout le mal que nous avons fait un jour, nous ne pourrons pas dire que nous sommes des lâches. Il suffit de canaliser notre courage vers des secteurs plus nobles de notre vie, et nous agirons dans le sens constructif de notre avenir.

C'est pourquoi, chers frères, unissons nos esprits à la prière que nous entendrons à partir de maintenant, pour que nous soyons tous un seul être, une seule volonté, un seul chant de Gloire à Dieu, reconnaissants pour toutes ses bénédictions.

Là, humblement, cette âme généreuse invitait tous à se joindre à la prière qui serait transmise par le grand écran qui projetterait jusqu'ici la cérémonie de réception de ceux qui avaient été dévorés par les bêtes dans les tragédies du Cirque qu'ils avaient vus et auxquelles ils avaient participé.

À ce moment-là, l'esprit d'Abigail qui leur parlait, vénérait avec son amour la figure du frère bien-aimé, Jeziel, ou Étienne, qui, loin de là, était prêt à invoquer la présence de Jésus pour recevoir tous ceux qui étaient arrivés de la Terre après avoir affronté le témoignage de la mort physique par un Vrai Amour de Dieu et de Jésus.

La même Abigail, autrefois la fiancée abandonnée par le fier Docteur de la Loi, Saul de Tarse, qui avait su étendre son Amour naturel sur la douleur des autres et accepter les enseignements de Jésus que le vieux Ananias lui avait transmis dans les derniers moments de son existence terrestre, près de la maison accueillante du chemin de Joppé, dans l'ancienne Palestine de tant de souffrances.

11.
APPRENDRE AVEC L'AMOUR

Les réactions de tous face à la scène projetée sur le grand écran panoramique furent déterminantes, car, ayant accepté l'aide qui leur avait été offerte en raison du martyre des premiers chrétiens dans la Rome de ces temps dissolus, tous se retrouvaient emplis d'espoir de changements profonds.

Ils étaient malheureux, fatigués, désorientés par la vie, habitués aux souffrances spirituelles dont ils ne savaient comment se débarrasser, portant des corps fluidiques déformés, défigurés, remplis des blessures que leur propre esprit avait cultivées au fil des années de pensées négatives, d'idées fixées sur le mal, l'indignation, le vice et les plaisirs inférieurs.

Tout cet environnement préparé avec tant de délicatesse, embelli par les paroles lumineuses d'Abigail et par la prière d'Étienne, leur avait déjà prodigué un puissant bain magnétique, et il n'y en avait aucun qui ne se sentait pas ému d'être là.

Pendant ce temps, parmi ceux qui avaient été reçus, les esprits des gladiateurs, responsables de l'intimidation d'autres malheureux par leur violence et leur ruse, étaient ceux qui se présentaient dans les pires conditions.

Bien qu'ils aient choisi le nouveau chemin après être devenus malheureux dans cette tâche négative, qu'ils accomplissaient précisément à cause de leur extrême froideur, les nouvelles conditions vibratoires provoquaient en eux une réaction significative de terreur, de honte et de repentir. En plus de devoir se confronter à eux-mêmes, ils étaient identifiés par les autres comme les bourreaux de longue date, ceux qui attaquaient et maltraitaient impitoyablement.

C'est pourquoi, dans cet amphithéâtre, l'équipe spirituelle chargée de répondre aux besoins de tous avait une affection particulière pour le groupe formé par les vingt-huit gladiateurs qui avaient laissé leur ancienne condition de bourreaux pour se diriger vers la nouvelle et lumineuse aurore de leurs esprits. Ils restaient isolés des autres, protégés par des cordons fluidiques, car il n'était pas difficile de supposer que ceux qui se trouvaient là, bien qu'ayant souhaité suivre un autre chemin, désormais celui du Bien, n'étaient pas encore devenus bons et pouvaient se sentir enclins à agresser, du moins verbalement ou même mentalement, les pauvres et malheureux esprits qui se trouvaient, maintenant, non plus en position de gardiens agressifs, mais en tant que victimes de l'ignorance.

Parmi les présents, à mesure que les paroles d'Abigail étaient prononcées et suivies par la prière, enveloppés par les parfums et la musique, les larmes humidifiaient leurs visages tandis que leurs cœurs étaient doucement apaisés par des mains invisibles, préparant leur esprit à la continuité de ce moment spécial.

Et ce qui était étonnant, c'était que, à mesure que de nouvelles forces étaient inoculées dans l'intimité de cette vaste gamme d'êtres malheureux, certains se sentaient mieux, moins malades, fermant certaines blessures, modifiant leur apparence générale, même si ce n'était que par des détails subtils.

Cependant, pour d'autres, l'effet semblait être l'inverse. Après avoir été longtemps endurcis par l'indifférence, par la haine cristallisée ou par la pratique de tous les actes que la folie permettait, l'éveil de la conscience à la gravité de leurs comportements produisait un état de désespoir, une honte si profonde, que cette carapace, maintenue si longtemps par leur posture habituée à ces vibrations basses, se brisait et, comme par magie, l'être se transformait en une figure bien plus abattue et affaiblie qu'auparavant. C'était le cas de nombreux ex-gladiateurs.

Bien qu'ils conservassent une forme spirituelle désajustée à cause des vibrations qu'ils nourrissaient et des actes qu'ils pratiquaient, au fur et à mesure qu'ils, repentis, commençaient à recevoir l'aide qui parvenait jusqu'à leurs cœurs, les clameurs de leurs actes passés venaient visiter leur esprit comme la douleur corrosive de l'acide, détruisant leurs forces de résistance et les poussant à la désespérance.

Cependant, tout cela n'était rien comparé à ce qui était sur le point de venir.

Soudainement, les scènes de l'écran panoramique commencèrent à montrer ceux qui avaient été dévorés par les lions, accueillis dans cet environnement d'une beauté saphirine, ceux-là mêmes qui avaient été moqués, ridiculisés, humiliés par beaucoup de ceux qui étaient là, maintenant, observant le déroulement des événements.

La grande entrée lumineuse qui s'était ouverte sur Esteban, et qui venait d'en Haut, éclaira, à travers l'écran, toute l'atmosphère de l'amphithéâtre. Les fauteuils confortables, l'affection des entités amoureuses qui soutenaient le réveil de ceux qui avaient été les victimes de tous ces esprits ignorants, étaient de nature à émouvoir n'importe quel cœur sec qui aurait été témoin de cette scène.

Le silence, dans le grand espace des ignorants qui se réveillaient, était terrifiant, et il n'était brisé que par le bruit des sanglots étouffés de nombreux participants, qui se mirent à pleurer de honte pour ce qu'ils avaient fait ce jour-là, lors des sacrifices dans l'arène du cirque.

Pendant ce temps, lorsque la majestueuse et humble figure du Christ fut projetée sur le grand écran, reproduisant les gestes d'une sollicitude aimante envers ceux qui étaient arrivés, victorieux face à la tragédie, aucune entité ne resta indifférente à l'intérieur.

À mesure que l'image se focalisait sur l'affection de cet Être Supérieur qui caressait chacun de ceux qui avaient été tués, la vision exerça une telle puissance sur eux que la plupart commencèrent à proférer des mots d'accusation contre eux-mêmes.

Ils n'étaient pas rares, ceux qui se jetèrent au sol, s'agenouillant ou se laissant tomber de n'importe quelle manière, imaginant être face à l'une des grandes divinités qu'ils étaient habitués à vénérer.

Et bien qu'il n'y eût pas de conditions pour plus d'explications, ils savaient qu'ils n'avaient jamais vu cette figure sculptée dans un morceau de pierre, celle-ci n'aurait pas eu la noblesse nécessaire pour transmettre son excellence et sa beauté.

Beaucoup gesticulaient comme s'ils voulaient déchirer leurs propres vêtements, dans un geste de désespoir, d'autres se frappaient, comme s'ils se punissaient pour l'acte inhumain auquel ils avaient participé.

Et dans les éclats de découragement qui se succédaient, les travailleurs pleins d'amour et compréhensifs se précipitaient pour assister les plus désespérés, les calmant avec un peu d'eau magnétisée, qui leur transmettait une sensation d'équilibre et de force.

Cependant, parmi eux, il n'y avait aucun esprit qui ne se culpabilisait pour tout ce dont ils avaient été complices, et plus grande était leur participation, leur instigation, leur influence dans le moment décisif, plus grande était la douleur morale qu'ils ressentaient. À nouveau, la tragédie intime des ex-gladiateurs se rassemblait, car, observant tout cela avec des yeux horrifiés devant une telle nouveauté et beauté, ce sont eux qui avaient le plus d'épines à extraire de leur propre conscience.

LA FORCE DE LA BONTÉ

Pendant ce temps, voyant Jésus se déplacer d'un groupe à l'autre parmi ceux dont les corps avaient été déchiquetés par les puissantes mâchoires des fauves affamés, beaucoup parlaient entre eux, s'accusant d'être sans cœur, se disant indignes de toute aide, coupables des crimes commis au cours de tant d'années de fautes spirituelles.

À peine la culpabilité pour les actes commis ce jour triste au Cirque Maxime faisait surface. Dans leurs esprits, maintenant sans les entraves des mensonges que les hommes utilisent pour justifier leurs comportements, émergeait le tableau des perversions qu'ils avaient commises pendant de nombreuses années. Et dans cet état, il semblait qu'ils avaient besoin de se confier les uns aux autres sur le contenu de leurs mauvais souvenirs, parlant dans un désordre presque proche de la folie collective.

Sans les excuses conventionnelles que les gens ont l'habitude d'utiliser pour justifier chaque acte négatif qu'ils commettent, à cet instant où la vérité les envahissait de toutes parts, il leur était impératif de se confesser mutuellement, comme effet de la sincérité de leurs intentions face à la vision de ce Jésus grand et petit à la fois.

Et cette catharsis dura plusieurs minutes sans que les esprits bienveillants qui les guidaient n'interviennent, car cette thérapie collective était nécessaire, permettant qu'ils expulsent leurs défauts et leurs culpabilités, pour que le nouveau chemin puisse être commencé dans une semence intime, débarrassée de toutes les débris mensongers et inférieurs.

Il n'était pas nécessaire qu'ils soient parfaits, une condition que seul l'effort de millénaires façonne dans l'intérieur de tous les Enfants de Dieu. Cependant, il était nécessaire qu'ils soient authentiques, sincères et conscients que la nouvelle journée ne pourrait pas être un mélange de vieilles habitudes malheureuses.

C'est pourquoi il valait mieux qu'ils se révèlent tels qu'ils étaient à l'intérieur, pour qu'ils n'aient pas à souffrir plus tard, sur un chemin qui leur demanderait de l'authenticité, non pour blesser les autres, mais pour assumer leurs propres responsabilités dans la douleur causée aux cœurs des autres et qui devrait être réparée.

L'émotion collective fut portée à son maximum supportable. Beaucoup perdirent connaissance et durent être transportés dans des lieux où ils resteraient au repos jusqu'à ce qu'ils retrouvent la conscience.

LA FORCE DE LA BONTÉ

L'affection d'Abigail restait présente au centre de cet environnement, telle une étoile brillante perdue, éclairant le marécage de l'erreur.

De cette chirurgie morale sortiraient des âmes renouvelées, prêtes à se confronter à elles-mêmes, dans la maturation qui commençait pour la journée constructive de l'Évangile dans leurs cœurs et pour le service de la Bonne Nouvelle sur les chemins du monde.

Ils ne seraient évidemment pas ceux qui pourraient être considérés comme des missionnaires de l'Amour sur Terre, car ils étaient encore très fragiles et avaient besoin de plus d'expérience. Cependant, les siècles suivants seraient là pour les attendre, dans la contribution à la mise en œuvre de nouvelles lignes directrices d'espoir et, en même temps, dans l'épreuve de leurs idéaux sincères, luttant contre leurs faiblesses intérieures et affrontant les conséquences de leurs actes.

Loin de là, dans une région beaucoup plus élevée, d'où cette rencontre avec le Maître et ses fidèles serviteurs était diffusée, les beautés étaient tellement nombreuses qu'il n'est pas possible de les traduire.

La vérité est que l'Amour Véritable établirait là son empire, sans bâtiments somptueux, sans palais de marbre, sans armées ni épées, sans argent ni titres honorifiques.

Étienne, aux côtés du Seigneur, marchait avec Lui parmi les nouveaux arrivants, et, avec son sourire et ses manières fraternelles, il insufflait le sentiment du devoir accompli dans le cœur surpris de ceux qui se réveillaient doucement, dans les bras de leurs amis spirituels.

Après avoir été béni par Jésus, Jean de Cléophas, qui était protégé par Zacharie, retrouva toutes ses énergies et la clarté de son raisonnement.

Ainsi, il se mit à s'intéresser au destin de ses compagnons de sacrifice et désira accompagner Jésus, comme s'il voulait aussi embrasser ses fidèles et courageux amis.

Comprenant son désir et autorisé par le regard compatissant du Maître, qui avait déjà été suivi dans le passé par ce même Cléophas, lui et Zacharie furent accueillis à ses côtés et commencèrent à envelopper de leur amour ceux qui attendaient encore le contact des mains généreuses de ce Christ si ami et fraternel.

Ainsi, le moment ne tarda pas où ils s'approchèrent de Livia, et son cœur lumineux et dévoué fut enveloppé par un halo de lumières qui l'envoûtèrent dans un grand extase, comme si un arc-en-ciel céleste dansait autour d'elle. Elle aussi désirait suivre Jésus, maintenant qu'il se levait et étreignait tendrement l'esprit de Siméon.

Et chacun de ceux qui étaient touchés par le Maître, comme autrefois sur Terre, lorsque les blessés lui demandaient le miracle, tous eurent l'impulsion de se lever et de suivre ce Soleil qui les réchauffait.

Jésus marchait devant tous, ayant Étienne à ses côtés. Tandis que, un peu derrière, ceux qui désiraient également accueillir les frères de malheur le suivaient. C'était l'expression la plus douce de la fraternité. Ceux qui étaient morts ensemble dans le corps se réveillaient ensemble dans l'âme, heureux.

Toutes les choses remplissaient l'atmosphère d'une haute tonalité de forces, avec les chants sublimes qui accompagnaient chaque réveil des enfants du sacrifice, fidèles au témoignage jusqu'à la fin. Cependant, à un moment donné, devant l'un des sièges, Jésus interrompit doucement la journée, accompagné de tous ceux qui attendaient. Se tournant vers ceux qui le suivaient, il dit tendrement :

— Zacharie, mon fils, approche.

En entendant son appel personnel, le vieux cordonnier se distingua du groupe des nouveaux arrivants, répondant à l'appel du Seigneur.

— Oui, Maître, je suis là.

Jésus se tenait devant le fauteuil de Lucilius Barbatus, le centurion romain qui était devenu ami de Zacharie. Prenant la parole, Jésus continua :

— Voici celui qui nous a aidés dans les moments les plus difficiles et qui t'a tendu la main, amie dans l'accomplissement de la demande que je t'avais faite pour protéger notre frère Pilate.

Ému, Zacharie répondit :

— Oui, Mon Seigneur, voici Lucilius, grâce à la bonté duquel notre frère a pu être assisté et protégé contre ceux qui voulaient lui nuire. Si ce n'avait été pour lui, même ce peu que nous avons pu faire pour notre frère Pilate n'aurait pas été possible. J'ai une grande dette de gratitude envers cet homme.

— C'est pourquoi, fils bien-aimé, dit Jésus, je souhaiterais que cette gratitude, que je considère également comme la mienne, soit exprimée en ce moment et que Lucilius se réveille en trouvant tes yeux d'ami dévoué.

LA FORCE DE LA BONTÉ

Ému, Zacharie laissait tomber des larmes cristallines qui se perdaient dans sa barbe, la même qui faisait partie de son visage lors de sa dernière incarnation sur Terre.

Debout, côte à côte avec Jésus, tous deux se positionnèrent devant le fauteuil confortable qui accueillait l'esprit de Lucilius, endormi comme un enfant par la force de l'anesthésique spirituel balsamique employé au moment de la tragédie déchirante. Soutenu par une entité amie, qui restait en poste auprès de Lucilius, l'atmosphère spirituelle qui les enveloppait en ce moment était très intense.

Jésus, prenant la main de Zacharie avec la sienne, imposa toutes deux sur le front de l'ex-centurion. Un halo de lumière pénétra son esprit qui, ravi par la sensation enivrante, ouvrit lentement les yeux, comme s'il ne voulait pas sortir de cet état d'extase qu'il ressentait.

Et, à sa grande surprise, là, devant lui, son vieil ami, le cordonnier, se tenait les bras tendus, auréolé d'une atmosphère jamais vue.

— Zacharie, Zacharie... — s'exclamait Lucilius, comme un enfant heureux — Que tu m'as manqué, mon cher petit père...

Gêné par l'enthousiasme de Lucilius et, peut-être, par sa vision spirituelle encore maladroite, qui ne lui avait pas permis de reconnaître Jésus, Zacharie se pencha vers son ami bien-aimé et lui parla avec tendresse :

— Oui, mon cher fils. C'est bien moi qui suis ici pour t'embrasser comme aux vieux jours. Mais fais attention, car Celui que nous aimons de toutes nos forces est ici pour te bénir, Lucilius.

— Zacharie, dit-il, hésitant, parles-tu de Jésus ?

— Oui, notre Maître.

— Mon ami, je ne suis rien pour mériter Son attention. Au vu de mes fautes, je ne mérite même pas Sa bonté qui m'a tant guidé et aidé. Que dire alors...

Et, alors qu'il s'apprêtait à terminer sa phrase, ce voile lumineux qui l'aveuglait se transforma lentement en la figure indescriptible de Jésus. Lucilius ne parvint pas à exprimer sa misère, car le sourire de ce Maître bien-aimé l'en empêcha :

— Sei...gneur... — balbutia-t-il, enivré —. Ce misérable soldat ignorant n'est pas digne de cette grâce.

— Bienheureux sont ceux, Lucilius, qui, sans avoir vu, ont cru. Ma gratitude t'appartient pour tout ce que tu as cherché à faire pour un être que j'aime profondément et que tu t'es efforcé de protéger de toutes tes forces, même sans y être personnellement convié.

— Le gouverneur...?!

– Oui, notre frère Pilate, mon fils. Tes bonnes semences retournent à ton grenier en cette heure, avec la certitude que tes plus petits gestes de soin ont été inscrits dans les livres de la Bonté Céleste pour se lever comme des rayons de miel pour ton âme.

Lucilio ne savait pas quoi dire. C'est pourquoi il se limita à pleurer et à demander humblement :

– Seigneur, je ne t'ai jamais trouvé, si ce n'est par la parole lumineuse de Zacharie... Maintenant que cela se passe pour la première fois, j'aimerais te demander une chose... si cela n'est pas une audace de ma part...

– Parle sans crainte, mon cher fils...

Et, sans grâce face à cette situation, l'ex-soldat romain prit courage et dit :

– Seigneur, laisse-moi baiser ta main...

Ému par cette demande humble et comprenant l'émotion de cet esprit, Jésus se pencha en sa direction, se mettant à la même hauteur, puisque Lucilio, en faisant la demande, s'était agenouillé devant le Maître.

Tenant ses deux mains unies et respectueuses, Jésus ne l'empêcha pas de les embrasser et de les mouiller de ses larmes. Puis, il le releva et lui dit :

– Mon fils, le travail de l'Amour reste encore à faire. Zacharie lutte pour le concrétiser, mais il a aussi besoin d'aide.

– Seigneur, je ne m'appartiens plus. Je t'appartiens. Fais de moi ce que tu veux. Je ne fais que obéir. Un jour, par imposition de la vie, j'ai été soldat de Rome, aujourd'hui, de ma propre décision, je suis un soldat de Jésus.

Regardant avec tendresse, Jésus lui caressa les cheveux et le confia à Zacharie, à Jean de Cléophas, à Livia, à Siméon et à tous les autres qui composaient la cour de ses nouveaux disciples, dans cette atmosphère de bonheur spirituel.

L'Amour avait encore un vaste champ à travailler sur Terre.

LA FORCE DE LA BONTÉ

Là, se réveillaient les nouveaux instruments de Dieu pour le rude service d'aimer sans attendre d'être aimés.

Ce étaient les semences fertiles qui allaient être jetées à nouveau sur la terre pour se multiplier dans la tâche de répandre l'Amour dans toutes les directions.

12.
PAROLES DE ZACARÍAS

À la fin de ce moment mémorable pour tous, tant pour ceux qui étaient réunis à distance que pour ceux qui avaient été reçus personnellement par Jésus, ils furent conduits vers les lieux appropriés pour leur pleine et plus complète récupération, s'adaptant aux nouvelles réalités spirituelles selon le degré d'affinité qu'ils possédaient, aux côtés des entités amies qui les aidaient.

Ainsi, le groupe d'esprits liés entre eux par les drames de la dernière incarnation était réuni, sous la protection de Zacarías qui, par ses manières généreuses et fraternelles, humbles et douces, avait assumé la position naturelle de père de ce groupe d'entités en processus de germination.

Transportés, à la fin de la rencontre, vers un autre lieu propice aux premiers accords de cette heure et où l'on pouvait converser librement sur les anciens temps, Livia, Siméon, Lucilio, et Jean de Cleofas se réunirent sous le regard bienveillant de Zacarías.

L'ambiance paisible était enveloppante et inspirante, face à la beauté de la nature luxuriante qui entourait cet endroit, d'une constitution absolument inconnue et impossible à décrire dans le langage humain, qui ne possède pas de terminologie adéquate pour cela.

Saturé de forces revigorantes, c'était comme un nid qui accueillait les nouveaux arrivants afin qu'ils puissent profiter du repos après la bataille.

La joie dans l'intimité de chacun était contagieuse. Tous, sans exception, se sentaient indignes de l'accueil qu'ils avaient reçu, mais la joie intérieure leur parlait du grand Amour que le Maître leur portait et c'est pourquoi, à ce sentiment, leurs cœurs se laissaient doucement enivrer.

Profitant de l'heure favorable, Zacarías s'adressa à eux en disant :

– Comme il est bon de pouvoir nous retrouver en ce moment si important pour nos destins. Il est vrai que nous n'avons pas tous eu la joie de nous rencontrer sur les chemins du monde lors de notre dernière incarnation. Cependant, tous ceux qui sont ici sont unis par le Christ. Si je n'ai pas pu m'approcher de Livia ni de Siméon, Cleofas a porté ma présence jusqu'à eux. Si vous ne connaissiez pas Lucilio, la tragédie du Cirque vous a unis ce jour-là par des témoignages courageux. La vérité est que nous sommes tous unis sous le drapeau auguste de l'espoir et, si ce que nous recevons dans cet environnement spirituel dépasse largement notre mérite personnel, cela ne fait que nous infuser la conviction que ces bénédictions ne nous appartiennent pas en tant que privilège. Elles représentent, plutôt, le dépôt sacré du Père sur nos esprits, afin que nous devenions plus féconds dans la fonction modeste d'être des semences utiles.

Et, parce qu'elles étaient dites avec un amour extrême, les paroles de Zacarías créaient une atmosphère salutaire dans leurs âmes, et, silencieux, personne n'osait interrompre l'explication de l'ex–cordonnier.

– La trajectoire commencée par Jésus a besoin de mains prêtes à l'étendre, car le champ est vaste et il y a beaucoup de terre à labourer et à préparer pour la semence. Aucun des éléments qui ont déjà accepté l'invitation amoureuse de l'Agneau ne peut être dispensé de la part qui lui revient, dans l'effort personnel, dans la lutte ardue qui prépare le terrain afin que le champ fertile s'élargisse.

Nous ne sommes pas seulement heureux parce que vous êtes revenus. Nous sommes exultants parce que nous nous sommes regroupés de manière à pouvoir chercher de nouveaux horizons propices à l'expansion du service du Bien dans le monde.

Baptisés dans le feu de la tragédie, vous êtes sortis des flammes de l'incendie sans être intimidés par leur chaleur ni les brûlures qu'elles pouvaient causer. Ce courage est le principal matériau de celui qui accepte le service de l'Amour.

L'égoïste fait des projets pour agir et tirer des avantages pour lui-même, même dans chaque détail.

Le faible cherche à rassembler les éléments et les armes qui facilitent sa défense, en agressant si nécessaire.

L'orgueilleux demandera quelles gloires et quels pouvoirs seront attribués à son nom et à sa tradition.

Le vaniteux s'enquérira des lauriers qui orneront sa tête en récompense.

Le paresseux demandera du repos préalable pour réunir plus de forces, afin qu'un jour il puisse commencer l'œuvre.

LA FORCE DE LA BONTÉ

Le faux dévot attendra que quelqu'un d'autre commence pour suivre ses pas et se considérer comme un travailleur de la première heure, désirant les bénéfices d'un pionnier qu'il n'a pas été. Chacun d'eux peut accomplir quelque chose, mais ce sont des travailleurs imparfaits, bien qu'ils prononcent toujours le nom du Maître avec l'apparence de l'onction et du respect. Leur dévotion n'est qu'une illusion totalement crédible qui cache le corps déformé où se cachent les défauts.

Cependant, celui qui a compris ce que Jésus désire pour le monde, avec sincérité et clarté, est un travailleur d'une autre nature.

Il n'entre pas dans la journée en pensant à lui-même et, c'est pourquoi, il sait renoncer à ses aspirations et à ses rêves personnels. Il ne demande ni avantages ni faveurs plus grandes que celles qu'il possède déjà, car pour lui, rien n'est plus précieux que l'Amour immense que Jésus lui consacre, au nom de Dieu.

Il ne se soucie pas de se défendre avec des armes inefficaces. Il porte la prière comme bouclier et l'Amour comme épée qui brise toutes les lourdes chaînes dans les âmes dépourvues de préparation à la douceur. Il a en Dieu le souverain protecteur et se soumet à Lui sans crainte d'être offensé.

Il éprouvera de la joie à être oublié, à ne pas être rappelé avec respect, car il ne cherche pas les gloires humaines et ne souhaite pas être exalté par l'ignorance, ce qui représenterait toujours une liaison fallacieuse avec le mal. Tous ceux qui se réjouissent des applaudissements de l'ignorance font preuve des chaînes qu'ils portent dans l'arrière-plan. C'est pourquoi celui qui a compris les idéaux de Jésus avec une véritable lucidité ne se laisse pas arrêter par les cérémonies et les hommages, dans la joie constante d'une vanité superficielle et vide. S'il les reçoit, il les attribue au véritable maître, celui qui est généreux, qui le paie et le soutient, et après cela, il continue d'accomplir les obligations spirituelles qui lui incombent. Lorsqu'il est fatigué, il ne se permet de se reposer que lorsque plus rien ne doit être fait, s'imposant un régime d'effort redoublé, face à l'exemple reçu de celui qui le rémunère, à qui il n'est même pas accordé une minute de repos, devant l'œuvre que le Père lui confie. Ainsi, si le Maître travaille sans relâche, comment le serviteur peut-il demander du repos, alors que le patron continue de travailler ?

Enfin, le véritable serviteur de la bonté, bien qu'il ne soit pas aussi bon qu'il souhaite l'être, ne reste pas à attendre que les autres fassent le premier pas. Il agit avec humilité et se propose pour l'œuvre, sans désirer être exalté, sans lutter pour les places en vue, sans se laisser emporter par les séduisants et faux éclats des louanges humaines, toujours des pièges conçus pour éloigner le travailleur du bon chemin.

Et dans ce profil, vous possédez tous les qualités nécessaires pour que d'autres graines puissent être semées, au nom du grand Amour que Jésus nous consacre.

Les paroles de Zacarías émouvaient les esprits de ses compagnons qui, enchantés, semblaient se sentir transportés dans un monde de rêves duquel ils se réveilleraient à tout moment.

Voyant qu'ils étaient enveloppés par l'émotion, et souhaitant qu'eux aussi puissent participer activement à ce colloque fraternel, Zacarías se tut et, souriant, laissa entendre qu'il aimerait qu'ils expriment également ce qu'ils ressentaient.

Simeón, dans son expérience et sa manière humble, comprenant l'intention de Zacarías, prit la parole et entama la conversation :

– De ma part, cher frère, je me reconnais dépourvu de vertus et de forces pour revendiquer une telle condition de semeur. Cependant, mon esprit se réjouira énormément si le Divin Ami, par son âme généreuse et simple, m'accepte pour que je puisse travailler en quelque chose.

Encouragés par les paroles de Simeón, les autres commencèrent à se libérer également.

Juan de Cleofás, ému de pouvoir s'adresser maintenant directement à eux, laissa libre cours à ses sentiments et dit :

– Ma dette envers Zacarías est déjà impayable en raison de l'immense amour que j'ai reçu de lui, du pardon que j'ai pu apprendre de son âme amie. Que dire, alors, de la dette envers le Maître à qui, nous tous, avons appris à aimer et à chercher comme le papillon se laisse envoûter par la flamme lumineuse. Avant Zacarías et Jésus, j'étais un esprit égoïste, mesquin, mondain. Grâce à eux, je suis désormais quelqu'un qui a tenté de rectifier son parcours d'erreurs flagrantes, à travers l'œuvre du Bien que j'ai apprise avec eux. Je ne me vois pas non plus avec des droits ou des ambitions. J'ai juste besoin du vaste champ de travail, dans lequel je souhaite continuer à lutter pour expurger mes imperfections à l'ombre des exemples du Christ et de vous tous.

Zacarías lui sourit humblement et fraternellement, signifiant que ces paroles ne devaient plus lui être adressées, car il n'avait dans son cœur aucun souvenir négatif des erreurs de Cleofás.

LA FORCE DE LA BONTÉ

Livia, émotive, tenta aussi de se manifester :

– Mon âme faible ne peut imaginer quelle utilité on pourrait voir dans les petites forces que je possède. Cependant, j'ai appris avec l'affection de Simeón, avec les exemples de Jésus, à ne jamais me décourager et à toujours chercher à construire le Bien sur les décombres de la douleur et de la désillusion. Mon union matrimoniale m'a appris à être ainsi et à supporter tout pour le désir de comprendre ceux qui ne comprennent pas, d'aider ceux qui font l'injustice, de nourrir ceux qui produisent la faim dans d'autres cœurs. Et si je parle ainsi, je ne le fais pas en tant qu'épouse qui garde du ressentiment envers celui à qui je me suis donnée de toutes les forces de mon esprit. Je parle en tant que celle qui a beaucoup appris des leçons que j'ai dû affronter, mais qui reconnaît que celui qui a été l'agent de ces douleurs souffrira encore plus lorsqu'il percevra la taille de son erreur, malgré mon affection et mon amour inconditionnel. Face à la perspective d'être jugée par Dieu et celle d'être jugée par moi-même, j'accepte le verdict du Père qui sait être bien plus généreux que nous-mêmes lorsque nous prononçons des jugements sur nos erreurs, après nous être repentis des fautes commises.

Comprenant qu'il lui serait permis de parler, Lucilio attendit que Livia ait fini et se prononça ainsi :

– Mes frères, si vous, qui avez eu le privilège de connaître le cher Maître, ressentez la notion d'inutilité face à la grandeur de son Amour, que dire de moi, qui ne suis qu'un simple soldat, sans capacité ni qualités morales qui me permettent, même pour un instant fugace, d'imaginer qu'une telle scène comme celle-ci soit possible ? Parmi vous tous, je continue de croire que Dieu s'est trompé en m'amenant ici et que, si je suis ici, c'est seulement par la miséricorde qu'on doit avoir envers un lépreux de l'âme. Cependant, bien que j'aie été une erreur des puissances supérieures qui nous ont réunis ici, je vais essayer de profiter de cette compagnie lumineuse et d'apprendre jusqu'à ce que le serviteur de Dieu, chargé de corriger cette erreur, vienne me chercher et m'indique l'endroit où je dois rester. Tant que cela n'arrive pas, je m'efforcerai d'être au service, comme tout soldat, soit de Jésus, soit de vous tous.

Après que tout le monde se soit exprimé, Zacarías se préparait à continuer son explication, lorsque Livia demanda à poser une question, et elle fut écoutée :

– Pardonnez mon audace, cher frère, mais face à notre joie et à nos conditions actuelles, je ne peux m'empêcher de penser à d'autres frères dont le destin, dans notre parcours commun de la dernière incarnation, fut marqué par des déceptions et des douleurs semées partout où ils passaient. Naturellement, je ne cherche pas à faire de commentaire négatif sur des défauts qui existent aussi en moi et qui sont gravés dans mon âme. Je voudrais simplement demander, cher Zacarías, que vous nous parliez de ce qui est arrivé à ceux avec qui nous avons vécu et qui, dans l'insensé de leur immaturité, sont retournés dans le monde spirituel avant nous, comme ce fut le cas du gouverneur Pilate et de notre sœur Fulvia.

Voyant l'intérêt de Livia, Lucilio se laissa aussi emporter par l'interrogation et, prenant à son compte les paroles de Livia, il évoqua le gouverneur jusqu'aux derniers jours avant son suicide en prison à Vienne, profitant de l'occasion pour demander des informations sur Sávio, ce soldat romain qui fut, indirectement, l'empoisonneur de Zacarías lors de la dernière incarnation.

Simeón, également touché par le moment, souhaita que Zacarías parle de celui qui l'avait victime ce cruel après-midi en Samarie, comme un bourreau romain qui cherchait à l'intimider, le licteur Sulpice.

Ainsi, tous les sentiments généreux étaient désormais tournés vers la recherche d'informations sur ceux qui s'étaient perdus dans les chemins illicites du monde, dans les actes de cruauté, d'agression, de vice et de faiblesse morale.

Démontrant une préoccupation fraternelle et sincère, Zacarías attendit que tout le monde s'exprime et, d'un ton calme et serein, leur fit comprendre qu'il leur raconterait tout ce qui s'était passé. À la fin, comme il leur dirait lui-même, cette réunion qu'ils tenaient était précisément liée aux processus de soutien que Jésus souhaitait voir appliqués à tous, afin qu'ils ressentent la rénovation intime surgir dans leurs âmes.

Les réalités cruelles qui avaient frappé tous les moqueurs du monde enseigneraient aux nouveaux membres de la famille spirituelle au service de Jésus, réunis là, à comprendre la grande responsabilité que c'est de vivre sur Terre, avec le vaste champ pour semer, qui peut être de libre choix, mais dont découlera la récolte qui sera obligatoire et en proportion exacte à la qualité de la semence.

Connaître leur destin serait une leçon qui mettrait à l'épreuve toute la capacité d'agir pour le Bien, dans l'exercice de la véritable compassion que Jésus attendait de tous envers ceux qui s'étaient pervertis, s'éloignant du chemin droit de la vertu spontanée et sincère.

LA FORCE DE LA BONTÉ

Dans les paroles émouvantes de Zacarías, tous comprirent ce que Jésus avait voulu enseigner lorsqu'il affirmait :

« *À chacun selon ses œuvres. Tout celui qui frappe avec le fer, sera frappé par le fer. Avec la même mesure avec laquelle tu mesures, tu seras mesuré.* »

Et, clôturant la conversation fraternelle, Zacarías sourit tristement et dit :

– Plus que de vous parler d'eux, je vais vous mener là où ils se trouvent.

13.
L'ABÎME

L'obscurité qui s'étendait sur toute cette vaste zone, où la peur et la ruse avaient fait leur demeure, esclavagisant ces esprits qui s'étaient laissés emporter par l'erreur, le mal, l'absence de sentiments élevés.

Afin que le lecteur puisse mieux évaluer la position d'infériorité à laquelle s'accrochent les esprits qui habitent ces régions liminaires, il est nécessaire de comprendre que l'être humain est la somme de ses actes, de ses pensées et de ses sentiments.

Dans la structure de ses vibrations personnelles, est défini le modèle de sa personnalité, comme une empreinte digitale magnétique inconfondable, qui démontre le niveau d'élévation, d'engagement comme un miroir fidèle de son caractère général.

Ainsi, une fois que l'enveloppe charnelle est perdue, les esprits, qui jusqu'à la mort physique avaient mené leur vie selon leurs habitudes, coutumes et ce que l'on appelle l'"imposition du milieu social", se réveillent du côté spirituel en exhibant en eux-mêmes le modèle lumineux ou sombre de tous leurs comportements, sans pouvoir éviter que, dans le cas de l'absence de lumière personnelle, cela ait été produit par leur adhésion au type commun de conduite de la majorité des gens.

Être normal comme la plupart des gens, faire ce que tout le monde fait, suivre les mêmes chemins et se disculper, en arguant que l'on n'a fait que suivre le grand troupeau des inconscients, ne servira à personne comme excuse ou argument susceptible d'améliorer sa position vibratoire. Dans la réalité du monde spirituel, la question de l'essence est fondamentale. Nous serons effectivement ce que nous avons fait de nous-mêmes, même si nous l'avons fait uniquement pour plaire aux autres ou pour ne pas détonner avec la majorité. Soyez sûr, cher lecteur, que la majorité des gens sera également dans la même situation que cet individu qu'ils ont imité et auquel ils se sont maintenus sans améliorer de manière significative leur propre condition.

Ainsi, surpris dans le plan spirituel, la majorité des individus se sentent fouettés par cette contradiction apparente, argumentant de manière enfantine qu'ils ont conduit leur existence sur un chemin qu'ils croyaient juste et correct. Beaucoup ont l'habitude de dire : "Je n'ai fait de mal à personne ; je n'ai jamais nui à mon prochain ; je n'ai jamais pris ce qui ne m'appartenait pas." Alors, comment suis-je arrivé ici ? Où est le Paradis ?

Et, lorsqu'on leur demande quel bien ils ont fait, s'ils ont pardonné à ceux qui leur ont nui ou s'ils ont partagé ce qu'ils possédaient avec ceux qui ne possédaient rien, les réponses disparaissent, et le désir de trouver le Paradis se fanent face à la réalité de l'omission, de l'égoïsme, de l'indifférence envers leurs semblables.

C'est pourquoi, lorsque l'esprit récemment arrivé de la Terre prend conscience qu'il ne pourra cacher aucune de ses intentions les plus viles, de ses pensées les plus secrètes et de ses actes les plus inférieurs – chose qu'ils étaient habitués à faire dans un monde physique qui admet toutes sortes de masques et de déguisements –, il se voit dénudé dans sa manière d'être et, aussi bien que ses paroles puissent dire le contraire – puisqu'il continuera à essayer de masquer la vérité sous le voile léger de la fantaisie – son périspirit, comme miroir de son âme, dénoncera sa réalité à la vue de tous.

Ce sera comme l'ivrogne qui dit qu'il n'a pas bu, mais qui est dénoncé par son propre haleine.

C'est ce qui attend la majorité des indifférents, ceux qui se considèrent comme des individus raisonnables, qui se croient souvent même parmi les élus de Dieu.

Cependant, lorsque des actes nuisibles, des erreurs flagrantes, délibérément commises sous la condescendance d'un caractère à la fois cruel et faible, pèsent sur la conscience de l'esprit, les effets de ces actions se cristallisent dans la structure subtile de son enveloppe énergétique et la déforment, déséquilibrant son harmonie par l'exercice de sentiments contraires à la loi de l'Amour qui régit l'Univers.

De retour dans le Monde de la Vérité, l'esprit ne peut échapper à ses marques qui, par elles-mêmes, sont capables de rendre sa souffrance très amère, car il récoltera les fruits pourris de ses semences négatives.

De plus, il sera recherché par de nombreuses entités qui ont été ses victimes et qui, en raison de leur retard spirituel, ne sont pas encore capables de pardonner et de laisser la Justice aux départements Divins.

Des millions de créatures, qui étaient dans la condition apparente de victimes, se lèvent chaque jour en criant contre leurs bourreaux et souhaitant rendre la souffrance avec encore plus de souffrance. Ainsi, ces créatures, étant elles-mêmes des fruits douloureux des actions de leurs bourreaux, correspondent au patrimoine accumulé de leurs erreurs et actes d'agression, ce qui les place sur le même plan vibratoire, et, par conséquent, l'agent du mal doit aussi recevoir la contrepartie de son investissement, multipliée par les intérêts de la colère et de la haine accumulées pendant longtemps dans le cœur de ceux qu'il a blessés.

La poursuite des victimes est un autre élément de ce scénario de difficultés auquel l'esprit qui arrive au port de la Vérité fait face, n'ayant pour bagages que des larmes et des déceptions, du sang et des tristesses qu'il a dispersés sur Terre en échange de quelques instants de plaisir, de pouvoir, de luxe, d'ostentation et de grandeur.

Dans le côté spirituel de la vie, la présence d'entités intelligentes mais cruelles permet aux esprits sans mérite, qui ont permis à leur vibration de se maintenir dans les mêmes conditions inférieures, d'être également fouettés, persécutés et asservis par leurs anciens complices de crimes, avec lesquels ils s'étaient associés tout en servant les intérêts mesquins même dans leur corps physique.

Ainsi, les entités des régions limbiques, qui étaient les anciens complices et qui, peut-être, ont passé plus de temps dans la vaste région des ombres qui entoure la croûte terrestre, s'associent à la douleur de leur partenaire d'égarements pour maintenir le contrôle sur leur personnalité vulnérable et faible, prolongeant le pouvoir qu'elles exerçaient sur lui.

Comme vous pouvez le voir, cher lecteur, le Monde de la Vérité révélera aux innocents, qui suivent la grande majorité de ceux qui dorment et vivent confortablement, le cortège de larmes et de souffrances qui les attend, sans qu'ils puissent invoquer les futilités ou les honneurs humains comme facteur d'atténuation.

Seuls le sentiment de noblesse, le Bien pratiqué sans désir de gloire, l'Amour diffusé avec sincérité et dévouement, le renoncement et le sacrifice de ses propres intérêts, les actions apportant de l'espoir aux affligés, la faim, le froid et la fatigue endurés pour que d'autres mangent, se nourrissent ou se reposent, seront les facteurs atténuants de nos erreurs et se lèveront comme nos défenseurs dans le tribunal de la Vérité incorruptible du monde spirituel.

C'est pourquoi le destin de nos personnages fut si disparate. Il ne s'agissait pas d'un privilège de Dieu pour garantir la lumière à certains et oublier les autres dans les profondeurs de la douleur. Chacun s'éleva sur le chemin qu'il choisit ou s'engouffra dans l'abîme qu'il opta.

LA FORCE DE LA BONTÉ

Ainsi, dans la région ténébreuse de l'ignorance, bien différente de la notion enfantine de l'enfer traditionnel, se rassemblaient les esprits de Pilate, Fulvia et Sulpice, comme les pauvres héritiers de leurs anciens caprices, pour souffrir les conséquences de leurs comportements dans les déformations du corps spirituel, les persécutions de la foule enragée par la haine qu'ils nourrissaient contre eux, et, en même temps, la compagnie réciproque de soi-même. Cependant, Pilate se sentait horrifié au contact de la figure monstrueuse de Fulvia, Fulvia avait des attaques de peur et de désespoir lorsqu'elle rencontrait l'ancien amant qu'elle avait exploité dans ses faiblesses et qu'elle avait ensuite fait tuer, et tous deux se sentaient dominés par la cruauté de Sulpice, cet esprit ignorant qui était déjà retourné dans le monde spirituel et qui avait été le complice des atrocités et des aventures des uns et des autres.

Chez Pilate, en revanche, le message du Christ que Zacharie lui avait révélé avait fait en sorte que son esprit vienne moins envahi par les vibrations nuisibles de la haine. Portant dans sa pensée la culpabilité de la mort de Jésus, il souffrait en silence, sans indignation, et au fond de lui, il gardait le souvenir de cet ami et protecteur qui lui avait offert des mots de consolation et qui était déjà mort bien avant, et qu'il ne parvenait plus à voir.

Le sentiment de repentance lui était favorable, bien que le suicide lui pèse négativement, imposant les conséquences naturelles pour la discipline de son esprit affaibli face aux adversités de la vie.

Sulpice était le plus ardent adepte de l'ancien style de vie, appris et développé aux côtés de l'ex-gouverneur de Galilée, pour qui il nourrissait une certaine affection, mais qui, selon sa manière de comprendre, était considéré comme un lien de commandement et d'admiration qu'il voulait préserver, ne voulant pas perdre le contrôle de la situation. C'est pourquoi il maintenait le gouverneur emprisonné sous ses ordres, lui refusant la liberté et déterminant la routine de tous ses moments. L'assassin de Siméon continuait à être le terrible persécuteur, dirigeant un vaste réseau de soldats qui restaient unis par la peur de leur chef, croyant qu'ils étaient au service d'une armée fictive, qui continuait d'exister dans les abîmes de la mort, comme dans la Rome antique qu'ils avaient laissée derrière eux.

Concernant Fulvia, on peut dire que son esprit était dans un état lamentable. Son atmosphère vibratoire était le reflet du plus absolu déséquilibre, la comparant à ces fous et furies des pires hôpitaux psychiatriques qu'on puisse connaître sur Terre. Sa pensée, habituée aux chemins tortueux par lesquels elle tissait des intrigues, faisait des conspirations, s'insinuait et corrompait, ordonnait des meurtres et tuait lorsque cela lui était avantageux, avait beaucoup de mal à accepter sa responsabilité dans la souffrance qu'elle croyait endurer.

Sans notions spirituelles élevées et n'ayant jamais sincèrement et dévotement soumis son esprit à la compréhension religieuse, même à l'illusion du monde des dieux de marbre, elle n'avait aucune qualité qui puisse atténuer sa culpabilité pour tous les actes qu'elle avait commis. L'intrigue pour détruire l'union de Livia avec Publius, l'assassinat de Sávio, la mort de Zacharias, la trahison de sa sœur Claudia, la dégénérescence de sa fille Aurelia, la conspiration pour tuer son ancien amant, Pilate, peut-être le seul homme pour lequel elle avait ressenti un sentiment d'affection moins mensonger, bien qu'elle le voyait simplement comme une figurine à son service, les pièges tendus contre tant d'autres dans lesquels elle s'était servie de Sulpice et de sa coopération, payés par les faveurs charnelles de son corps exubérant. Ah ! Quel cortège de misères et de douleur pouvait être plus lourd que tout cela ?

Ainsi, la condition de tous reflétait, en effet, la vérité cruelle qu'ils avaient eux-mêmes produite, comme l'expérience nécessaire et douloureuse pour les servir de vaccin contre les maux futurs qu'ils devraient supporter.

Comprenant les choses dans le sens de la perfection de la Loi, il est important que le lecteur n'oublie pas que, dans les paroles de Jésus, Dieu veut miséricorde, pas sacrifice.

C'est pourquoi l'Univers est structuré sur les lois magnanimes de la solidarité, de la fraternité, de la renonciation des meilleurs en faveur des pires.

Et là où se trouve la tragédie la plus cruelle, là doit être la source lumineuse que le Ciel envoie pour l'illumination et l'élévation des tombés.

Tandis que les hommes, par leurs actes insensés, construisent pour eux-mêmes des prisons morales où ils s'enferment dans les culpabilités de leurs crimes, dans les souffrances qu'ils partagent comme peine pour leurs délits, dans les persécutions qu'ils instaurent les uns contre les autres comme geôliers de leur propre mal, Dieu édifie l'école de la vie, où les pires sont accueillis pour revenir apprendre auprès de ceux qui sont déjà plus fermes dans leurs déterminations et décisions face aux problèmes.

LA FORCE DE LA BONTÉ

C'est avec des espoirs et non avec des supplices que le Royaume de Dieu est édifié.

Ainsi, après cette rencontre entre nos personnages, dans l'atmosphère lumineuse de l'esprit où ils avaient été accueillis, comme un pont de lumière qui fut fait du haut vers l'abîme et, sous la forme d'étoiles radiantes, le petit cortège de ces cinq âmes descendit dans l'obscurité, en accomplissement de la Loi de l'Amour, qui n'oublie jamais personne, surtout les plus endurcis.

Dans l'abîme, protégés par leurs structures fluidiques et par leurs sentiments élevés comme des boucliers fixés dans le cœur, se firent présents Zacharie, Siméon, Livia, Jean de Cléophas et Lucilius, afin de donner suite au travail de sculpture du Bien, bien que dans la rude pierre de l'ignorance et du crime.

La scène était dantesque aux yeux purifiés de ces âmes prêtes pour le chemin lumineux. Cependant, aucune d'entre elles, bien qu'en différentes conditions de lucidité et de compréhension, ne se laissa emporter par un autre sentiment que celui de la compassion pour tous ceux qui se trouvaient là.

Naturellement, l'arrivée du petit groupe dans le lieu sombre fut précédée de toutes sortes d'explications et de préparations afin que l'événement ne soit pas compromis par des comportements inappropriés pour ce moment.

De même, les trois principales créatures qu'ils cherchaient ne seraient pas en mesure de percevoir immédiatement les visiteurs en raison de leurs schémas vibratoires très différents. S'adressant au groupe d'une voix très basse, presque un murmure, Zacharie expliqua :

– J'ai demandé que Sávio nous trouve ici, car, par ses caractéristiques vibratoires, il pourra agir comme notre interprète devant nos amis, encore incapables de ressentir notre présence. De plus, Sávio est étroitement lié à toute cette histoire et, dans sa dernière incarnation, pauvre garçon, il fut l'une des victimes de la séduction exercée par notre sœur Fúlvia, qui avait l'intention de l'utiliser pour empoisonner Pilate en exil, payant pour ce service meurtrier avec la monnaie du plaisir, puis assassinant le jeune soldat qui lui vouait une véritable passion, avec le calice empoisonné qui l'expulsa du corps. Comme vous le savez, ce n'est pas Pilate qui finit par être victime du poison que Fúlvia avait donné à Sávio. Ainsi, j'ai demandé au Seigneur de me permettre de recevoir le pauvre jeune homme dès qu'il retrouverait conscience après que le corps eut rendu ses derniers soupirs. Et depuis lors, j'ai cherché à inspirer le jeune homme qui, au début, fut victime du cruel sentiment de haine contre Fúlvia, qui l'avait utilisé avec sa ruse. Avec le temps, il comprit les conditions auxquelles il s'était laissé entraîner, réalisant qu'il avait agi de manière légère et, pour cette raison, il trouva de la place dans son bon cœur pour pardonner et accepter de rester près de tous ici, dans cette région inférieure, qui est compatible avec ses propres vibrations sans pour autant être celui qui partage le désir du mal. Il est ici, dans la condition d'envoyé de la Bonté et au service du Bien.

En tant qu'ex-soldat romain, il ne détonne pas parmi ceux qui, ici, restent postés comme s'ils faisaient partie de l'ancien corps militaire romain. Il est ici sans éveiller de soupçons, précisément pour pouvoir fournir des informations sur la condition de nos amis et, lorsque cela est nécessaire, il tente d'aider du mieux qu'il peut tel ou tel malheureux fatigué de cette dimension si dense et usante.

Près d'ici, il possède une petite cabane, construite avec les matériaux précaires et abondants de cette région vibratoire plus dense, et à l'intérieur, il garde un petit arsenal de substances avec lesquelles il peut aider à soutenir les affligés, les blessés qui errent là, en haillons et saignant, purulents et sales. Quelques petits lits doux permettent à un ou deux de ces malheureux de se reposer un moment, et, enveloppé d'un tissu fait d'énergie inconnue dans cet environnement, l'hôte s'endort paisiblement et, durant son sommeil, il reçoit une charge de forces qui lui infuse une nouvelle dynamique, agissant comme une thérapie et libérant l'entité des écailles grossières qui couvrent ses sentiments. En général, durant ces heures de repos, l'effet magnétique permet au malheureux de revivre des incarnations passées où il rencontra des créatures généreuses qui l'accueillirent, se rappelant de mères aimantes, d'enfants affectueux, de situations de bonheur qu'il croyait, depuis longtemps, oubliées. Ce serait comme un matelas de bonheur, lui permettant, sous forme de rêves, de se rappeler des archives positives fixées dans sa mémoire spirituelle. Par le pouvoir magnétique supérieur dont est revêtu le lit, seuls les souvenirs du modèle positif sont connectés et apportés à la conscience de l'esprit, afin que, lorsqu'il se réveille de ce merveilleux sommeil, il ait dissipé le sentiment de haine, d'angoisse et de douleur, pour faire place aux bons souvenirs qui sont archivés dans son esprit et touchent son cœur. Rares sont ceux qui, après avoir dormi dans ce sommeil, se réveillent de la même manière qu'à leur arrivée. Beaucoup demandent à y rester pour toujours, car cela faisait longtemps qu'ils n'avaient pas réussi à se reposer et à rêver comme ils l'ont fait pendant ces heures de sommeil. Lorsque cela se produit, Sávio entre en communication avec les plans supérieurs qui sont responsables de le soutenir dans cette tâche, et si l'esprit qui a séjourné accepte l'aide, il finit par être emmené dans des hôpitaux spirituels qui l'accueilleront dans un environnement encore plus propice et bénéfique.

Ainsi, Sávio est devenu, au fil de ces décennies, un auxiliaire important de ces lieux, tout comme il a été un fidèle observateur des activités de Sulpicio, Pilate et Fúlvia.

À peine avait-il fini de parler de lui, que des pas se firent entendre dans cet environnement triste et dense, où de nombreuses entités étaient obligées de se traîner sur le sol, comme si elles portaient une carapace très lourde. C'était Sávio qui arrivait, humblement.

Il portait l'uniforme de soldat romain comme lors de cette dernière réincarnation. Cependant, il avait pris soin de le maintenir sans l'éclat et la brillance des anciennes insignes, donnant l'impression d'un soldat qui se mêlait à tous les autres, toujours mal habillés, à moitié en haillons, avec des pectoraux corrodés, un casque bosselé, et les plumes supérieures décoiffées et décolorées.

En voyant le groupe composé des entités amies de Zacarías, Sávio montra une certaine timidité, mais s'adressa tout de même à son mentor, avec affection :

– Quelle joie de te voir, papa. Tu m'avais manqué, ta parole dans cet environnement toujours si solitaire.

– Que Jésus te bénisse, mon cher fils. Ton sourire m'avait aussi manqué –, répondit Zacarías en caressant tendrement son visage fatigué, mais confiant et ferme.

Puis, se tournant vers les autres, il présenta Sávio qui, immédiatement, reconnut Lucilio parmi eux et, ne sachant que faire, baissa la tête, honteux.

En fin de compte, Sávio avait été l'un des soldats que Lucilio avait choisis pour être l'escorte de Pilate jusqu'à son exil à Vienne, croyant que le jeune homme méritait sa confiance. Cependant, profitant de cette confiance que Lucilio lui avait accordée, Sávio avait saisi un moment de négligence pour empoisonner Pilate, accomplissant ce qu'il avait promis à la maîtresse Fúlvia, qui était restée à Rome, attendant la nouvelle de la mort de son beau-frère.

Cependant, Sávio vit son intention d'empoisonner Pilate échouer grâce à l'action généreuse de Zacarías qui, se méfiant de l'intention de tuer le gouverneur, arriva à la prison au moment exact où Sávio lui tendait la gourde d'eau contenant le poison dissous. Zacarías, prétextant la soif, demanda à boire et, sans se douter de rien, Pilate lui remit le récipient qu'il ingéra entièrement, au grand désespoir de Sávio, qui ne dit rien afin de ne pas se dénoncer.

Sachant que Zacarías mourrait dans quelques jours et profitant de la dispense que Lucilio lui avait obtenue auprès du commandant du camp militaire, au lever du jour le lendemain, Sávio quitte le camp et se dirige vers Rome, avant que Zacarías ne soit retrouvé mort et que toutes les suspicions ne pèsent sur lui.

En se dirigeant vers Rome, il pensait qu'il dissimulerait son crime à jamais et qu'il n'aurait jamais à confronter les personnages qui finiraient par découvrir qu'il était le responsable de l'empoisonnement de Zacarías.

Lucilio, expert militaire qui avait suivi toutes les péripéties de l'affaire, conclut naturellement que Sávio était la pièce maîtresse dans ce processus visant à tuer Pilate, ce qui finit par tuer Zacarías. Ainsi, en ce moment-là, Sávio ne pouvait pas cacher sa honte devant l'ami auquel il avait été déloyal depuis si longtemps.

Lucilio perçut l'état d'inhibition de l'ancien soldat et, sous le regard attentif et bienveillant de Zacarías, comprit qu'il était temps de libérer l'ancien soldat de l'une de ses honteuses culpabilités.

Sans hésiter, Lucilio s'approcha de Sávio et lui tendit la main, dans un geste de véritable fraternité.

– Cher Sávio, quel bonheur de te retrouver ici, dans l'œuvre du bien, dit Lucilio.

Pensant que cette salutation spontanée était le fruit de l'ignorance de Lucilio concernant sa culpabilité, Sávio leva la tête vers l'ancien centurion, son supérieur, et, évitant de prendre sa main tendue, répondit humblement :

– Mon seigneur, avant d'accepter votre généreuse salutation, je voudrais confesser mon indignité face à la confiance que vous avez placée en moi. J'ai tenté d'empoisonner Pilate en votre absence et j'ai fini par tuer mon cher Zacarías, fuyant rapidement après cela. Je ne suis pas digne de votre confiance et c'est pourquoi je me confesse ainsi avant que vous ne souilliez vos mains amies avec la culpabilité de mes actes infidèles.

Ému par la sincérité de ce jeune homme, Lucilio se permit de dire, affectueusement :

– Eh bien maintenant, Sávio, je ne veux pas seulement que tu acceptes ma poignée de main. Je veux que tu me reçoives comme un frère qui te serre dans ses bras, reconnaissant pour ton honnêteté et qui continue de faire confiance à ton cœur généreux.

En disant cela, il s'approcha de Sávio et l'enveloppa dans un étreinte très typique des anciens soldats romains, le maintenant près de son cœur, jusqu'à ce que Sávio commence à pleurer doucement.

– Merci, Seigneur. Votre générosité est bien plus grande que ce que je mérite, mais malgré cela, je remercie votre compréhension, et votre geste soulage mon âme pour que, malgré mes défauts, je puisse rêver un jour d'être meilleur.

– Et cela est déjà en train de se produire, mon ami. Et laissons de côté ce traitement de "seigneur". Je suis ton frère Lucilio et tu es mon frère Sávio, d'accord ?

Un peu déconcerté, Sávio sourit et accepta :

– D'accord, frère Lucilio.

Tous les autres furent émus par ces moments de retrouvailles et de pardon que l'obscurité de ce seuil avait témoigné et que les siècles scelleraient dans les processus de véritable fraternité et solidarité.

14.
L'EFFORT DU BIEN

Reprenant le cours de la conversation, Zacharie voulut savoir de Sávio comment se portaient ceux qui seraient l'objet de sa visite, dans cette région sombre.

Cherchant à être efficace, malgré sa condition spirituelle compromise par l'erreur, Sávio fit un bref rapport sur l'état des êtres impliqués dans ce drame collectif.

Sulpice, le plus cruel de tous, était le dirigeant d'une phalange spirituelle inférieure, composée en grande partie d'esprits de soldats romains, habitués aux cruautés et à une discipline qui leur avait forgé une obéissance et une soumission absolues.

En raison de cette condition et ayant exercé l'un des postes importants auprès de l'administration romaine en Palestine, en tant que bras droit de Pilate, Sulpice avait gagné l'admiration de nombreux soldats, conquérant des complices, construisant un réseau d'informateurs et d'alliés, échangeant des faveurs avec d'autres esprits maléfiques qui, désormais, demeuraient dans cette zone, comme s'ils suivaient un grand groupe dédié à lui, non pas parce qu'ils croyaient en son leadership, mais parce qu'ils craignaient sa violence. Il est certain qu'ils restaient fidèles à son ombre.

Sávio lui-même, après avoir choisi de se positionner aux côtés de ces frères, en accomplissement du devoir de conscience qu'il avait assumé avec le geste irréfléchi du poison administré à Zacharie, choisit d'assumer une forme dégradée dans sa tenue et son apparence physique afin de ne pas détonner avec les autres et, lorsque cela serait opportun, il pourrait s'approcher de ceux que, selon leurs propres termes, ils appelaient là-bas les "invités". À certaines occasions, il réussit à voir Pilate, installé précipitamment au fond d'une sombre caverne, lorsqu'il se rendait auprès de lui pour lui apporter de la nourriture, sous les ordres de Sulpice qui, de ses regards rusés, observait le comportement de Sávio pour découvrir sa façon d'être et ses intentions.

Peu après cette rencontre, lorsque l'ancien soldat désigné par l'Amour pour servir ceux qui ne savaient pas encore aimer s'approcha de

LA FORCE DE LA BONTÉ

Pilate, Sávio décida de ne plus revenir dans cette caverne, de peur d'être identifié et ainsi de mettre en danger sa mission.

De plus, il craignait que Sulpice ne l'envoie dans le lieu où résidait Fúlvia, connue sous le nom de "la favorite", dans la bouche des soldats malicieux qui gardaient cet endroit.

S'étant engagé dans une passion aveugle pour cette femme, Sávio ne savait pas comment il réagirait au contact de sa vibration particulière et, par conséquent, il redoutait de s'exposer à un tel risque.

Cependant, tous se trouvaient dans des conditions terribles. Après avoir écouté le récit en silence, Zacharie remercia Sávio pour tout l'effort et le soin qu'il avait mis dans l'accomplissement de cette mission difficile à laquelle il s'était engagé par un impératif de conscience coupable, cherchant à se racheter dans le travail de l'Amour pour ceux qui faisaient partie du drame dans lequel il avait un petit rôle, mais un rôle néanmoins décisif.

– Nous sommes ici pour aimer tous, non pas pour le mal qu'ils ont fait dans le passé, mais pour le Bien qu'ils pourront faire dans l'avenir, telle est la Loi de l'Univers. C'est pourquoi nous devons nous rapprocher d'eux et, ce faisant, nous efforcer de maintenir notre équilibre pour ne pas manquer de la protection indispensable dans ces moments délicats qui nous attendent. Nous aurons besoin de toi, cher fils, – dit Zacharie, s'adressant à Sávio avec affection. – pour que nous puissions atteindre les endroits où ils se trouvent, et nous comptons sur ta capacité à pénétrer dans ces cavernes.

– Je suis ici pour obéir, papacito, – répondit l'ex-soldat.

– Nous chercherons un moment où Sulpice ne sera pas proche afin de pénétrer sans problèmes majeurs. Comme nous essayons de ne pas attirer l'attention et, en raison de la densité vibratoire de l'environnement, nous devons garder nos schémas lumineux contenus sous le manteau de l'anonymat, en évitant les expressions qui nous révéleraient ainsi que les divergences de pensée et de sentiment. L'œuvre de l'Amour exige une dévotion absolue et le renoncement à toute douleur, à tout ressentiment. C'est pourquoi, lorsque nous cherchons ceux qui nous ont blessés un jour, chers frères, nous testons également les limites de la bonté qui demeure en nous. Aucun souvenir du mal ne doit troubler nos sentiments, et si nous sommes enclins à nous rappeler les anciennes scènes qui ont marqué nos pas dans les jours du passé avec la souffrance que ces frères nous ont causée, éloignons cette pensée négative et concentrons nos sentiments sur

Jésus, imaginant que ceux qui ont besoin de secours sont de petits "Jésus" nous demandant une goutte d'amour de notre compréhension et le silence de notre prière.

Tous comprenaient clairement les paroles de Zacharie, qui cherchait à les préparer aux difficiles expériences de sauvetage. Naturellement, l'influence de Zacharie sur eux prévaudrait et ils seraient guidés par ses gestes et ses paroles, dans un leadership affectueux qui ne serait imposé par aucune autorité supérieure. C'était l'influence morale qui s'imposait d'elle-même dans leur cœur.

Leurs comportements étaient orientés par le humble cordonnier, désormais transformé en étoile du Christ dans l'abîme des hommes. Ainsi, suivant son exemple, tous ceux qui, jusqu'à ce moment-là, restaient invisibles aux regards des autres, encore plus denses dans leurs atmosphères spirituelles très inférieures, commenceraient à densifier leur propre forme spirituelle.

– Frères, cherchons à adopter la condition vibratoire nécessaire pour l'action directe et objective dans cet environnement. Pour cela, profitons de quelques instants de silence et absorbons, par la respiration, l'atmosphère fluide dominante, ainsi que les composants qui nous rendront également visibles à tous ceux qui habitent ces cavernes. Pensons à la nouvelle forme que nous adopterons, plus discrète et simple, afin de pouvoir atteindre nos frères, car notre pensée et notre désir ferme façonneront notre apparence.

Et en disant cela, il se mit à méditer et à respirer silencieusement, enseignant à ses frères secouristes à faire de même.

L'opération, bien que relativement rapide, produisait une horrible sensation chez ces esprits qui, il n'y a pas si longtemps, se trouvaient dans une atmosphère totalement différente et plus pure que celle-ci.

C'était comme si la respiration introduisait en chacun d'eux des résidus lourds, pénétrant leurs fibres péryspirituelles comme si elles étaient assimilées par leur structure fluide, molécule par molécule, atome par atome, ralentissant leurs vibrations. On pourrait dire que cette expérience équivalait à placer une armure de plomb sur chaque unité d'énergie composant la structure vibratoire de ceux qui étaient là.

L'inconfort initial atteignit les nouveaux arrivants qui, attentifs à leur devoir d'Aimer et de supporter, demeuraient stoïques et pleinement conscients de leur condition de travailleurs du Bien, au-dessus de toute condition ou facilité.

Quelques minutes plus tard, ils avaient perdu l'éclat et la légèreté qu'ils possédaient, ressentant désormais ce que signifiait traverser cet antre du vice et de l'ignorance. Voyant leur état altéré et la fermeté qu'ils cherchaient à afficher comme un bouclier courageux, Zacharie parla, serein :

– L'inconfort et les sensations douloureuses correspondent à notre inadaptation à cet environnement, car nous venons de plans fluidiques plus subtils. Cependant, c'est la réalité de nos frères. Ils sont enveloppés par cette couche grossière, d'odeur désagréable et nauséabonde, et ne perçoivent pas leur véritable état. Parmi toutes les tristes constatations, c'est peut-être la plus déprimante, celle qui demande le plus de compassion. Ce sont des frères qui vivent dans la putréfaction et ne perçoivent pas leur véritable condition.

Ils étaient émus par l'observation de Zacharie, car cette constatation était unanime.

– En attendant, mes frères, ces sensations passeront rapidement, dès que nous serons plus habitués à leurs émanations et que nous ne nous y attarderons plus.

Ils étaient rapidement prêts à poursuivre les plans de sauvetage. Tous étaient physiquement un peu plus désynchronisés, sans pour autant perdre les grandes lignes de leur propre personnalité. Zacharie, qui arborait habituellement une barbe argentée brillante entourant son visage jovial, bien que dans la condition d'un vieil homme, était maintenant simplement un vieil homme, avec ses rides, ses cheveux et sa barbe ternis, comme si une grossière couche de matière lourde s'était infiltrée dans les tissus les plus subtils de son âme, ne respectant que les lignes principales de ses traits les plus marquants, éteignant toute la beauté délicate de sa personnalité douce et affable.

Ce fut la même chose pour tous. Même les vêtements qu'ils portaient furent influencés par l'action fluidique qui, afin de les placer dans une condition anonyme, leur conféra, par l'influence de chacun, une tenue modeste et simple, éteinte et pauvre.

Lucilio suivit l'exemple de Sávio et adopta le vieux uniforme militaire, qu'il rendit avec les mêmes contours et usures que celui de son nouveau compagnon. Livia se souvint des vêtements galiléens qu'elle portait lors du drame du Cirque Maxime et les reproduisit à nouveau, ternes et pauvres.

Siméon, humble et simple suivant de Jésus, se rappela la Samarie, le lieu où il avait vécu sa dernière incarnation, et prit à nouveau les mêmes vêtements de ces jours-là.

Cléophas se remémora les jours passés dans la cabane de son frère Saül, près de Nazareth, lorsqu'il était lépreux, avant d'avoir été guéri par Zacharie. Il se souvint des vêtements déchirés et de sa condition de pauvre spirituel, redevenant cet homme en haillons, marqué par les cicatrices terrifiantes de ses blessures sur sa peau, dans un effort pour ne jamais oublier ses propres défauts.

Préparés pour poursuivre l'opération, Zacharie exposa le plan :

– Sávio nous guidera jusqu'à l'endroit où nous attendrons le moment approprié où Sulpicio ne sera pas présent, afin que nous puissions passer sans problème. Avec Lucilio, qui porte aussi un uniforme militaire, ils se présenteront aux gardes en disant qu'ils ont amené des visiteurs pour les « hôtes », et en présentant Cléophas, dans son état de lépreux, ce qui est redouté par de nombreux esprits dans cette condition inférieure. Ils diront qu'ils vont amener les visiteurs dans le but de les déranger par un processus de torture morale, car les gardes comprendront les choses de cette manière. Ainsi, ils ne soupçonneront pas que Sávio est accompagné de ceux qui viendront libérer les prisonniers. Après la visite à Pilate, qui, en raison de sa condition d'esprit dégradé depuis longtemps, est plus préparé aux réalités lumineuses qui le cherchent, nous irons chez Fúlvia, ce qui demandera plus d'efforts de la part de tous. Si le Père nous fortifie et si nous sommes dignes de Sa confiance, qui sait, peut-être même Sulpicio pourrait recevoir les bénédictions de cette heure.

Ainsi fut fait par eux.

À ce moment-là, Sulpicio, le chef de toute cette structure terroriste invisible, s'était absenté pour surveiller ses domaines avec d'autres esprits exécutant ses ordres. C'était sa routine quotidienne. Il rendait visite aux deux prisonniers, les flagellant de sarcasmes et d'ironie. Ensuite, il partait pour inspecter personnellement les différents secteurs où ses subordonnés étaient postés, menant des processus de persécution et d'intimidation. Des heures plus tard, il revenait pour de nouvelles délibérations ou pour se perdre davantage dans de nouveaux plans qu'il élaborait, les empilant les uns sur les autres, dans un véritable gaspillage de temps et d'intelligence, tel un enfant passant sa journée à jouer à la guerre avec des soldats en plomb.

L'absence de Sulpicio, habitué à cette routine immuable et confiant dans la fidélité de ses complices, fut très favorable au petit groupe de secours qui se trouvait là, prêt à altérer le destin de tous.

Lançant le processus planifié par Zacharie, Sávio entra dans l'environnement pernicieux de la grotte, suivi de tous les autres, aux côtés de Lucilio.

– Salut, Crasso, le garde des enfers, dit Sávio dans le langage naturel entre ces hommes.

Se moquant du salut ironique et mordant, Crasso répondit :

– Tu as oublié de me donner la reconnaissance qui m'est due, soldat. Je suis le "chef de la garde des enfers", répondit-il, moqueur.

– Eh bien, c'est vrai. Aux puissants, nous devons offrir leurs éloges et leurs mérites.

Cherchant à changer de rythme dans la conversation, il la poursuivit :

– Et alors, comment va "l'homme" ? demanda Sávio en faisant référence à Pilate.

– Eh bien, notre chef le garde près de lui, avec la garde pour bien surveiller "l'homme". Il semble même qu'il en prenne soin comme s'il s'agissait d'un trésor personnel. Il le torture tous les jours avec des conversations pour l'irriter. Parfois, quand il en a assez de cette monotonie, il amène "la favorite", et, apparemment, elle excite les esprits, provoquant une révolte que le chef adore observer.

– Bien, aujourd'hui, avec notre ami ici présent, dit Sávio en désignant Lucilio, nous sommes en mission d'amusement, apportant quelques visites susceptibles de donner un peu d'émotion à la vie de notre "invité".

– Ah ! Quelle intéressante initiative ! Les nouveautés sont toujours les bienvenues quand elles sont agréables à regarder.

– Celles-ci seront d'un grand plaisir pour nos "invités".

En disant cela, Sávio saisit par le bras Cleofás, qui se laissa entraîner comme un prisonnier conduit par la rudesse du soldat, et le plaça devant Crasso.

LA FORCE DE LA BONTÉ

Effrayé par la vision inattendue du lépreux, Crasso recula, terrorisé, en disant, d'une voix tranchante :

– Éloigne cet abominable de là, misérable soldat des enfers. C'est ça la nouveauté ?

Réalisant une bonne risée face à la réaction effrayée du garde, Sávio lui répondit :

– Veux-tu dire que tu t'entêtes à te faire appeler "le chef de la garde des enfers" ? Pendant que tu sembles plus un lâche dont la peur ferait rougir n'importe quel uniforme, jusqu'à celui du détenu.

– Ferme ta bouche, sale maudit. Tu m'as effrayé avec ce monstre. Je n'ai pas peur de rien... – tentait de dissimuler le tremblant Crasso.

– Oui, je vois comment c'est vrai, répondit Sávio, sur un ton moqueur.

Souhaitant ne pas perdre trop de temps, il reprit le cours de la conversation :

– Comment cela ? Ces nouvelles attractions des cavernes ne sont pas venues ici pour se montrer au valeureux Crasso. Elles ont été envoyées pour être présentées à nos "invités", commençant par "l'homme". Tu comptes rester là, à empêcher le spectacle ?

– Eh bien, Sávio, je n'ai reçu aucune instruction du Chef. Je ne sais pas si cela peut être permis, dit Crasso, un peu réticent, tout en cherchant à se débarrasser du lépreux.

– Eh bien, voyons si c'est possible. On m'envoie nettoyer ce monstre et ses amis, et vous, vous restez là avec ce problème. Tu penses que le Chef va apprécier ce manque d'organisation de votre part ? Moi, ça me va. On va rester ici jusqu'à ce qu'il arrive et voit qui a empêché l'exécution de ses ordres.

Voyant que Sávio allait rester là tout ce temps et craignant que Sulpicio, à son retour, ne le blâme pour avoir désobéi à des ordres, même ceux qu'il n'avait pas donnés – ce qui était très fréquent chez Sulpicio – Crasso toussa sèchement et décida de reconsidérer :

– Bon, Sávio, les choses ne doivent pas rester comme ça. Puisque c'est pour terrifier l'homme et "la favorite", va devant et bonne chance. Mais ne laisse pas cette chose ici. Emporte tout le monde avec toi.

– Tout va bien, vaillant Crasso, nous obéirons à tes ordres, grand "chef de la garde des enfers".

LA FORCE DE LA BONTÉ

Ils avaient finalement obtenu ce qu'ils voulaient. Naturellement, les autres ne rencontrèrent pas de difficultés pour entrer dans la première aile de la grande caverne, où se trouvait Pilate, recroquevillé dans un coin, complètement transformé en un amas d'hommes décharnés. Son état était déprimant, et l'émotion envahit le cœur de tous.

Une fois la porte qui isolait cette partie de la caverne fermée, tous laissèrent tomber leur posture étudiée et s'approchèrent tendrement du prisonnier. Celui-ci semblait presque totalement déconnecté de tout. Ses cheveux gras et longs étaient un enchevêtrement de mèches sales, infestées de parasites. Ses ongles, noirs de sang et de saleté accumulée, avaient poussé comme des griffes, rendant impossible pour lui de saisir même une simple gourde d'eau avec une seule main. C'est pourquoi, pour pouvoir manger la nourriture qu'il recevait, il devait tenir le récipient avec les deux mains et plonger sa bouche à l'intérieur, tentant de mordre quelque chose pour apaiser sa faim.

Il ne portait pas de vêtements. À peine des haillons malodorants qui couvraient ses parties intimes, mettant en évidence sa silhouette maigre et squelettique, comme s'il portait encore un corps physique.

Cependant, au niveau de son ventre, Pilate portait une ouverture ensanglantée et pourrie, par où s'échappaient une partie de ses organes internes qui pendaient à l'extérieur et qu'il remettait sans cesse à l'intérieur de son propre corps. C'étaient les marques de son geste suicidaire qui persistaient à le hanter, et cela faisait déjà plus de vingt ans que cela lui causait une terreur constante.

Malgré tout, il demeurait dans une apathie qui ne demandait rien, ne réclamait rien, ne se plaignait de rien, comme s'il était perdu à l'intérieur de lui-même, d'où il sortait parfois pour apaiser sa faim, replacer ses entrailles en place ou pour affronter Sulpice ou Foulvia, dans une tragédie sans fin.

En ce moment-là, il n'y avait plus rien du gouverneur important, du général romain puissant et cruel, du séducteur et conquérant avare, du vaillant soldat d'un armée invincible. Il ne restait que ce que Pilate avait fait de lui-même, face aux responsabilités de la loi universelle qui rend à chacun selon ses œuvres.

Là se trouvait l'homme qui portait dans sa conscience le poids d'avoir, devant la plus lumineuse opportunité de sa vie, à peine lavé ses mains, sans rien faire pour protéger le Juste des attaques de l'ignorance et du mal.

LA FORCE DE LA BONTÉ

Ainsi, cher lecteur, ne l'oubliez jamais : toutes vos conquêtes matérielles vous abandonneront un jour, et vous ne resterez que l'essence de votre être.

Ne vous laissez pas tromper par votre pouvoir, qui est, dans l'ordre de l'Univers, plus petit que celui exercé sur les grains de poussière déposés sur un meuble.

Ne vous laissez pas emporter par votre importance, qui, face à la réalité de Dieu, est plus insignifiante que le pouvoir que possèdent les vers de terre dans le sein de la terre, qu'ils mangent pour la transformer en compost.

Ne vous laissez pas séduire par la beauté ni par les mécanismes mensongers de la séduction, car le corps n'est qu'un amas putrescible de décomposition qui n'a pas encore pourri, mais qui finira par disparaître, laissant son esprit nu.

Ne vous laissez pas tromper par les gloires et les succès du monde. Ils sont si éphémères qu'ils ne méritent pas l'attention et le culte grotesque que nous leur avons accordés dans les aléas de la vie. La mort surprendra tout le monde et nous ramènera à une meilleure compréhension de ce que nous sommes au plus profond de nous-mêmes.

Mieux vaut se préparer à elle, pendant qu'elle se prépare à nous.

Nous ne pourrons pas échapper à cette rencontre.

15.
LE SAUVETAGE DE PILATE

Rassemblés autour de cet être, prisonnier de la grotte, de Sulpice et de lui-même, Sávio s'approcha comme s'il souhaitait le réveiller pour ce moment important de sa vie. Cependant, une fois qu'il s'approcha de l'ex-gouverneur, il ne supporta pas la scène qui se déroulait devant ses yeux.

Que ce fût parce qu'il était répugné par son état général, ou parce qu'il gardait vivace le souvenir de la culpabilité d'avoir été chargé de l'empoisonner, une culpabilité qui, à cet instant, se renforçait de plus en plus dans son esprit endetté, la vérité est que Sávio s'éloigna, s'excusant auprès de Zacarías, et se plaça dans un coin éloigné, sans pouvoir contenir ses larmes, en disant :

– Je n'ai jamais été aussi proche de cet homme qu'aujourd'hui et je ne savais pas à quel point il était véritablement. Je n'ai plus le courage de lui parler, car ma honte est trop grande.

Comprenant ses limites, tracées par une vie éloignée des principes évangéliques, Zacarías caressa ses cheveux et sourit d'un sourire paternel.

Pendant ce temps, la tâche de ce groupe devait être accomplie.

– Chers frères – dit l'ex-chaussier – notre petit frère est le trésor que Jésus nous a confié pour la garde, et c'est grâce à nos meilleurs sentiments que nous pourrons le ramener à la réalité. Après plus de vingt ans dans l'ombre, portant ses culpabilités et les tragédies morales qu'il a créées, il mérite une aide directe. C'est pourquoi il ne nous appartient pas de perdre du temps à nous souvenir des erreurs dont il ne peut échapper aux conséquences directes. Il est confus, perdu dans la vaste tempête de ses peines, de ses regrets et de ses souvenirs. Victimisé par l'action magnétique néfaste de Sulpice, qui utilise l'hypnotisme et l'induction pour le maintenir sous son influence, Pilate est forcé chaque jour de se concentrer sur les tragédies et de les penser de manière négative. C'est ce comportement qui l'a conduit à l'état déplorable dans lequel il se trouve, car sa conscience coupable reconnaît ses faux pas et ne parvient pas à stopper cette influence pernicieuse. Il s'enfonce dans le bourbier du crime qu'il a perpétré contre sa dernière organisation biologique, et l'action de Sulpice maintient son esprit attaché à ses erreurs. Si nous voulons l'aider, nous devons changer le modèle des forces qui l'entourent, et en utilisant la force de l'amour, nous chercherons à le ramener à la surface de lui-même, le préparant à des expériences futures qui favoriseront son rééquilibrage moral.

Les paroles de Zacarías furent écoutées dans un respect absolu, sans aucune interruption par des commentaires ou des questions. Tous savaient qu'ils étaient là pour servir dans n'importe quelle condition.

Ainsi, ils s'approchèrent du prisonnier qui était allongé sur le sol boueux, tenant ses entrailles avec ses mains comme pour empêcher qu'elles ne se projettent hors de son corps. Il n'avait pas perçu la présence de qui que ce soit à ses côtés. Zacarías s'agenouilla et se positionna de manière à ce que ses mains généreuses puissent caresser la tête de Pilate. Dans cette position, il éleva une prière à Jésus, disant :

– Seigneur, nous voici unis dans le sauvetage des âmes que nous avons appris à aimer grâce à Ta capacité à aimer même les ennemis. Il ne reste plus rien de l'orgueil et de la puissance de cet ancien gouverneur qui a fini par se victimiser dans l'égarement de sa conduite irréfléchie. Voici, Jésus, ce que nous avons : un amas de douleur et de souffrance, de putréfaction et de culpabilité. La tâche que Tu nous as donnée est plus grande que nos capacités, mais elle est plus petite que notre désir de l'aider. C'est pourquoi, Bien-aimé Maître, accepte notre prière et donne-nous les conditions nécessaires pour aider, même lorsque c'est nous qui avons besoin d'aide. Donne-nous la possibilité d'aider ici, dans ce repaire de perdition, où l'ignorance a fait son domicile, et éclaire de ton cœur compatissant ce frère qui se lava les mains sans avoir pu laver sa conscience.

Tandis que Zacarías prononçait une prière émotive, tirée du plus profond de son être, tous les autres s'agenouillèrent également autour du prisonnier et, les pensées élevées, ils soutenaient et accompagnaient, émouvus, les supplications de ce vieux homme bienveillant.

Zacarías, à son tour, caressait le front de Pilate qui, ne parvenant pas à saisir ce qui se passait, se calma et se laissa reposer sereinement dans ses bras.

– Celui-ci n'est plus l'adversaire de ton Évangile, Jésus. C'est le frère que nous essayons de suivre et qui, à la fin de sa vie, a connu ton message et s'est laissé toucher par la lumière rénovatrice. Ici, il semble un monstre déformé. Mais pour nous, c'est la fleur parfumée qui va éclore sous ta protection. Transforme nos mains en tes mains et, au lieu de nous les laver, laisse-les être utilisées pour le relever et l'amener avec nous pour le traitement nécessaire.

La prière, reliant Zacarías aux forces supérieures, expulsa de son corps fluide ces résidus denses qu'il avait inhalés et il commença à briller doucement, transmettant à Pilate cette lumière douce. Les forces spirituelles générées par tous permettaient à un halo de lumière faible de surmonter le décor sombre et, en illuminant Pilate, Zacarías et le groupe, cela ressemblait à un rayon de soleil pénétrant dans la nuit brumeuse, en réponse à la prière de l'amour.

Le corps spirituel de Pilate fut inondé des éléments-force produits par ce complexe amoureux qui les enveloppait dans la lumière venue des Hauteurs et, progressivement, sa structure spirituelle gagna de plus en plus d'équilibre, ce qui permit, grâce à l'affinité qui existait entre lui et Zacarías, à ses perceptions de commencer à se clarifier.

Zacarías, affectueux, voyant la réaction favorable, après quelques minutes de silence, se mit à l'appeler, comme dans les vieux temps de leur vie commune.

– Pilate, Pilate, c'est moi, ton ami Zacarías. Souviens-toi. Utilise ton esprit et souviens-toi de nos jours ensemble. Souviens-toi de nos conversations sur Jésus, de nos rencontres. Allez, fais un effort et aide-nous à nous retrouver. C'est moi, le cordonnier Zacarías, souviens-toi…

Après un certain temps, recevant encore plus de ressources énergétiques qui s'intégraient à son patrimoine magnétique et lui redonnaient progressivement un peu de lucidité, Pilate commença à gémir doucement et à répéter quelques mots qu'il entendait :

– ¡Hummm! Ahhhh! Zapatero… conversación…

– C'est ça, c'est ça – répétait le vieil homme à ses côtés, satisfait.

– Zacarías… Rome… prison… Jérusalem… crucifixion… – continuait Pilate.

– Jésus, amitié, Lucilius, espoir, Évangile – corrigeait Zacarías, essayant de le guider vers des pensées positives.

– Épée, honte, mort, poison, Zacarías, mon ami.

– Souviens-toi, Pilate, c'est moi, ton ami Zacarías. Je suis ici pour continuer notre amitié. Nous sommes à nouveau ensemble.

Le prisonnier gagnait de plus en plus de lucidité. À un moment donné, lorsqu'il parvint à retrouver sa conscience objective, il se coucha les yeux avec les mains, comme quelqu'un qui sort de l'environnement le plus sombre pour la lumière du jour.

Cherchant à doser sa luminosité pour ne pas blesser la sensibilité qui se réveillait, Zacarías appliqua des passes magnétiques sur la zone visuelle de Pilate, renforçant sa capacité à supporter la lumière qui venait des Hauteurs dans sa direction, en réponse à la prière qu'ils avaient faite en cet endroit.

Il ne fallut pas longtemps avant que Pilate laisse échapper un cri de surprise et d'euphorie.

– Oui, Zacarías, comment ai-je pu oublier ? Cela doit être un beau rêve après tant de temps passé entre les cauchemars et les malheurs...

– Non, Pilate. C'est moi qui suis ici pour te serrer à nouveau dans mes bras, mon ami. Maintenant, souviens-toi de Jésus, celui qui m'a envoyé prendre soin de toi depuis ces temps-là. Jésus veille sur toi, cher fils, et c'est pourquoi il nous a autorisés à venir ici te récupérer.

– Zacarías, mon ami, ça fait combien de temps que je n'ai pas parlé à quelqu'un qui m'aime ? Tous ont disparu. Je suis poursuivi par mes visions qui me punissent pour ma lâcheté, pour l'épée que j'ai enfoncée dans mon ventre... ah, quelle douleur, comme mes entrailles me dégoûtent, que je dois serrer contre moi-même... – disait l'ex-gouverneur, observant les effets du suicide qu'il avait commis il y a plus de vingt ans et qui, jusqu'à ce jour, continuait de résonner douloureusement sur sa structure vibratoire.

– Ne pensez plus à la douleur, Pilate. Nous sommes ici pour vous aider au nom de Jésus, mais vous devez aussi nous aider, car votre esprit devra se lever pour nous accompagner.

– Le Juste s'intéresse à moi ? Avec tant de choses plus importantes, Zacarías, pourquoi se soucierait-il d'un chiffon qui n'a rien fait pour Le protéger ?

– Jésus est venu pour les malades, Pilate, et non pour les bien-portants. Il est venu pour relever les tombés et non pour marcher avec les victorieux. Comment pourrait-il vous oublier, mon ami ? Pourtant, c'est vous qui vous êtes oublié, Pilate, préférant descendre la colline, vous précipitant dans l'abîme de vos fautes comme si c'était la seule issue à vos souffrances.

Zacarías tentait de provoquer une réaction plus immédiate chez Pilate, afin de lui permettre de comprendre clairement sa situation réelle.

– En fuyant le corps physique, vous avez amplifié vos douleurs. Pensant que ce serait un geste d'honneur, vous n'avez fait que générer des souffrances plus cruelles pour vous-même et, c'est pourquoi vous êtes devenu vulnérable aux persécutions de vos anciens complices criminels qui, contrairement à vos sentiments, n'avaient pas encore entendu la parole amicale de Jésus. Imprégné par la culpabilité du suicide et par la conscience de n'avoir rien fait pour le Christ, vous vous êtes éloigné de la lumière et avez accepté toutes les inductions négatives que vos adversaires projetaient sur vous.

– Oui, Zacarías, maintenant je me souviens mieux. Tu étais mon seul soutien, avec Lucilius, et malgré cela, je t'ai vu mourir innocemment pour m'aider, buvant le poison pour que je ne meure pas.

– Le moment était venu pour mon éloignement et, si cela avait été nécessaire de boire à nouveau le poison pour te sauver, mon ami, je l'aurais bu sans hésitation. Cependant, mon esprit est attiré vers le vôtre afin que, ensemble, nous nous levions vers la lumière. Il n'y a plus de place pour les vieilles lamentations. Jésus ne vous a jamais abandonné. C'est vous-même qui avez choisi ce chemin. Si vous ne changez pas votre façon de penser, nous ne pourrons pas sortir d'ici aujourd'hui, en vous emmenant avec nous.

– Zacarías, s'il vous plaît, ne me laissez pas ici tout seul de cette manière ! Vous perdre à nouveau serait un malheur encore plus grand pour mon âme. C'est la seule joie que j'ai eue dans cette interminable nuit de cauchemar dans laquelle je vis, je ne sais même plus depuis combien de temps.

– Alors, mon cher fils, levez-vous devant vous-même. Cessez de vous considérer comme une victime et modifiez votre schéma de pensées pour incorporer l'espoir, la volonté de vous améliorer, la foi en Dieu et la gratitude envers Jésus qui, depuis ces jours-là, ne cesse de s'occuper de vous. D'où pensez-vous que vient cette lumière qui vous baigne en ce moment ?

– Est-ce que c'est Lui qui m'illumine vraiment, Zacarías ? – parlait hésitant, le prisonnier qui se remettait.

– Regarde, Pilate, le rayon éclatant qui te touche ne vient pas de nous qui sommes ici à tes côtés, et il ne peut pas venir des ténèbres qui nous entourent.

– Est-ce que, si je parle avec Lui, Il m'écoutera ? – osa le vieil ex-gouverneur, plein d'espoir.

LA FORCE DE LA BONTÉ

— Plus que cela, Pilate, Jésus te sourira avec joie et reconnaissance, car Il ne te voit pas comme un adversaire, mais comme un frère très aimé. T'entendre, mon ami, sera un chant qui va humidifier les yeux du Christ, par l'émotion qu'Il ressentira, j'en suis sûr.

— Tu m'aides, Zacarías ? Je ne sais pas quoi dire, mais j'aimerais que ta force m'entoure.

Prenant les deux mains de Pilate entre les siennes, Zacarías lui répondit :

— Je te donnerai toute ma force et je t'aiderai de tout mon cœur. Cependant, Pilate, la prière doit venir de toi, avec tes mots et tes sentiments les plus sincères. Allez, tu vas y arriver.

Comme un enfant qui ne sait pas comment commencer et qui a honte de lui-même, Pilate réfléchit un instant et, hésitant, commença à dire à voix haute.

— Je... suis... c'est moi..., Pilate. Je ne sais pas comment te parler, mais je sais que j'ai besoin de crier ce qui m'a consumé.

Et, rassemblant toutes ses forces, il cria comme s'il attendait ce moment depuis des siècles :

— PARDON, SEIGNEUR... ! PARDON, JE TE SUPPLIE !

Je suis un condamné par ma misère et pourtant, ton cœur me considère digne d'aide. Merci pour tout. Je t'ai livré avec le fouet et la lâcheté et tu me donnes des amis généreux qui m'épaulent. Regarde comme nous sommes différents et comme j'ai besoin de soutien. J'aimerais beaucoup sortir de cette prison que j'ai construite avec mes propres actes. Je sais que je ne le mérite pas, mais je souhaite m'améliorer, comme Zacarías m'a appris. Écoute ma demande de pardon et permets à Zacarías de me mener ailleurs, même si ce n'est que vers un misérable cachot, je serai mieux que là où je suis maintenant, car je serai sur le chemin de Tes pas lumineux, ceux que je n'ai pas eu le courage de suivre lorsque je le pouvais.

L'atmosphère affectueuse et ferme de Zacarías enveloppait Pilate, soutenant sa lucidité, et lui offrait plus de forces spirituelles pour qu'il puisse avoir plus de clarté d'esprit dans l'articulation de ses mots.

— Le haillon humain ose élever une prière pour implorer ta bienveillance. Transforme mon être en quelque chose d'utile, Jésus. C'est ce que je te demande, humblement.

LA FORCE DE LA BONTÉ

Cela représentait tout ce que les conditions précaires de Pilate pouvaient offrir. Les sanglots désespérés et la honte soulevaient son âme douloureuse, et les larmes mouillaient son visage avant de descendre sur sa poitrine, se déversant sur la blessure ouverte.

À cet instant, Zacarías lui prit le visage baissé et leva son front vers la lumière qui se projetait d'en haut sur l'environnement de la caverne, désormais plus éclatante qu'auparavant.

Comme par miracle, de petites gouttes tombaient du ciel, par le tunnel lumineux, comme si elles étaient des gouttelettes de larmes, comme Zacarías l'avait dit à Pilate quelques instants auparavant, des larmes d'émotion et de joie qui, en s'approchant de Pilate, se transformaient en pétales parfumés et se projetaient sur lui, s'incorporant à sa structure énergétique.

C'était un spectacle de beauté inoubliable et inimaginable dans cet environnement de tragédies morales et de ténèbres denses.

– Voici, Pilate, les larmes émues du Juste qui t'attendent les bras ouverts, – dit Zacarías.

Pilate ne savait quoi dire, devant tant de bénédictions, comme si des diamants resplendissants tombaient d'en haut sur lui, l'inondant de bien-être.

Ses larmes devinrent plus abondantes et copieuses et, en même temps qu'elles lavaient son âme, elles se mêlaient aux pétales sublimes et s'écoulaient sur les blessures, qui se fermaient, comme par la force d'un miracle.

Pilate ne détachait pas ses yeux de ce faisceau lumineux, comme s'il souhaitait conserver l'émotion de ce moment pour toujours. Après quelques minutes pendant lesquelles tous étaient enveloppés dans les vibrations sublimes, Zacarías le ramena à la réalité et lui demanda :

– N'est-ce pas en valait la peine, Pilate ? As-tu vu comment Jésus se soucie de tes douleurs avec sincérité ?

L'interpellé ne répondit rien avec des mots. Il acquiesça simplement de la tête, son regard noyé sous un voile de larmes. Voyant sa humble conformité, Zacarías se leva et lui tendit les mains, disant :

– Un nouveau chapitre commence dans ton parcours, mon ami. Lève-toi, pour qu'il puisse commencer comme il se doit, debout pour toujours.

LA FORCE DE LA BONTÉ

Comprenant la détermination de Zacarías et revêtu du sincère désir de surmonter ses obstacles personnels, Pilate porta ses mains à son ventre, comme pour tenter de fermer la blessure et empêcher que ses entrailles ne tombent par l'ouverture béante, la seule manière qui lui permettait de marcher un peu.

Cependant, lorsqu'il porta ses mains à l'abdomen pour fermer l'ouverture, surpris, il ne la trouva ni chaude ni humide comme d'habitude.

Il palpait l'endroit et ne trouva rien d'autre que la peau complètement rétablie et réparée, comme si aucune blessure n'y avait jamais existé.

– Je n'ai plus la blessure ! Zacarías ! Jésus m'a guéri ! Jésus m'a guéri ! Jésus m'a guéri !

Et il se jeta à genoux, enserrant les jambes de son cher ami, qui, à ce moment-là, pleurait également de reconnaissance pour la générosité infinie de Celui qui ne cessait d'aimer et de faire le bien à quiconque.

Tous pleuraient, émus par la guérison qui s'était opérée, où la bonté avait été l'agent du rétablissement. Pilate était guéri et prêt à être emmené. Maintenant, c'était au tour de Fulvia.

16.
LE SAUVETAGE DE FULVIA

Incorporé dans la caravane des visiteurs de l'abîme, Pilate fut soutenu par les bras amicaux de Lucilius, son ancien compagnon d'exil lors de sa dernière incarnation, dans les terres froides de l'ancienne Vienne.

Ainsi soutenus, tous continuèrent sans éveiller de soupçons jusqu'à l'endroit sombre où se trouvait Fulvia, et ils n'eurent aucune difficulté à entrer, car Crassus ne s'occupait pas de ce qui se passait à l'intérieur de cette grande caverne, se contentant de rester à l'entrée.

Les conditions internes de l'endroit où Fulvia résidait, presque une prison, étaient bien pires que celles de l'ex-gouverneur.

L'état spirituel de l'ex-amante de Pilate était tragique. Comme cela a été expliqué au lecteur, ses déséquilibres sexuels avaient créé un état de déformation tel qu'elle éprouvait une immense difficulté à marcher, en raison de l'hypertrophie de la région génitale, constamment exploitée par ses pensées et par ses actes irréfléchis durant sa vie physique.

L'odeur était nauséabonde et son état de déséquilibre l'empêchait d'avoir la moindre lucidité.

Elle vivait dans des conditions pires que celles d'un animal sauvage, se roulant dans la boue des fluides qui émanaient d'elle, imprégnant les vêtements misérables qui persistaient à ne pas se déchirer, tant l'état de putréfaction avait consommé tout le reste.

Dans cet environnement grotesque, les missionnaires du Bien furent reçus indifféremment, car Fulvia n'était pas capable de percevoir leur présence, même après que leurs formes se fussent densifiées.

Elle vivait avec un automate, enfermée dans ses idées et sensations viles, revivant ses conspirations, demandant des audiences avec les autorités qu'elle cherchait à séduire pour obtenir des avantages, faisant des arrangements pour obtenir des positions pour elle-même et pour sa fille, Aurelia.

Ce n'est qu'au contact de Sulpicius, l'autre amant qui était devenu son bourreau, qu'elle se laissait ramener à la réalité, dans le but d'attaquer Pilate lors des séances de torture réciproque que l'ancien licteur orchestrait, lançant l'un contre l'autre.

LA FORCE DE LA BONTÉ

Une fois ces moments passés, Fulvia replongeait dans ses culpabilités et dans les actes qu'elle justifiait, affirmant qu'elle les avait commis par amour et par nécessité.

Zacharie, qui dirigeait le groupe, savait que la femme ne retrouverait pas la compréhension lucide sans un choc plus significatif.

Il demanda donc à Lucilius de conduire Pilate près d'elle, tandis que tous les autres se placeraient autour d'elle, à l'exception de Savius, qui, une fois encore, se sentait accablé par ses propres culpabilités, surtout maintenant qu'il se trouvait face à celle qui lui avait ôté la vie physique après l'avoir séduit.

Comme nous l'avons déjà mentionné, Savius portait en lui toutes les marques d'infériorité qui n'avaient pas encore été transformées en force et en courage.

Il désirait déjà faire le bien, mais il était trop faible face à ses propres fautes.

Enveloppant Fulvia par le cercle des forces, Zacharie prêta ses énergies à Pilate afin qu'il devienne le centre d'attention pour le réveil de Fulvia.

Le lecteur pourra imaginer qu'en raison de la faiblesse de l'ex-gouverneur, il ne devrait pas être lui-même l'instrument utilisé pour l'action de sauvetage de l'ancienne complice.

Cependant, la loi est sage et permet que ceux qui sont tombés ensemble puissent aussi être ceux qui s'aident mutuellement à leur rétablissement commun. Ils étaient tous deux des fruits amers qui avaient grandi ensemble. C'est pourquoi il serait plus facile d'établir une harmonie avec Fulvia à travers Pilate plutôt que par toute autre méthode.

Comprenant ce qui se passait, dans son état de malade qui commençait à voir l'étendue de ses responsabilités, Pilate ne recula pas devant ce moment et, soutenu par Zacharie qui lui disait ce qu'il devait faire, il prit les devants et commença à l'appeler par son nom :

– Fulvia, Fulvia – s'écria Pilate, cherchant à mettre dans chaque mot la tonalité affectueuse des anciens temps.

L'entité enragée ne répondit pas aux premiers appels, mais son comportement cessa d'être agité et convulsif pour adopter une certaine sérénité, comme celui qui, entendant un bruit, cesse tous les mouvements pour écouter plus attentivement.

LA FORCE DE LA BONTÉ

– Allez, Fulvia, écoute-moi... c'est moi, Pilate... parle-moi... allez.

Lors de la deuxième tentative, Fulvia montra des signes qu'elle faisait un grand effort pour articuler un mot, mais les sons qui sortaient de sa bouche étaient gutturaux, comme des grognements d'un animal gémissant pour exprimer une idée.

Naturellement, le volcan intérieur se tordait comme s'il était pressé contre l'ouverture du cratère, se préparant à l'explosion inévitable.

L'action magnétique forte autour d'elle produisait un contraste de forces qui altérait l'ensemble des énergies viciées qui l'entouraient, modifiant sa stabilité fluide, lui donnant une grande sensation d'inconfort.

– Fulvia, parle-moi, allez, réveille-toi... reviens.

– Laisse-moi en paix, malédiction infernale. Je ne veux pas être poursuivie par des fantômes odieux.

Les cris de la delirante étaient suffisants pour effrayer les plus inexpérimentés, et ils étaient chargés d'un ton métallique, comme si un automate parlait.

– C'est moi, Pilate. Souviens-toi. Nous étions ensemble, nous avons été compagnons d'aventure... nous avons partagé l'intimité de nombreuses fois...

– Oh... non... toi... non... éloigne-toi de moi, souvenir horrible. Être terrifiant qui ronge mes entrailles. Arrête de me poursuivre. Ce n'est plus suffisant quand je dois être en ta présence... Maintenant c'est toi qui me cherches ? Je suis enterrée vivante dans cette tanière. Laisse-moi seule avec mes tragédies.

– Nous allons sortir d'ici, Fulvia.

– Tu es fou, ô spectre des dieux ! Comment allons-nous sortir d'ici ? Nous méritons les Tartares de l'Averne, les souffrances. Toi, en tant que commandant maudit et profiteur, cruel amant, intéressé et vil. Et moi, la femme dépravée et meurtrière, forcée de faire tout ce que j'ai fait pour défendre mes intérêts dans une cour pourrie, où ceux qui n'étaient pas comme moi finissaient consumés par des serpents pires.

– Tout est passé. Nos souffrances devront être réparées par nos nouvelles décisions – dit le gouverneur, ne comprenant pas d'où lui venaient de telles idées qui lui arrivaient à l'esprit aussi naturellement que s'il s'agissait de pensées personnelles largement cultivées. En réalité, Pilate recevait l'interférence directe de Zacharie, comme si la personnalité dominante de l'ancien cordonnier, connectée à sa capacité de penser et de s'exprimer, l'utilisait comme un haut-parleur pour que Fulvia identifie la voix de l'ancien compagnon de débauches et, attirée par elle comme le papillon attiré par la lumière, revienne à la surface de son propre soi.

À ce moment-là, un quasi-transe médiumnique inapproprié se produisait, puisque tous étaient sur le même plan vibratoire. Cependant, Pilate était renforcé et dirigé dans ses pensées par l'esprit de Zacharie qui, profitant de l'environnement favorable créé par le soutien magnétique des autres compagnons, pouvait agir et influencer Pilate de cette manière.

Les paroles de l'ancien amant parvenaient à réveiller en cette entité déchue les émotions qui touchaient sa personnalité et ses souvenirs et, même si c'était pour protester, pour le maudire, elles faisaient en sorte que Fulvia adopte une posture active, quittant son égocentrisme.

Lorsqu'elle ouvrit les yeux et vit Pilate, la femme ne savait pas quoi dire.

Elle était confuse, dans la difficulté naturelle de comprendre ce qui se passait, comme quand on sort d'un rêve lourd et qu'on revient dans le corps physique. Comme quelqu'un qui sort d'un vertige ou d'un évanouissement et ne sait pas ce qui se passe ni où il se trouve.

Cependant, directe et cruelle, la constatation qu'elle se trouvait devant Pilate provoqua en elle une peur brutale, car elle pensait qu'il était là pour se venger d'elle.

— J'ai engagé des gens pour te tuer, dit-elle agressivement.

— Mais comme tu peux bien le voir, tu n'as pas réussi dans ton intention, répondit Pilate.

— Et c'est pourquoi tu es venu ici pour te venger de moi, n'est-ce pas ?

Les expressions de Fulvia étaient pleines d'une peur hallucinante, d'un tremblement terrifiant, se reconnaissant dans une situation de désavantage face à cet homme qui pourrait la blesser de la manière qu'il souhaitait.

Fulvia raisonna comme elle en avait l'habitude, selon son expérience réincarnatoire sur Terre. Elle ne s'était pas encore rendu compte que son âme était loin des chemins humains.

— Calme-toi, Fulvia. Je ne suis pas ici pour me venger de toi. Nous avons commis de nombreuses erreurs ensemble et nous avons besoin du pardon de nos propres consciences. Nous avons besoin de nous soutenir pour sortir d'ici. Tu as raison de m'accuser des atrocités que j'ai commises, aucune plus perverse que celle de m'être simplement lavé les mains.

Si je ne m'étais pas lavé les mains, j'aurais trouvé la force d'affronter tous les crimes de mon autorité, de mon arbitraire, dans le jeu politique dans lequel la vie m'a placé. Cependant, en me lavant les mains face à un innocent, contre lequel il n'y avait aucune preuve, aucun crime, et en pouvant agir librement, sans être obligé ou recevoir une menace personnelle ou directe, après avoir été averti de ne pas m'impliquer dans la condamnation du Juste, ayant à ma disposition la force militaire pour défendre la loi et l'ordre, tout cela représente, pour moi, la plus grande culpabilité que je porte.

J'ai besoin du pardon de moi-même, tout comme toi tu as besoin du pardon de ta propre conscience.

– Moi ? Je n'ai besoin du pardon de personne, cria l'âme terrifiante de Fulvia.

– Comment ça, tu n'as pas besoin, Fulvia ? Où vas-tu trouver la force d'affronter tes propres victimes ? Comment vas-tu confronter ceux que tu as lésés, ceux que tu as victimisés avec tes intrigues, avec ton flacon de poison mortel ?

– Ah ! Même moi, je ne sais pas qui ils sont. Je ne vois aucun d'entre eux ici, dit-elle, voulant paraître arrogante et ironique pour désarmer les arguments de Pilate.

Pendant ce temps, à ce moment de la conversation, Zacharie quitta l'arrière-garde de Pilate et se présenta personnellement devant Fulvia, car elle était suffisamment consciente pour mieux identifier ce qui se passait autour d'elle.

– Ma chère fille, dit Zacharie, il est bien que tu fasses référence à ceux que tu as victimisés, dans l'intention de les connaître personnellement. Je suis ici pour te présenter à tes yeux attentifs certains de ceux que tu as victimisés.

La figure paternelle de Zacharie enchanta le regard de Fulvia qui, apercevant son regard amical et généreux, se sentit prise d'un étrange enchantement par sa douceur.

Avec Pilate, elle avait une confusion de sentiments qui agitait son cerveau rusé et manipulateur. Des émotions contradictoires, une lutte de pouvoir, une tentative de domination. Là, avec Zacharie, cependant, elle était désarmée, libre de toutes ces précédentes intentions.

Son cœur battit différemment lorsqu'elle sentit que le vieux se mettait à genoux près de son état putride et, s'appuyant sur son épaule sûre, commença ses présentations :

– Viens ici, mon cher fils, dit Zacharie, faisant référence à Sávio, qui était à l'écart.

Convoqué par la voix paternelle de celui à qui il devait le peu d'équilibre qu'il avait réussi à obtenir, Sávio, hésitant, s'approcha.

– Viens, fils, ne sois pas réticent. Pour que nous puissions, un jour, gagner le paradis, nous devons expurger de nous notre propre enfer, en l'illuminant.

Et l'esprit convoqué par Zacharie s'approcha lentement, jusqu'à se placer aussi devant Fulvia, qui était assise par terre, soutenue par Zacharie.

Une exclamation de terreur échappa de la gorge de l'assassin.

– Sávio... c'est toi ?

– Oui..., c'est moi.

Fulvia était perdue. Atterrée, elle ne savait pas quoi dire. Elle ressentait de la honte mêlée de peur. Là se trouvait le jeune homme qu'elle avait tué, après l'avoir séduit pour qu'il porte le poison à Pilate.

Cependant, Sávio ne l'accusait de rien.

Il restait silencieux, le regard triste et la tête baissée, n'osant pas regarder Fulvia dans les yeux, de peur que l'envoûtement de la passion ne revienne de ses entrailles les plus profondes.

Savoir combien ils avaient tous deux besoin l'un de l'autre, Zacharie tendit les mains vers le jeune soldat, son protégé, et dit :

– Mon fils, approche-toi de nous. Mets-toi à genoux pour que Fulvia puisse mieux te voir.

Ne résistant pas à l'affection de celui qu'il appelait "papa", Sávio se laissa guider comme un agneau entre les mains du sage pasteur et s'agenouilla juste devant sa propre meurtrière. Soutenu par un puissant courant d'énergie, Sávio regarda dans les yeux de celle qui avait été, autrefois, la femme séductrice dépravée qui l'avait utilisé et, ensuite, l'avait empoisonné, et dit :

– Je suis vivant, Fulvia. Et je peux te dire que mes sentiments pour toi ont toujours été sincères – et il éclata en sanglots qu'il ne put plus contenir.

– Sávio, je ne suis pas digne de tes larmes. Je t'ai tué, dit Fulvia, honteuse, cherchant à éveiller chez le jeune homme une réaction de colère qui justifierait une haine qu'elle estimait mériter de lui, après tout ce qu'elle avait fait pour le nuire.

– Nous ne mourons jamais, Fulvia. Et nos sentiments ne sont pas tués par le poison qui tue nos corps, parlait en sanglotant ce soldat transformé en une créature croyante.

Fulvia ne put rien lui dire, sinon tendre sa main immorale et la poser dans ses cheveux, dans un geste de caresse sincère. C'était le premier geste d'affection après de nombreuses années de vie dissimulée et fausse.

Savin qu'il ne pourrait pas rester longtemps ici, Sávio se leva pour que Zacharie puisse continuer.

Voyant la réaction favorable que la rencontre avec Sávio avait produite en elle, un mélange de honte et de tendresse, Zacharie profita de l'occasion pour poursuivre ses présentations.

– Ma fille, nous retrouvons toujours nos fantômes, même si nos victimes, en dehors de nous-mêmes, nous offrent leur généreux pardon.

– C'est vrai, vieux sage. Je sens que mon être dépravé et rebelle est rongé par des remords et des peurs qui m'accompagneront longtemps. Et si je me trouve dans le royaume des morts, comme je pense le faire, devant un tribunal qui jugera mes actes, je crois que je serai réservée à la cruel position de juge de moi-même, faisant défiler mes atrocités.

– Devant la loi de l'Univers, ma fille, c'est exactement ce qui se passe. Nous sommes les coupables, les accusateurs et les juges, sans que le Père n'ait besoin de se corrompre pour nous faire du mal. Nous sommes ceux qui nous faisons du tort, sans que Dieu ait participé à cela, sinon pour alléger nos maux.

– Dieu ? Qui est-il ? Pour moi, Jupiter a toujours été le plus grand et le souverain. Il ne m'a jamais accordé beaucoup de faveurs, que j'ai dû creuser avec mes propres talents, en donnant un petit coup de main.

– Mais, votre réalité actuelle montre combien vous vous êtes davantage nuite que vous ne vous êtes aidée, n'est-ce pas ?

LA FORCE DE LA BONTÉ

Fulvia se tut, pensant aux innombrables fois où elle avait poursuivi et nui.

Voyant que l'entité blessée se tournait vers ses propres actes, Zacharie lui dit à nouveau, d'une voix paternelle :

– Il y a quelqu'un d'autre que j'aimerais vous présenter, comme votre victime, comme vous avez souhaité le connaître.

– Ah ! Non... je ne supporte plus tout cela.

– Ayez patience. Il est nécessaire que vous les connaissiez afin de pouvoir délibérer sur votre avenir.

En parlant ainsi, Zacharie tourna son regard vers Livia, qui maintenait la vibration autour de Fúlvia. Comprenant que c'était son moment pour investir ses énergies dans cette âme affaiblie, l'épouse de Público s'approcha et, avant même que Zacharie ne demande quoi que ce soit, elle s'agenouilla devant Fúlvia, lui prenant les mains entre les siennes, et dit, souriant tendrement :

– Fúlvia..., c'est moi..., Livia.

Si un éclair était tombé sur Fúlvia, l'effet n'aurait pas été plus dévastateur.

Repliée dans un coin, cherchant à fuir la vision qui se présentait devant ses yeux, Zacharie soutint l'esprit faible de cette femme qui, à présent, était amenée à se confronter à ses propres actes.

– S'il vous plaît, pas vous. Sávio était un jeune amant, avide d'aventure comme moi, désireux et passionné, mais... vous...

Ses mots étaient maintenant empreints de désespoir.

En un instant, Fúlvia se rappela tout ce qu'elle avait fait avec cette femme, depuis les jours où elle l'avait accueillie chez elle, à Jérusalem, il y a de nombreuses décennies.

La discrimination mesquine et mal dissimulée qu'elle nourrissait à cause de la maladie de la fille de Livia ; la présence de Público, le mari, important et convoité par ses yeux avides ; la persécution qu'elle avait lancée dans la tentative de détruire sa réputation de femme vertueuse aux yeux de son mari ; la scène entrevue depuis le parapet d'une fenêtre, où Livia quittait les appartements privés de Pilate, grâce à laquelle elle avait perturbé l'affection de Público et semé la discorde dans leurs esprits ; la persécution de Flávia, la fille du couple Público et Livia, à travers la trahison qu'elle favorisait, dans les rencontres qu'elle parrainait entre Plínio, le mari de Flávia, et Aurelia, sa propre fille.

La liste des méfaits était longue et, au contact de Livia, tout refit surface comme un film dans ses souvenirs.

– Non, vieil homme généreux, ne permettez pas à cette femme de s'approcher de moi, car l'être angélique ne mérite pas d'être corrompu par la méchanceté de l'être infernal que j'étais et que je suis. Libérez-la de cette obligation. Ne permettez pas que les maux que j'ai déjà causés à cette femme innocente se multiplient dans son cœur.

Elle parlait avec désespoir, agitée, luttant contre sa propre nature, généralement hautaine et ironique, rongée par la force du remords qui lui brûlait le cerveau, rôtissant les entrailles de son cœur.

Elle tentait de s'arracher les cheveux, écartant ses mains du contact direct avec celles de Livia.

À ce moment-là, le cœur maternel de cet esprit noble et préparé pour le véritable amour qu'était Livia la transformait en une étoile brillante.

Ses yeux bleus brillaient comme des diamants célestes incrustés dans les orbites pâles d'une peau pure et satinée. La luminosité de son cœur se projetait sur Fúlvia, inondant la saleté personnelle et apaisant ses douleurs physiques et morales.

– Nous sommes sœurs, Fúlvia. Je ne suis pas ici pour t'accuser de quoi que ce soit, mais simplement pour tendre mes mains afin que tu ne souffres pas seule dans ton repentir. Je suis à tes côtés, demandant à Dieu et à Jésus pour ta guérison.

– Ce Dieu doit être très puissant pour se soucier de la récupération d'une créature misérable comme moi – criait, hors de contrôle de douleur, cette âme honteuse, sous le contact de la Bonté qui la visitait sans accusation.

– Je n'ai pas de solution. Laissez-moi rester ici et aidez-moi à creuser un trou plus profond pour m'y cacher, afin de fuir les actes néfastes que j'ai commis. Vous étiez innocente, et je le savais. J'ai fait le mal à votre famille, à votre mari, à votre fille, tout calculé, mesurant mes actes, ourdissant mes pas. Il n'y a pas de demande de pardon qui puisse englober la taille de mes erreurs.

Et touchée de tendresse et de lumière, Livia domina ses mains affectueuses et conclut :

LA FORCE DE LA BONTÉ

– Nous ne sommes pas ici en attendant que tu nous demandes pardon, Fúlvia. Nous sommes ici pour exiger plus qu'une simple excuse. Tu as raison quand tu dis que le pardon est insuffisant pour compenser les erreurs du passé. Nous voulons plus que cela.

Et voyant que Livia parlait de manière plus franche, comme si elle déclarait le véritable but de cette rencontre, Fúlvia prit courage pour poser une question :

– Dites-moi alors, par charité, dites-moi ce que vous et ces autres attendez de moi, ce que je dois faire pour régler les dettes que j'ai accumulées. Je sais que personne n'aide gratuitement. Demandez ce que vous voulez...

– Ma chère sœur, nous ne voulons pas seulement ton pardon. Notre prix te réclame tout de toi, nous voulons ton âme. Elle doit être courageuse et victorieuse pour ce Dieu, que tu ne connais pas encore, mais qui nous aime tous sans distinction. C'est ce prix que nous venons récupérer. Nous ne partirons pas d'ici sans te prendre comme notre trésor, comme le paiement que tu nous dois pour tout ce que tu t'es fait à toi-même.

Les paroles inspirées de Livia avaient ému Fúlvia qui, à cause de ses vices et de ses habitudes terrestres, s'attendait à un autre type de paiement.

À présent, ses larmes étaient empreintes d'une gratitude sincère envers cette femme généreuse, véritable ange de ce Dieu inconnu. En se regardant à l'intérieur, elle ressentait encore plus de honte. Et sans vouloir rien cacher à personne, Fúlvia répondit à Livia :

– Madame, ma misère m'empêche d'être un paiement convenable. Sur moi pèsent de nombreux crimes que je n'ai pas encore pu déchiffrer jusqu'à ce moment.

Ici, j'ai trouvé trois de mes victimes. Cependant, elles sont beaucoup plus nombreuses celles qui ont reçu mes misères. Pilate, que j'ai tenté de tuer, Sávio, que j'ai empoisonné cruellement, vous, à qui j'ai ruiné le bonheur, sont ici...

Fúlvia faisait un effort surhumain pour se confesser. Ses paroles étaient entrecoupées de sanglots et sa respiration haletante montrait combien il lui était difficile de continuer ainsi. Elle avait réussi à s'asseoir sans avoir besoin de l'aide directe de Zacarías, qui jusqu'à ce moment-là la soutenait comme un appui.

LA FORCE DE LA BONTÉ

— Cependant, madame, je ne peux pas sortir d'ici, car il y a encore d'autres personnes qui devront me réclamer le paiement de mes erreurs, dans cette fange où je me suis projetée.

— Non, Fúlvia, nos erreurs marquent notre cœur. Elles nous poursuivent parce qu'elles sont toujours avec nous, peu importe où nous allons. Tu n'as pas besoin d'attendre quelqu'un d'autre.

Et se tournant vers Zacarías, demandant l'aide paternelle pour qu'il convainque Livia, Fúlvia demanda :

— Générique papacito, si je peux vous appeler ainsi, après tant de temps sur Terre à vivre sans savoir ce qu'était l'amour d'un Père ou d'une Mère, dites à la Dame que je ne peux pas partir d'ici tant que l'autre victime de ce drame ne viendra pas me chercher pour m'accuser. Je me souviens que lorsque j'ai ordonné de tuer Pilate, par l'intermédiaire de Sávio, son action a échoué parce qu'un autre a bu le poison à sa place. C'était un innocent de plus que j'ai tué et qui a le droit de venir demander vengeance et de me faire subir la souffrance que je mérite. Tant que cela ne se produit pas, je ne peux pas penser à sortir d'ici.

Expliquez-lui, papacito, que ce n'est pas par mauvaise volonté. Ma culpabilité ne me le permet pas. Je ne veux pas commettre d'autres crimes sans les affronter.

Fúlvia n'arrivait plus à s'exprimer.

Livia, comprenant ce qui se passait, observa que les yeux de Zacarías brillaient différemment, laissant couler des gouttes diamants, tandis que le sourire paternel restait calme et généreux.

Sollicitée insistant par le regard de Fúlvia, Livia savait que la femme attendait sa réponse, comprenant ses raisons.

Entourée par le magnétisme élevé de ce moment, Livia répondit tendrement :

— Eh bien, ma chère sœur, il n'y a plus de raison pour que tu restes dans cet antre, comme tu l'as qualifié. Toutes tes victimes, impliquées dans ce drame, sont déjà ici et demandent le même prix pour tes erreurs.

— Comment ça, madame ? Il en manque un, aussi innocent que vous, madame, victime de mon poison...

Alors, Livia dirigea son regard vers Zacarías qui, élevant une prière silencieuse à Jésus en faveur de l'âme de Fúlvia, se transformait en un Soleil, illuminant tout le monde de son cœur immense et généreux. Sans dire un mot de plus, il leva la main droite et désigna l'ex–cordonnier, montrant qui était sa dernière victime.

Fúlvia, en silence, suivit le regard et le geste de Livia, comprenant que ses yeux pointaient vers celui qui était mort à cause de l'action de son poison.

Lorsque Fúlvia parvint à tourner son corps et distinguer l'esprit de Zacarías, comprenant qu'il était la victime qui manquait à l'appel, se transformant en cet astre éclatant et humble, elle ne réussit plus à se contrôler.

Elle était vaincue par la honte, par le repentir, par l'Amour qui se préoccupait tant d'elle, malgré ce qu'elle avait été. Entre des sanglots amers, presque dans un état de douleur et d'agonie, Fúlvia balbutiait, de la voix faible des vaincus, sans forces :

– Sortez-moi d'ici... Anges de ce Dieu que je ne connais pas, je vous appartiens pour toujours. Mon papacito, acceptez-moi comme la misère que je suis et transformez-moi par votre Amour que je ne connais pas. Je sais que je suis déjà morte, mais je veux mourir à nouveau. Je veux renaître pure. Je veux être une autre personne. Je veux cesser d'avoir peur de moi-même. Aidez-moi avec ce pouvoir que je n'ai vu nulle part et que je ne parviens pas à comprendre... Mais emmenez-moi avec vous. C'est tout ce que je vous demande, sachant que je n'ai aucun droit de demander quoi que ce soit.

Et en disant cela, elle s'évanouit, comme si sa désespérance ne trouvait de remède que dans le sommeil anesthésiant qui l'éloignait d'elle-même.

Fúlvia dormait maintenant, le sommeil libérateur de toutes les culpabilités, après la rude lutte contre ses tragédies morales. Elle commencerait une nouvelle étape de sa vie.

Comprenant l'importance de ce moment, Zacarías se leva du sol portant le précieux fardeau déformé et vaincu, et le déposa dans les bras de Livia qui, en larmes de gratitude, lui embrassa le front avec tendresse, comme si elle caressait une fille de son propre âme. Ils étaient prêts à partir d'ici.

17.
LE TOUR DE SULPICIO

Une fois terminée l'opération au cours de laquelle l'Amour et la Bonté, représentés par les dévoués serviteurs de Jésus, avaient relancé le processus de sauvetage de ces deux âmes qui s'étaient laissées gravement affecter par l'exercice de leurs désirs et plaisirs incontrôlés, il était nécessaire que tous quittent ce lieu sombre pour se rendre à l'auberge de Sávio, d'où ils partiraient vers des plans plus élevés.

Zacarías, dirigeant le groupe, éleva une simple prière à Jésus, le remerciant pour les bénédictions de cette rencontre et demandant sa protection pour ce qui serait la partie la plus risquée de l'opération.

Autour de lui, les membres de la caravane se joignaient à la prière.

Lucilio portait Pilate, affaibli mais lucide. Livia tenait l'esprit de Fúlvia dans ses bras, complètement abandonnée au sommeil. Sávio, le moins préparé de tous, effrayé, était conscient des difficultés que la sortie de cet environnement hostile présenterait pour tous. Cléophas s'unissait humblement et avec dévouement à Zacarías, s'efforçant de tout faire pour être un soutien inconditionnel aux volontés de son tuteur. Siméon, également serein, offrait son bras amical aux autres afin qu'ils se sentent soutenus par son esprit serviable et généreux.

Une fois la prière terminée, Zacarías expliqua leurs objectifs :

– Il nous incombe maintenant de conduire notre précieux chargement à sa destination finale. Jusqu'à présent, tout s'est déroulé comme prévu. Cependant, à partir de maintenant, nous entrerons en contact avec les gardiens au service de Sulpicio. Nous ne pouvons pas prédire leur réaction. Cela dit, il ne serait pas juste de partir d'ici sans leur adresser un mot d'encouragement et une invitation à changer de comportement, à accepter une nouvelle voie pour leurs esprits. Qui sait ? Peut-être leur heure est-elle venue, n'est-ce pas ?

Tous seraient d'accord avec ce vieil homme bienveillant qui, à aucun moment, ne cessait d'essayer d'aider même ceux qui se présentaient comme adversaires du Bien.

Voyant cette concorde, Zacarías poursuivit :

– Afin que nous rencontrions moins de difficultés et que les adversaires de la Vérité soient confrontés par la force de l'Amour, je demande à Cléophas de s'adresser à ceux qui tenteraient de nous empêcher de passer. Cela, non seulement grâce à son apparence physique, qui nous a déjà permis d'accéder à cet endroit de douleur, mais aussi parce qu'à travers ses paroles, nous serons tous touchés par une force supérieure.

Ainsi d'accord, ils partirent, unis et solidaires, en direction de la sortie.

Dehors, rien n'avait changé. Le chef Sulpicio n'était pas encore revenu de sa ronde d'inspection, et seuls Crasso et trois autres entités à l'allure militaire se tenaient là, détendues en l'absence du puissant et intimidant licteur spirituel.

Lorsque Crasso remarqua la sortie du groupe, à la tête duquel marchait Sávio, il s'approcha amicalement pour savoir comment s'était déroulée la session de torture.

À côté de Sávio venait Jean de Cléophas. Juste derrière eux, les autres suivaient : Lucilio portait Pilate, et Livia tenait Fúlvia, tous deux entourés au centre du groupe, encadrés par Zacarías et Siméon.

– Alors, Sávio ? Le spectacle des horreurs est terminé ? – demanda Crasso, sur un ton détendu et familier.

– Oui, Crasso, nous avons terminé ici.

Cependant, en remarquant qu'ils étaient plus nombreux qu'à leur arrivée, Crasso réalisa que les deux prisonniers étaient parmi eux.

– Où pensez-vous aller avec ces deux maudits ? – cria le soldat, attirant l'attention des trois autres, qui vinrent voir ce qui se passait.

Sávio restant silencieux, Crasso poursuivit :

– Les prisonniers ne peuvent pas sortir d'ici. Ce sont les ordres du chef. Ils ne peuvent même pas être retirés de leurs cellules. Comment oses-tu prétendre les emmener ?

– Nous obéissons à des ordres – répondit Sávio, intriguant les soldats.

– Les ordres de qui ? Je sais que ce ne sont pas ceux du chef ! Retournez immédiatement avec ces deux-là à l'intérieur.

En disant cela, soutenu par ses complices, Crasso laissa entendre qu'il utiliserait la force pour les contraindre.

LA FORCE DE LA BONTÉ

C'est alors que Jean de Cléophas, toujours sous l'apparence du lépreux, s'avança et prit la parole.

Voyant sa silhouette quelque peu difforme, les quatre soldats reculèrent, terrifiés, ne sachant comment réagir face à ce moment où leur devoir leur ordonnait de s'opposer ostensiblement, mais où la peur leur conseillait de s'éloigner rapidement.

Ressentant le conflit intime dans leurs cœurs, Cléophas commença à leur parler :

– Mes chers frères, n'ayez pas peur de ce qui n'est qu'une expression de nos erreurs. Ce que vous voyez ici est le fruit des nombreuses fautes que j'ai commises et qui ont trouvé leur prix sous la forme de cette cruelle maladie. Si je me présente ainsi devant vous, c'est pour que vous compreniez que le mal engendre toujours le mal pour celui qui le pratique. Si aujourd'hui nous nous trouvons dans cet endroit de douleur et de souffrance, demain nous pourrons nous retrouver dans un autre lieu, plus lumineux et plus beau.

Depuis combien de temps n'avez-vous pas profité de la lumière du soleil, de l'air frais, de l'eau pure et cristalline ? Vous avez oublié que vous êtes des êtres humains avec des droits. En étant traités comme des animaux souterrains, vous vous êtes éloignés de toute notion de dignité, vous résignant à vivre ici, dans cette caverne, comme si c'était le meilleur endroit du monde. Ce que vous voyez en moi, c'est ce que vous produisez pour vous-mêmes. Je suis ce que vous serez, si vous ne changez pas de chemin et ne modifiez pas vos décisions.

Les paroles inspirées de Cléophas l'emplissaient d'énergie et pénétraient profondément ces quatre sbires du mal, si habitués à la routine des bourreaux qu'ils en étaient devenus insensibles dans leurs pensées et leurs sentiments.

Pétrifiés face au lépreux, ils n'osaient ni agir ni fuir. S'ils fuyaient, ils permettraient à tous de passer librement. S'ils attaquaient, ils pensaient risquer d'être contaminés par cette maudite maladie.

Ainsi, Cléophas poursuivit :

– Nous suivons, en effet, des ordres, comme vient de le dire Sávio. Nos ordres proviennent d'un commandant généreux, à la bonté inépuisable, à l'Amour Sublime, qui se préoccupe de ses frères en souffrance.

LA FORCE DE LA BONTÉ

Nous sommes au service de Jésus, notre Maître, qui autorise que Pilate et Fúlvia soient secourus et protégés, tout comme il nous a permis de vous offrir cette aide, car nous sommes tous sous le regard aimant de ce Divin Ami.

Quant à ce que vous appelez votre chef, ce ne sont que les coups de fouet qu'il distribue en abondance qui maintiennent votre peur et votre soumission à ses ordres. Ne voyez-vous pas que rien ne vous oblige à rester ici, si ce n'est votre propre peur et les fautes que vous avez accumulées ? Vous êtes au fond de l'abîme, soumis aux châtiments et aux menaces, et vous croyez que cet endroit est un paradis de délices ?

Au nom de Jésus, je vous invite à nous suivre et à laisser derrière vous ce terrier où le désespoir est la seule espérance, où les larmes sont la seule nourriture, et où la terreur est la seule prière. Venez, chers frères. Jésus vous attend et a pour vous aussi un lieu lumineux où vos douleurs seront soignées, vos fautes transformées en bénédictions, et où la peur sera remplacée par le Véritable Amour.

Et tandis qu'il parlait avec enthousiasme et ferveur, Cléophas se remémorait ses activités dans l'église d'Antioche, d'où il avait été envoyé à Rome pour accomplir la mission qui avait marqué la fin de son parcours sur Terre. Il se souvenait de Jésus, de leurs pérégrinations dans les mois précédant son martyre. Il repensait à ses paroles fermes et douces, à ses exemples inspirants pour les cœurs les plus endurcis.

Il se concentra sur le courage du Maître, dont la bonté ne vacillait jamais face au mal défiant et arrogant. Intérieurement, il priait pour devenir le modeste instrument de cet Amour grand et humble, capable de sculpter le cœur de ceux qui écoutent et de renforcer leurs décisions pour emprunter de nouveaux chemins.

Le souvenir de toutes ces expériences, associé à la capacité de ressentir le Véritable Amour, commença à transformer Cléophas. De lépreux effacé, il se métamorphosa en une étoile brillante, illuminant l'endroit et terrifiant encore davantage ses auditeurs stupéfaits.

Les marques de ses blessures disparurent, ses tissus se reconstituèrent, et son visage prit une beauté fine et inconnue. Il rajeunit comme par miracle. Ses cheveux devinrent bouclés et d'un doré lumineux. Son visage assumait les traits d'un jeune homme débordant d'énergie et de force, de courage et de vaillance, auréolé d'une telle clarté que même ses compagnons furent surpris.

LA FORCE DE LA BONTÉ

D'en haut, de nouvelles lumières se projetaient sur eux, marquant ce moment si crucial.

Face à cette transformation merveilleuse, trois des quatre soldats tombèrent à genoux, tremblants et en larmes, criant qu'ils acceptaient l'invitation qui leur était faite.

Ils étaient véritablement las de tant de malheurs sans aucune récompense positive. Ils ressentaient le manque d'une raison plus grande de vivre. Ils avaient la nostalgie des êtres aimés qu'ils n'avaient pas rencontrés depuis si longtemps. Ils aspiraient au bonheur sans savoir comment l'atteindre.

Ils avaient accepté ce mode de vie car c'était la seule chose qu'ils savaient faire dans leur dernière incarnation. Anciens soldats, ils croyaient que l'Au-delà n'était qu'un immense camp militaire, assignant à chacun les fonctions qu'il occupait sur Terre, lorsqu'il vivait dans un corps de chair. Pourtant, ils étaient épuisés de cette existence.

Seul Crasso restait ferme et inflexible à son poste, où il avait été placé sur ordre direct de Sulpicio.

Voyant la reddition des trois autres, Cléophas s'approcha de Crasso. Ce dernier ne s'interposa pas, comme hypnotisé, effrayé par une puissance si immense qu'il n'avait jamais vue nulle part ailleurs.

S'approchant des trois soldats agenouillés, Cléophas s'agenouilla avec eux et dit :

– Soyez bénis, mes petits frères. À partir d'aujourd'hui, un nouveau chemin vous attend. Relevez-vous et laissez vos propres jambes vous conduire vers le bonheur qui vous attend.

En disant cela, il les releva un à un et les conduisit vers le groupe, lequel, profondément ému par cette prière sincère, était auréolé de lumières spirituelles.

Les trois soldats se joignirent au contingent, baissant la tête, comme s'ils ne voulaient pas affronter le regard désapprobateur de Crasso.

Voyant leur défection, Crasso éclata en menaces :

– Sales traîtres, vous trahissez le chef ! Il ne laissera pas passer cela. Il vous poursuivra tous et vous ramènera ici. Sa haine grandira et la souffrance qu'il vous infligera sera tout aussi inoubliable.

Crasso tremblait, au bord du désespoir et du déséquilibre.

LA FORCE DE LA BONTÉ

Voyant l'effort gigantesque qu'il faisait pour ne pas perdre pied, Cléophas s'avança vers lui. Crasso, épée à la main, ne savait comment réagir.

Arrivé à sa hauteur, le prédicateur lumineux lui adressa des paroles pleines de bonté :

– Pourquoi vous accrochez-vous à cette épée alors que personne ici ne cherche à vous blesser ? Voyez, mes mains sont vides.

– Cette épée est ma défense et ma seule arme ! – cria Crasso, déchaîné.

– Mon cœur est mon arme, et la Bonté du Christ est ma seule défense – répondit Cléophas, qui, à cet instant, irradiait des étincelles de lumière dans toutes les directions, mais surtout en direction de Crasso.

– Éloignez-vous de moi, maudit sorcier, ou je n'hésiterai pas à vous attaquer ! – hurla Crasso, désespéré.

Face à cette menace, Cléophas devint encore plus incisif, son regard empli de sérénité et de détermination.

– Alors, je vous offre mon cœur pour que vous puissiez le transpercer avec votre épée, mon frère, – déclara Cléophas.

Sur ces mots, il ouvrit les bras et avança en direction du soldat.

Crasso était pétrifié. Il ne savait plus quoi faire. Submergé par une force qu'il n'aurait jamais imaginé exister, il ressentait ses bras devenir lourds, sa tête tourner, et son cœur s'agiter dans un tourbillon d'émotions contradictoires. Désemparé, il vit l'être lumineux s'approcher encore davantage. Incapable de supporter cette confrontation, il laissa tomber son épée et s'enfuit en courant, pris de panique, pour éviter de se retrouver dans la même situation que ses trois compagnons.

Voyant la fuite de Crasso, Cléophas éleva une prière à Jésus pour ce frère qui s'éloignait temporairement. Il implora que la graine semée en cet instant puisse germer rapidement et porter des fruits de transformation.

LA FORCE DE LA BONTÉ

De retour auprès du groupe, Cléophas reçut l'accolade paternelle d'un Zakarie souriant et heureux. Zakarie ne le considérait pas seulement comme son protégé, mais comme un véritable ami. Désormais, la voie était libre, et trois âmes tourmentées avaient accepté la lumière de l'Amour.

Zakarie se remémora les jours de sa propre mission à Nazareth, où le message de Jésus avait touché de nombreux cœurs, ramenant à la vie des âmes perdues. Il revit Caleb, ce vieil homme qui avait été le premier à être guéri dans cette ville. Il pensa à Judith, l'épouse infidèle sauvée de la débauche et devenue une fervente servante de l'Amour. Il se rappela aussi Saül, le frère de Cléophas, propriétaire de l'auberge qui les avait accueillis et qui, ému par le message, s'était joint à la caravane en direction de Capharnaüm.

Ainsi, à chaque fois que la caravane de l'Amour partait pour semer des graines de lumière, elle revenait avec un surplus d'âmes rachetées.

Libérés de tout obstacle, ils se dirigèrent vers la modeste demeure de Sávio, située à la périphérie de cette région sombre. Là, tous ceux qui s'étaient autrefois égarés étaient maintenant invités à corriger leurs chemins, en s'aidant mutuellement dans ce processus.

Pendant ce temps, Crasso, après s'être enfui, finit par regagner son poste. Mais il était profondément bouleversé, presque au bord du désespoir, incapable d'ignorer ce qu'il avait vécu.

Aquí tienes la traducción al francés con sentido y coherencia en el contexto:

Il avait laissé partir les prisonniers. Il avait perdu trois autres soldats de la garde et n'avait pas eu le courage d'utiliser l'épée puissante contre les envahisseurs. Ce serait sa fin, face à Sulpice.

Il pensa à fuir, mais il n'avait nulle part où aller et serait facilement retrouvé par les sbires du chef cruel.

LA FORCE DE LA BONTÉ

Ainsi, il décida de penser à une histoire et d'attendre l'arrivée du licteur, ce qui ne tarda pas à se produire.

Dès que l'ancien bras droit de Pilate arriva, Crasso se vit dans l'obligation de lui raconter ce qui s'était passé.

Informé de la perte des prisonniers, Sulpice fut pris d'une crise de colère parmi les pires qu'ils aient jamais observées.

Sa physionomie devint bestiale, tandis que de la bave verdâtre coulait des bords de sa bouche, transformée en un volcan de grossièretés.

Sans attendre d'autres explications, il sortit le fouet qu'il utilisait avec facilité et constance, et se mit à frapper le soldat irresponsable avec une fureur incontrôlable.

À ses côtés, une escorte de soldats qui le suivait sur les chemins observait, abasourdie et intimidée, la réaction bestiale de leur chef, sans esquisser le moindre geste.

— Où sont les prisonniers, vermine inutile, misérable ? hurlait Sulpice, de façon animale. Réponds, lâche !

Et voyant que la colère de leur chef ne faisait qu'augmenter, Crasso ressentait le besoin d'expliquer ce qui s'était passé en son absence.

— Seigneur, mon seigneur, j'ai tenté d'empêcher qu'ils soient emmenés, mais ceux qui sont venus ici, amenés par Sávio, notre connaissance, étaient des sorciers qui contrôlaient des forces supérieures aux miennes. Ils disaient obéir aux ordres d'un certain Jésus, dont je n'ai jamais entendu parler...

— Ni sorciers ni rien ! cria Sulpice. Tu es un lâche et un faible.

— Non, mon seigneur, c'est tellement vrai qu'ils ont réussi à emporter les trois autres soldats qui étaient avec moi. Seul moi j'ai résisté à leurs sorts... par fidélité envers vous.

L'affirmation de Crasso semblait logique. En effet, les trois autres n'étaient pas là. Il était le seul à être resté.

LA FORCE DE LA BONTÉ

Cependant, en constatant la perte des prisonniers et de trois soldats supplémentaires, Sulpice se mit encore plus en colère.

— Tu as dit qu'un certain Sávio était avec eux ? Qui est ce type ?

— C'est un soldat qui est déjà venu ici avec votre autorisation, pour apporter de la nourriture aux prisonniers. Il semble avoir un poste de surveillance pas très loin d'ici.

— Encore un maudit traître. Je suis entouré de traîtres... Et en disant cela, il lançait son fouet de façon indiscriminée sur ceux qui se trouvaient à proximité.

Déterminé à ne pas en rester là, Sulpice ordonna à tout le monde de se positionner pour la recherche effrénée des fugitifs qui, une fois capturés, seraient punis de manière exemplaire.

Crasso irait avec eux pour identifier le poste de Sávio, nom par lequel ils désignaient l'endroit où l'ex-soldat se trouvait, dans une mission de soutien avancé organisée par la Bonté dans le repaire du mal.

L'expédition bruyante et désordonnée se dirigea vers le lieu indiqué par Crasso et, après un long trajet, ils purent apercevoir de loin les modestes installations faites d'un matériau ressemblant à de l'herbe sèche.

— C'est là. Allons-y vite. Il y a des lumières allumées. Ils doivent être là. L'euphorie de Sulpice l'empêchait de réaliser qu'autour de la modeste pièce, les esprits responsables du sauvetage avaient installé des barrières de défense et de protection magnétique, empêchant ainsi l'avancée et l'attaque de la foule de Sulpice.

C'est pourquoi, en se rapprochant de ce petit noyau, tous furent contraints d'interrompre leur avance, car ils ressentaient leur corps déchiré par des décharges électriques inconnues, les avertissant de ne pas avancer.

Sachant qu'il s'agissait d'une barrière de force, Sulpice commença à crier des insultes, suivi par tous ses sbires, sauf Crasso qui, différent des autres, se sentait de plus en plus terrifié par ce type de pouvoir qu'il n'avait jamais vu auparavant.

LA FORCE DE LA BONTÉ

— Bandits, voleurs, assaillants, rendez-moi ce qui m'appartient ! criait Sulpice.

Le silence était la réponse, ce qui rendait le licteur encore plus irrité.

— Venez ici dehors, vermine d'illusionnés, et affrontez-moi face à face ! défiait-il.

Les membres de la caravane, rassemblés dans l'abri de Sávio, restaient en prière, demandant à Jésus de les protéger, revêtus de la calme et de la confiance qui leur donnaient sérénité.

C'est alors qu'animé par cette caractéristique, Zacharie s'adressa à Siméon et l'appela :

— C'est ton tour, mon cher frère.

— Je comprends les desseins de Jésus, Zacharie, et je le remercie profondément de m'avoir donné l'opportunité de revoir le frère des temps anciens.

— Nous serons à tes côtés.

Ainsi dit-il, et il appela les autres, à l'exception de Sávio et Lucilio, qui devaient veiller sur les récemment sauvés, afin qu'ils sortent de cette planque et assistent Siméon au moment où les lumières de Jésus seraient présentées à l'ex-licteur de Pilate.

Là-bas, dehors, les acolytes de Sulpice exultaient lorsqu'ils se rendirent compte que le petit groupe d'esprits quittait l'intérieur. Zacharie, Siméon, Livia et Cléophas se tenaient là pour faire face aux assauts de cette heure fatidique.

Le nombre était bien trop faible face aux plus de trente partisans de Sulpice.

Ce serait une bataille facile, pensaient les agents trompés de l'ombre.

Ils ne prenaient pas en compte la force de la Bonté.

18.
FORCES MAJESTUEUSES

Le tumulte augmenta considérablement autour de ce petit et modeste abri d'espoir, niché dans les ténèbres denses.

À mesure que les protections lumineuses s'étendaient autour de la petite cabane, la luminosité éveillait de nombreuses entités qui pouvaient voir les émanations de clarté et, ainsi, venaient de loin, cherchant l'aide qu'elles imaginaient disponible.

En vérité, la plupart d'entre elles désiraient se débarrasser de la douleur qui les consumait sans, pour autant, se guérir comme elles auraient dû. Elles imaginaient, comme l'imaginent ceux qui sont incarnés dans le monde, qu'en désirant simplement vaincre le mal, avec des intentions improvisées et des déclarations verbales, on obtient la clé nécessaire pour entrer dans le royaume de la vertu. Les gens, lorsqu'ils sont incarnés, ont l'habitude de se tromper, se livrant à des prières et à des religions, croyant que cela suffira pour garantir le Royaume de Dieu.

Ainsi, en apercevant la luminosité qui, partout dans l'Univers, représente toujours la présence de la Vérité et de l'Amour, des milliers de créatures, rampantes, déformées, boiteuses, affaiblies par des décennies ou des siècles d'angoisses, victimes de leurs propres tragédies morales, accouraient depuis la vaste région sombre.

Les bourreaux suivaient leurs victimes, les deux étant attirés par les nouveautés de ce cortège qui prenait la direction de ce petit point lumineux et éloigné.

C'était la foule de curieux, désespérés, insensés, fous, rebelles, religieux de tous les cultes, hommes et femmes démunis et accablés par la recherche effrénée de pratiques sexuelles dégénérées dans lesquelles ils s'étaient livrés et qui finissaient par défigurer complètement leur structure vibratoire.

Le contingent ne réussissait pas à s'approcher des barrières d'énergie, car les forces rayonnantes, à mesure qu'ils se rapprochaient, commençaient à agir sur eux de manière si intense que tous restaient à une certaine distance, incapables de s'approcher davantage. Pour chaque individu, selon ses caractéristiques personnelles, l'intensité des vibrations autour de cette petite maison arrivait exactement au point de ses faiblesses et de ses engagements, transformant les sensations qu'il nourrissait sans le sincère désir de s'en libérer, en quelque chose de incandescent, quelque chose qui le brûlait, aggravant son état et lui montrant où se trouvait son principal problème.

Ainsi, les criminels non rédimés ressentaient les lumières pénétrant les parties physiques qu'ils utilisaient pour commettre leurs crimes, les conduisant à la désespérance. Mains assassines, esprits rusés, bouche calomnieuse, yeux cruels, tout devenait inflammable et caustique, empêchant toute avancée. Ceux qui se corrompaient par l'excès des plaisirs charnels ressentaient les tenailles incandescentes de la conscience, amplifiées par la force lumineuse de cette rencontre, se concentrant sur les zones liées à la sexualité, encore activées en eux par la force de la fixation mentale, stimulant ainsi la zone sexuelle de leurs périsprits.

Ceux qui nourrissaient des haines ou des sentiments de cruauté ressentaient la douleur se multiplier au niveau de la poitrine, comme si une flèche de feu leur avait transpercé l'être et atteint leur cœur, l'enflament d'un feu qu'il était impossible d'éteindre.

Ainsi, chaque groupe ou individu s'arrêtait sur le chemin, au moment où leurs forces ne pouvaient plus supporter le contact avec la lumière de la Vérité.

Peu importait les cris de supplication.

Les religieux faisaient des signes cabalistiques. Certains s'agenouillaient, d'autres invoquaient les forces auxquelles ils étaient habitués, selon les pratiques religieuses qu'ils avaient adoptées sur Terre. Prêtres des cultes païens, membres divers d'associations religieuses, médiums de divers chemins, voyantes, personnes appartenant à des sociétés secrètes, pratiquants de rituels magiques ou de sorcellerie, divers religieux, tous se rassemblaient dans cette Tour de Babel où ils désiraient prouver et convaincre que la leur était la véritable foi à imposer aux autres.

C'était un conclave des haillons de l'âme, qui n'avaient d'autres arguments que des haillons à revêtir.

Tous avaient trahi Jésus ou ses principes dans leurs chemins. Tous avaient pratiqué des œuvres d'iniquité. Tous avaient cherché à se servir du chemin religieux pour trouver, à travers lui, la grande porte, refusant de confronter la porte du sacrifice, de la dévotion, de la pauvreté, du renoncement, du témoignage moral, afin que le Christ qu'ils portaient dans leurs paroles se reflète dans leurs attitudes.

Tels des pasteurs indignes exploitant le troupeau qu'ils étaient censés protéger et s'enrichissant aux dépens de la crédulité des autres, des prédicateurs se permettant les vices les plus bas, loin de l'élévation de ce qu'ils prêchaient, ils étaient réunis là, tout comme des médiums ratés, des hommes et des femmes vaniteux désireux de faire de leurs facultés une scène pour l'auto-glorification, se livrant à des rituels mensongers et trompant la bonne foi des désespérés, lisant les cartes, prédisant l'avenir, demandant de l'argent pour apporter du réconfort aux désemparés du monde.

Ces derniers, ayant partagé la réalité du monde invisible, étaient les plus aliénés et avaient le plus besoin d'aide, en raison de l'épuisement qu'ils affichaient. Ils s'étaient rapprochés davantage de la source des bénédictions et l'avaient corrompue par leurs pratiques nuisibles, souillant sa pureté avec la boue de leurs intentions.

Ainsi, la région où se trouvait la cabane de Sávio se remplit de nécessiteux qui s'agglutinaient, tandis que le groupe de Sulpice restait à quelques mètres de l'entrée principale, semblant que, pour eux, les rayons lumineux ne les atteignaient pas, comme c'était le cas pour les autres.

Ce n'est que lorsqu'ils se postèrent aux frontières de la barrière magnétique qu'ils ne purent vaincre sa puissance, arrêtant leur avancée et commençant les cris.

D'autres soldats, en plus des trente de sa suite, attirés par le spectacle inhabituel dans cette région, se joignirent au groupe, apportant leur solidarité à ce qui leur semblait être la réédition d'un bataillon ou d'un peloton romain.

Sereinement, les quatre messagers de l'Amour quittèrent la petite maison située sur une petite élévation du terrain et commencèrent à descendre en direction des lignes d'énergie.

– Là-bas, les bandits ! cria Sulpice. – Venez ici, misérables lâches ! Voleurs et ravisseurs ! Venez ici si vous avez du courage !

– C'est ça, bande de traîtres, cria un autre allié de Sulpice, dans les processus naturels d'adulation qui existent aussi dans les ténèbres.

– Nous allons anéantir leur planque, proposa un autre, voulant être plus ferme que le précédent dans la solidarité de celui qu'ils appelaient chef.

Sans se laisser perturber par cette scène qui, aux yeux de Zacarías, Siméon, Livia et Cléophas, s'était transformée en une sublime occasion de renouvellement pour de nombreuses âmes, les quatre étaient enveloppés par une force puissante qui, bien que visible pour eux, n'était pas perçue par les autres, incapables de se connecter aux beautés subtiles que l'Amour réservait uniquement à ceux qui réussissent à ouvrir leur cœur à sa réalité.

Zacarías s'adressa aux perturbateurs et, par l'action de cette énergie dévastatrice qui les protégeait, sa voix sembla s'amplifier jusqu'aux confins de la Terre, dès qu'il prononça les premiers mots :

– Cher frère Sulpice, nous voici comme vous le souhaitiez.

La voix tonitruante de Zacarías, à la surprise de lui-même, se fit entendre à des kilomètres dans cette étendue sombre et impénétrable. On aurait dit qu'un grand système de transmission d'ondes sonores amplifiait sa parole pour que toute la foule environnante puisse entendre ce qui se passait.

– Garde tes salutations pour toi, vieux dégoûtant. Vous avez pris cinq pièces qui m'appartiennent.

Sulpice faisait référence aux trois soldats qui s'étaient laissés emporter par la Bondé et aux deux prisonniers qui avaient été sauvés, les désignant tous avec les termes qu'il utilisait habituellement lorsqu'il négociait des esclaves. Chacun était une pièce, pas une personne.

– Devant Dieu, nous sommes tous ses enfants et à Lui, exclusivement, nous appartenons. Pouvez-vous présenter les documents qui garantissent le droit que vous revendiquez ?

Les paroles fermes de Zacarías firent grincer les dents de Sulpice. Finalement, il invoqua le droit de propriété et, ainsi, il lui revenait de prouver qu'il était effectivement le propriétaire de ceux qu'il revendiquait. Il savait ne posséder aucun document qui l'accréditât.

– Je n'ai besoin de prouver rien. Tous ceux qui sont ici sont témoins que je suis leur propriétaire.

– Eh bien, cela ne suffit pas pour que vous puissiez le réclamer, car vous ne pouvez pas prouver qu'ils vous appartiennent en tant qu'esclaves.

Sulpice commença à s'énerver, n'étant pas habitué à être contredit dans ses ordres et ses arbitrairies.

– Je suis, par droit, celui qui peut exercer la vengeance contre eux, car ces deux prisonniers m'ont beaucoup nui et je revendique, comme nos lois le permettent, le droit de leur rendre le mal.

LA FORCE DE LA BONTÉ

— Écoutez, Sulpice, ce sont des frères affligés et vaincus. Ils ne semblent pas être des créatures qui représentent une quelconque menace pour vous ou qui soient en état de supporter plus de haine.

— Mais j'ai le droit et je l'exercerai.

Voyant son état de déséquilibre, Zacarías continua d'une manière amicale.

— En entendant votre façon de parler, il me semble que vous êtes la victime.

— Bien sûr, c'est exactement ça. Ces deux-là m'ont toujours utilisé, se sont toujours servis de moi, ont toujours fait le mal par mon intermédiaire, répondit le lictor sans attendre que Zacarías termine sa phrase.

— Mais cet argument est quelque peu singulier, Sulpice. Je suis informé que vous avez toujours souhaité exercer de l'influence sur eux et que vous vous enorgueillissiez d'être le bras droit de Pilate, l'organisateur de ses festins, le participant à ses orgies, tout en gardant votre propre lit chauffé par Fúlvia qui, comme vous la convoitiez tant, accepta de se livrer en échange de vos faveurs et de votre complicité.

— Mensonges, mensonges, vieux calomniateur. J'ai toujours obéi aux ordres et j'ai toujours été trompé par ce petit groupe de vampires.

— Ce n'est pas ce que je connais. Pour moi, vous avez aussi été un bourreau cruel et rempli de perversité sinistre. Alors, pourquoi, maintenant, n'avez-vous pas le courage de vous déclarer tel, si c'est sur ce type d'intimidation que vous maintenez votre leadership sur ce groupe de pauvres hommes trompés ou craintifs face à votre cruauté ?

Voyant que l'argument de Zacarías mettait en lumière ses défauts et ses pratiques morales pour toucher la conscience de ceux qui le suivaient, et comme le mal a toujours la crainte d'ouvrir les barreaux de la cellule où il maintient emprisonnés ceux qu'il utilise comme complices pour pratiquer la méchanceté, Sulpice devint encore plus furieux.

Sa respiration devint haletante, comme si de profonds soupirs lui donnaient la force de continuer à parler.

— Écoute-moi bien, vieux, ceux qui me suivent sont ici parce qu'ils le veulent. Ils savent que j'exerce la justice que, par droit, mon pouvoir me confère. S'ils sont ici, c'est parce qu'ils préfèrent suivre celui qui exerce l'autorité.

— Mais, depuis quand ont-ils eu ce choix ? Quand leur a-t-on offert le droit de chercher des choses meilleures ?

Vous invoquez le droit d'exercer la justice. Quand vous étiez sur Terre, vous étiez lictor et saviez que cette fonction devait être exercée avec équilibre et correction. Pendant ce temps, vous avez accumulé le pouvoir et l'avez corrompu, l'utilisant pour corrompre encore davantage. En vous présentant comme un observateur de la loi, vous la dénaturez et la violez. Parlant de leadership et d'autorité, vous n'avez fait que maintenir ces hommes sous l'hypnose de la peur, du claquement de votre fouet. C'est tellement vrai que, dès que vos hommes ont eu l'occasion de connaître quelque chose de meilleur, ils n'ont pas hésité à abandonner leur fausse position ici, dans cet abîme, et se sont dirigés vers un autre destin.

Pourquoi avez-vous besoin de ce fouet si, comme vous le dites, vos subordonnés vous respectent tant ?

Le silence était brutal. On n'entendait que la voix de Zacarías et la respiration de Sulpice.

Les hommes qui le suivaient ne disaient rien. Tous étaient stupéfaits par les exhortations sincères de Zacarías.

En même temps, certains n'avaient jamais envisagé d'autres réalités, pensant que cette forme de vie était la seule possible, car elle ne différait pas beaucoup du style auquel ils étaient habitués lorsqu'ils vivaient sur Terre, dans un corps de chair.

Voyant que l'ex-cordonnier compromettait son autorité, Sulpice se plaça menaçant devant lui et cria :

— Tu racontes tout ce tas de mensonges parce que tes sortilèges te protègent. De la même manière que tu utilises ta sorcellerie pour te défendre, moi j'ai mon fouet qui impose l'ordre et maintient la discipline. Je voulais te voir dire tout ça et agir devant moi sans ces cordes qui nous empêchent de passer. Arrête avec ta magie, sorcier des enfers, et tu vas voir comment on va se comprendre autrement.

Voyant le défi et sachant où cela devait le mener, Zacarías ne se fit pas prier.

Il leva la main et, dans une prière silencieuse que son esprit tissait, demanda la protection de Jésus en ce moment si important pour ces esprits.

Immédiatement, une partie des défenses vibratoires qui se tenaient juste devant Sulpice s'éteignirent.

LA FORCE DE LA BONTÉ

Sur une étendue de quelques mètres, la bande magnétique disparut afin que l'agresseur puisse se tenir face aux envoyés de Jésus.

Sulpice s'exalta devant cette démonstration de naïveté de son adversaire.

Voyant le passage ouvert, il fit les pas nécessaires pour entrer dans le périmètre auparavant protégé, croyant que les hommes le suivraient de près.

Cependant, les autres soldats étaient effrayés par les manifestations de pouvoir de ce vieil homme. Ils étaient cloués au sol, sans oser avancer.

– Allez, les hommes, venez avec moi – cria Sulpice, en marchant vers Zacarías, tenant fermement le fouet dans une main, l'autre main appuyée sur le pommeau de l'épée qui était attachée à sa taille.

Mais peu d'entre eux semblaient prêts à le suivre.

À peine six de ses plus proches le suivirent, un peu confus.

Ils imaginaient que, maintenant, il serait facile de libérer les prisonniers retenus dans l'ambiance de la petite cabane.

Sulpice s'approcha de Zacarías avec arrogance.

– Et maintenant, vieux idiot, donne-moi vite ce qui m'appartient...

– Ici, il n'y a rien qui vous appartienne, sinon vos propres erreurs, mon fils.

– Quel fils, quel rien ! Je n'ai jamais eu un père aussi stupide que toi.

Les mots hostiles montraient le désir de se placer au-dessus des vibrations d'énergie qui l'effrayaient.

Sulpice n'avait jamais été devant des hommes aussi courageux, à l'exception d'une seule fois dans sa vie.

Sachant que son esprit assimilait les forces de cet environnement protégé, Zacarías fit signe à Livia de se présenter devant le lictor.

La noble entité, vêtue des humbles habits d'une esclave, comme le jour où elle était dans les appartements de Pilate, priant pour la vie de Jésus, n'hésita pas.

Elle s'avança d'un pas ferme et se plaça devant Sulpice. La peur de l'ex-adjoint de Pilate fut si forte qu'il recula de quelques pas.

LA FORCE DE LA BONTÉ

Car sa conscience coupable, bien que remplie d'autres préoccupations, le réprimandait d'avoir nui à cette noble femme, à cause de la calomnie de Fúlvia, que sa cupidité et sa luxure cherchaient tant à satisfaire dans ses rêves masculins dégénérés.

En voyant la figure de la même Livia qu'il avait jugée à tort, son âme se rendit compte qu'il se trouvait face à l'une de ses victimes les plus innocentes.

Pour une telle confrontation, il n'avait jamais envisagé aucune arme de défense.

– Mon frère Sulpice, que la paix de Jésus soit dans ton cœur.

Le salut de Livia ne laissait aucun doute. C'était la femme que Fúlvia détestait et qu'il avait contribué à détruire par la calomnie. Devant ses paroles douces, il ne répondit rien.

– Vous êtes ici, en ce moment, pour recevoir l'invitation de l'Amour et de la Bonté afin de quitter ce chemin de souffrance et de douleur, et de tracer une nouvelle voie pour votre voyage spirituel.

– Je n'ai demandé conseil à personne, répondit avec arrogance le serviteur des ténèbres.

– C'est vrai, mon frère. Mais il n'y a aucun doute que le Bien ne quitte jamais ceux qu'il aime et désire aider. Ce ne sont pas des reproches, mais simplement des invitations à votre régénération.

Les paroles de cette humble entité pénétraient son intérieur comme une rosée sur un esprit agité.

– Souvenez-vous de ce jour où vous nous avez poursuivis dans la Samarie lointaine. Cherchant à satisfaire vos caprices, vous, qui vous êtes déclaré victime des autres et sur cette base, avez bâti l'édifice de votre justice vengeresse, vous êtes maintenant invité à changer de perspective. Deux femmes et un enfant, poursuivis par une violence criminelle qui ne venait que de vous-même.

Rappelez-vous que ce n'était pas sur ordre de Pilate que vous avez organisé ce voyage. C'était de votre propre initiative, invoquant les services rendus, la fidélité aveugle, la complicité dans les délits moraux du gouverneur, que vous avez obtenu ce que vous vouliez. Me poursuivre, moi et Ana, que vos désirs masculins cherchaient à dominer, cela a été votre décision, votre délibération, votre responsabilité. Ce n'était ni Fúlvia ni Pilate à ce moment-là. Ce n'était que Sulpice.

LA FORCE DE LA BONTÉ

La mémoire de Sulpice semblait faire revivre les scènes de ce temps si lointain.

La modeste demeure de Siméon. La croix pauvre et rustique à la porte. Les bancs de bois autour de la table simple où tous les après-midis, les gens du village se réunissaient pour écouter les beautés du Royaume de Dieu, de la bouche sainte de cet ancien. Les soldats qui l'accompagnaient à la recherche des deux femmes sans défense et d'un enfant. Tout cela s'agglutinait dans sa conscience, comme une scène qu'il revivait en cet instant précis.

La violence de la persécution, le courage de Siméon, la petite hutte de Samarie détruite par les soldats arrogants de sa suite, la prison du vieux homme sur la croix, si précieuse pour lui, où il subissait le supplice du fouet dans l'espoir de révéler où se cachaient ses cibles.

Il se souvenait du peuple alentour qui venait assister à ce spectacle infernal. Personne n'osait prendre la défense de Siméon à cet instant-là. Tous admiraient ses paroles, mais personne n'avait le courage de mettre en pratique les enseignements reçus, de peur d'être sacrifiés à leur tour par les soldats violents.

Plus que cela, personne n'avait l'honnêteté de se dire ami de l'ancien, ni de le nier pour ne pas s'engager devant le persécuteur arrogant.

Face à ces souvenirs, Sulpice restait figé.

Son âme était agitée, se battant pour se défendre afin de ne pas fléchir devant ses suiveurs.

Il semblait qu'ici, dans cette atmosphère ténébreuse où ils se trouvaient tous, devant une modeste hutte, Sulpice se confrontait à sa propre cruauté. Pourtant, il ne se laissait pas vaincre.

Ses compagnons restaient abasourdis, attendant le développement des événements.

Brisant le silence, Livia poursuivit :

– Par le passé, Sulpice, l'ignorance vous a conduit sur les chemins du mal, victimisant des innocents. Pourtant, aujourd'hui, vous réalisez que le mal vous a victime avec encore plus de cruauté. Vos maladresses d'autrefois vous enchaînent depuis des décennies, faisant de vous le justicier malheureux du royaume des ténèbres. Un justicier qui ne trouve ni consolation, ni repos, ni paix dans son cœur et sa conscience.

– Ce n'est pas vrai. Je ne suis pas malheureux. J'ai tout ce que je veux, tout ce que je désire, et ce que vous faites est un sort pour me tromper. C'est un truc pour tromper les plus idiots. Pas avec moi. Je ne me laisse pas avoir. Mon fouet va claquer sur vous tous, vous mettant tous à votre place, celle que la justice m'a donné à défendre.

L'homme était perdu et se perdait face à son incapacité à argumenter et à assumer ses propres erreurs.

Cependant, lorsqu'il parla d'utiliser le fouet, Siméon, avec l'autorisation de Zacharie, sortit de derrière Livia et s'avança vers le licteur déséquilibré.

À ce moment-là, une lumière irradiait de son visage, comme pour faire en sorte que Sulpice se souvienne de lui et le reconnaisse facilement.

– Me voici, Sulpice, pour recevoir à nouveau tes coups de fouet, mon fils.

Et il y avait une telle inflexion de tendresse dans les paroles du vieil homme qu'elles se transformaient en rayons lumineux sortant de sa bouche bénie et pénétrant l'atmosphère vibratoire de tous les soldats qui l'entouraient, et en particulier sa propre structure magnétique.

Si la vision de Livia l'avait secoué dans les fibres de son âme, la vision de Siméon le flagellait encore plus durement.

À ce moment, il pensa à fuir. Il commença à interpréter cette rencontre comme un piège pour le capturer. Pendant ce temps, il chercha à se rapprocher de ses six amis et à trouver leur soutien magnétique pour ne pas faiblir face à ce témoignage devenu palpable à cet instant.

Voyant l'état d'effroi qui faisait que ces hommes se réfugiaient les uns dans les autres, trouvant protection dans leurs propres misères, Siméon ne s'en contenta pas et s'avança vers les sept.

– Venez, mes enfants. Comme ce jour-là en Samarie, acceptez mes bras de père aimant qui vous recueillent.

Désespérés, les hommes ne purent sortir de l'endroit, car une force inconnue les avait plantés au sol. Sulpice, soutenu par ses plus proches complices, maintenant qu'il se sentait un peu appuyé, fit un réel effort pour utiliser le fouet. À ce moment-là, Siméon s'arrêta à une distance suffisante pour recevoir le flagellum et, levant le regard vers le ciel, se mit à prier.

Il ne s'écoula que quelques secondes avant qu'une immense lumière ne se projette dans l'abîme et, de ses rayons, modèle une croix diamantée, comme pour soutenir le vieil homme qui allait être frappé en ce moment par l'ignorance de ces hommes. La croix lumineuse restait debout derrière Siméon, comme ce jour fatidique dans les souvenirs de Sulpice.

Les six hommes qui soutenaient Sulpice éclatèrent en sanglots de désespoir.

Ils avaient été les complices de Sulpice, ces amis qui avaient initié le supplice de Siméon en cette triste après-midi, mais ils se virent empêchés de le faire par une lumière radieuse qui brillait au sommet de la croix brute.

Tous étaient enveloppés par la culpabilité de cet événement néfaste.

La croix lumineuse, très différente de la croix rustique de ce jour-là, déployait des radiations de flammes que rien ne pouvait égaler à ce moment de leurs vies et souvenirs.

Les rayons de saphir brillaient et elle ressemblait davantage à un phare projetant des lumières dans l'obscurité de l'abîme.

Siméon restait uni à elle, attendant les coups de Sulpice.

Le licteur ne comprenait pas ce qui lui arrivait, mais, effrayé, il vit ses amis s'effondrer dans la boue et se prosterner en suppliant le pardon de ce vieil homme qu'ils avaient aidé à tuer. Plus loin, les autres partisans de Sulpice étaient terrifiés par ces manifestations puissantes et inconnues.

Certains, qui étaient plus loin, avaient déjà tenté de fuir dans la panique.

Toutefois, la plupart restait figée, ne sachant si c'était la peur ou une émotion profonde.

Tous avaient choisi le chemin du mal et s'étaient synchronisés avec le mal que l'ignorance de Sulpice représentait. Cependant, les lumières qu'ils voyaient parlaient d'autres sources et d'autres chemins. Et c'est pourquoi cela leur servait de réconfort.

– Allez, Sulpice, j'attends vos coups – dit paternelle le vieil homme.

Ne voulant pas paraître faible et peureux devant ses partisans et voyant que ses plus fidèles suiveurs s'étaient livrés au désespoir, Sulpice rassembla toutes les forces qu'il possédait et cria :

LA FORCE DE LA BONTÉ

– Je n'accepte pas ce mensonge, cette sorcellerie et je vais vous prouver à vous tous que mon fouet mettra fin à tout ça.

Il leva le bras pour donner le premier coup de fouet à Siméon, qui attendait, les yeux brillants de larmes qui ne coulaient pas.

Cependant, avant que la lanière de cuir agressive ne traverse l'air lourd de ces lieux, un puissant éclair qui brillait au sommet du bois se projeta sur Sulpice et le frappa en plein cœur, comme pour percer ses vêtements grossiers et blesser la structure éteinte de son esprit.

Immédiatement, on vit la lumière parcourir tout son corps d'énergies jusque-là sombres, saturées de ces vibrations opaques et grossières, déchirant toute sa structure et illuminant de l'intérieur vers l'extérieur, comme si Sulpice était un écran dont la lampe était cachée par de lourdes couches d'argile durcie, qui, maintenant, par la force de la lumière qu'il irradiait de l'intérieur, étaient brisées et dissoutes.

Le spectacle de cette scène était inédit.

Sulpice avait été frappé par un éclair lumineux au moment exact où il allait répéter la même attitude qu'il avait eue il y a plus de vingt ans. Cependant, maintenant, les choses étaient différentes.

Le bourreau recevait ce que la Bonté était capable d'offrir en réponse à l'agression.

Autour de lui, tous étaient surpris par la puissance de cette énergie qui, éclatante, arrivait à tous et invitait tous au changement nécessaire.

Choqué par la charge d'énergies renouvelatrices, Sulpice fut projeté au sol, vaincu.

Pendant ce qui se passait avec lui, les puissants rayons de la grande croix diamantée pénétraient le cœur de tous ceux qui s'étaient rendus à cet endroit, même de ceux qui étaient venus de loin, poussés par la curiosité ou sans un désir sincère de guérison.

À plusieurs endroits de la foule, les rayons produisaient le même effet que sur Sulpice. Dans d'autres lieux, les misérables s'éloignaient en courant, ne désirant pas recevoir la lumière et se lançant à nouveau dans les cavernes où ils se trouvaient.

Mais cela avait été un moment si spécial dans l'organisation du bien, qu'une mélodieuse symphonie descendait du haut, inondant les oreilles et confondant les sentiments les plus endurcis.

LA FORCE DE LA BONTÉ

Des chemins de lumière, comme des rayons de soleil traversant les nuages lourds du ciel, descendaient dans l'abîme, et par eux, des esprits angéliques revenaient sur les seuils pour sauver ceux qui s'étaient laissés toucher par l'émotion et le désir de s'élever vers l'Amour.

Des cortèges d'esprits, qui ressemblaient à des anges ailés, se précipitaient vers les centres où la lumière de cette majestueuse croix arrivait et produisait les effets propres indiquant l'acceptation sincère de cette invitation.

On pourrait dire que des centaines de milliers d'entités lumineuses profitaient de ce moment de foi qui se manifestait dans les ténèbres du mal pour aller au secours des désespérés et des perdus.

La croix restait radieuse et du cœur de Siméon, la lumière continuait d'abonder, enveloppant ces sept frères, qui, après avoir échoué face à eux-mêmes, s'étaient désormais rendus au désir de changer leur vie.

Les trois autres, Zacharie, Livia et Cléophas, émissaires de l'Amour et de la Bonté au sein des ténèbres, étaient rassemblés autour de la croix de Siméon, soutenant le courageux apôtre de Samarie qui, par sa grande foi en Jésus et pour défendre les innocents, avait accepté la mort honorée, attaché à la croix rustique. Et c'est pour cela qu'il recevait maintenant le privilège de se manifester par la croix du sacrifice, pour en faire le symbole du refuge des désespérés des ténèbres.

Après avoir observé que Sulpice s'était également prosterné, couché sur le sol humide de cet endroit, vaincu par les larmes et le désespoir face à l'affrontement de ses propres remords, Siméon s'approcha de lui et, paternellement, le souleva dans ses bras accueillants.

Il le regarda dans les yeux rouges et lui dit, avec un amour inépuisable :

– À partir d'aujourd'hui, Sulpice, tu seras mon fils bien-aimé. Je serai toujours à tes côtés et je t'aiderai à découvrir les beautés de Dieu qui sont gravées dans ton âme.

Il lui baisa les tempes et le conduisit vers l'abri où se trouvaient Pilate et Fulvia.

Les autres apôtres de l'Amour prenaient en charge, un par un, les soldats qui acceptaient de se convertir sincèrement, laissant s'enfuir ceux qui, voyant la défection du chef, ne savaient plus qui suivre.

LA FORCE DE LA BONTÉ

La grande tâche de porter l'espoir aux plus désespérés avait été accomplie avec la protection supérieure et des résultats plus satisfaisants que ceux que ces travailleurs de Jésus n'auraient jamais pu imaginer.

Comme lors du jour de la tragédie du cirque, plusieurs centaines de milliers d'entités furent retirées de là et dirigées vers les zones de préparation pour la réincarnation, situées dans des environnements plus élevés, loin des pressions oppressantes de cette zone de vibrations mentales extrêmement néfastes.

Il était temps d'apporter à Jésus les fruits du travail de la force de la Bonté, qui Lui appartenaient.

19.
EXPLICATIONS AVANT LE RETOUR

Réuni le petit groupe missionnaire, désormais augmenté des trois nouveaux éléments impliqués dans les intrigues et les crimes déjà mentionnés, deux soldats qui gardaient l'entrée de la grotte servant de prison à Pilate et Fulvia, ainsi que deux des six assistants les plus directs de Sulpice, il était nécessaire de retourner avec la précieuse récolte jusqu'au grenier des bénédictions.

À l'intérieur de la petite cabane misérable servant d'auberge improvisée et temporaire dans ces lieux, Zacharie dirigeait le groupe harmonieux sans avoir besoin d'exercer de gestes d'autorité, car tous se soumettent à lui naturellement et sincèrement.

Sa nature compatissante et conciliatrice était faite pour guider ceux qui étaient sous sa responsabilité, en extrayant le meilleur d'eux, en valorisant la compagnie, les vertus et les qualités de chacun, tout en maintenant l'équilibre entre leurs différences.

Ainsi, personne n'osait prendre de mesure sans que Zacharie n'ait l'initiative, en plus du fait que l'ex-chaussurier était chargé du Christ pour la mission de sauvetage, de protection et de soutien des membres de cette famille spirituelle affaiblie par les erreurs de leur dernière incarnation.

Ainsi, dans le silence de l'atmosphère douce, Zacharie expliqua :

– Maintenant, chers enfants, nous devons quitter ces lieux car notre mission ici est terminée. Il est vrai qu'il y a encore beaucoup de tragédies dans ces plans inférieurs, mais la sagesse du Père en tiendra compte et, face aux lois spirituelles de la vie, chaque fruit mûrit en son temps. Souvent, bien que nous les aimions, nous nous préoccupons pour eux, que nous souhaitions leur élévation, il existe un grand nombre d'esprits qui ne le désirent pas autant que nous. Qui ne s'aiment pas comme ils devaient, qui ne se respectent pas et ne souhaitent pas être dans des environnements plus éclairés, se comportant comme la taupe qui, habituée à l'obscurité et à l'humidité des trous où elle se glisse, pense que c'est là le meilleur endroit du monde pour sa journée. Alors, en temps voulu, chaque esprit recevra selon sa propre maturité.

En écoutant les explications, Lucilio demanda intéressé :

– Et la procession émouvante des âmes angéliques qui ont visité ces cavernes, il y a peu, lors du sauvetage de Sulpice ? N'étaient-elles pas au service du sauvetage de ceux qui se montraient améliorés intérieurement ? Il ne me semblait pas que ce fût une mission particulière à la recherche d'un individu en particulier, comme cela a été le cas pour nous, qui sommes venus ici pour conquérir ces cœurs pour Jésus.

– Oui, cher Lucilio, c'est vrai. Notre tâche est une tâche spécifique de secours direct à certains esprits. Cependant, il y a des missions de sauvetage qui, partant du plan supérieur, se projettent vers les abîmes, prenant en compte non pas un cas spécifique, mais étendant le réseau lumineux afin d'aider tous ceux qui s'y accrochent.

Sinon, il serait très difficile de libérer des créatures qui se trouvent dans ces lieux dans des conditions de douleur et de souffrance depuis des siècles, mentalement dominées par d'autres entités encore plus aveuglées.

C'est pour cette raison que la bonté de Dieu et l'affection de notre Maître permettent qu'à intervalles réguliers, la caravane lumineuse d'entités dédiées au sauvetage dans les régions les plus sombres des ténèbres étende son invitation aux abîmes, afin que ceux qui montrent en eux les conditions indispensables pour être recueillis puissent être aidés et amenés vers des plans meilleurs.

Dans notre cas, étant directement liés à des plans supérieurs dans le sauvetage de nos petits frères et parce que Sulpice dirigeait un grand nombre d'individus qui maintenaient ces régions sous le contrôle de la peur et de l'intimidation, lorsqu'il réussit à sauver le cerveau des opérations inférieures, ses subordonnés ne sauront pas comment agir, ils resteront stupéfaits, comme quelqu'un qui sort d'un sommeil profond et ne sait pas ce qui se passe, où il se trouve, pourquoi il est là.

Brisées les lignes de domination mentale, une sorte de sort négatif produit par le mal, le château de cartes s'effondre et ceux qui étaient enchantés jusqu'alors se retrouvent sans direction, tombant sur eux-mêmes, mais sans savoir comment continuer leur propre vie.

La mission du bien n'est jamais laissée à l'abandon et ne descend jamais dans les abîmes pour sauver seulement celui à qui elle est directement adressée. Si c'était le cas, ce ne serait pas la mission de l'Amour, mais celle de l'exclusivisme égoïste. Il ne nous revient pas de juger du mérite ou non de sauver tel ou tel.

Pour nous, ce qui importe est de lancer le filet de l'Amour afin que ceux qui se laissent toucher par lui puissent choisir d'autres chemins pour leurs pas.

La question du mérite ou non, de la possibilité ou non d'être sauvé des abîmes appartient à Dieu, la sagesse par excellence, et si le plus misérable des misérables accepte notre invitation, après des millénaires passés à porter les blessures de la haine, cela devient une conquête qui appartient au cœur aimant du Père, qui saura quoi faire de cette âme qu'il a sauvée.

Le problème est de Dieu et non du nôtre. Notre tâche est de Lui porter la précieuse charge que Son Amour, par nos mains, a sauvée de ces lieux.

Nous ne sommes pas juges des vertus d'autrui ni censeurs de leurs défauts et erreurs.

Nous ne sommes que leurs frères, qui nous soucions d'eux, et désirons les aider à s'éveiller à leur propre vérité. Ainsi, Lucilio, lorsque Siméon se posta là-bas, devant celui qui fut le violent bourreau, se souvenant des moments où il perdit sa vie physique au pied de la grande croix dans l'ancienne Samarie, le symbole grossier d'autrefois se transforma en un lumineux signe d'espoir, une manière par laquelle, en effet, Jésus répondait à nos efforts pour éclairer les créatures dans ces lieux, ce que nous ne pourrions faire abondamment sans Son aide à cause des immenses limitations de nos esprits. Si nous élevions la voix pour prêcher le Royaume de Dieu, nous recevions une pluie d'insultes, des pierres, des fléchettes venimeuses lancées par les propres malheureux. Cependant, les méthodes de l'Amour pour les causes collectives sont bien plus belles qu'un discours rempli de mots lumineux. Jésus ne se soucie pas seulement de parler. D'abord, Il éclaire pour orienter les pas. Une fois le faisceau établi, attirant par l'espoir qu'il communique aux autres endurcis, qui eux-mêmes peuvent le constater par leurs sensations personnelles et qui, d'eux-mêmes, se laissent attirer, c'est alors le moment de la parole comme semence dans la terre préparée par la charrue lumineuse de la Bonté.

Les forces que nous avons allumées autour de cette hutte avaient déjà servi à initier le processus de sauvetage collectif, attirant des âmes malheureuses qui savent que la Lumière signifie Espoir et Secours.

LA FORCE DE LA BONTÉ

Comme des papillons attirés par la flamme, des milliers d'esprits affligés se traîneraient, suppliant le pardon et la considération de l'Haute Sphère pour leurs douleurs.

Et s'il est vrai qu'une grande partie d'entre eux était composée d'entités menteuses et profiteuses, malicieuses et rusées, une autre partie était constituée d'esprits fatigués, désillusionnés, désorientés, sans force pour lutter, victimes des inductions vibratoires qui les dominaient.

Ainsi, pour tous ceux dont le sentiment avait été transformé, les lumières étaient des signaux importants qu'ils devaient essayer de suivre, la seule espérance de laisser les tragédies derrière eux.

C'est dans ce sens que la lumière de la croix, allumée pour soutenir l'exemple de Siméon, répandait ses étincelles diamantées partout et atteignait tous les esprits qui s'étaient laissés attirer vers ces lieux, il étant vrai que, parmi ceux dont le désir d'ascension et d'élévation était sincère, la luminosité s'abritait dans leur for intérieur et les esprits missionnaires appelés "les visiteurs des ténèbres" pouvaient facilement les identifier, étant donné le caractère sincère de leurs désirs.

Attentif à ces explications, Sávio interrompit délicatement et ajouta :

– Et ceux qui ne font pas partie du groupe des sincères, papa ?

– Ceux-là, mon fils, ne se laissent pas éclairer par la vérité au centre du cœur et, c'est pourquoi, bien qu'ils disent avec leurs mots qu'ils souhaitent être aidés, ils ne montrent pas par leurs sentiments qu'ils sont prêts à recevoir l'aide demandée. Ce sont des accapareurs du Pain du corps, mais ils ne peuvent pas accaparer le Pain de la Vie, destiné uniquement à ceux qui sont véritablement prêts pour le banquet des bénédictions. De cette façon, il n'est pas difficile pour les visiteurs célestes d'identifier ceux qui peuvent être retirés d'ici et emmenés vers des plans moins grossiers où ils trouveront du soutien pour leurs nouvelles étapes terrestres. Et c'est ce qui s'est passé, le Divin Ami ayant utilisé notre humble tâche de secours pour étendre l'invitation de l'Amour à tous ceux qui se trouvaient ici, démontrant que Dieu est pour tous et qu'Il offre Son amour à tous, sans distinction.

Chacun dépendra de lui-même pour se sauver.

Il n'y a plus un Seigneur partial et partisan, cherchant ses élus et laissant les autres dans l'amertume de leurs malheurs. Ce ne pourrait être l'attitude du Créateur de l'Univers, en tant que Père Aimant et Miséricordieux.

Naturellement, ceux qui sont recueillis ici, en raison de leur état particulier de retard moral et de leur engagement dans l'erreur, ne pourront pas partager les ambiances plus élevées réservées à la vertu et au bien.

Cependant, ils recevront la bénédiction d'un lit propre, de nourriture pour leurs besoins vibratoires, d'une hygiène pour leurs états de déséquilibre de la forme, seule manière de se sentir améliorés.

Intrigués par de telles explications, Sávio et Lucilio, les deux plus novices dans le domaine des beautés sublimes, montrèrent des signes de surprise, amenant Siméon à commenter :

– Oui, mes enfants, nous sommes ce que nous pensons. Si notre esprit était lié aux pensées routinières associées à un corps physique obéissant à des cycles naturels, notre qualité fluide dans ces plans d'énergie subtile se manifesterait par cette même routine cyclique. C'est pourquoi la force de la pensée cristallisée dans les habitudes et les besoins terrestres, dans les entités qui y sont très liées par le fait de ne pas s'être spiritualisées dans la compréhension de la vie, observe la croissance des cheveux, des barbes, des ongles, en plus d'autres phénomènes biologiques, désormais transformés en réflexes psychiques favorisant la faim, les besoins physiologiques communs, les désirs et les impulsions de la sexualité brutalisée, dans une reproduction de ce à quoi les hommes étaient attachés lorsqu'ils étaient dans le corps physique, n'est-ce pas, Zacarías ?

Observant affectueusement l'intervention de Siméon, celui qui avait été reconduit dans le monde invisible depuis le plus longtemps, presque en même temps que Sulpice, Zacharie sourit et compléta, confirmant ses affirmations :

– Oui, cher Siméon. Tes orientations sont des leçons précieuses pour notre ignorance. Les pensées accompagnent le cycle biologique du corps, même si aucun corps physique ne survit. D'où l'importance de la discipline des pensées, tant ici que dans le monde terrestre, lorsque nous revêtons de nouveaux corps physiques à force d'évolution, nous préparant à de nouvelles expériences.

La seule façon d'aider convenablement ces frères, c'est de préparer l'environnement qui répond aux idées erronées qu'ils nourrissent depuis de nombreuses années. Il ne servirait à rien de faire des discours explicatifs disant qu'il n'est plus nécessaire de manger de la même manière qu'ils étaient habitués lorsqu'ils étaient sur Terre. Ici, dans l'état aliéné dans lequel se trouvent ces entités, un plat de soupe fumante est plus précieux qu'un discours de Socrate.

Il est plus rapide de transformer un aliéné comme celui-ci en un être plus conscient en lui offrant un lit propre et parfumé avec un peu de nourriture, que de lui donner des instructions ou de l'obliger à des raisonnements philosophiques.

D'abord l'équilibre, ensuite l'instruction. D'abord le soutien, ensuite la leçon.

Sans cela, il ne serait pas juste de les retirer de leurs trous. Si la Bonté ne se dispose pas à comprendre le mal, il vaut mieux le laisser là où il est, car il ne sera pas amélioré à la force d'ordres et de punitions.

C'est pourquoi l'Amour s'occupe de reproduire l'environnement dont ont besoin ces entités afin que, conquérant un équilibre raisonnable, elles puissent être conduites vers d'autres domaines du long parcours de leur propre réhabilitation. Ainsi, après avoir été recueillies, elles seront traitées, soignées, recevront des bandages pour leurs blessures, des aliments qui leur donneront l'impression qu'elles ingèrent des choses solides, une hygiène qui aura pour effet l'adhésion de la pensée à l'état de propreté, favorisant l'intégration de cet état dans leur manière d'être. Elles recevront un soin capillaire qui éliminera l'excès de cheveux, des moyens auxquels elles sont habituées, comme les vieilles ciseaux, on leur coupera les ongles, on leur changera leurs vêtements usés pour d'autres, simples et propres.

Tout cela permettra à ces âmes de modifier leur manière de penser et de s'affronter, ouvrant un espace mental pour l'étape suivante qui, naturellement, sera plus difficile, car elle marquera le début de l'apprentissage des erreurs commises, des tâches qui nous attendent pour le jour suivant notre réveil.

Sur tous, Jésus veille avec son amour et connaît le cas de chacun de ceux qui sont accueillis dans les diverses écoles de l'âme existant dans les plans intermédiaires, prêts à soutenir ceux qui ont besoin d'aide et de guidance.

Dans l'Univers, tout est lié par les lois de la solidarité. Il n'existe plus les éternelles figures de la victime innocente et du tyran agresseur, comme pour symboliser des anges et des démons en conflit. Il n'existe que des âmes faibles qui se remettent encore plus dans l'ignorance et des âmes affaiblies qui sont en traitement grâce à l'ingestion du seul remède efficace pour guérir nos maladies : l'Amour Véritable.

C'est pourquoi ces dernières, en traitement, se préparent à soutenir les premières, indifférentes et violentes, sans exiger qu'elles se transforment immédiatement. Le remède de l'Amour est patient et tolérant, fraternel et compréhensif, et ne se sert pas des mêmes armes que l'ignorance pour les soutenir.

Pendant que le groupe recevait ces instructions de Zacharie et Siméon, les autres rescapés se trouvaient dans un état de légère torpeur, sous l'influence des forces positives de cet environnement. Pilate était le moins inconscient, en raison de la longue période de souffrances qu'il avait supportées et des messages de Bonté qu'il avait intégrés grâce au travail de Zacharie et Lucilio lors de sa dernière existence matérielle.

Fulvia, Sulpice et les autres, quant à eux, étaient profondément endormis, seule manière que la nature spirituelle avait trouvée pour protéger les tissus les plus précieux de l'esprit de l'attaque de la culpabilité, du remords corrosif, de la peur et de la honte caustiques. Maintenir la pensée isolée par le biais de la sonothérapie dirigée était la manière la moins douloureuse de leur permettre d'être transportés vers des plans moins denses, afin de se sentir, ensuite, réveillés d'un long et douloureux cauchemar, dans un environnement plus fraternel et protégé.

Reprendre la vie mentale au point où la chaîne de nos égarements et de nos crimes a été interrompue est un moment très délicat, car lorsque nous nous souvenons de nos actes, nous nous souvenons également de nos victimes et, de là, nous nous souvenons de notre ignorance et de nos erreurs.

En général, c'est un choc très violent pour tous, et c'est pourquoi le monde spirituel se prépare à le rendre le moins cruel possible.

C'est ce que ce groupe de dévoués combattants du bien ferait à partir de ce moment-là, lorsqu'ils quitteraient l'environnement abyssal où ils s'étaient projetés pour commencer le long chemin du retour vers les plans plus lumineux, bien qu'ils fussent encore très loin des régions célestes où Jésus les attendait.

Ainsi, cher lecteur, ne perdez jamais votre temps à faire le mal, à penser au mal, à ressentir le mal.

Quelques jours avec du ressentiment dans le cœur peuvent signifier des années dans les régions denses de la douleur et du désenchantement. Ne perdez pas l'occasion d'être sur Terre et de demander pardon ou d'accepter d'oublier le mal qui vous a été fait. L'erreur est toujours une marque profonde dans le cœur de celui qui la commet, signalant le manque de compréhension et le besoin de l'âme.

Vous n'avez pas besoin d'être mauvais pour que celui qui a fait le mal soit puni. La loi de l'Univers nous protège de cette dégénérescence morale afin de punir ceux qui échouent, en utilisant la propre méchanceté qu'ils montrent en eux-mêmes, par ignorance de ces lois. Votre vie doit être un hymne à la bonté, car ce n'est que ainsi que vous serez capable de vous envelopper du chant doux et inspirant du Bien qui vous protégera toujours.

Le monde spirituel est bien plus beau et complexe que ce que nous pouvons vous en révéler dans ces pauvres lignes.

Rien de ce que vous dites ne restera inconnu dans le plan de la Vérité et, plus que les faits eux-mêmes, ceux-ci viendront comme les marques indélébiles des intentions les plus profondes qui étaient en vous lorsque vous avez agi comme vous l'avez fait.

Et c'est par l'intention, plus que par l'acte, que les lois récompensent ou punissent, protègent ou laissent l'individu livré à ses propres égarements.

C'est dans le sentiment que se trouve la porte de la Vérité et la compréhension de Dieu. C'est dans le cœur que se trouve notre jugement de condamnation ou d'absolution. Souvenez-vous-en.

20.
LE RETOUR

Une fois préparés pour conduire les sauvés des abîmes ténébreux dans lesquels ils se trouvaient, certains depuis des décennies, comme c'était le cas de Pilate, Sávio et Sulpice, tandis que d'autres y étaient depuis plusieurs années, écrasés par eux-mêmes, les membres du groupe de caravanes de Jésus commencèrent le long et minutieux voyage de retour vers les lieux illuminés où ils remettraient leurs frères affligés.

Le groupe qui était arrivé dans les abîmes était composé de six travailleurs, bien que Sávio fût presque du même type que ceux qu'ils souhaitaient aider. En réalité, parmi les six, seulement quatre étaient en harmonie avec les forces supérieures, liées à elles par des liens lumineux, bien que leur évolution spirituelle ne fût pas suffisante pour les élever au statut d'esprits libérés des luttes terrestres. Zacarías, Siméon, Livia et Jean de Cléophas étaient ceux qui représentaient le message du Christ en service dans ces lieux, dédiés depuis longtemps à la tâche de l'Amour, ayant tous vécu personnellement avec Jésus et ayant donné leur propre vie pour semer une nouvelle vie dans le cœur de leurs semblables.

Zacarías avait été empoisonné, par Amour pour Jésus, pour protéger Pilate.

Siméon aurait été tué par Sulpice, par fidélité au Christ, illustrant le courage et la dévotion dans l'ancienne Samarie.

Livia avait offert son corps aux bêtes sauvages au nom de l'idéalisme amoureux, renonçant aux choses du monde, vêtue comme une servante par son amour pour le Messie.

Jean de Cléophas avait rempli la difficile mission d'apporter à Rome l'avertissement du monde spirituel sur les temps difficiles à venir et, en témoignage de ses propres paroles, servit d'exemple vivant, également livré aux lions dans le cirque romain, chantant des hymnes pour que tous voient combien l'Amour du Divin Maître est puissant pour soutenir ceux qui n'ont pas peur du monde.

Ainsi, la vie des quatre fut une vie de dévouement à la souffrance résignée, de semence bénie et de sacrifice héroïque à la fin. Quant à Lucilio, âme simple et généreuse, c'était un individu qui admirait les messages de Jésus, bien qu'il ne fût pas encore suffisamment mûr pour les comprendre pleinement. Il avait également été exécuté dans le cirque après avoir appris les leçons d'amour avec l'ex-podologue Zacarías. Cependant, dans son âme, la capacité de pénétration, de discernement, n'avait pas encore été sculptée par une vie de dévouement et de service. Il était mieux qu'il ne l'était, mais il ne s'était pas encore revêtu de ce caractère que l'on acquiert seulement en affrontant les batailles de l'existence, dans lesquelles on exerce le renoncement, la résignation, l'humilité, la compréhension, le pardon inconditionnel des offenses.

Enfin, Sávio était le plus malade de tous les six et, honteux de ses erreurs, il demeurait aux seuils les plus denses, comme une forme d'aide dans l'accomplissement de la tâche que Zacarías lui avait confiée, en tant que son tuteur spirituel et son "papacito", comme l'appelait l'ex-podologue par l'esprit de celui qui l'avait empoisonné.

Ainsi, Sávio était en traitement et, conscient de l'erreur qu'il avait commise, accepta de rester dans ces lieux pour travailler humblement au Bien, ne disposant pas des conditions nécessaires pour s'élever vers des niveaux plus lumineux.

Zacarías lui rendait régulièrement visite, lui apportant du courage et des paroles d'encouragement, sachant que, tôt ou tard, tous seraient recueillis et que le travail de Sávio serait très important pour le secours des victimes de l'ignorance qui demeuraient là.

Maintenant que le processus de souffrance avait été remplacé par celui de secours, tous devaient se rendre dans de nouveaux environnements, sachant que, en plus de Pilate, Sulpice et Fulvia, le groupe prendrait personnellement en charge l'aide directe à neuf autres soldats, trois qui faisaient garde dans la grotte ténébreuse et six autres qui suivaient Sulpice, qui, au contact de la parole et de la force de Jésus qui leur avait été présentée par les caravanes du Bien, se convertirent et acceptèrent de changer le cours de leurs vies. Ainsi, le groupe spirituel d'entités missionnaires serait responsable du transport vers des plans moins denses d'un contingent de douze entités souffrantes, augmenté de Sávio qui, pour la première fois, quitterait les abîmes pour suivre la voie lumineuse vers laquelle il serait intégré pour commencer une nouvelle étape évolutive.

Réunis dans la petite maison, après les éclaircissements de Zacarías, tous attendaient ses orientations concernant le destin qui les attendait.

LA FORCE DE LA BONTÉ

Ainsi, le vieil homme généreux et humble, avec un sourire toujours gravé dans son regard et sur ses lèvres, un sourire qui rendait tout plus facile aux yeux des autres, se tourna vers ses amis et dit :

— Maintenant, chers enfants, notre tâche est accomplie dans une deuxième étape, grâce à l'autorisation du Père et au soutien reçu de Jésus. Nous allons commencer notre voyage de retour vers l'environnement lumineux qui accueillera nos frères pour les traitements nécessaires.

Et, se tournant vers Sávio, il l'informa, à sa grande surprise :

— Cher fils, nous te sommes très reconnaissants pour tout ce que tu as accompli dans cet environnement, pendant toutes ces années de difficultés.

Se sentant ainsi cité, Sávio se sentit gêné et baissa la tête, n'ayant même pas le courage de dire quoi que ce soit qui marquerait sa modestie face à un tel éloge. Percevant sa réaction intime, Zacarías poursuivit :

— Pendant toutes ces années, ton esprit souffrant et repenti s'est préparé pour ce moment. Ton dévouement, ta patience et tes sentiments améliorés ont été les bases de cet abri modeste mais important dans l'obscurité. C'est pourquoi, le travail que tu as accompli pendant ce temps m'autorise à t'inviter à monter avec nous pour te préparer pour l'avenir. Que dis-tu de cela ?

Ne s'attendant pas à cela, Sávio imaginait qu'il resterait là, rendant des services modestes, aidant les désespérés qui souhaitaient recevoir de l'aide d'une manière ou d'une autre, sans faire aucune exigence et sans attendre quoi que ce soit de différent.

Il s'était déjà habitué à la misère et au découragement de tant d'âmes et ressentait une joie incomparable lorsque ses mains accueillaient des entités brisées qui étaient guidées vers des traitements magnétiques dans de meilleurs endroits, grâce au soutien de Zacarías qui, comme déjà mentionné, venait toujours à la modeste auberge de Sávio.

Surpris par l'invitation de Zacarías, l'ex-soldat répondit, ému :

— Papacito, je ne sais pas quoi dire. Cette petite maison a été le paradis pour mon esprit malade, qui a trouvé dans le travail auprès des misérables comme moi la compensation qui me donne la force de m'excuser pour mes crimes. Je ne sais pas si il m'est permis de laisser mes frères de souffrance pour suivre le chemin de la lumière que vous me proposez, laissant derrière moi ces malheureux.

Voyant sa difficulté à décider, Zacarías ajouta :

LA FORCE DE LA BONTÉ

– À ce sujet, mon fils, le Seigneur de la Vie ne laisse pas ses enfants, et quand ils sont le plus plongés dans la boue, ce sont les forces amoureuses qui viennent les libérer de cet état de douleur et de souffrance. Quant à toi, Sávio, la porte du travail dans d'autres régions est ouverte, à travers laquelle tu continueras à te racheter et te préparer pour la reprise d'une nouvelle journée dans la chair, afin d'être celui qui règle les comptes, dans les pas hésitants d'un nouveau corps.

– Mais, vous, papacito, m'aiderez-vous de la même manière que vous m'aidiez ici ? – demanda le pauvre esprit, indécis, ne souhaitant pas perdre la flamme aimante qui le nourrissait.

– Regarde, Sávio, personne ici ne parle d'éloignement, de départs ou de séparations. Nous serons toujours liés les uns aux autres par les liens de l'amour véritable et, depuis le jour où nous nous sommes rencontrés sur le grand navire qui nous a emmenés à Massilia, je me suis uni à toi par les liens sincères de l'Amour que rien ne pourra jamais briser et que chaque pas de ton évolution renforcera encore.

– Et moi, je vous ai empoisonné – dit le soldat, honteux, les yeux pleins de larmes.

Adoptant une attitude douce mais ferme, Zacarías répliqua, se levant et prenant celui qu'il avait adopté comme son fils dans ses bras :

– Arrêtons avec ce lynchage moral qui ne nous mène nulle part. Il n'y a personne ici qui n'ait pas fait d'erreurs, Sávio. Nous n'avons pas le temps de ressusciter nos martyrologes, et Jésus n'est pas disponible pour écouter nos lamentations sur nos chutes. Il y a beaucoup de travail à faire et, si nous avons eu le courage de faire ce que nous avons fait dans l'erreur du passé, nous devons diriger ce courage que nous avons déjà démontré vers ce qui est nécessaire dans le Bien, qui manque d'âmes pour le pratiquer.

Je ne veux plus entendre parler de mon empoisonnement. Je t'aime, mon fils, et je sais que tu m'aimes aussi. C'est cela dont nous devons nous souvenir tous les deux. Je serai toujours avec toi, peu importe le temps qui passe, et nous serons amis et frères dédiés à l'Amour de Jésus, qui, pour nous, est celui qui nous comprend le mieux et nous connaît le mieux.

Voyant que le jeune homme essuyait ses larmes avec le dos de ses mains, comme pour changer d'état d'esprit, Zacarías lui dit :

LA FORCE DE LA BONTÉ

– Allez, donne-moi un câlin. Avec ce câlin, nous scellons à jamais le couvercle de nos erreurs, afin de ne plus jamais l'ouvrir, d'accord ?

Tirant le jeune homme, qui était assis, il le fit se lever et l'embrassa avec une telle tendresse que, à ce moment-là, la lumière du cœur de Zacarías pénétra profondément dans l'esprit de Sávio, rude et bourru, après tant de temps passé dans ces lieux.

À l'intérieur de l'ex-soldat, un nouveau monde d'émotions surgit, inexplicable.

Douceur, affection, gratitude, joie, légèreté, tout cela fut éveillé par l'étreinte de Zacarías, qui, à ce moment-là, effectuait un traitement vibratoire sur son disciple afin qu'il supporte sans trop de souffrance l'effort du retour.

Enlacé par celui qu'il appelait "papacito", Sávio se sentit un nouvel être, réveillant en lui ses vertus les plus profondes, celles que tous les êtres humains possèdent.

C'était cela que Zacarías tentait toujours de faire avec toutes les créatures qu'il rencontrait sur son chemin.

Il avait ce pouvoir spécial, avec sa manière douce et humble, de dénouer la bouteille d'émotions, d'ouvrir le coffre des sentiments, faisant en sorte que les gens perçoivent les vertus divines qui habitaient en eux.

L'étreinte de Zacarías était irrésistible. Elle possédait une telle vibration et un tel pouvoir que la recevoir, c'était se sentir une autre personne ensuite.

Sávio, alors, se remit et, prenant les mains de Zacarías, les embrassa avec tendresse, en disant :

– Papacito, je n'ai jamais ressenti ce que je ressens maintenant. On dirait qu'un morceau du ciel est venu vivre dans mon enfer personnel. Je ferai tout ce qu'il faut et ce que vous m'indiquerez. Si c'est pour vous suivre, je le ferai sans peur, bien que je pense au fond de moi que je ne mérite rien de mieux.

– Alors nous sommes compris, mon fils. Nous monterons ensemble et, dans cette cabane, ne resteront que les bons souvenirs de cette journée libératrice, grâce à laquelle nous pouvons tous nous retrouver et ressentir la joie du sentiment du Christ pour nous. Apporte-nous les petits frères qui viendront avec nous.

LA FORCE DE LA BONTÉ

En disant cela, Zacarías souhaitait que tout le monde soit réuni dans cet endroit pour la prière qu'ils allaient faire, afin de pouvoir commencer le retour nécessaire.

Il serait important que tous soient ensemble pour sentir l'enveloppement des forces sublimes qui les soutiendraient dans l'atmosphère vibratoire adverse qui les attendait, afin d'éviter les attaques des entités vengeresses, qui tenteraient de capturer leurs anciens chefs ou commandants.

Il ne fallut pas longtemps avant que, dans la petite pièce, se réunissent, en plus des quatre missionnaires du Christ, les deux soldats qui les aidaient – Lucilio et Sávio – et les autres douze rescapés, encore à moitié endormis.

Dehors, la nuit pesante de l'obscurité rendait sinistres tous les endroits, sans aucun point lumineux, après que la lumière de Siméon se soit éteinte à la fin de la tâche de secours. Seules les lignes de défense vibratoires qui entouraient la petite maison étaient allumées et activées.

À l'intérieur, les quatre esprits aimants se postèrent chacun dans un coin de la pièce et les autres se permirent de rester au centre de cet endroit, afin que la prière les enveloppe intégralement.

Unis par l'idéal de retourner dans le sein du Maître, Zacarías demanda au cœur maternel de Livia de faire la prière. Émue par cet appel, l'âme de cette femme, qui avait su supporter toutes les injustices de la Terre avec humilité et foi en Dieu et en Jésus, se retrouva transportée dans sa condition d'épouse et de mère, ressentant pour ces malheureux le même amour qu'elle nourrissait pour ses enfants terrestres.

Élevant ses pensées et ouvrant ses bras comme pour les étreindre, elle fut imitée par les trois autres qui se plaçaient dans les autres coins de la pièce. Livia prononça une prière pleine de sentiment, comme si les mots ne sortaient pas de sa bouche, mais du centre même de son cœur :

– Maître bien-aimé, nous voici comme des feuilles mortes livrées au vent de nos propres passions et erreurs criantes. Nous ne sommes rien et n'avons rien que ce que nous avons emprunté à ton trésor majestueux. Et après nous être projetés dans l'abîme de nos méchancetés, voici que, dans le sein boueux de la désillusion, nous avons trouvé ces pierres précieuses que nous désirons t'offrir comme signe de notre gratitude. Voici les enfants, qui sont les perles précieuses de ton enseignement, pour l'acquisition desquelles nous serions prêts à engager toutes nos richesses, vendre tous nos biens et sacrifier tous nos maigres biens. Elles te appartiennent, Bien-aimé Jésus. Nous souhaitons te remettre ce qui t'appartient de droit et, ainsi, nous demandons ta protection pour notre retour dans ton sein qui nous attend, comme le Père qui attend l'arrivée des enfants voyageurs qui se sont éloignés de la tâche.

Illumine notre chemin, car nos forces sont petites face à l'entreprise qui nous attend. Nous avons confiance en ta sollicitude amoureuse, car nous n'avons que cela pour nous guider dans notre obscurité et notre fragilité.

Tandis qu'elle parlait avec un cœur de mère, généreux et pur, il se passait avec Livia ce qui se produisait avec tous les autres serviteurs du Bien lorsqu'ils étaient en prière. Ses propres facultés se révélaient et son esprit, quittant la forme apparemment matérielle qu'il prenait, permettait à son essence de se manifester aux yeux de tous.

Sa lumière commença à se refléter sur toutes les créatures qui l'entouraient.

Sa poitrine brillante semblait recouverte de diamants qui brillaient d'eux-mêmes, tandis que ses vêtements de humble servante étaient remplacés par une tunique légère, semblant tissée avec des rayons de lune, recueillis de la pleine lune qui naissait quelque part sur Terre.

Ses cheveux dorés se mirent à flotter comme si une brise les mouvait doucement. Ses yeux étincelaient du bleu qui les colorait et émettaient des étincelles éblouissantes directement sur les cœurs des frères qui, enveloppés par une telle beauté, n'avaient pas de mots pour exprimer leur enchantement.

Les phénomènes lumineux se faisaient aussi sentir chez les autres trois membres de cette protection, bien que moins intenses que chez Livia, étant tous soumis à son influence, accompagnant sa prière émue.

L'envoûtement face à une telle énergie devint encore plus grand lorsque, sans comprendre comment, le toit de la petite cabane, construite avec de la paille misérable trouvée dans cet endroit, fut enlevé, tandis que les murs de la modeste maison tombaient à terre. Depuis les hauteurs, d'un lieu non identifiable, un chemin de lumière, semblable à un arc-en-ciel, se projetait sur cet endroit, brisant toutes les barrières et illuminant les membres du groupe.

LA FORCE DE LA BONTÉ

La force de la prière de Livia avait connecté les sources supérieures qui répondaient maintenant au cœur sincère, envoyant la protection nécessaire pour leur transport vers des lieux sûrs.

Le chemin lumineux semblait fait de brume flottante qui ne supporterait que des esprits ayant appris à se rendre légers dans leurs sentiments de sincérité et de dévouement.

Ainsi, dans la petite cabane, les forces des quatre esprits missionnaires, bras ouverts, créant un champ magnétique, entouraient les autres membres comme une bulle d'énergies, qui, reflétant la légèreté de l'âme des quatre missionnaires, commença à fluctuer dans l'air, comme si elle était une nacelle de montgolfière quittant la surface de la Terre pour s'élever dans les airs.

À la grande surprise de tous, protégés par les quatre piliers lumineux, une force plus puissante les transportait sur ce chemin de brumes bénies, les faisant laisser derrière eux cet endroit de tragédies morales causées par les erreurs humaines. Lentement, le groupe fut attiré vers le lit subtil de ce chemin céleste qui, à mesure qu'ils passaient, se dissolvait derrière eux, retombant sur les créatures de l'abîme comme une cascade de petites étoiles, remède d'espoir, nourriture pour le cœur malheureux de tous ceux qui y étaient, signe de l'Amour de Dieu pour eux, dans le désir de les inviter à se transformer et à quitter ces lieux de tristesse et de douleur.

Ainsi se donna le sauvetage de ceux-ci, emportés par ce sentier vers des plans plus élevés où ils se prépareraient pour le futur qui les attendait, dans la nécessité que nous avons tous de reprendre nos trajectoires et d'apprendre à faire le Bien, bien que cela demande de nombreux siècles et que nous, obstinés et paresseux, nous nous livrions aux tendances inférieures contre lesquelles nous devrions lutter de toutes nos forces.

Dans l'atmosphère matérielle du monde, Rome, sous les Césars, était en ébullition avec les absurdités de Néron, stimulé par les entités folles qui le dirigeaient, plongé dans la démesure de son talent théâtral et inhumain, épuisant ses forces dans des festins et des libertinages, produisant plus de spectacles sanglants en utilisant des innocents comme torches vivantes ou comme nourriture pour les bêtes sauvages.

Le monde approchait de l'an 60 de notre ère, lorsque nos personnages furent sauvés des ténèbres denses où ils s'étaient projetés à cause de leurs propres fautes.

21.
LA VIEILLE RÔME REVIENT

Le théâtre humain était mis en place pour les drames naturels et nécessaires à l'évolution des peuples, tout comme des hommes, individuellement.

L'action nuisible des entités dans le besoin poursuivait son cours, cherchant à garantir par tous les moyens la suppression de tout rayon lumineux qui pourrait apporter de l'espoir aux cœurs.

Et dans la figure de Néron, on pouvait trouver toutes sortes de possibilités, car son esprit immature pour les grandes tâches administratives, vaniteux et rempli de rêves mégalomanes, laissait le champ libre aux entités ténébreuses qui s'associaient à lui pour gouverner l'empire. Comme mentionné précédemment, dans le plan spirituel, une cour impériale se levait également, présentant les mêmes figures, partageant les mêmes gestes, les mêmes hommages et les mêmes rituels que ceux que les vivants en chair représentaient.

Étroitement attaché à la personnalité de Néron, l'esprit qui le dominait par affinité de défauts et de tendances se faisait également appeler empereur. Il avait ses partisans, ses aides de camp, les créatures qui composaient un corps de subordonnés chargés de maintenir les esprits faibles sous contrôle par la peur.

C'est là que les gladiateurs cruels, une fois qu'ils avaient perdu la vie dans l'arène, dans les batailles violentes pour le plaisir du peuple dépravé, arrivaient dans l'atmosphère spirituelle densifiée par des émotions de bas niveau et étaient immédiatement enveloppés par les envoyés de l'esprit de l'« empereur », désireux de garder le nouveau venu sous son contrôle.

Ceux-ci étaient des esprits cruels, au visage terrifiant, et ainsi représentaient un facteur important pour soutenir les plans spirituels négatifs, en tant qu'éléments effrayants. Les luttes invisibles pour le contrôle de plus en plus d'entités et pour l'influence du plus grand nombre d'incarnés devenaient encore plus acharnées.

Cela parce que, depuis longtemps, la vieille Rome n'avait pas été sous une menace aussi sérieuse.

LA FORCE DE LA BONTÉ

Si le mouvement stoïcien avait exercé son influence, particulièrement parmi les amateurs de pensée et de philosophie, favorisant un contingent de créatures dédiées à la souffrance résignée, à l'éloignement des choses mondaines, il est également vrai qu'il n'eut pas la condition de gagner la popularité nécessaire pour secouer les fondations de la capitale impériale ténébreuse à cette époque.

En outre, son influence diminuait de temps en temps, tandis que la ferveur pour Bacchus augmentait, favorisant la descente dans la décadence de la vie romaine.

En général, les stoïciens vivaient stoïquement et, bien qu'ils eussent des représentants au sein du Sénat impérial, leur influence à cette époque confuse était extrêmement inefficace, face à un système de forces et d'intérêts qui privilégiait toujours le libertinage, l'infidélité, la conquête des richesses et la facilité de rester sur la scène politique par des intrigues et des disputes immorales.

C'est pourquoi, pour les esprits ténébreux de cette immense phalange organisée qui, de manière directe, manipulait les intérêts du gouvernement à travers l'action ostensible exercée sur l'empereur et ses plus proches, il était très simple d'établir un combat qui éliminait tel ou tel adversaire commençant à prévaloir.

Le réseau d'informateurs, l'action nuisible des esprits qui induisaient les aides de l'empereur à créer des mensonges et à forger des preuves pour faire tomber tel ou tel individu accusé de trahison, les déséquilibres organiques produits par des attaques magnétiques, tout cela était utilisé pour que la peur intimide le stoïcisme, avec un succès raisonnable.

Ainsi, le peuple restait hypnotisé par un agitation constante de fêtes, d'émotions fortes, de disputes circassiennes, de distribution de nourriture, maintenant la majeure partie de la population dans l'ignorance et le découragement, ce qui devrait être l'essence même de la vie. Dès lors, il serait insensé d'adopter un type de pensée qui éloignerait l'individu des plaisirs mondains, sans lui conférer un autre plaisir supérieur.

Pendant ce temps, le gouvernement spirituel négatif parallèle était agité depuis quelque temps.

L'entité qui se dénommait elle-même "grand empereur" commença à observer une dangereuse modification dans le panorama des vibrations des personnes, depuis le jour fatidique où un groupe de personnes innocentes fut livré à la cruauté des lions pour le divertissement du peuple. En cet après-midi triste où ce groupe se réunit dans l'arène et chanta des hymnes élevés, le "grand empereur" fut surpris par la perte d'une immense quantité d'entités jusqu'alors commandées par ses troupes violentes.

Même un grand nombre de gladiateurs avaient déserté, ce qui poussa le dirigeant ténébreux à être encore plus vigilant.

Il ne lui fut pas difficile d'identifier la menace.

L'enseignement noble d'une doctrine différente et étrangère arrivait à Rome à travers les plus simples du peuple. Contrairement au stoïcisme, il ne s'agissait pas d'un mouvement de pensée, mais d'une révolution du sentiment qui pourrait être comprise par les citoyens les plus simples et qui leur permettait de ressentir une valeur et un courage qui neutralisaient les efforts les plus cruels des agresseurs, comme le démontra ce groupe de héros dévorés par les bêtes.

Depuis lors, le "grand empereur" mit en place des plans pour empêcher cette menace de se propager, imaginant qu'avec un processus d'intimidation poussé à l'extrême, il parviendrait à briser le bouclier idéologique de ceux qui se joignaient pour vivre la nouvelle doctrine.

Influençant l'esprit malade de Néron, le conduisant aux excès des plaisirs charnels, le fouettant avec des idées selon lesquelles il pourrait perdre la capacité de gouverner et que l'empire était attaqué par un ennemi plus dangereux que tous ceux qui existaient déjà, le "grand empereur" emplissait les rêves de Néron de visions tragiques, préparant son subconscient pour les intuitions néfastes qu'il exerçait sur lui.

L'empereur incarné devint hostile à tout ce qui représentait l'idée de la nouvelle secte, du pardon, de l'amour fraternel et, surtout, il craignait la menace selon laquelle la nouvelle croyance disait que le monde serait condamné, que le chemin menait à la fin et que la fin serait un océan de feu.

Lorsque de telles nouvelles parvenaient aux oreilles physiques de Néron, elles trouvaient déjà son esprit préparé par les visions nocturnes qui lui étaient fournies par le contrôle magnétique produit par l'entité qui le dominait et qui entretenait une relation étroite avec ses désirs et ses faiblesses.

En plus de cela, ses porteurs, ses amis intimes, ses complices du gouvernant, des créatures tout aussi sans scrupules, faisaient le récit en mélangeant la vérité et la malice, dépeignant un tableau encore plus grave approchant de la menace et de la conspiration publique.

L'esprit fragilisé et infantile de Néron, éloigné de tous les bons conseils et influences lumineuses, auxquels il ne prêtait plus attention, se trouvait perturbé de toutes parts. D'un côté, par l'action hallucinatoire produite par l'hypnotisme de l'entité qui le dirigeait. De l'autre, par les visions corrompues qui empirait les choses pour l'inciter à agir contre ceux qui représentaient la menace la plus grave pour les intérêts de Rome.

Ainsi, comme les ténèbres ne connaissent d'autre recours que la violence, l'ignorance, la menace et la torture, Néron se lança dans l'entreprise folle de combattre ceux qui appartenaient à la secte chrétienne ou qui étaient accusés d'y être liés, produisant alors toutes sortes de spectacles sanglants pour le déshonneur de ceux qui se disaient chrétiens ou qui étaient accusés de l'être.

Le règne de Néron fut donc marqué par ce type de stratégie inférieure, à travers laquelle il imaginait neutraliser l'influence moraliste que le message de Jésus produisait, désormais plus restreint à une élite de penseurs ou à un petit groupe de partisans d'une philosophie de renoncement et d'abstinence des choses du monde.

Le message du Christ se répandait parmi les affamés d'amour, parmi les pauvres désespérés, parmi ceux qui ne recevaient aucune considération des gouvernants terrestres et qui imaginaient le jour de la grande opportunité, celui où tous auraient à manger, où tous seraient traités avec justice, où il n'y aurait plus de différences ostentatoires. L'Évangile était l'hymne de l'espoir au milieu des désespérés.

Il était urgent de les intimider avec des méthodes connues des intelligences maléfiques, qui produisent la terreur comme toile de fond du théâtre de la vie.

Ainsi, Néron devint l'instrument docile d'action de ce grand groupe d'entités ténébreuses dont le désir était de maintenir le contrôle des hommes pour empêcher qu'ils s'améliorent, qu'ils changent leur mode de vie, acceptant d'autres chemins.

C'est pourquoi, en suivant les insinuations subtiles qui lui étaient projetées dans son esprit négligent, l'empereur incarné ne faisait que se soumettre aux idées délirantes de l'entité qui le dirigeait, inaugurant la phase des persécutions cruelles contre les adeptes ou les supposés adeptes du message libérateur de la Bonne Nouvelle.

LA FORCE DE LA BONTÉ

Sans percevoir ce qu'il faisait, la période de gouvernement folle conduisit des milliers de victimes innocentes dans l'arène, laissant la foule perplexe devant ce spectacle où des femmes sans défense, des vieillards et des enfants étaient sacrifiés sans aucune compassion.

Les combats de gladiateurs étaient quelque chose qui excitait la foule, car les deux camps étaient composés de combattants préparés pour la lutte, ce qui générait de l'émotion parmi les spectateurs.

Cependant, là, l'émotion de la foule fut remplacée par une aversion naturelle pour l'injustice, éveillant en eux leurs sentiments naturels de commisération, ces sentiments que tous les enfants de Dieu possèdent au fond de leurs nobles attributs endormis.

Comme on disait que les chrétiens croyaient que la Terre finirait dans un océan de feu, pour les confronter à leur pouvoir et intimider les spectateurs, Néron fit attacher les prisonniers à des poteaux, les enduisant de goudron et les mettant en feu pour qu'ils connaissent le même destin que celui qu'ils avaient prophétisé.

Oui, ils mourraient dans un océan de flammes et éclaireraient les fêtes et les jardins de l'empereur, pendant qu'il jouait de la harpe ou composait l'une de ses poésies de très mauvais goût.

Pendant ce temps, plus il tuait d'innocents, plus la cause pour laquelle ils mouraient gagnait en sympathie, et plus il devenait impopulaire.

La réaction du peuple n'était pas comprise par Néron, qui imaginait qu'il l'aurait toujours pour allié, grâce aux fêtes et aux attentions qu'il accordait à ses caprices.

Voyant que le mouvement chrétien prospérait après chaque nouveau spectacle sanglant, tant le "grand empereur" que sa marionnette humaine, Néron, entrevirent la nécessité de rendre les persécutions encore plus grotesques et cruelles.

Pour ce faire, ils déclenchèrent une catastrophe d'une ampleur jamais vue à Rome et, les préparatifs étant organisés, à une date fixée où l'empereur s'était délibérément absenté de la capitale, un incendie dévastateur éclata dans les quartiers misérables et précaires d'une Rome désespérée à lutter contre les flammes.

La violence de cet incident tragique sema la panique parmi ses habitants, qui se perdaient dans la fumée en essayant de sauver les quelques biens qu'ils possédaient et de sauver leurs vies.

LA FORCE DE LA BONTÉ

Les ruelles, les maisons mal construites, l'absence de prévoyance urbanistique pour de tels événements, la difficulté du transport de l'eau pour lutter contre les flammes firent que pendant une semaine l'incendie dévora plusieurs quartiers et détruisit une grande partie de la capitale.

Néron, revenant à la tête de l'empire comme s'il revenait pour gérer les urgences de cette heure, tel un héros revenu sauver le peuple, ne pouvait faire plus que ce qui était déjà planifié auparavant.

Il accusa les chrétiens d'être responsables de l'incendie, exploitant leur croyance que, selon eux, le monde finirait bientôt dans les flammes, une prédication courante parmi les partisans de Jésus à cette époque.

Sur la base de cet argument, il affirma que les chrétiens avaient mis le feu à la ville pour démontrer leurs thèses religieuses et qu'ils en étaient donc responsables.

Personne n'eut le courage de contredire l'accusation de l'empereur lui-même.

Ainsi, de nouvelles et plus cruelles persécutions s'abattirent sur les partisans de Jésus qui, à cette époque, bien que peu nombreux, étaient déjà considérables parmi les habitants de Rome.

L'incendie de 64 apr. J.-C. facilita la réurbanisation de la capitale du monde de l'époque et coûta aux adeptes de la nouvelle religion le prix des sacrifices contre lesquels les armées noires des esprits ignorants ne savaient comment lutter.

Imaginant que la persécution refroidirait le cœur des Romains, le "grand empereur" se retrouva perplexe en voyant que cela ne faisait qu'augmenter le nombre de ceux qui se tournaient vers le Royaume de Dieu, embrassant la nouvelle croyance et rejoignant le Christ.

Pendant ce temps, la fin de Néron n'allait pas tarder à arriver, harcelé par des perturbations de tous côtés.

La nouvelle circula dans l'empire que l'empereur convoquerait plusieurs gouverneurs des provinces qu'il considérait infidèles pour les humilier publiquement et les exécuter. Ainsi, sur la base de ces nouvelles, qui, en provenance d'une Rome gouvernée par un fou, pouvaient parfaitement correspondre à la vérité, plusieurs commandants de différentes régions de l'empire commencèrent des révoltes contre le gouvernement central, faisant en sorte que l'hostilité à Néron se propageât, bénéficiant du soutien militaire significatif de plusieurs commandants de l'armée.

LA FORCE DE LA BONTÉ

Après avoir tenté de fuir Rome pour préserver sa propre vie des persécutions qu'il subissait de la part de ceux qui ne supportaient plus sa conduite intimidante et indigne, il finit par se suicider en 68 apr. J.-C., mettant fin à son passage tragique sur Terre au sommet de la hiérarchie administrative et cessant ainsi d'être l'instrument docile entre les mains du "grand empereur", qui, désormais, cherchait à influencer, à travers ses commandants spirituels, ceux qui se levaient comme de nouveaux dirigeants mondains du grand empire.

Après son suicide, l'action maléfique de ce groupe spirituel se fit sentir dans les innombrables et douloureuses disputes militaires qui suivirent, entraînant, en l'espace d'un an, trois empereurs successifs, se disputant le pouvoir romain de manière sanglante, tandis que le monde spirituel supérieur préparait les destinées de ce qui était le plus grand empire de la Terre, pour l'orienter vers une période de paix relative et de progrès social considérable.

Ainsi, après les escarmouches qui impliquèrent les prétendants au trône – Galba, Othon et Vitellius –, toujours enclins aux disputes, selon l'ancien modèle de l'empereur fou qui s'était tué, le monde romain se vit apaisé par le vieux et différent Vespasien qui, pendant dix ans, rééquilibra le gouvernement romain par des mesures drastiques de réduction des dépenses, de collecte des impôts et de redressement de son économie.

Sous son gouvernement eurent lieu les rébellions en Palestine, qui conduisirent à la destruction du Temple de Jérusalem en 70 apr. J.-C. et à la défaite des derniers Juifs rebelles, retranchés dans la forteresse de Massada, un rocher inhospitalier situé au sud de la mer Morte, endroit où ils se donnèrent la mort collectivement pour ne pas tomber entre les mains des Romains, commandés à cette époque par Titus, le fils de l'empereur Vespasien.

Pendant ce temps, le christianisme imprégnait les bases des sentiments populaires des Romains et s'installait dans leurs cœurs comme le seul message élevé en cours effectif sur le chemin des humains, les élevant à travers le renoncement, le détachement des misères de l'égoïsme, contrastant fortement avec les tristes exemples donnés par ceux qui gouvernaient le peuple, exemples de cruauté, d'indifférence, d'égoïsme et d'inhumanité.

Ainsi, Néron et le "grand empereur", faisant ce qu'ils faisaient, représentèrent un facteur important accélérant le processus de réveil des sentiments de la masse, devenant des catalyseurs de la réaction humaine aux arbitraires qui représentaient les formes terribles avec lesquelles ils se conduisaient. Avec cette modification de l'environnement général, le monde spirituel ouvrait la voie pour que, après Titus et son frère Domitien, Rome soit gouvernée par des empereurs équilibrés et raisonnablement généreux et lucides, dans ce qui fut connu sous le nom de l'ère des "cinq bons empereurs".

En 117 apr. J.-C., après Nerva et Trajan, monta sur le trône de César l'empereur Hadrien, qui gouvernerait ses domaines avec une vision cosmopolite, éduqué selon les coutumes helléniques, admirateur de l'art grec et de la philosophie platonicienne.

Finalement, le monde romain avait besoin d'un peu de paix et d'équilibre pour que les expériences évolutives puissent continuer sur le chemin de l'élévation.

22.
CLÁUDIO RUFUS

L'année 126 de notre ère, le temple de Jupiter débordait de dévots. En tant que divinité principale des Romains, Jupiter, le dieu païen le plus puissant, recevait l'adoration de la majorité des citoyens, qui, dans leur recherche de faveurs, de biens et du maintien de leurs privilèges, se rendaient auprès de lui.

Les visites aux temples de l'époque, tout comme aujourd'hui, étaient motivées par des problèmes matériels, des déceptions amoureuses, des souffrances physiques et des désillusions de la vie, incitant les fidèles à offrir des présents dans l'espoir d'obtenir la sympathie et la protection de ces êtres considérés comme supérieurs, mais tout aussi capricieux que les humains eux-mêmes.

Étant l'autorité la plus importante dans le panthéon romain, le temple de Jupiter était le plus imposant, reflétant son importance dans le paysage confus des croyances romaines. À l'intérieur, une statue en or de la divinité impressionnait les mortels, qui, intimidés par la grandeur de la figure, la percevaient comme omnipotente sur leurs vies, bien que dans le même temple, d'autres dieux, Junon et Minerve, fussent également vénérés depuis les temps des Tarquins, vers 500 av. J.-C.

La dévotion du peuple à ces dieux, notamment Jupiter, à l'époque, était aussi routinière que celle de nombreux croyants aujourd'hui, qui participent à des cérémonies religieuses en croyant que l'acte en soi possède un pouvoir magique, sans nécessairement s'engager spirituellement.

Les prêtres, répétant une multitude de rituels et de cultes développés au fil des siècles, cherchaient à plaire aux dieux pour garantir leur protection et leur bienveillance. Ainsi, avec le temps, des célébrations routinières virent le jour et se multiplièrent dans les sanctuaires, tandis que le nombre de divinités dans la vie romaine augmentait également, les Romains adoptant des dieux d'autres peuples et les intégrant à leur propre panthéon.

Jupiter, cependant, maintenait sa souveraineté, étant le centre du culte païen et, aux yeux des Romains, le protecteur suprême et le garant de la prospérité nationale, au-dessus de tous les autres dieux et peuples.

LA FORCE DE LA BONTÉ

Claudio Rufus, un jeune membre de la caste romaine, semblable aux administrateurs publics d'aujourd'hui, se trouvait dans ce grand temple le cœur lourd. Il était responsable de l'organisation des réformes urbaines mises en œuvre par Hadrien, et à ce moment-là, il supervisait la construction du Panthéon, l'un des plus grands défis architecturaux auxquels les ingénieurs romains avaient été confrontés.

Habitués à construire des routes, des aqueducs, des cirques et des théâtres de tailles variées, ils devaient maintenant ériger un temple aux dimensions exceptionnelles. Ce bâtiment, selon la vision cosmopolite de l'empereur, devait être un lieu où tous les dieux seraient honorés, d'où son nom de Panthéon. À l'intérieur, des statues représentant diverses divinités, probablement liées au ciel, telles que Mars, Jupiter, Vénus, Mercure, entre autres, y seraient logées.

Sa structure monumentale, qui s'élevait à quarante-cinq mètres du sol, avait pour base et espace principal une salle circulaire où seraient rendus les cultes aux divinités susmentionnées, entourée de colonnes et de piliers en marbre poli soutenant la structure des murs supérieurs, et, à environ vingt-deux mètres de hauteur, elle se rejoignait avec une coupole en forme de sphère servant de toit.

Ainsi, le défi d'ingénierie consistait à maintenir le toit voûté sans aucun support, dans un immense vide d'un diamètre de quarante-cinq mètres. Cependant, pour rendre cela encore plus problématique, l'empereur avait décidé qu'une ouverture circulaire juste au sommet de la coupole permettrait à la lumière du soleil de pénétrer et d'illuminer naturellement l'intérieur de la construction.

Les proportions grandioses et le défi de lutter contre la loi de la gravité, de manière jusque-là jamais affrontée, étaient le combat typique des Romains impétueux de cette époque, toujours désireux de démontrer leur force et leur pouvoir, leur capacité et leur technique, supérieures à toutes les civilisations existantes jusque-là.

La coupole symboliserait le ciel, et l'ouverture par laquelle la lumière pénétrait fonctionnerait comme une représentation du soleil illuminant tout ce qui l'entourait.

Les divinités, placées dans leurs niches, représentant les planètes connues par l'observation astronomique de l'époque, se trouveraient dans le même espace, comme elles partageaient le ciel nocturne dans la vision des hommes. Claudio était à la tête de la construction du Panthéon, et tous ces défis réunis ne lui laissaient pas de tranquillité pour prendre soin de lui-même.

La philosophie d'Hadrien à la tête d'un empire vaste, restauré à peine des égarements de l'époque des empereurs irresponsables qui avaient presque conduit l'ensemble à la catastrophe, était celle de la rigueur administrative, de l'application correcte des ressources publiques et de l'assainissement des dépenses par un contrôle rigoureux.

Claudio, bien qu'il ne comprît guère l'ingénierie, étant issu d'un groupe politique influent et héritier d'une importante tradition familiale, avait été convoqué par ses homologues et désigné par la structure gouvernementale impériale pour servir Rome en supervisant les dépenses, en vérifiant les investissements et en dirigeant et gérant cette construction.

Sa position, indéniablement délicate, était considérée par tous comme celle du vigie puissant qui, devant donner le dernier mot en matière de dépenses, était à la fois flatté et craint, tout en étant haï dans cette ville pleine de contradictions et d'intrigues.

Pour mieux évaluer le progrès de la construction, Claudio s'appuyait sur l'aide de personnes de sa confiance personnelle, qui, versées dans les techniques de construction, pouvaient l'alerter et le guider sur le développement de l'œuvre.

Il ne pouvait cependant pas permettre que les travaux soient interrompus pour des raisons administratives ou comptables, devant se trouver dans la position difficile de celui qui devait faire avancer les choses, en injectant des ressources tout en étant responsable de la supervision des travaux et des dépenses, étant blâmé à la fois pour le retard du calendrier et pour les détournements ou excès du budget d'exécution.

Naturellement, ce n'était pas une position enviable, à moins que l'importance de sa fonction ne le rapprochât directement d'Hadrien, à qui revenait, en fin de compte, la responsabilité des comptes. Son avenir était incertain, car à chaque étape de la construction surgissaient des problèmes techniques qui nécessitaient d'être corrigés, impliquant des matériaux différents. Il devait fournir des pierres, du béton, du bois, des ouvriers, de la nourriture, du marbre, afin que la construction ne prenne pas de retard. Il devait surveiller une armée d'hommes allant du plus brut et fort porteur de charges au plus compétent architecte, sans oublier les artisans, sculpteurs, maîtres maçons, ouvriers, et sans parler de la foule de curieux, des accumulateurs, des espions, des intrigants, tous désireux de s'immiscer dans l'approvisionnement des matériaux, gonflant les prix, désireux d'offrir leurs marchandises, ainsi que ceux qui, toujours à la recherche d'une faille dans la surveillance, tentaient de voler des objets, des outils ou des valeurs sous le nez des responsables.

Claudio Rufus était à bout de nerfs.

Sa constitution robuste ne l'empêchait pas d'être atteint par le bombardement des problèmes qui consommaient ses forces et provoquaient les troubles organiques caractéristiques de la fatigue. Ses nuits étaient peuplées de rêves catastrophiques, soit par l'arrivée de l'empereur avant que l'œuvre ne soit terminée, soit par la chute de la grande rotonde supérieure, une tragédie aussi grande que l'arrivée intempestive d'Hadrien.

Ne pouvant se plaindre du travail à personne, le jeune Claudio ne semblait pas être celui dont l'âge, autour de trente-huit ans, suggérait la nécessité de fonder une famille et d'avoir des enfants. Il était seul, sans prétendantes ni engagements, car malgré ses responsabilités administratives, sa vie émotionnelle était plus instable que le grand dôme qu'il s'agissait d'équilibrer sur ces murs verticaux du panthéon.

En tant que jeune de son époque, Claudio se permettait de s'impliquer dans toutes sortes d'aventures physiques, comme moyen de donner libre cours à ses impulsions émotionnelles, considérant que tout était permis aux hommes, les femmes étant à leur service, à utiliser selon les besoins ou désirs masculins.

Ainsi, bien qu'il ne parvînt pas à trouver le bonheur dans aucune de ces aventures charnelles, communes tant à cette époque qu'aujourd'hui, Claudio se jetait dans le travail pour occuper son temps et combler son besoin de reconnaissance, cherchant à faire de son mieux et à présenter l'œuvre dans les prévisions originales, aux yeux admirés d'Hadrien, fasciné par le succès et la beauté de la construction. C'est pourquoi il se satisfaisait des rencontres superficielles avec des femmes sans particularité, des créatures errant dans cette Rome inhumaine à la recherche de tout ce qui pourrait leur garantir de survivre un jour de plus.

C'est pour cela qu'il ne désirait pas de liens familiaux, bien qu'il en vît le destin de tout Romain de sa lignée, qu'il remettait à plus tard, s'excusant par la réalisation de ses rêves en premier.

La famille représentait des problèmes, des préoccupations, des limitations à son désir de progresser et de s'accomplir.

LA FORCE DE LA BONTÉ

Il continuerait sa tâche et, lorsque les dieux le voudraient, il trouverait une Romaine de bonne tradition et se marierait, afin qu'elle lui serve de fabrique d'enfants pour perpétuer son nom et lui garantir, dans la tradition religieuse de son époque, protection et secours pour son âme après la mort.

Cependant, les douleurs et préoccupations mentales étaient les cruelles compagnes de tous les jours, disputant entre elles l'attention de celui qui se perdait dans les chiffres et les comptes, les rapports et les dépenses, les demandes et les exigences. Seul Jupitér pourrait l'aider.

Et si ce n'était un individu enclin à de telles liaisons profondes avec la religion qui naît du cœur, il était l'un de ces hommes qui faisaient de la religion un langage commun des pratiques extérieures, assistant au temple de Jupiter Capitolin, comme on se rend à un bureau gouvernemental pour soumettre un document et régler son protocole auprès de l'autorité à qui il est destiné.

C'est ainsi que la plupart des Romains se rapportaient aux dieux.

Ils payaient, offraient et attendaient leurs faveurs, sans comprendre l'essence ni la profondeur de la relation entre les hommes et les forces supérieures qui les maintenaient en vie. Claudio Rufus cherchait le rituel formel pour demander le soutien du plus puissant des dieux pour la tâche herculéenne que seul le plus qualifié parmi tous pouvait accomplir. Il avait besoin que tout se passe bien et que sa santé soit préservée afin que ses tâches arrivent à bon terme. L'esprit plein de requêtes, il pénétra dans le sanctuaire du somptueux temple et, une fois de plus, il s'effraya devant le regard brillant de ce Jupiter intimidant qui se dressait devant ce trône sculpté par des mains habiles, comme pour lui conférer le pouvoir sur tous les êtres vivants.

23.
LES MISÈRES DE LA CAPITALE IMPÉRIALE

Après avoir effectué les offrandes traditionnelles accompagnées des prières routinières et mécaniques, Claudio se sentait plus soulagé intérieurement d'avoir cherché le soutien de la divinité considérée comme la plus importante du monde romain et, avec cela, d'être allié à la force puissante qui, assurément, ne lui manquerait pas dans l'heure la plus nécessaire.

Une fois les règles du rituel accomplies, Claudio se dirigeait vers la sortie du temple lorsqu'à la porte, il fut entouré par un groupe de créatures misérables qui lui demandaient de l'aide, lui réclamant une pièce.

L'état des petits était de nature à susciter la compassion chez quiconque.

Des enfants sans aucun soutien, ils devaient apprendre à survivre par eux-mêmes, étant contraints de ramener de l'argent à leurs parents ou à ceux qui les exploitaient, car ils savaient que tout le monde se sentait plus touché par les supplications des enfants que par la pauvreté des adultes.

Cependant, ce qui était accablant, c'était le fait que ceux qui étaient entrés dans ce temple somptueux, sur la colline du Capitole, avaient laissé à l'intérieur d'importantes sommes d'argent pour acheter les grâces des dieux, et, lorsqu'ils en sortaient, ils repoussaient ces créatures faméliques, prétendant n'avoir rien à leur donner.

Grossièrement, la plupart des dévots, généreux envers les dieux de pierre auxquels ils remettaient leurs ressources pour obtenir leurs faveurs, expulsaient les pauvres qui les suivaient dans les escaliers du temple, implorant de l'aide. Claudio n'était pas très différent de la majorité.

Bien qu'il ne fût pas mauvais, il avait les habitudes de son époque et abordait les choses avec la superficialité typique de la praticité romaine.

– Je n'ai rien, j'ai déjà donné tout ce que j'avais.

– S'il vous plaît, jeune homme, aidez-moi. J'ai faim… – demandait une créature sale et pieds nus.

LA FORCE DE LA BONTÉ

La scène aurait pu être émouvante si elle n'était pas, en elle-même, l'expression tragique de l'égoïsme humain qui, dans cette ville, construisait des bâtiments en marbre extrêmement coûteux pour abriter des statues, tandis que les gens mouraient de faim et étaient contraints d'employer toutes sortes de stratégies et de délits pour survivre.

Les petites mains sales attrapaient les passants par leurs tuniques bien confectionnées, produisant chez la plupart une réaction de dégoût ou un brusque éloignement, dans un geste visant à se débarrasser de ces malheureuses créatures mendiantes.

Ceux qui osaient s'arrêter et menacer d'offrir quelque chose à l'un de ceux qui réclamaient étaient immédiatement encerclés par un bataillon d'enfants et de filles qui, criant, voulaient aussi leur part, comme si des oiseaux affamés, repérant de loin une âme charitable leur offrant des graines, s'élançaient dans cette direction.

Le tintement des pièces était le signal pour que les désespérés déclenchent la bagarre. Et l'élan généreux du cœur des gens était immédiatement interrompu par la méfiance de se faire écraser par le tumulte qui s'ensuivait.

– Moi aussi je veux, donnez-moi aussi, lui il a déjà reçu, lui il n'en a pas besoin – étaient les cris de tous ceux qui s'approchaient de la personne prête à donner quelques pièces. C'est pourquoi il n'était pas facile pour ceux qui voulaient aider de faire la donation au milieu de tous ces miséreux attentifs, prêts à attaquer le moindre inconscient.

De plus, si la personne ne faisait pas attention, en se trouvant entourée par les petits, elle risquait de se faire voler par les mains habiles qui envahissaient les plis de leurs vêtements et, au milieu de la confusion orchestrée par la bousculade, les plus adroits dérobaient les biens et ressources des plus distraits ou naïfs, prétendant ne rien posséder.

Claudio connaissait tous ces comportements et ne se laissait pas emporter par aucune compassion.

– Restez loin de moi, tous autant que vous êtes – criait-il avec énergie.

Ne vous approchez pas, je ne vous donnerai rien, bande de rats – parlait-il d'une voix âpre et avec une certaine bonne humeur, montrant une certaine familiarité avec ce groupe qui courait derrière lui.

LA FORCE DE LA BONTÉ

– Monsieur Claudio, Monsieur Claudio, les petits rats ont faim – répondait un enfant plus audacieux, obligeant le jeune administrateur à interrompre sa marche et à se retourner vers eux.

– Et qui a dit que j'ai la tête d'un éleveur de rats ? – demandait-il à nouveau, dans un exercice de défis verbaux qui se terminait toujours par une pièce donnée aux plus malins et spirituels.

– Et là, Monsieur, et cette immense et ronde cage à rats que vous construisez... Ce n'est pas pour y mettre votre élevage de rats à l'intérieur ? On dit qu'il n'y a qu'un trou au plafond, juste pour que les rats ne s'échappent pas ! – répondait un autre, montrant de l'intimité.

– Regarde, regarde, quel insolent, qui t'a raconté ces histoires ? – demandait Claudio, feignant l'ignorance pour continuer la plaisanterie.

– C'est un gros rat qui reste là-dedans quand vous n'êtes pas là. Il a dit qu'il va vivre là-dedans avec tous les rats de Rome, une fois le bâtiment prêt. Maintenant, avec la taille de la cage à rats, si immense et grande, on se demandait quel pourrait être le fromage... Ça donne même mal au ventre rien qu'à imaginer ce fromage énorme suspendu là-dedans, dévoré par les rats affamés, comme nous.

Voyant que la jeunesse allait mener la conversation et les plaisanteries jusqu'à la fin de la journée s'il les laissait faire, Claudio se résigna et dit.

– Très bien, mes petits rats affamés. Tant que la cage à rats ne sera pas prête et que le fromage ne sera pas là pour les attirer, je vais vous avancer quelques pièces pour que vous puissiez vous préparer pour le jour de la grande prison des rats dans la cage à rats d'Adrien – dit-il en baissant la voix, pour que ses derniers mots ne soient pas entendus par un fonctionnaire indiscret de l'empereur.

Tous les petits éclatèrent de rire, car, par le simple fait que Claudio leur prêta attention, ils oublièrent, pendant quelques instants, leur misérable condition et se sentirent un instant membres de la race humaine, même si on les comparait aux rats infectés des égouts.

Habitués à la manière de faire de cet administrateur plus ami que les autres, tous se mirent en file et, un à un, s'approchaient de lui pour recevoir une petite pièce. Et ainsi, dès qu'ils obtenaient la pièce de métal pauvre, chacun déposait un baiser de remerciement sur les mains généreuses ou sur les bords des vêtements, comme il était coutume pour les misérables de montrer leur gratitude ou soumission aux bienfaiteurs.

D'une certaine manière, ce geste de soumission était un hommage à la personnalité de ceux qui se trouvaient dans une situation meilleure et plus élevée dans la catégorie des bienfaiteurs, pour avoir donné quelques centimes misérables, dans la monnaie de l'époque.

Dispersés tous les petits, qui, dans leurs pérégrinations constantes à la recherche de restes de nourriture et de déchets exploitables, savaient que Claudio était responsable de la construction du Panthéon, non loin du temple de Jupiter, l'administrateur chercha à reprendre le chemin qui le conduirait à l'endroit où il supervisait la construction. Cependant, dès qu'il tourna le corps et fit les premiers pas dans la direction qui le conduirait à sa destination, il trébucha sur quelque chose et, perdant l'équilibre, se retrouva projeté au sol.

En entendant le bruit de la chute, les enfants, qui s'étaient éloignés pour retourner aux gradins du temple d'où ils étaient sortis en poursuivant leur bienfaiteur, se retournèrent pour voir ce qui s'était passé. En voyant Claudio étendu au sol, la plupart éclatèrent de rire bruyamment, imaginant qu'il s'agissait d'une chute inattendue.

Reprenant le contrôle de son corps, le jeune Romain tenta de se relever et de remettre en place ses vêtements qui avaient été endommagés par la chute. Indigné par la honte et les rires irrévérencieux de ces créatures, qui, il y a quelques instants à peine, lui avaient baisé la main ou la tunique, Claudio se préparait à courir après eux comme s'il allait punir l'insulte et le manque de respect, lorsqu'il fut attiré par quelque chose près de l'endroit où il était tombé.

C'était là le motif de sa chute.

Sans comprendre immédiatement ce qu'il voyait, il laissa de côté son inquiétude face aux enfants rieurs pour observer de plus près ce qui avait causé sa perte d'équilibre. Il s'agissait d'un tas de chiffons sales étendu sur le chemin qu'il allait emprunter et qui avait provoqué sa chute.

À la surprise du jeune Romain, la pile de tissus malodorants bougeait.

Oui, c'était une personne recouverte de lambeaux, qui, tout comme lui, avait été surprise par le poids qui s'était abattu sur elle lors de la chute de l'homme.

La scène était étrange. Claudio se baissa pour mieux voir de quoi il s'agissait, car le labyrinthe de ruelles et de passages sombres qui composait l'urbanisation précaire et mal planifiée de cette ville laissait cet endroit mal éclairé à cette heure de la journée.

Voyant la curiosité de Claudio, les enfants s'approchèrent, imaginant qu'il avait trouvé quelque chose par terre.

Curieuses comme toujours, les créatures s'approchèrent aussi et, avant que le bienfaiteur ne comprenne ce qui se passait, l'un des enfants affirma naturellement :

– Ah ! Le constructeur de cages à rats a trébuché sur l'empereur... – et éclata de rire, suivi de tous les autres.

– Qu'est-ce que c'est que ça, Fabio ? – demanda Claudio, indigné par l'ironie et les rires, observant qu'il y avait une personne allongée là.

– Regardez, monsieur Claudio, votre chute est exactement due à ce grand empereur qui était sur votre chemin et que vous n'avez pas vu, c'est tout.

– Nous savons que ce n'est pas un empereur. Qui est cette personne, cachée sous ces vêtements sales ?

– Eh bien, mon seigneur, nous l'appelons ainsi parce que, quand nous l'avons rencontré, on nous a dit que son nom était Domitius Nero Octavius Caius Julius Caesar... – énumérant les noms de plusieurs empereurs célèbres et vénérés par les Romains. Alors, avec tous ces grands noms, nous avons décidé de l'appeler le grand empereur, parce que si c'était juste un empereur, ça aurait été trop petit pour tant de gens importants réunis...

Comprenant ce que signifiait cette expression, Claudio demanda aux enfants qui l'entouraient :

– Comment connaissez-vous cet homme ? Il est là depuis longtemps ?

– Ah ! Oui, depuis longtemps. C'est sa mère qui le conduit à travers la ville dans son chariot imposant pour gagner un peu d'argent. Mais comme il reste allongé et qu'il ne peut pas parler, on dirait juste un tas de chiffons jeté dans la rue. Moi-même, je n'ai jamais vu son visage parce que, dès que la mère s'éloigne, il le cache dans les chiffons.

Voyant qu'il n'obtiendrait plus d'informations des enfants, Claudio se décida à soulever le tissu qui couvrait le visage de cette personne que, jusqu'à ce moment-là, ils n'avaient identifiée que par de faibles gémissements, prouvant qu'elle était vivante sous ces linges.

LA FORCE DE LA BONTÉ

Cependant, l'état de ces enveloppes était si répugnant que, pour les soulever, Claudio chercha un bâton dans un coin afin de ne pas avoir à toucher directement.

Et la simple révélation de son visage, même dans l'ombre de l'endroit, fit reculer tout le monde, y compris Claudio, terrifiés.

– C'est une créature infecte – cria Fabio, le jeune rusé du groupe de mendiants.

– Par les dieux, comment peut-on laisser cela gîté là, où passent les gens, toute la journée ! – dit un autre enfant, également effrayé.

Claudio était choqué par ce qu'il voyait, bien qu'avec sa maturité adulte, il tentait de contenir la répulsion qu'il ressentait.

Sur les pierres froides du pavé, se trouvait un être qui ne devait pas avoir plus de dix ans, mais absolument défiguré, avec un visage rongé et décharné qui révélait des dents pourries, comme si la peau n'avait pas eu la possibilité de couvrir correctement le visage.

La partie inférieure du visage ressemblait à des crânes de squelettes qui s'obstinent à sourire en exhibant leurs dents.

La partie supérieure du visage, cependant, présentait, profondément enfoncés dans les os saillants, deux yeux tristes, habitués à la condition misérable d'un infirme.

Il naquit comme une créature normale, mais dès qu'il commença à montrer des signes de la maladie qui le dévorait, il fut abandonné par sa véritable mère, une prostituée sans scrupules qui, voyant l'aggravation de la maladie après les cinq ans de l'enfant, le laissa à la porte des Vierges de Vesta, espérant qu'il y serait accueilli.

[1]Touchée par l'état de faiblesse de l'enfant abandonné à la porte, la prêtresse principale, connue sous le titre de "Grande Vestale", car elle était la plus âgée de toutes les femmes qui résidaient là, ayant des responsabilités religieuses très importantes et bien définies, chercha un moyen de protéger l'enfant abandonné, chargeant des personnes de confiance de lui donner à manger et de veiller à sa protection, utilisant ses ressources personnelles pour que cela soit fait.

---

[1] Note du traducteur : Dans la Rome antique, les Vestales ou Vierges Vestales étaient des prêtresses de Vesta, déesse de la Terre. Le Collège des Vestales et leur bien-être étaient considérés comme essentiels pour la continuité et la sécurité de Rome.

LA FORCE DE LA BONTÉ

Il se trouve que, en raison de ses attributions spécifiques, il était interdit à toute vestale d'entrer en contact avec le monde extérieur, ce qui imposait que ces soins pour le petit soient maintenus dans un secret absolu.

Après deux ans à financer l'éducation de l'enfant, qui montrait chaque jour des signes de l'aggravation de sa maladie, la Grande Vestale fut dénoncée comme traîtresse à ses vœux, on croyait que sa relation avec cet enfant résultait de sa propre maternité, ce qui était interdit à toute femme entrant dans la fonction de vestale, devant rester vierge pendant toute la période de trente ans durant laquelle elle servait de gardienne de la flamme sacrée.

Soupçonnée d'avoir perdu sa virginité à cause de sa relation avec un enfant et accusée par des personnes qui ne lui étaient pas favorables, dans les luttes pour le pouvoir au sein même de la congrégation des vestales, la Grande Vestale finit par être condamnée à être enterrée vivante.

Avec l'exécution de la peine, l'enfant se retrouva de nouveau abandonné, et à ce stade, il suscitait une répulsion chez ceux qui s'en approchaient, car l'état de sa maladie déformait son apparence, empêchant qu'un véritable sentiment d'amour puisse se développer pour sa protection.

Rejeté à nouveau, le petit, qui à cause de la lèpre avait les cordes vocales rongées, ne parlait pas et émettait à peine des sons compréhensibles, se limitant à gémir ou à produire des bruits grotesques.

Repéré par l'une des prostituées errant dans les ruelles sales de cette Rome pervertie par tant de siècles, il finit par être recueilli par Serapis qui, dénuée de tout sentiment, vit en la figure de cet être déformé une autre source de profit à exploiter. Elle l'exhibait dans les rues de la ville pour susciter la pitié des gens et en tirer l'argent qu'elle convoitait.

Bien que l'intention de Serapis fût inhumaine, sa nécessité de gagner de l'argent l'obligeait à maintenir le petit déformé en vie, lui donnant un peu de nourriture pour éviter qu'il ne meure de faim et fasse perdre l'investissement qu'elle avait fait dans cet être.

C'était un peu comme un cirque de horreurs où il fallait nourrir les attractions pour qu'elles rapportent quelques sous. Ainsi, Serapis amenait l'enfant à un endroit précis dès l'aube, et en y plaçant une pancarte mal écrite, elle informait les passants curieux que le mendiant avait besoin d'aide pour survivre.

LA FORCE DE LA BONTÉ

Personne ne savait quel était son nom, mais Serapis aimait les noms pompeux, les titres de noblesse, ceux qui impressionnaient. Qu'il s'agisse d'un hommage à une figure importante de la tradition impériale ou de son intention d'ironiser sur le petit misérable en lui attribuant les illustres noms d'un empire plein d'hypocrisies et de contradictions, ce qui était certain, c'est que Serapis, sans aucun véritable amour pour cet enfant rejeté, résolut de le baptiser avec les noms des personnages les plus célèbres de cette Rome puissante, en réunissant les pronoms des empereurs les plus fameux dans un ordre désordonné, en commençant par celui qui avait incendié la ville et l'avait reconstruite, et que Serapis admirait, malgré sa faible connaissance de l'histoire.

Pour se donner l'air de propriétaire de cette attraction macabre, elle se présentait comme la mère de l'enfant et, comme il avait des difficultés à se déplacer en raison de la faiblesse de ses muscles, Serapis utilisait un petit chariot en bois, un moyen de transport improvisé, qu'elle poussait pour amener l'enfant dans les lieux de la ville.

Selon les autres enfants qui connaissaient Domício et l'appelaient le "grand empereur", ce chariot était le carrosse du puissant dirigeant.

La vision grotesque de cet être, maintenant exposé dans sa laideur et sa déformation, pénétra profondément l'âme de Claudio qui, à partir de ce jour, ne pourrait plus échapper à la figure repoussante, malodorante et, en même temps, triste et timide de cet enfant, qui, contrairement aux autres mendiants, ne pouvait rien dire, se mouvait à peine et ne parvenait qu'à verser quelques larmes de ses yeux tristes et désespérés.

Impressionné par ce qu'il venait de voir et par les mots froids de la pancarte en bois qui demandait de l'aide, Claudio déposa quelques pièces sur le tissu usé qui couvrait Domício, le "grand empereur", et reprit sa route vers le Panthéon, où son travail l'attendait, intense.

24.
SERAPIS

Non loin de l'endroit où Claudio avait été impressionné par l'apparence horrifiante de cette créature, qui, malgré sa jeunesse, devait déjà supporter un fardeau si lourd, se trouvait celle qui se présentait comme sa mère. Serapis était une prostituée qui, bien que jeune, portait déjà les marques de l'usure sur son corps en raison de son mode de vie, ce qui la transformait en marchandise de peu de valeur sur le marché des tentations et des plaisirs faciles.

Autrefois détentrice d'une beauté appréciable, la jeune femme, née dans les conditions misérables de l'Esquilin, l'un des quartiers les plus pauvres de cette ville opulente et injuste, ne se contentait pas des limites imposées par la situation de pénurie économique. Dès qu'elle se retrouva lancée dans la lutte pour survivre, elle décida de conquérir sa part dans le festin libertin qui lui garantirait de meilleures conditions matérielles de vie.

Ses parents étaient des gens sans scrupules et, n'ayant aucune connaissance plus noble sur les choses de l'existence, vivaient comme ceux qui se préoccupent seulement de parvenir à la fin de la journée avec un profit qui leur garantisse un lendemain. C'est pourquoi, depuis son enfance, Serapis fut mise par ses parents dans l'industrie de la mendicité, apprenant des exemples des adultes comment se comporter pour émouvoir les personnes riches.

Au début, elle était portée par sa mère, qui n'éprouvait aucune tendresse maternelle pour l'enfant. Habituée à rechercher des plaisirs faciles, sa mère était une autre femme libertine, sans principes ni vertus, et les rares qu'elle avait reçus, elle les avait oubliés pour pouvoir vivre dans cette civilisation corrompue.

Toujours guidée par la loi du moindre effort, la femme justifiait ses actes en disant "c'est comme ça" ou "tout le monde le fait". Elle mettait au monde des enfants comme quelqu'un qui rassemble des travailleurs pour son armée de mendiants.

Les plus grands suivaient déjà les pas de leurs parents, demandant dans les rues et ayant pour devoir de rapporter quelque chose à la fin de chaque journée, sous peine de châtiments sévères.

Les plus jeunes, comme Serapis, étaient l'appât pour capturer les hommes par leur cœur, exposant la misère infantile dans les bras de la mère pour atteindre leur bourse.

Dès que Serapis eut gagné en force et grandit un peu plus, elle fut initiée par ses propres frères à l'art de courir dans les ruelles mal éclairées de cette grande ville pour survivre. Chaque nouvelle incursions dans les rues était une découverte qui remplissait le cœur de cette enfant d'espoir.

Quittant les misères de l'Esquilin et cherchant à se rapprocher des quartiers plus riches, où les palais chantaient la chanson muette de l'égoïsme humain, Serapis était émerveillée par ces marbres brillants et somptueux, ces palais, ces litières dorées, ces voiles flottants et ces structures architecturales.

Quelque chose dans son esprit lui disait, sans qu'elle puisse l'expliquer, qu'elle avait déjà connu cette opulence, qu'elle avait déjà porté ces vêtements luxueux, qu'elle avait déjà foulé ces palais autrefois. Cependant, cela lui venait comme un vague souvenir, à la fois amer et mélancolique, tandis que son esprit rebelle se proposait de revivre les mêmes émotions d'un passé qu'elle ne pouvait expliquer.

Elle décida alors que, coûte que coûte, elle entrerait dans ces maisons de luxe, passerait dans leurs salons, pénétrerait dans leurs ambiances exquises.

Elle ne voulait plus être la misérable créature de l'Esquilin. Son joli visage, qui devenait de plus en plus beau à mesure que son corps de femme se façonnait à l'adolescence, devint l'arme de Serapis pour concrétiser ses intentions.

Ne laissant passer aucune des leçons apprises dans le monde rude où elle avait grandi, Serapis comprit qu'à Rome, la lutte pour la survie était plus facile à mener quand on avait de l'argent, du pouvoir ou de la beauté.

Les deux premières conditions ne lui seraient pas favorables dès la naissance. Cependant, la troisième semblait lui accorder le sourire complice de la chance, ce qui serait très bien exploité par elle.

Sans aucun antécédent de noblesse, Serapis savait qu'elle ne pourrait espérer une union matrimoniale qui lui garantirait une meilleure position dans la société de cette ville pleine de préjugés, toujours ouverte aux contrats de mariage où l'intérêt et les convenances financières dictaient les raisons principales des unions.

Ainsi, développant une tendance naturelle à la ruse, Serapis comprit qu'elle ne réussirait pas à entrer dans la société romaine par la porte principale, mais que les portes arrière des palais les plus somptueux étaient toujours grandes ouvertes pour le libertinage, les facilités et la satisfaction des désirs les plus vils.

Consciente de cela, Serapis ne se laissa pas envelopper par les illusions enfantines ou juvéniles de l'amour masculin, qui auraient pu l'enivrer ou la maintenir dans une position de dépendance.

La vie exigeait discipline et maîtrise des émotions pour que les objectifs supérieurs puissent être atteints.

Dans cette planification minutieuse, Serapis chercha à se libérer de ses explorateurs adultes, avec lesquels elle ne tissait aucun lien affectif sincère. Si elle recevait de la nourriture, c'était simplement pour ne pas périr et ne pas faillir à l'équipe de mendiants que ses parents avaient formée pour subvenir à leurs besoins sans trop d'effort.

Impulsive et colérique, elle ne supportait pas la condition de dépendance et rêvait du moment où elle pourrait se débarrasser de ce piège misérable qui l'empêchait d'être ce qu'elle désirait dans la construction de son rêve de femme importante et bien établie.

L'opportunité se présenta lorsque son père mourut après une chute d'échelle, laissant la famille sans celui qui la dirigeait, selon les modèles culturels du contrôle masculin incontesté.

Désormais sans ce contrôleur despotique, violent et indifférent, tant la jeune femme que ses autres frères et sœurs se sentirent quelque peu soulagés, bien que la mère ne possédât pas les mêmes traits agressifs, malgré son caractère froid et dépourvu de considération pour autrui.

Comprenant que leur condition sociale nécessiterait qu'un autre homme prenne le contrôle de la famille, imposant de nouvelles routines de despotisme et d'exploitation, Serapis chercha alors à fuir ceux qui composaient son groupe familial.

Sans prévenir personne, la jeune fille saisit un petit change de vêtements et ses maigres possessions, et, avec l'angoisse dans le cœur de l'aventurière et la joie de l'oiseau qui quitte sa cage, s'éloigna dans cette ville défiant son destin.

Les contacts avec la richesse, dans les processus de mendicité dans les rues, avaient produit dans son esprit une carte claire et précise de ces ruelles et de ces chemins, des quartiers les plus éloignés et des lieux où il serait plus facile de survivre.

Elle savait comment manipuler les sentiments masculins tout en étant capable de se faire passer pour une innocente créature novice afin de ne pas éveiller la haine des autres femmes, toujours malicieuses et prêtes à devenir des obstacles sur son chemin. Après avoir quitté la maison, elle avait en tête tout le plan qu'elle allait exécuter minutieusement.

Elle avait besoin d'un travail et, en tant que femme, il lui fallait être au service d'un homme puissant ou riche. Pour cela, elle devait se faire remarquer par certains fonctionnaires responsables des achats pour les besoins des familles.

C'est pourquoi elle avait en tête de rester près du "Forum Olitorium", l'endroit où la richesse romaine venait acheter les légumes, les fruits et les produits frais qui alimentaient la capitale impériale.

Là, les employés les plus importants, responsables de la gestion des palais et des maisons seigneuriales, devaient se rendre pour acheter les meilleurs produits. C'était donc là que Serapis devait installer son piège.

Il ne fut pas difficile pour elle de se faire remarquer.

Sa beauté juvénile et joyeuse était toujours facilement perçue par les hommes sans scrupules qui, dans cette société patriarcale, ne voyaient en la femme qu'un objet pour satisfaire leurs plaisirs animaux.

Étant là, sans protection, elle était une proie facile pour tout individu plus brutal souhaitant abuser de sa condition féminine.

Mais elle devait prendre ce risque pour atteindre son objectif ultime.

Échapper à la misère avait un prix.

Après une semaine à évaluer la situation, observer les visiteurs, voir comment ils se comportaient et où ils allaient, Serapis avait élaboré sa stratégie pour se faire remarquer.

Cependant, alors qu'elle réfléchissait aux choses qu'elle devait faire et aux étapes à suivre, le destin lui-même intervint, provoquant les événements qui la propulseraient en avant.

Sans réaliser le danger qu'elle courait, un matin, alors qu'elle observait les candidats les plus prometteurs pour sa demande de travail, utilisant sa beauté et son image de fille pauvre comme des armes, Serapis fut saisie par de forts bras qui l'agrippèrent par derrière, une odeur forte d'alcool se mêlant à l'odeur âcre ou désagréable d'un corps peu habitué au bain lui arriva au nez.

LA FORCE DE LA BONTÉ

"Viens ici, ma déesse, je vais te servir comme le plus fidèle des dévots," susurra le brute, tout en l'embrassant violemment sur le cou et en lui projetant une bave nauséabonde sur la peau.

C'était Celio Bacus, l'un des porteurs du marché, qui, comme Serapis, cherchait toujours des opportunités pour exploiter, cherchant à assouvir les plaisirs qu'il pouvait s'offrir dans un état de dégoût et de négligence. Se rendant compte qu'il serait inutile de lutter contre cette masse de muscles et de graisse, Serapis commença à protester poliment, lui disant qu'il n'avait pas besoin d'être violent avec elle, qu'elle lui donnerait tout ce qu'il désirait.

Voyant que la jeune fille ne le repoussait pas immédiatement comme il en avait l'habitude avec les autres femmes qu'il avait violentées, l'homme relâcha un peu son emprise, lui permettant de se tourner afin d'apprécier mieux les contours de sa proie.

Une fois libérée, Serapis remarqua que, non loin de ses bras, des restes de cargaisons de céréales avaient laissé de grosses planches de bois, l'une d'entre elles lui servant parfaitement pour "caresser" le goujat insolent qui la harcelait.

Avec une maîtrise de soi précise, elle savait qu'elle devait conduire le porteur dans un endroit où elle pourrait se libérer de lui. Réprimant son dégoût, elle caressa sa barbe piquante comme si elle était en train d'être tendre avec lui, et l'homme, convaincu, se laissa guider par ses émotions primaires et enfantines.

"Viens avec moi," dit-elle doucement. "Ici, il y a trop de mouvement pour ce que nous voulons. Là-bas, c'est plus calme, et nous serons plus tranquilles."

Pensant que la jeune fille était prête à céder sans difficulté, l'homme se laissa guider vers un endroit qui semblait plus privé, bien qu'il ne desserra pas son étreinte.

Serapis, agissant rapidement, se dirigea vers l'endroit désiré. Remarquant que l'homme était excité par la perspective de satisfaire ses désirs charnels, elle le mena vers un tas de troncs et de planches abandonnées. Une fois arrivés, sous le prétexte de devoir se débarrasser de ses vêtements pour faciliter l'acte, elle s'abaissa discrètement comme si elle voulait défaire les lanières de son vêtement et saisit fermement le morceau de bois qu'elle utiliserait pour frapper ce perturbé.

Elle n'hésita pas.

LA FORCE DE LA BONTÉ

Un coup rapide, un coup précis sur le milieu de la tête de l'homme fit couler le sang de son front et le força à s'appuyer pour ne pas tomber.

Cependant, malgré un coup solide, Serapis n'avait pas la force nécessaire pour manipuler le morceau de bois avec assez de violence pour mettre l'agresseur hors de combat. Ne parvenant pas à l'étourdir et réalisant que les dégâts qu'elle avait causés à son visage n'étaient pas suffisants pour l'invalider, elle fut obligée de tout lâcher et de s'enfuir, hurlant à travers le marché, poursuivie par le brute qui lui criait des insultes et jurait de se venger.

Serapis savait que sa vie était en jeu et, dans un dernier effort, elle courut à travers le marché, renversant tout sur son passage—fruits, étals, sacs mal rangés—pour ralentir l'avancée de son poursuivant.

Et puis, derrière, la brute se mettait à hurler et à faire encore plus de dégâts.

Sérapis cria et appela à l'aide tandis que la place romaine était agitée par cette scène inhabituelle où une jeune femme désespérée, à moitié nue, était poursuivie par un amas de graisse et de muscles hébété, puant et saignant.

Les cris firent leur effet et, au grand soulagement de la jeune femme, la figure de Licinius apparut devant elle, entourée de solides esclaves venus sur le marché pour transporter les marchandises jusqu'au manoir qu'il représentait.

- Monsieur, s'il vous plaît, ce misérable gorille essaie de me violer. Aidez-moi, aidez-moi, aidez-moi », s'écria-t-elle en s'agrippant à l'homme qui avait un port naturellement plus fort et qui, de plus, était protégé par plus d'une demi-douzaine d'esclaves musclés.

- Calme-toi, créature, calme-toi. Tu es en sécurité maintenant. Personne ne te fera de mal.

Celio Bacus, l'agresseur, ne tarde pas à arriver pour réclamer ce qu'il estime lui appartenir, au moins pour réparer l'offense qui lui a été faite.

- Donnez-moi cette voleuse, cette bandit, car je vais la punir pour le mal qu'elle m'a fait. Elle a essayé de me voler et, en plus, elle m'a agressé.

- Écoute, mon vieux, répondit Licinius, comment se fait-il que tu veuilles nous faire croire à cette histoire ridicule, alors qu'il suffit de les regarder tous les deux pour voir qui essayait de voler quoi et à qui.

LA FORCE DE LA BONTÉ

- Tu me traites de menteur, espèce de monstre, grommela Caelius Bacchus.

- Non, mon ami. Je dis simplement que ta taille, tes vêtements sales, ton haleine de boisson et le désordre de tes vêtements, laissant transparaître tes véritables intentions, prouvent que ce que dit ta bouche n'est pas la même vérité que démontre ton corps.

A cet instant, Celio porta ses mains au tissu qui entourait sa taille et lui servait de pantalon rudimentaire, remarquant que les ouvertures inappropriées laissaient apparaître les cibles excusées et leurs vils désirs, accusateurs directs et révélateurs des véritables intentions dans l'attaque contre le jeune fugitif. Pris au dépourvu par sa propre distraction, il recula brusquement, car il était observé par un grand nombre de badauds qui s'étaient massés autour de lui pour assister à l'issue de cette poursuite inhabituelle.

- Mais cette bandit m'a fait du mal », s'écrie l'homme.

- Et elle lui a fait peu de mal comparé au mal que tu avais l'intention de lui faire », répondit Licinius plus sérieusement.

- Tu ne m'empêcheras pas de punir cette séductrice, cette prostituée des enfers.

Et sentant qu'il devait mettre un terme à la conversation, Licinius se montra ferme et concluant :

- Tu as deux possibilités, mon ami. Attacher ton pantalon et continuer ta vie en respectant les autres et en buvant moins, ou bien, courageux comme tu l'as déjà montré, essayer de violer cette jeune femme, face à tous ces esclaves qui se feront un plaisir de te combattre.

Celio Bacus, regardant autour de lui, déglutit sèchement et, jurant et jurant encore, choisit d'attacher correctement son pantalon et de prendre un autre cours.

La curieuse scène était terminée et les gens, toujours avides de sensations et de plaisirs primitifs, se retirèrent pour continuer leur routine.

Voyant qu'elle avait été sauvée par cet homme vigoureux et serein, Sérapis s'agenouilla devant lui et embrassa sa tunique bien ajustée avec reconnaissance.

- Allez, mon enfant, lève-toi. Je n'ai rien fait. D'ailleurs, je me suis servi de ces hommes comme d'un argument convainquant. Le mérite leur revient à tous », dit Licinius en désignant les esclaves.

LA FORCE DE LA BONTÉ

Voyant leur déséquilibre et leur nervosité, l'acheteur de légumes eut envie de converser un peu plus, tout en donnant l'ordre aux serviteurs d'aller chercher les marchandises nécessaires, en prenant soin de garder l'un d'entre eux à proximité, au cas où Celio reviendrait brusquement.

- Mais que fait une jeune femme aussi svelte ici, dans ce lieu si dangereux même pour les hommes ?

Essayant de rester calme et de se maîtriser, Serapis lui raconta sommairement son histoire, finissant par dire qu'elle était allée là pour voir si elle pouvait trouver du travail chez quelqu'un, car elle n'avait nulle part où aller. Sérapis ne pouvait s'empêcher de pleurer en se rappelant son état misérable, la condition de sous-homme dans laquelle il vivait depuis qu'il avait quitté son milieu familial misérable.

Voyant que la jeune fille possédait un physique beau et harmonieux, Licinius se décida à l'embaucher pour travailler dans la maison somptueuse où il servait depuis de nombreuses années.

Il n'était pas nécessaire de préciser que, malgré son rôle de confiance en tant qu'administrateur, cela ne le plaçait pas au-dessus du "statut" d'employé.

Il avait le pouvoir de recruter ou de renvoyer en fonction des besoins du service, et c'est ainsi qu'il put amener la jeune fille au palais sans aucun problème.

De plus, la beauté de la jeune fille toucha son cœur solitaire et, dans un premier élan, il ressentit le désir de l'envelopper de ses bras protecteurs et de l'emmener dans un endroit où ils pourraient fonder une famille.

En un instant, Licinius se sentit responsable de Serapis et, comme un bienfaiteur espérant aider cette créature fragile, il commença à imaginer la possibilité de devenir plus qu'un simple soutien pour que la jeune fille quitte cette vie. Dans son cœur, s'alluma la flamme de l'espoir de trouver une compagne en la personne de cette jeune fille tremblante. Formulant ses pensées, il s'adressa à la jeune fille, compréhensif et généreux, comme sa nature le dictait :

– Si tu souhaites travailler, je peux t'aider, mais tu devras apprendre le travail et obéir aux ordres, car mes maîtres sont très exigeants et je ne veux pas les décevoir.

Serapis n'en croyait pas ses oreilles.

LA FORCE DE LA BONTÉ

Si Licinius exigeait d'elle les mêmes faveurs physiques que Celio avait tenté d'obtenir par la force quelques minutes auparavant, elle y consentirait volontiers, tant que cela la conduirait vers son objectif.

Ah ! Cher lecteur, toujours des intérêts personnels derrière tous les actes.

Licinius, cependant, ne voulait pas s'abaisser au niveau de ces animaux brutalisés et violents qui prenaient forme humaine. Il s'émerveillait des formes de Serapis, y voyant la femme qui pourrait occuper le centre de sa vie affective.

Le sentiment de gratitude poussa Serapis à embrasser ses mains et à se soumettre à toute discipline pour apprendre le métier. Elle ne le décevrait pas et apprendrait vite. Ainsi, ce matin-là, Serapis accompagna Licinius vers la nouvelle destination qui l'attendait.

Enfin, le palais s'étendait devant ses yeux avides et vaniteux de femme.

25.
DANS LE PALACE

Serapis ne pouvait pas croire ce qu'elle voyait, comme si la jeune fille sortait du pire cauchemar pour entrer dans le plus beau des rêves. Marchant aux côtés de Licinius, ils s'approchèrent d'un grand bâtiment seigneurial, où les marbres, les colonnes et les statues ne furent pas économisés, illustrant l'importance de ses habitants.

Il n'est pas nécessaire de dire que ceux qui habitaient ce lieu étaient des Romains traditionnels, pratiques, attachés à leur monde, liés aux intérêts mesquins de tous les temps, qui élevaient le pouvoir et l'argent au-dessus de la valeur humaine.

Marcus Cornelius, son propriétaire, y vivait de manière fastueuse, aux dépens d'un État fondé sur la tradition des familles patriciennes qui s'assuraient mutuellement grâce aux mariages arrangés, où les intérêts matériels passaient avant tout rapprochement des cœurs.

C'est pourquoi sa femme, Druzila, appartenait au même cercle de traditions et de coutumes corrompues, se souciant peu des notions d'élévation et de respect, des vertus de l'âme qui n'avaient aucune valeur immédiate à ses yeux.

Marcus et Druzila jouaient bien leur rôle social, un rôle de plus en plus commun dans cette grande ville. Ceux qui se mariaient par intérêt se retrouvaient enchaînés l'un à l'autre, entre haines mal dissimulées et désirs insatisfaits.

Leurs vies avaient pris la direction tragique de la cohabitation sans émotion, après que l'euphorie initiale de l'union ait été remplacée par une routine froide et indifférente.

La grossesse de Druzila la plongea dans un autre état d'esprit, la sensibilisant par des modifications hormonales, la faisant se sentir de plus en plus démunie, attendant les soins de son mari, qui, une fois qu'il eut constaté l'état de grossesse de sa femme, se mit à l'éviter.

Les soins des esclaves ne suffisaient pas à cette complémentation affective. Marcus était l'homme qui devait prendre soin d'elle dans une situation aussi spéciale que l'arrivée de leur premier enfant qui, selon la tradition religieuse, devait être un garçon.

Cependant, Marcus, bien que jeune et raisonnablement beau, ne se préoccupait guère des affaires de la paternité. Il continuait sa vie pleine d'aventures sexuelles et de conquêtes amoureuses, ne se sentant pas obligé de modifier son comportement habituel simplement parce qu'il s'était marié avec Druzila.

Il considérait l'union comme un moyen de préserver la famille, un bien précieux, tout en dissipant sa richesse dans des aventures extraconjugales, comme si tel était le comportement normal de l'âme humaine.

À mesure que le ventre de la femme se remplissait de la grossesse, plus Marcus s'éloignait d'elle, ne la traitant pas avec totale indifférence, simplement parce qu'il voulait que son état soit suivi par des médecins compétents pour garantir la naissance de l'héritier de son nom et le défenseur de ses ancêtres.

En dehors de cela, Marcus ne cherchait aucune proximité avec Druzila.

Les protestations voilées ou exaltées de la femme ne servaient à rien. Des bouteilles de vin précieux et des jarres en céramique décorées étaient lancées contre les murs dans des accès de colère. Dans cet état, le mari se sentait d'autant plus autorisé à s'éloigner d'elle, arguant de son déséquilibre et de sa folie passagère, attribuées à la grossesse qui modifiait ses impulsions comme cela arrivait à la plupart des femmes.

Dans son état de carence, Druzila en vint à trouver dans la sollicitude de Licinius l'idéal paternel et fiable qui remplaçait celui de son propre mari.

Bien que l'administrateur se tînt correctement à distance de toute relation qui pourrait être interprétée comme suspecte, le cœur de Druzila se tourna naturellement vers lui, le considérant comme le seul homme respectueux et attentif à la satisfaction de ses besoins, qui l'entourait d'attention et de sollicitude respectueuse.

Comme la maîtresse de maison, Licinius se maintenait lié à elle par les liens de la subordination qu'il savait ne pouvaient être rompus, le rendant vulnérable à toute accusation dégradante.

Druzila, au contraire, sachant sa supériorité, commença à maintenir Licinius plus près d'elle, car Marcus passait la journée à s'occuper de ses intérêts matériels et une grande partie de la nuit à satisfaire ses besoins corporels, loin de la maison.

LA FORCE DE LA BONTÉ

Ainsi, à maintes reprises, Druzila créa des situations embarrassantes pour son serviteur, cherchant à le séduire, à le provoquer ou à se rapprocher de lui en tant que femme, même dans son état de grossesse. Dotée d'une beauté harmonieuse, bien qu'elle ne fût pas considérée comme la plus belle des femmes, son corps n'avait pas atteint un stade avancé de la grossesse et gardait les formes contournées de la matronne exubérante et voluptueuse qui correspondait aux idéaux esthétiques de l'époque.

Souvent, sur ordre de la maîtresse, les esclaves qui la servaient introduisaient Licinius dans les appartements privés, prétendant à un appel urgent de la maîtresse de maison qui avait besoin de lui parler. C'était l'occasion pour l'administrateur de se retrouver face à une Druzila à moitié dévêtue ou dans des vêtements séduisants et transparents, juste pour observer la réaction de son serviteur à travers les mouvements et regards les plus subtils.

Licinius, surpris par ce comportement, commença à s'éloigner autant qu'il le pouvait de l'assaut de la femme de son maître qui, bien qu'elle ne réponde pas à ses désirs féminins ou affectifs, méritait néanmoins son respect et sa protection.

Plus l'homme s'éloignait, plus Druzila attaquait, stimulée par le jeu du chat et de la souris.

À maintes reprises, lorsque l'occasion se présentait, la jeune épouse se plaignait auprès de son employé de confiance du comportement de son mari, allant même jusqu'aux larmes dans une tentative de le sensibiliser.

Dans sa lutte pour rester fidèle à ses devoirs envers le seigneur qui lui avait confié la gestion des affaires générales de son palais, Licinius écoutait les plaintes de la femme, reconnaissant une certaine part de raison dans ses larmes, sans pour autant se prononcer sur ce qui était juste ou injuste dans le comportement de son maître, ne se sentant pas autorisé à juger ses actes.

Druzila était fascinée par les manières vertueuses de ce jeune et beau représentant de la dignité romaine, qu'elle ne connaissait pas bien dans sa vie ostentatoire et futile, dans les cercles où elle avait été éduquée.

Naturellement, Druzila savait manipuler les choses et tirer les ficelles de ses intérêts pour éviter d'avoir à se déshonorer en se dévoilant à l'administrateur, ce qui aurait été une humiliation selon ses préjugés.

LA FORCE DE LA BONTÉ

Cependant, elle désirait manipuler ses émotions et en tirer les meilleures sensations, comme un prédateur qui attire sa proie dans le piège qu'il a monté, espérant que celle-ci y tombe par inadvertance, échappant ainsi à toute responsabilité apparente.

Druzila, connaissant les intérêts masculins dans cette société d'hommes, généralement égaux dans leurs faiblesses sexuelles et leurs carences affectives, avait appris à les exploiter et à les exciter, ayant déjà conquis le cœur de nombreux jeunes hommes durant ses années de célibat, pour ensuite les rejeter comme des choses sans valeur.

Avec Licinius, cependant, les choses étaient plus difficiles, et cela aiguisait sa curiosité et exigeait plus de sa ruse.

À mesure qu'elle se laissait envoûter par les manières de l'employé de la maison, elle se préoccupait de moins en moins des comportements de Marcus, qui se sentit soulagé par la trêve que sa femme lui accordait, sans chercher à comprendre pourquoi ce changement.

Il l'attribuait à la fatigue, à l'amélioration, à une normalisation naturelle face à sa conduite, à laquelle il accordait peu de valeur ou d'attention par rapport aux caprices de la femme désireuse de se faire remarquer.

Les choses en étaient là lorsque Serapis arriva au palais fastueux, où Licinius l'admit pour qu'elle serve dans les innombrables fonctions et aide la maîtresse dans la phase de maternité qui approchait.

De plus, Licinius commençait à mûrir l'idée de placer auprès de Druzila une jeune fille qui pourrait lui tenir compagnie, ce qui apaiserait peut-être les besoins affectifs de la femme enceinte.

Ainsi, il prévoyait d'observer les manières de Serapis pour, dès que l'occasion se présenterait, la placer près de la maîtresse et propriétaire, de manière à ce que les deux femmes s'entraident mutuellement et que les désirs séduisants de Druzila soient oubliés.

Parmi toutes les options, c'était la seule qui était à sa portée.

C'était comme si les dieux eux-mêmes avaient providentié cette rencontre. Cependant, Licinius ne s'attendait pas à ce que la caprice des dieux tutélaires fût aussi vaste, au point de lui apporter une jeune femme qui lui inspirerait les sentiments les plus beaux dans son cœur idéaliste, dans le désir de fonder une famille et de donner une direction à son destin et à ses héritiers, portant les traditions familiales.

LA FORCE DE LA BONTÉ

Après être arrivée dans l'ambiance noble du palais, Licinius informa Serapis qu'elle serait conduite dans les quartiers des domestiques où elle devrait attendre, modifiant sa tenue pour des vêtements qui lui seraient fournis, se lavant de toute saleté accumulée par le manque d'hygiène propre à sa condition de vie rude, afin d'être présentée aux maîtres et finalement admise dans les services de la famille.

Comprenant que sa situation n'était pas encore définitive, Serapis s'efforça de respecter toutes les instructions de Licinius, se lavant aussi soigneusement que possible et se vêtissant de façon soignée et minutieuse, bien que ses vêtements de servante fussent simples, bien supérieurs à ceux de la mendiante qu'elle portait quelques minutes auparavant.

Licinius donna les instructions administratives nécessaires à la gestion des affaires de la famille à laquelle il servait, et dès qu'il fit son retour au palais, l'une des servantes de Druzila vint le chercher pour lui transmettre l'appel de la maîtresse de maison, afin qu'il puisse avoir une conversation avec elle.

– Voilà encore ce jeu fou entre le chat et la souris – pensa Licinius, de bonne humeur avec lui-même.

Il se dirigea vers l'endroit indiqué, et dès qu'il arriva, il reçut l'ordre d'entrer dans le vestibule où Druzila prenait son petit-déjeuner en feignant l'indifférence.

Respectueux et courtois comme toujours, Licinius s'inclina cérémonieusement devant la maîtresse, signalant qu'il était là pour lui servir.

– Bonjour, Licinius – dit-elle, feignant l'indifférence.

– Bonjour, madame – répondit-il.

– Je t'ai cherché pendant une grande partie de la matinée et je ne t'ai pas trouvé.

– Oui, madame. C'est qu'aujourd'hui c'est le jour de chercher les fruits frais, les légumes et autres aliments pour nos provisions, afin que rien ne vous manque pendant cette période si importante que vous traversez.

– Ah ! Oui, le « olitórum » – répondit Druzila, faisant référence au marché de légumes – tu es toujours attentif à mes besoins, Licinius. Je crois qu'après la naissance de mon fils, je vais lui donner ton nom, car tu as été plus son père que mon propre mari.

– Ne dites pas cela, madame ! Mon seigneur Marcus est un homme important, très occupé par l'entretien des affaires de cette maison, la gestion de ses biens et ressources afin que rien ne vous manque, ni à vous ni au futur héritier qui va naître.

Et voyant l'attention de Licinius pour défendre son mari débauché, Druzila décida de changer le cours de la conversation. Faisant semblant de ne pas s'en rendre compte, elle laissa tomber la bretelle de sa tunique sur son épaule, exposant une grande partie de sa poitrine, dans l'une de ses stratégies favorites pour provoquer Licinius et mesurer ses intérêts.

Et feignant de ne pas percevoir ce qui se passait, elle poursuivit la conversation.

– Tu sais, Licinius, je t'ai appelé pour te dire qu'hier soir, j'ai entendu des bruits étranges et je n'ai pas pu dormir, ce qui m'a fait me lever si tard, ce qui n'est pas dans mes habitudes.

Et tout en parlant en le regardant, elle observait sa réaction face à son décolleté dénudé et provocateur. Licinius ne pouvait que répondre, et pour cela, il devait regarder sa maîtresse, en faisant tout pour ne pas montrer la moindre surprise ou intérêt qui pourrait être interprété comme un désir indigne de la part d'un serviteur de confiance, face à sa patronne semi-déshabillée.

Voyant que la plainte de Druzila lui offrait l'excuse la plus convaincante, dès qu'il lui fut permis de répondre, et feignant de n'avoir pas remarqué les gestes provocants de la femme, Licinius se tourna vers les fenêtres ouvertes et s'y dirigea comme pour observer la source des bruits qui avaient perturbé sa nuit de sommeil.

– Vous voulez dire, madame, que les bruits venaient de ce côté ? – dit-il, une fois à la fenêtre, scrutant le grand rideau qui l'isolait du monde extérieur. – Je crois qu'il pourrait s'agir de petits chats, dont les habitudes nocturnes produisent des bruits qui, parfois, ressemblent à des gémissements, des cris ou des pleurs de créatures. Lorsque les chats se croisent, ils émettent des bruits différents, ronronnent, ronflent, et ce n'est pas ce qui manque par ici, les chats et les chattes en chaleur – dit-il, tentant de sortir de cette situation tout en faisant une allusion indirecte aux insinuations de Druzila.

Comprenant la situation de Licinius et sa gêne, la jeune épouse de Marcus se plaisait encore plus dans l'attitude qu'elle interprétait comme une timidité de ce jeune homme tentant, et, profitant de son geste d'approche de la fenêtre, sans qu'il s'en aperçoive, Druzila se leva de sa chaise et, silencieusement, s'approcha de l'endroit où Licinius se trouvait, regardant les toits au loin, comme si, curieuse, elle désirait également voir ce qui se trouvait de l'autre côté.

Elle s'approcha du jeune homme et, sans qu'il le remarque, se plaça tout près de lui et dit d'une voix malicieuse, celle d'une femme expérimentée dans les conquêtes :

– Laisse-moi aussi voir où les chats et les chattes se croisent, Licinius.

Pris d'un choc brutal, Licinius, qui ne s'attendait pas à entendre la voix de Druzila si près de son oreille, alors qu'il était tourné dos à elle, se redressa, prenant la posture rigide d'un soldat en position d'attention, se maintenant de dos, imaginant quelle pourrait être l'intention de la femme en se rapprochant ainsi de lui.

Voyant que Licinius ne se retournait pas, Druzila posa un bras sur son épaule et s'approcha encore davantage, comme si elle voulait regarder par-dessus son dos, le provoquant d'une manière plus insinuante.

Se sentant ainsi tenté, sans se retourner pour éviter que son visage ne soit trop proche de celui de la femme de son maître, il répondit :

– Eh bien, madame, restez ici à observer, je vais organiser avec les esclaves pour qu'ils nettoient toute la zone immédiatement, afin qu'aucun chat ou chatte ne vienne faire sa cour sous votre fenêtre, vous dérangeant dans votre repos. Je reviendrai plus tard vous rendre compte de l'opération.

Et, ayant dit cela, il s'éloigna prudemment du contact physique provoqué par Druzila, cherchant à observer sa réaction masculine. En sortant de la pièce, non empêché par la joueuse habile qu'était Druzila, Licinius était en sueur, car chaque jour cette femme devenait plus audacieuse dans ses assauts.

Bénie soit l'heure où il rencontra Serapis, que ce soit pour enchanter ses sentiments et occuper ses pensées, l'empêchant de succomber aux provocations de Druzila, ou pour qu'elle devienne une nouvelle compagne pour la gestante audacieuse, ce qui stopperait ses actions plus exaltées.

– Il faut que je trouve un moyen de mettre plus de monde entre moi et cette femme désespérée qui va, sans doute, faire ma malchance, sans que j'aie rien à voir là-dedans. Imagine si le seigneur Marcus arrive à ce moment-là, en voyant cette scène, que ferais-je ? – pensait Licinius, préoccupé, tandis qu'il se dirigeait vers les appartements des domestiques où il avait laissé Serapis se préparer pour son entrée dans les services de la maison.

Là, où elle avait été placée dès son arrivée au palais, Serapis était prête, attendant dans les quartiers des domestiques, comme cela lui avait été ordonné.

Son cœur battait la chamade à l'idée de ce commencement et la silhouette de Licinius dominait ses pensées, comme celui-là, généreux et beau bienfaiteur, qui pourrait, parfaitement, obtenir de sa part tous les favours charnels qu'il désirerait.

Dans cet état d'esprit et cherchant à dissimuler ses rêveries, Licinius entra dans la chambre modeste, après avoir frappé à la porte pour vérifier s'il pouvait entrer.

– Tout est prêt, ma chère ? – demanda l'administrateur, surpris par la beauté renouvelée de Serapis, désormais propre, arrangée et, autant que possible, parfumée par l'hygiène de l'eau courante.

– Oui, mon bienfaiteur. Je suis prête à vous servir sans causer de tracas, obéissante et soumise. Et comme je n'ai pas eu beaucoup de temps pour me présenter correctement, j'aimerais vous dire que mon nom est Serapis, mais je ne sais pas si ce nom vous plait, ni à nos maîtres, alors je ne serai pas gênée si vous préférez le changer.

En disant cela, la jeune femme souhaitait renforcer dans l'esprit de Licinius son nom, pour qu'il cesse de l'appeler "petite", préférant être traitée comme une femme par celui qui lui semblait l'homme le plus admirable qu'elle ait rencontré. Dans le fond de son cœur, une attraction féminine naissait pour ce bel exemple masculin, bien qu'il fût un serviteur dans un palais.

Écoutant les préoccupations de la jeune femme, Licinius se sentit encore plus charmé par ses manières humbles et la rassura :

– Bien, Serapis, il ne sera pas nécessaire de changer ton nom, il me plaît beaucoup et il plaira aussi à nos maîtres. J'admire ta préoccupation et la compréhension que, dans ce milieu, ceux qui savent leur place restent plus longtemps que ceux qui se croient au-dessus de leur position. Nous sommes des serviteurs et si nous nous conduisons bien comme tels, en obéissant toujours, en restant attentifs et serviables, nous resterons plus longtemps au service de nos seigneurs qui, bien que jeunes et un peu immatures, sont généreux et cordiaux, ne nous laissant manquer de rien dans ce peu dont nous avons besoin.

Voyant que Licinius ne l'appelait plus "ma petite", Serapis sourit et baissa les yeux, montrant son respect. Les cœurs des deux, pour des raisons différentes, ressentaient l'attraction spontanée l'un pour l'autre, bien que Licinius, âgé de trente ans, fût dix ans plus vieux qu'elle.

Licinius, attiré par sa beauté et son charme, dans la condition de celui qui ressent le désir de protéger avec tendresse une créature à la merci du destin, abandonnée à la dureté de la vie.

Serapis, attirée par la manière protectrice de celui qui l'avait tirée de la rue et de la misère, l'introduisant dans la vie de rêves qu'elle avait toujours désirée.

Le temps et les faiblesses humaines, cependant, se chargeraient de modifier ces sentiments.

26.
L'EXPÉRIENCE SERAPIS

Naturellement, pour chacun de nous, la Justice Divine permet que nous ayons les opportunités nécessaires pour apprendre et modifier notre caractère et nos tendances.

C'est pourquoi la vie est bien plus que les relations sociales et commerciales, affectives, professionnelles ou matérielles, comme elles sont généralement considérées par la majorité des gens.

À travers ces relations, les hommes sont appelés à corriger leurs erreurs et à améliorer leurs vertus, devenant des esprits beaucoup plus raffinés sur le chemin de l'évolution.

Tous ceux impliqués dans ce drame partageaient, de la même manière, le chemin de la vie, portant leurs points faibles qui nécessitaient des réparations, leurs erreurs qui devaient être corrigées, leurs capacités qui exigeaient des efforts pour être élargies.

Avec Serapis, les choses n'étaient pas différentes.

Son esprit rebelle, vaniteux, impulsif, avait été réorienté vers la vie matérielle dans un état de pauvreté, dans un environnement hostile, en compagnie d'autres semblables à elle, moralement dégénérés, pour qu'elle comprenne les douleurs et les afflictions qui attendent tous ceux qui se conduisent par le chemin du mal et du crime, entraînant d'autres dans des catastrophes morales, comme elle-même l'avait déjà fait un jour, dans d'autres existences.

De même, Druzila, dans la condition d'une créature riche, appartenant à l'élite sociale de son époque, n'échappait pas aux mêmes devoirs d'apprentissage, de réparation, de rééquilibrage, devant être dans la condition où elle se trouvait pour modifier ses tendances, améliorer sa capacité affective, se consacrer à l'amour sincère, s'occuper de ceux qui souffraient avec l'abondance de ses ressources, établissant un réseau de soutien et de consolation. Originaire d'un passé de dérapages moraux, Druzila avait été placée, dans cette incarnation, dans un corps moins exubérant en beauté, afin que cet atout esthétique ne soit pas utilisé comme une arme pour blesser les autres et finir par se nuire elle-même dans les égarements commis au nom des conquêtes et des passions éveillées.

LA FORCE DE LA BONTÉ

Marcus, quant à lui, jeune et prospère patricien de son époque, se divertissait avec les aventures considérées comme normales pour son âge et son temps, méprisant les opportunités de maturation auprès de son épouse, maintenant enceinte de son enfant, ce qui pourrait l'aider dans sa transformation morale et émotionnelle. Pendant ce temps, son comportement récurrent et ancré dans les plaisirs physiques l'empêchait de profiter des hautes vibrations spirituelles qui lui étaient envoyées depuis le monde invisible, ainsi qu'à tous les autres qui se trouvaient là, dans le théâtre transitoire de l'existence, dans lequel certains jouent le rôle des riches tandis que d'autres occupent les personnages misérables, certains revêtent la figure de ceux qui commandent, et d'autres interprètent celle de ceux qui obéissent.

Ainsi, cher lecteur, c'est ainsi que la vie se présente à nous. Et sans que vous en ayez conscience, en ce moment exact, votre journée dans cette existence peut bien vous faire payer la juste et nécessaire taxe pour que vous réussissiez ou échouiez selon les décisions que vous souhaitez prendre.

C'est pourquoi Jésus, le Maître de tous, avant de faire sa propre volonté, s'occupait d'abord de faire la volonté du Père, au-dessus de tout.

Choisir ce qui est la volonté du Créateur est toujours un signe de sagesse, d'élévation et de conscience claire, afin que ce ne soit pas nous qui recevions le salaire de la frustration, du désespoir, de la déception et de la honte devant nos propres actes et comportements, parce que nous avons voulu réaliser notre volonté, nos caprices, nos impulsions inférieures, liées à nos erreurs, tendances négatives et défauts.

Ce jour-là, Serapis fut introduite par Licinius dans le travail de la maison, subtilement, étant d'abord observée par lui dans sa manière de se comporter, face aux tâches les plus simples qu'il lui avait attribuées.

Malgré sa condition de servitude, sa posture hautaine ne niait pas sa condition spirituelle ancestrale d'aristocrate arrogante, car, étant la première fois qu'elle pénétrait dans un palais de cette nature dans cette incarnation, elle se conduisait comme quelqu'un qui connaissait déjà ses habitudes, les routines et les subtilités des habitudes patriciennes, les détails du service attendu des employés.

C'est pourquoi, à la surprise de Licinius, il fut très facile pour Serapis de s'intégrer dans les travaux du palais, sans causer de problèmes d'adaptation majeurs, malgré la différence brutale d'environnement qu'elle subit en si peu de temps.

Les premières semaines furent sereines, sans incidents importants à décrire, à l'exception des constantes tentatives de Druzila envers l'administrateur, toujours habile à échapper à ses assauts.

En plus de cela, Licinius protégeait Serapis, évitant de l'exposer à des tâches plus complexes pour la préserver de tout problème initial, ce qui faisait que les propriétaires ne l'avaient pas encore remarquée, surtout alors qu'elle se familiarisait avec les procédures, pour ne pas être surprise en train d'adopter une conduite inappropriée.

Les soins de Licinius faisaient que Serapis se sentait encore plus touchée par ses manières gentilles et respectueuses, si peu communes parmi les hommes de son époque et de toutes les époques. Le sentiment de l'administrateur pour Serapis était perceptible dans la façon dont il la regardait et comment ses yeux brillaient en admirant sa beauté et en percevant ses efforts pour devenir une autre femme, abdiquant sa condition de misère et s'efforçant de suivre le rythme de la noblesse impériale.

Ce que Licinius ignorait, c'est que Serapis faisait cela sans aucune difficulté, car son esprit était déjà habitué à ces pratiques depuis longtemps. Il ne se doutait pas que la condition de servante lui faisait plus mal que celle de mendiante dans la rue, car, en dehors de ce monde magique et lumineux, elle n'avait plus de moyen d'expérimenter à nouveau les tentations de la richesse et du pouvoir. Maintenant, là-dedans, son âme fière était à la merci de tout ce qui stimulait ses défauts, sans pouvoir se permettre un autre comportement que celui de la soumission et de l'insignifiance absolue.

Là, elle n'était rien, malgré être au cœur de l'endroit où elle avait toujours rêvé d'être, se sentant presque comme une reine déchue de son trône et reléguée à la cuisine.

Cette douleur morale au plus profond de son être n'était partagée avec personne, car Serapis avait d'autres projets et elle allait les réaliser.

Même la figure gentille et honnête de Licinius ne serait pas capable de la détourner de son objectif.

– Au final – pensait-elle – Licinius est bon, mais il n'est qu'un autre employé comme moi. Ce que je désire, c'est être celle qui vit comme la maîtresse de tout ceci. C'est mon rêve et c'est pour cela que je suis ici : je lutterai jusqu'à ce que je l'obtienne.

À ce moment-là, en utilisant la force de sa pensée froide et mesquine, Serapis fermait les portes douces de son cœur aux expériences élevées de l'union sincère avec quelqu'un qui pourrait l'aider à surmonter ses défauts et à exercer le rôle de servante, dans lequel elle apprendrait les leçons d'humilité, si importantes pour son esprit rebelle et indomptable.

Des esprits bienveillants, qui guidaient ses pas depuis le monde spirituel, s'efforçaient de mieux l'inspirer sur le chemin de la transformation nécessaire, en l'aidant à profiter de la proximité de Licinius et à comprendre les beautés émotionnelles qu'il pourrait lui offrir.

Cependant, la pensée déterminée et égoïste, désireuse de faire uniquement sa propre volonté, empêchait Serapis de modifier ses décisions, l'empêchant d'écouter la voix de son cœur.

Après quelques semaines, Serapis était plus familière avec les routines du palais, au point que Licinius décida de la présenter à Druzila comme sa nouvelle servante, l'aidant dans les tâches quotidiennes, surtout avec l'avancée de sa grossesse.

La future mère reçut cette instruction avec une froide indifférence, n'oubliant pas de remarquer la beauté de la jeune femme et ses manières qui semblaient humbles et soumises.

Pour beaucoup de femmes qui n'avaient pas les traits esthétiques aussi fins, la beauté des autres était une dague acérée qui pénétrait leur cœur envieux et mesquin, et devenait, en soi, une raison suffisante pour être gratuitement hostile.

De plus, sans pouvoir l'expliquer, la présence de Serapis produisait en Druzila un frisson de peur et de dégoût, comme si elle était devant une rivale habile, une adversaire astucieuse, quelqu'un qu'elle avait déjà rencontré, sans pouvoir expliquer quand ni où.

Ce fut le premier élan de Druzila envers Serapis. Ne pouvant se comparer à la beauté de la jeune femme, surtout dans sa condition de femme enceinte et dodue, dont les traits physiques se perdaient à mesure que la grossesse avançait, la maîtresse reçut la jeune servante à son service comme une nouvelle occasion de céder à ses instincts féminins et d'humilier ceux qui, n'ayant pas son argent ou sa position, possédaient le physique qu'elle n'avait pas et ne pourrait jamais acheter avec ses ressources matérielles.

Serapis, de son côté, esprit sagace et astucieux, comprit vite qu'il serait très difficile de rester dans cette condition, d'autant que la future mère donnait déjà des signes de comportement hostile.

LA FORCE DE LA BONTÉ

Dès la première occasion, elle se plaignit auprès de Licinius, de manière contenue, lorsque l'administrateur lui demanda comment se passaient ses nouvelles fonctions :

– Ah ! Mon seigneur, comme j'ai de la nostalgie de l'époque où je pouvais être à l'extérieur de ce qui ressemble plus à une chambre de châtiment qu'à la chambre d'une future mère.

– Bon sang, Serapis, les choses ne peuvent pas être si mauvaises que ça – répondit Licinius.

– Elles sont pires que ce que je dis, mon seigneur. La matronne ne fait que m'humilier, exigeant que je réalise tous ses caprices et prenant un plaisir malveillant à me faire souffrir. Pour tout ce que vous m'avez promis, je supporte en silence pour ne pas compromettre l'effort de votre bonté envers moi. Cependant, cela pèse énormément sur moi…

– Sachez, Serapis, que Druzila a beaucoup changé avec la grossesse et je crois fermement qu'avec la naissance de l'enfant, elle reviendra à la normale.

– J'espère que ce sera le cas, seigneur. J'espère.

En voyant la triste expression de la jeune femme qui l'avait tant conquis, Licinius ajouta pour la réconforter :

– Faisons une chose, Serapis : je vais te donner deux jours par semaine où tu n'auras pas à rester là avec Druzila. Je dirai que j'ai besoin de tes services dans d'autres parties du palais et je placerai une autre servante pour te remplacer auprès d'elle. Ainsi, tu seras un peu éloignée et tu pourras rester plus forte pour le jour où tu devras être plus proche, dans le service intime à notre maîtresse. Ça te va ?

Sentiant la gentillesse de Licinius, un large sourire illumina le visage de Serapis qui, dans un élan de gratitude et profitant de l'ambiance calme et éloignée du palais, laissa libre cours à son côté jovial et spontané, presque enfantin, en étreignant son cou et en l'embrassant sur la joue, dans un moment de joie qui, aussitôt exprimé, la fit rougir de honte pour avoir agi si précipitamment.

Le baiser sur la joue de Licinius aurait pu être la cause de son renvoi immédiat de cette maison. Cependant, l'administrateur, surpris par la réaction spontanée, se sentit plus flatté, imaginant que la jeune femme nourrissait aussi pour lui un sentiment d'affection et d'intérêt qui l'autorisait à rêver plus grand, flatté par son égard.

LA FORCE DE LA BONTÉ

Souriant à la manière gênée de Serapis, Licinius lui caressa les cheveux et dit :

– Serapis, merci beaucoup pour cette démonstration spontanée de gratitude que je garderai comme l'un des meilleurs paiements que j'aie reçus dans ma vie. Cependant, fais attention à ce genre de conduite devant les autres, car les regards étrangers ne voient pas la vérité, mais la malveillance qu'ils portent en eux, et cela pourrait beaucoup te nuire.

Voyant les scrupules de Licinius concernant sa condition de servante dans cette maison, Serapis fit une révérence formelle typique des serviteurs, signalant sa compréhension du message de Licinius et, avec un petit sourire d'intimité aux lèvres, s'éloigna pour vaquer à ses tâches.

Pendant ce temps, alors que cela se passait dans le vestibule, en même temps, dans la chambre, Druzila était frustrée par le traitement qu'elle recevait de Marcus, qu'elle ne pardonnait pas pour le manque d'attention qu'il lui accordait, dans l'orgueil blessé de femme. Son seul intérêt continuait d'être Licinius, qu'une folie passagère avait choisi comme objectif de ses désirs, soit pour se sentir aimée, soit pour humilier la virilité de son propre mari.

Cependant, Druzila ne parvenait pas à franchir la barrière infranchissable de vertu que Licinius levait et protégeait toujours contre ses assauts bien orchestrés, qui auraient poussé un homme normal à céder en peu de temps.

Fatiguée de rester dans la condition de femme prisonnière, Druzila se sentait ridiculisée dans cet environnement, loin de son mari, loin du monde, loin de Licinius.

– Où est celui qui me donnait encore un peu de respect et de considération ? se demandait Druzila, dans la solitude de ses appartements, surtout maintenant qu'il m'a trouvée cette nouvelle servante, il est encore plus éloigné.

Les idées obsessionnelles dans son esprit négligé poussaient Druzila à l'inquiétude, imaginant qu'avec une nouvelle femme aussi bien formée, les intérêts de l'administrateur devaient être tournés vers l'autre et non vers elle.

Cette idée pernicieuse transforma la jalousie en une force agressive au fond d'elle-même, et à cause de cela, la future mère devint plus agitée, dans cette phase où, à cause de toutes les limitations qu'elle voyait surgir sur son chemin, elle en vint presque à haïr cet être qu'elle portait dans son ventre, dans la forme égoïste et tempéramentale dont elle était porteuse.

Inquiète de l'idée de la nouvelle employée sous les ordres de Licinius, Druzila quitta la chambre comme quelqu'un qui souhaite respirer un air nouveau dans une promenade imprévue à travers les dépendances de son palais, une occasion qui lui permettrait de surveiller d'un œil astucieux où se trouvait Licinius et comment les choses devaient être en dehors de ses appartements.

Ce n'était pas un comportement attendu ou considéré comme naturel, au vu de l'avancement de sa grossesse, raison pour laquelle personne n'imaginait que Druzila s'aventurerait dans la maison, contrevenant aux ordres des médecins eux-mêmes.

Pendant ce temps, agissant comme un chat qui marche sans faire de bruit, Druzila quitta la chambre où il n'y avait aucune servante à ce moment-là et, marchant furtivement à travers les différentes chambres de sa vaste demeure, elle ne put s'empêcher de voir, entre les colonnes de marbre, le geste spontané de Serapis, sautant au cou de Licinius et lui déposant le baiser déjà mentionné, ainsi que l'absence de réprimande sévère de l'administrateur face à une intimité aussi inappropriée d'une servante audacieuse. Cette scène fut le vinaigre pour ses yeux.

En tant que femme astucieuse, elle enregistra tout dans ses archives et retourna dans la chambre d'où elle s'était absentée sans que personne ne l'ait vue.

À ce moment-là, son sentiment pour Licinius devint encore plus passionné, face à la dispute que, dans sa vision féminine, lui aurait causée Serapis, exigeant qu'elle adopte une autre stratégie pour ne pas perdre celui qui était le seul homme à la traiter avec l'attention qu'une femme affaissée attendait.

Les lignes émotionnelles perturbées de Druzila la faisaient perdre les limites du bon sens, se permettant d'halluciner à l'idée de perdre ce si convoité spécimen masculin au profit d'une servante, une misérable employée.

Son cœur, qui jusqu'alors jouait avec les sentiments de Licinius, provoquant son instinct masculin à travers des comportements déguisés et dissimulés de femme séductrice, se trouvait maintenant serré, oppressé par la peur de perdre et d'être battue dans une bataille inégale, où elle se présentait grosse et laide, bien que riche et puissante, tandis que la concurrente était une jeune femme belle et célibataire, bien que simple servante de la maison. Elle pensa à dispenser la jeune femme des services du palais. En attendant, si un sentiment réciproque existait de la part de Licinius, cela l'éloignerait davantage de lui, ce qu'elle n'accepterait jamais.

– Non, je ne peux pas agir à la hâte, cela pourrait se retourner contre moi. Je vais voir jusqu'où cela va, mais je dois agir de manière plus directe pour conquérir Licinius, avant que cette intruse opportuniste n'y parvienne. Je jure par tous les dieux que je ne permettrai pas qu'elle me vole son cœur, pensa Druzila, fiévreusement.

L'état fiévreux et excité par la jalousie et la haine, ainsi que la sensation d'impuissance causée par l'enfant qui se préparait à venir au monde, firent que, dès cette nuit-là, Druzila ne passa pas une bonne nuit.

Marcus, qui arrivait toujours au petit matin et se levait tard, avait peu de contact avec son épouse, car, sous prétexte de ne pas la déranger, il passait plus fréquemment dans d'autres chambres, isolées de la femme.

Ne supportant pas ses crises et ses maux, attribués à sa condition de tempérament instable et immature, ainsi qu'à ceux naturellement causés par la grossesse, le mari ne savait rien de ce qui se passait dans la maison somptueuse.

Druzila, quant à elle, deux jours après ces émotions plus fortes, ressentit les premières contractions annonçant l'arrivée de celui qui serait le premier enfant du couple.

Les médecins furent appelés, les femmes responsables de l'assistance à l'accouchement furent informées du moment et restaient à leur poste.

Serapis avait été mise au service de la future mère à temps plein, l'aidant dans les moments les plus douloureux des contractions, lui nettoyant la peau en sueur, lui donnant de l'eau et, ainsi, faisant en sorte que, pendant quelques instants, lorsque la douleur devenait plus intense, Druzila oublie qu'elle représentait l'ennemi, celui qui guettait la chance du cœur.

Marcus fut appelé en hâte par Licinius et arriva à la maison entre inquiétude et curiosité, car les traditions familiales des Romains valorisaient toujours l'existence de successeurs qui maintiendraient ainsi indestructible la lignée des ancêtres de la famille et le culte des dieux tutélaires.

Les heures s'allongèrent et devinrent épuisantes, bien que l'attente fît que le palais ne dormit pas tant que l'accouchement n'était pas terminé...

Finalement, après des heures interminables d'attention, dans les difficultés naturelles que les temps anciens présentaient en raison du manque de ressources et des connaissances limitées en techniques médicales, on entendit le cri caractéristique, la première bouffée d'air de la créature nouvellement née, ce qui fit éclater le cœur de tous, principalement celui de Marcus, Romain typique, homme de son époque, vehement et impulsif comme la femme.

Sans soin et sans prendre le luxe d'attendre le moment approprié dans sa propre maison, il ouvrit les portes le séparant du lieu de naissance, cherchant certainement celui qui serait le continuateur des traditions familiales des Cornélius.

Épuisée par l'effort, exténuée et abattue, Druzila restait immobile sur le lit rembourré, comme quelqu'un qui aurait traversé un désert à pied et serait enfin arrivé à destination.

Les femmes l'aidèrent à se nettoyer et à réajuster ses vêtements, tandis que Marcus envahissait la chambre, demandant à haute voix où se trouvait l'enfant nouveau-né.

La petite créature était enveloppée dans un tissu précieux, préparé de longue date pour la recevoir. Elle avait déjà reçu les premiers soins d'hygiène, la rendant moins repoussante à première vue, car la période de gestation couvre le corps d'une couche graisseuse au aspect désagréable.

Marcus, qui avait toujours montré de l'indifférence envers le sort de son épouse, et qui demeurait peu intéressé à connaître l'état féminin après une si longue bataille pour amener cette nouvelle vie au monde, cherchait frénétiquement à rencontrer son premier fils, le trouvant dans les bras de Serapis, qui, elle aussi émue par l'accompagnement de la grossesse, était plus sensible et exaltée.

Marcus ne la connaissait pas. Jusqu'à ce jour, il ne l'avait pas vue et ne savait pas de qui il s'agissait.

En entrant dans la chambre, son apparence de beauté façonnée par l'atmosphère émotionnelle maternelle la rendait semblable à une madone classique, inspirant de nombreuses toiles de peintres renommés, ce qui fit que Marcus interrompit un instant sa recherche de l'enfant pour s'arrêter et admirer Serapis.

LA FORCE DE LA BONTÉ

Licinius était à distance, cherchant à répondre aux besoins urgents de Druzila, qui, épuisée, essayait de dormir un peu pour récupérer ses forces.

Marcus, extasié devant Serapis, qui portait le petit paquet, ne savait pas s'il devait prendre la créature dans ses bras ou se donner à cette femme qu'il n'avait jamais vue et qui l'avait complètement magnétisé, immédiatement.

Voyant la situation de celui qu'elle ne connaissait pas, mais qui semblait être le maître de la maison à travers les attitudes audacieuses et envahissantes de cet environnement, qui, par conséquent, devait être Marcus, Serapis, cherchant à être la plus soumise sans perdre la noblesse de ses gestes, lui tendit le petit paquet, baissant la tête pour éviter de croiser le regard du père, qui ne savait pas où poser ses yeux.

Se retrouvant face aux bras tendus de celle qu'il ne connaissait pas comme servante de sa maison, Marcus se reprit du choc émotionnel et prit dans ses bras le fruit de longs mois de grossesse.

Il se dirigea immédiatement vers la table la plus proche pour pouvoir mieux évaluer l'état du nouveau-né.

Son cœur battait la chamade, ému d'être face à celui qui perpétuerait ses traditions ancestrales, jusqu'au moment où un gémissement de déception déchira la magie de cet instant, poussant le jeune homme à se prendre la tête dans les mains et, brusquement, à se lever pour chercher l'air extérieur, laissant sur la table la créature nue, exposée à la brise sans soins. Frustré dans ses désirs masculins, Marcus découvrit que son premier enfant était en parfaite santé... mais c'était une fille.

27.
SENTIMENTS ET INTÉRÊTS

L'atmosphère de la fastueuse chambre se modifia avec l'arrivée d'un nouveau membre dans la famille, entraînant la modification de certaines routines et la mise en place de soins supplémentaires pour que la santé de la petite ne soit pas affectée par l'exposition au froid ou au vent, un ensemble de serviteurs étant absolument disposé à veiller jour et nuit, aussi bien pour répondre aux besoins de l'enfant que pour aider la mère.

L'arrivée des visiteurs, des parents, après la période d'émotion et de danger, prenait beaucoup de temps aux autres domestiques, obligeant Marcus à passer plus de temps dans l'environnement familial, afin de recevoir les félicitations, de mener des conversations formelles avec les autorités, jouant le rôle de père concerné et de mari attentionné. Cette pantomime bien jouée par lui, qui allait jusqu'à montrer plus d'affection pour Druzila, apaisait en elle les besoins affectifs mal supportés tout au long de la grossesse.

Grâce à cela, Licinio se sentit un peu plus soulagé et, n'ayant plus à se préoccuper tant du siège direct de la maîtresse de maison, se consacrait au travail administratif ardu de contrôle des besoins domestiques, des employés, des produits de ravitaillement, des problèmes internes, et bien sûr, de l'affection qu'il commença à ressentir pour Serapis, de plus en plus intense et véritable.

Le cœur de Licinio avait toujours été vide, principalement à cause de ses souvenirs flous de l'enfance.

Depuis cette époque, il avait été élevé par des personnes étrangères à sa famille, ayant perdu tout contact avec ses ancêtres, sachant à peine que, lorsqu'il était très jeune, ses parents étaient morts dans un accident lorsque l'"insulae" où ils vivaient s'effondra, tuant plusieurs habitants de ce type d'abri romain primitif, où s'entassaient familles après familles, de manière précaire.

Les enfants du couple jouaient à l'extérieur de ce mauvais bâtiment et, de ce fait, échappèrent à la tragédie, restant seuls au monde, ne pouvant pas renseigner sur des proches ou des membres de leur famille qui auraient pu les élever. Licinio était le plus jeune et son frère, quelques années plus âgé que lui, ne comprenait pas ce qui se passait. À l'époque où ils devinrent orphelins, ils avaient six et trois ans, respectivement. L'administrateur ne se souvenait même pas du nom de son frère, ni de ce qu'il était devenu. Il se rappelait vaguement qu'au milieu de la foule désespérée suite à l'accident, ils avaient été emmenés par des inconnus et séparés l'un de l'autre, sans jamais se retrouver.

Il ne savait même pas si ce nom sous lequel il était connu était le même que celui que ses parents lui avaient donné, car sa petite enfance ne lui permettait de se souvenir de rien d'autre. Il savait seulement dire qu'il avait été déplacé de lieu en lieu, toujours comme employé, comme adjoint et, si ce n'avait été pour sa belle apparence physique, pour sa douce beauté, il aurait certainement été sacrifié ou laissé à mourir dans un sombre passage. Il reçut l'affection d'un homme généreux, Licinio l'ancien – comme il était connu – qui, sans enfants ni autres proches dans cette grande ville indifférente, s'était attristé de son destin et lui avait donné de la nourriture et une instruction simple, préparant son esprit pour les années de jeunesse à venir, lui donnant son propre nom comme identité personnelle.

Avec le désir d'apprendre et de retrouver le lien perdu avec le seul être qu'il avait connu et semblait avoir survécu – son frère disparu – et pour aider le vieil homme qui l'avait accueilli comme un père, il passa à vivre et travailler avec modestie et humilité, sympathie et respect, conquérant par ses manières éduquées l'attention de seigneurs riches qui, à partir de ce moment, s'intéressèrent à son existence et l'aidèrent à satisfaire ses besoins, devant lesquels il fut accueilli avec plus de respect, jusqu'à être considéré comme un convive ou un adjoint de leur maison. Ce furent les parents de Marcus Cornélius avec qui Licinio passa à vivre dès sa jeunesse, principalement après que son premier bienfaiteur ait laissé son corps fatigué, victime de la vieillesse, soutenu par l'affection du jeune Licinio.

C'était son histoire personnelle. Abandon et orphelinat mêlés à un sentiment de solitude et de vide, toujours en quête de ses propres racines, sans parvenir à les trouver.

Avec le mariage de Marcus, quelques années plus jeune que Licinio, il fut invité à servir comme administrateur des vastes domaines hérités de l'excentrique et irresponsable fiancé, car il était une personne de confiance stricte, acquise au fil des décennies de liens affectifs.

Ainsi, la présence de Serapis dans sa vie était comme le lever du soleil, apportant l'espoir d'une période de satisfaction émotionnelle qui lui permettrait de donner libre cours à ses projets futurs, oubliant les désirs du passé. Ensuite, lorsque les choses se calmèrent, avec l'attention portée à l'arrivée de l'enfant dans la maison de Marcus, Licinio chercha à rester plus proche de Serapis, afin de mieux ressentir sa présence et de se laisser envelopper par sa manière d'être.

Serapis, de son côté, savait bien l'inclination de Licinio et ressentait également une grande sympathie pour lui, sans se laisser convaincre que ce sentiment était véritable.

La jeune femme avait d'autres désirs en tête et ne laisserait pas les caprices irresponsables d'un cœur qu'elle devait dompter l'amener à se lier à un inférieur, socialement parlant. Cependant, dans le plus profond de son être, Serapis aimait être courtisée timidement par celui qui était le chef de tous les serviteurs, charmant et respectueux.

Ainsi, sachant qu'en l'absence d'un autre plus important pour s'engager dans ces jours-là, Licinio était le plus haut qu'elle pouvait atteindre, elle accepta la cour, montrant des signes évidents d'affection et de soumission.

Ses sentiments se présentèrent heureux et elle semblait transportée dans un monde de paix et de réconfort, une sécurité et un équilibre qu'elle n'avait jamais imaginés.

Avec sa réciprocité, Licinio devint encore plus docile à son contact et, une certaine nuit, lorsque les services furent terminés, il la chercha pour l'inviter à une promenade dans la propriété.

Sachant qu'elle pouvait compter sur la correction de ses intentions, mais voulant se montrer attentive à sa condition de servante, Serapis lui demanda :

– Oui, mon seigneur, votre invitation m'honore, mais ne sera-t-il pas nuisible pour vous auprès de nos maîtres ou des autres serviteurs ?

– Regarde, Serapis, quel mal y a-t-il dans une promenade, même ici, sans le désir de nous cacher pour faire des choses indignes ? De plus, j'ai déjà informé le seigneur Marcus de mon désir de discuter avec toi et il a accepté, me libérant de tout engagement.

– Ah ! Dans ce cas, mon seigneur, il sera très agréable de pouvoir être en votre compagnie.

Ainsi, les deux prirent la direction des jardins du palais, sous la lumière des étoiles scintillant dans le ciel romain, à la recherche d'un refuge un peu plus isolé des oreilles curieuses, afin de pouvoir converser.

Licinio désirait lui montrer quelque chose qu'elle ne connaissait pas et, si elle le connaissait, jamais elle ne l'avait vu avec un tel éclat.

– Tu sais, Serapis, la vue d'où nous allons nous asseoir est privilégiée.

Je suis sûr que tu n'as jamais vu quelque chose d'aussi beau de toute ta vie.

Regardant autour d'elle, dès qu'ils s'assirent sur le banc que la mousse avait embrassé, comme couvrant la pierre rustique pour le confort des amoureux, Serapis s'exclama, euphorique :

– Mais c'est magnifique, mon seigneur ! Regarde le Tibre au fond, le contour du forum, les maisons illuminées, les collines presque toutes visibles...

– Oui, Serapis, la vue d'ici est merveilleuse... Mais tu n'as pas encore vu la plus belle partie.

– Que voulez-vous dire, mon seigneur ?

Essayant de mettre la jeune femme à l'aise, il lui répondit :

– Si tu continues à m'appeler "mon seigneur", je recommencerai à t'appeler "ma petite". Qu'en dis-tu ?

Rougissante à l'affirmation catégorique qui montrait qu'il connaissait son sentiment le plus intime de contrariété lorsqu'elle était appelée ainsi, Serapis baissa la tête, embarrassée, et, enroulant son bras autour de celui de Licinio, posa son visage sur son épaule et dit :

– D'accord, mon seigneur, je voulais dire, seigneur Licinio.

– Juste Licinio, Serapis, rien d'autre.

Faisant encore preuve de plus de gêne, la jeune femme répondit :

– Mais, vous êtes notre directeur. Je ne peux pas me permettre une telle intimité.

Comprenant ses scrupules et admirant sa prudence, Licinio répondit :

– Ici, nous sommes seuls, et tant que cela reste ainsi, je veux que tu m'appelles seulement par mon prénom. Quand nous serons devant les autres, je serai celui qui dirige et, à ce moment-là, tu pourras m'appeler "seigneur". Cela te convient-il ?

– De cette manière, c'est mieux... Licinio, dit-elle, hésitante et joyeuse, comme une enfant ravie.

Voyant que la première barrière avait été franchie, l'hôte amoureux lui prit la main et recommença :

– Tu sais, Serapis, que depuis ton arrivée ici, nos destins se sont de plus en plus rapprochés. Je ne vais pas te dire que cela n'est dû qu'à la nécessité du travail.

Depuis que je t'ai vue sur le "Forum Olitórum", sur les rives du Tibre, fuyant ce brute, un sentiment de tendresse et d'affection très intense envahit mon âme à chaque fois que je pense à toi. Au début, je pensais que ce n'était qu'un désir ou de la curiosité. Cependant, les semaines passèrent et ta compagnie éveilla en moi le plus pur des sentiments que je pensais ne jamais pouvoir exister en quelqu'un d'aussi malheureux que moi.

Voyant le silence et la proximité de Serapis, Licinio se sentit encouragé à continuer.

– C'est pourquoi je t'ai amenée ici aujourd'hui, quand les choses sont plus calmes...

– Et Druzila est plus... disons... tranquille, dit la jeune servante en riant malicieusement.

– Bon sang, Serapis, alors tu es déjà au courant des folies de la maîtresse ? Ces domestiques en savent plus sur les choses que César lui-même. Combien d'argent il dépense pour un réseau d'informateurs quand il suffirait d'avoir plus de domestiques... dit Licinio, de bonne humeur.

– Nous savons aussi de son héroïsme masculin, Licinio... répondit-elle, montrant de la fierté pour lui.

– Eh bien, profitant du fait que les choses sont plus calmes aujourd'hui, Serapis, j'aimerais te montrer, dans ce paysage que tu observes, quelque chose qui représente exactement ce que tu es pour moi et, à partir de maintenant, que tu saches mon désir de, quand tout sera favorable, honorer mon existence en accueillant ton âme aux côtés de la mienne, dans une famille romaine, celle qui m'a été refusée depuis presque ma naissance.

– Licinio, ta manière d'être me plaît et je ne saurais dire ce qui pourrait être plus beau que ce qui symbolise ce que ma figure éteinte représente pour toi.

– Oui, Serapis, ce que tu vois d'ici peut sembler beau, mais ce n'est que l'attrait de tant de Druzilas qui existent dans le monde, désirant aimer et trahir avec la même intensité. Sous ces toits, il y a des femmes comme elle, des maris comme Marcus, indifférents, des foyers sans feu sacré, des sentiments corrompus où il n'y a pas d'affection sincère.

Les petites étoiles dans le ciel montrent les regards des dieux sur nous tous, essayant d'éclairer notre chemin de fautes et de succès. Cependant, l'obscurité qui les entoure est notre réponse à leur appel fraternelle. Les étoiles scintillent et nous nous éteignons. C'est pourquoi, plus que cette nature belle en elle-même, plus que l'horizon de beautés infinies, tu représentes pour moi quelque chose de plus grand que tout cela. Toi, dans ma vie, tu es quelque chose que je veux te montrer, pour que tu ne l'oublies jamais.

Voyant comment l'affection de Licinio se déployait pour elle, comme jamais personne ne l'avait fait auparavant, le cœur de Serapis se laissa emporter par la brise de l'émotion, ce sentiment qui enivre et que les créatures qui se croient maîtresses d'elles-mêmes n'aiment pas ressentir, car il émane comme une force puissante directement du cœur.

L'ombre de la nuit noire, le profil de Licinio se transformait en une sculpture élancée de la nature humaine, rendant ses cheveux bouclés et noirs encore plus attirants. Le regard de Serapis, habituée à la ruse développée pendant son enfance, ne savait pas identifier ce genre d'affection sincère et pure, bien qu'elle se sente sur un nuage avec une telle démonstration d'affection.

Néanmoins, la confession de Licinio ne lui était pas indifférente et ses manières éduquées et respectueuses lui procuraient une sensation de sécurité qu'elle n'avait jamais connue jusqu'alors.

Essayant de briser le silence de l'enchantement, Serapis murmura doucement tout en enroulant son bras autour de celui de Licinio, qu'elle avait déjà entrelacé :

– Alors, Licinio, bien que je ne me considère pas digne de tout cela, j'aimerais beaucoup que tu me montres ce que mon être représente pour toi.

– Attends encore quelques instants et tu verras. Regarde attentivement le fleuve et ses eaux.

Ainsi, pendant quelques minutes, ils restèrent en silence, observant le cours silencieux du Tibre au loin, lorsque, de manière imperceptible, une flamme commença à surgir de cette région. Un point lumineux jaune, comme la flamme d'un feu qui aurait été allumé à cet instant.

LA FORCE DE LA BONTÉ

Cela semblait de la magie aux yeux de Serapis.

En silence, elle continua d'observer, tentant de comprendre ce qui se passait.

Cependant, le feu continuait de grandir et ses contours s'élargissaient, comme si le feu ne s'emparait pas seulement de ce petit point, mais se répandait sur toute la ligne de l'horizon.

– Voici ce que tu représentes pour ma vie, Serapis...

Là, la pleine lune naissait, sur la Rome indifférente. Comme le regard de Dieu témoin de toutes les réussites et erreurs des hommes, Serapis se fascinait devant cette immense taille. D'abord rouge, puis s'élargissant et devenant dorée, elle s'élevait du sol, se reflétant dans les eaux du fleuve et éclairant encore plus les contours de tous les palais et temples de la ville éternelle.

Émue, Serapis se mit à pleurer, d'avoir été, pour la première fois de sa vie, honorée par une telle vision dans une telle situation. Licinio la plaçait comme la lune de sa vie et, dans un geste affectueux, il entrelaça ses mains, enfonçant ses doigts dans les siens et lui déclarant son amour.

Ne sachant pas quoi dire après que les minutes aient laissé la lune se transformer en un merveilleux disque montant dans le ciel, Licinio serra ses mains entre les siennes et lui dit :

– C'est pour cela que je t'ai amenée ici... pour que tu saches de mon véritable amour et mon rêve d'être le ciel étoilé afin que tu puisses briller en lui comme le plein lune.

Sans prononcer un mot, Serapis prit ses mains et les embrassa tendrement.

Elle ne souhaitait pas, là, s'engager envers Licinio, dans un moment d'émotion incontrôlable, où elle risquait de perdre tous ses projets et rêves de richesse et de pouvoir dans sa vie, les échangeant contre un bonheur de fantaisie, sans éclat et sans avenir, sans importance et sans répercussions sociales.

Elle était perdue entre ses intérêts les plus secrets et ses sentiments et émotions de femme.

Après un certain temps de silence, Licinio, comprenant l'état de perturbation de cette jeune femme émue et en larmes, sans vouloir la pousser, la leva du banc et, jetant un dernier regard sur l'horizon, désormais baigné par la lumière argentée du gigantesque satellite terrestre, il se dirigea vers l'intérieur de la confortable maison, où ils étaient servis de manière humble, mais où ils pourraient trouver le sentiment sincère et véritable, comme un cadeau de Dieu pour tous les êtres.

Pendant ce qui se passait dans les jardins du palais, à l'intérieur de la demeure, les conflits s'intensifiaient.

Après que les dernières visites se soient éloignées et que Marcus ait permis de redevenir le même homme indifférent d'autrefois, la présence du mari à la maison avait suscité chez Druzila le désir naturel d'affection qu'une femme cherche à satisfaire, surtout après une telle absence et tant de pression émotionnelle due à la grossesse.

Rétablie du douloureux accouchement, Druzila chercha à se rapprocher de Marcus qui, ces derniers jours, avait montré une certaine douceur en sa présence. Cependant, dès qu'elle pénétra dans ses appartements, elle fut accueillie comme avant, froidement.

– Chéri, cela fait combien de temps que nous n'avons pas discuté un peu ? Maintenant que notre fille est arrivée, nous pourrions revenir aux bons vieux temps, lorsque nous échangions des affections spontanées et sincères, dit Druzila, essayant d'oublier toutes les offenses reçues à cause de l'indifférence de son mari.

– Tu reviens encore avec cette manie de vouloir revenir au passé, Druzila. Tu sais que nous ne nous sommes jamais aimés pour de vrai. Toi et ton père, tout comme le mien, avez manigancé notre union pour rapprocher nos fortunes.

– C'est vrai, mais il est aussi vrai que tu as accepté et que tu semblais sincère.

– Oui, j'ai peut-être accepté à l'époque, quand tu étais plus belle, tu étais une nouveauté pour moi, l'argent était plus séduisant que toi. Mais maintenant ? Tu es cet amas de graisse accumulée, un conglomérat de lamentations et d'exigences et, ce qui est pire, tu n'as même pas été capable de me donner un enfant. Tu es inutile pour toutes les choses.

Se sentant profondément blessée, Druzila se mit à pleurer sous les nouvelles attaques de Marcus, froid et indifférent.

– Tu sais, Druzila, un mari veut une femme forte, courageuse, sans peur, qui ne fond pas en larmes à tout moment de la journée sans aucune valeur. En plus de cela, n'importe quelle prostituée bon marché, pour charmer un homme, est plus attrayante que toi et, à vrai dire, elle pourrait me donner le fils que je mérite.

Ne parvenant plus à se contrôler, Druzila explosa comme toujours, en injures et menaces.

Blessant la femme de manière cruelle, Marcus tentait de la traiter avec la thérapie du choc, pensant ainsi, qu'il pourrait réveiller ses fibres féminines, la rendant moins conformiste, moins matrone capricieuse. Cependant, ce qu'il parvenait à accomplir, c'était de la blesser et de lui provoquer une colère intérieure qui, dans le cœur d'une femme émotionnellement déséquilibrée, se transforme en un flot de lave en combustion, au moment opportun.

Druzila n'écoutait plus ce que Marcus disait. Pour elle, ce qui comptait était de lui rendre l'insulte, coûte que coûte, et elle le ferait, avec un raffinement soigné et du sadisme.

– Tu sais que tu es le plus abject de tous les êtres que j'ai rencontrés dans ma vie. Il est vrai que je me suis couchée avec de nombreux hommes, certains d'entre eux sentaient même mauvais, mais aucun d'eux n'était aussi bas que toi, Marcus Cornélius. Tu vas payer cette insulte avec des larmes et du sang.

Les affirmations d'adultère et de trahison, lancées en pleine face, avaient pour seul effet de blesser l'esprit et l'orgueil de l'homme vaniteux, sans correspondre à la vérité. C'était plus une arme féminine pour contrer l'attaque lâche de ce jeune insensé.

Après lui avoir vomi les injures les plus basses, Druzila quitta la pièce et, en pleurs, retourna dans sa chambre, l'esprit en feu à cause de l'humiliation subie peu avant, lorsqu'elle avait laissé de côté son orgueil, tentant de réparer sa vie amoureuse avec son mari.

Au même moment où elle scrutait toutes les possibilités de vengeance, l'image de Licinio apparut dans son esprit.

L'"autre homme de sa vie" – qu'elle choisisse, à ce moment-là. Marcus paierait très cher l'humiliation qu'il lui avait infligée, pour qu'il ne l'oublie jamais.

Pendant ce temps, dans sa chambre, après l'explosion de tempérament de la femme, qui correspondait exactement à la réaction que le mari voulait obtenir d'elle, pour qu'elle le laisse en paix, Marcus fut assiégé par le souvenir de la jeune femme qui lui avait remis la nouveau-née, quelques jours plus tôt.

La vision de Serapis ne quittait pas son esprit et, pendant les jours suivants, ce fut une autre raison pour laquelle il ne s'éloigna pas du palais.

Entre les colonnes et les piliers, dans les chambres et les couloirs, il jetait des regards pour apercevoir la silhouette belle de la jeune servante dans les tâches habituelles de la maison.

Il apprit, sans éveiller de soupçons, qu'elle était une nouvelle servante, amenée par son ami et administrateur Licinio, et qu'il n'y aurait donc aucune difficulté à s'approcher de cette jeune femme.

Ses pensées, cherchant à fuir l'image de sa femme exigeante, se laissaient imprégner par l'atmosphère de beauté et de nouveauté de cette jeune servante, qui, sans aucun doute, serait facilement disponible pour lui.

Ainsi, à partir de ce jour, lorsque les liens affectifs avec Druzila subiraient le coup le plus dur à cause de ses paroles agressives et démesurées, Serapis devenait le nouvel horizon de ses intérêts émotionnels, devant être abordée avec précaution, afin de ne pas perdre les formes attendues d'un patricien romain, dans l'atmosphère de sa maison.

Trahir sa propre femme avec des employés dans l'environnement où la famille devait mériter le plus profond respect en vertu des lois sacrées du foyer, était l'un des crimes les plus abjects et provoquerait une avalanche d'opposition sociale à son égard.

La maison, selon la pensée romaine, était le siège de la vertu. Se corrompre dans la rue était quelque chose d'admissible et même acceptable. Mais profaner le foyer était équivalent à commettre un parjure contre les ancêtres qui y étaient vénérés.

C'est pourquoi Marcus savait qu'il ne pouvait laisser éclater de soupçons ni permettre à sa position noble de se confondre publiquement avec celle de la plèbe, comme on considérait les servantes ou les esclaves.

En Marcus, l'intérêt physique et les frustrations émotionnelles le poussaient à des aventures interdites.

En Druzila, la douleur et l'orgueil blessé l'empêchaient de s'entourer de personnes innocentes, dans l'intention de créer le scandale avec lequel elle comptait rendre l'offense à son mari.

En Serapis, le sentiment en conflit avec l'intérêt, dans la lutte entre l'amour et le désir de progresser socialement et de dominer.

En Licinio, le sentiment sincère, sans peur ni jeu, luttant pour être partagé par celle qu'il choisirait comme la lune de son existence, mais qui, dans les recoins les plus secrets de son être, dans la malice qui ne livrait jamais ses cartes, dans la ruse qui planifiait toujours, n'avait aucun intérêt à s'élever dans son ciel et à lui éclairer la vie en tant qu'épouse dévouée et mère des enfants d'un serviteur.

Ainsi, cher lecteur et chère lectrice, combien de maux auraient été évités et pourraient être évités, si les sentiments sincères guidaient nos comportements et nos paroles, nos impulsions et nos attentions, car revêtues de douceur, nos attitudes ne blesseraient pas, même si elles contrariaient, ne humilieraient pas, même si elles ne correspondaient pas aux désirs des autres.

Combien de douleurs visitent aujourd'hui nos sphères intimes, résultant de ce jeu de sentiments dévalorisés et d'intérêts mesquins, faisant de toutes les créatures des victimes d'elles-mêmes à travers les siècles de réparation qui les attendent.

Et n'oublions pas que les personnes impliquées dans cette nouvelle étape réincarnatoire s'étaient déjà connues et avaient déjà vécu ensemble dans une époque antérieure, il y a moins de cent ans, dans l'atmosphère de cette Rome grandiose et petite, à la fois.

28.
L'ÉGOÏSME EN ACTION

Les jours passaient lentement, entre les tâches quotidiennes de la maison noble et les sentiments qui grandissaient dans le cœur de ses membres principaux.

Licinius maintenait sa posture respectueuse et sereine, tandis que Serapis apparaissait de plus en plus affaiblie, alléguant toujours la fatigue causée par l'augmentation des tâches internes, en raison de l'arrivée de la fille du couple dans la maison.

En vérité, la servante était confuse par le sentiment que Licinius lui inspirait et par ses désirs de réussite personnelle, luttant pour ne pas céder aux impulsions de son cœur, qui était également vide, car ses projets ne prévoyaient pas cette échelle de niveau social inférieur.

Pendant ce temps, ce mode de sentir et ce conflit émotionnel payaient le prix du gâchis de ses énergies, car sa sympathie pour Licinius confondait son âme et lui donnait des pensées négatives.

À l'intérieur d'elle, luttait le sentiment sincère du cœur contre les décharges mentales qui entraient en désaccord avec l'émotion. Cette fatigue était nuisible à l'équilibre de Serapis, et c'est pourquoi son attention en souffrait et toutes les choses qu'elle devait faire étaient entravées par son état d'esprit.

Dans ses appartements, Druzila suivait ses instincts animalisés, provoqués par l'indifférence de Marcus, s'imaginant dans la position de l'épouse qui se satisfait de l'employé et, par cela, humilie le mari pour lui rendre l'insulte.

À un tel degré de blessures, Druzila avait perdu la notion de l'affection véritable et du respect que toutes les personnes méritaient, se disant à elle-même que le monde était froid et indifférent et que tout le monde devait être utilisé pour être heureux avec des plaisirs ou être un instrument de vengeance. Chacun se protégeait de l'autre et les plus faibles finissaient abattus et blessés dans cette lutte de la vie, où personne n'avait de compassion pour elle, Druzila.

LA FORCE DE LA BONTÉ

Blessée dans son âme, son désir, désormais, plus que d'aimer un autre homme, était de blesser le mari infidèle et cynique, attendant le moment propice pour le faire.

Voyons maintenant l'état de Marcus, le maître de maison léger. L'incapacité de son épouse à lui donner le fils tant attendu — car l'arrivée de la fille, au lieu du fils, était ainsi interprétée — fit que son insatisfaction à l'égard de la femme s'amplifia et, dans le concept machiste et indifférent que l'égoïsme produit dans le cœur des créatures qui le cultivent sans modération, Druzila avait perdu tout son charme et ne méritait plus aucun respect ni considération.

Son comportement irresponsable, hors du foyer, était déjà un indicateur certain de son manque de base morale, qui pourrait être réparée par la paternité, un sentiment plus noble qui, par lui-même, est souvent capable de ramener à la raison et à la sérénité le plus extravagant des hommes.

Cependant, ce ne fut pas ce qui se passa.

Marcus, n'arrivant ni à désirer ni à améliorer les choses avec Druzila, fut surpris par la beauté de Serapis, dont le visage ne sortait pas de son esprit et qui, depuis ce jour-là, devint la principale raison pour laquelle il restait chez lui.

Accoutumé à satisfaire tous ses désirs, cherchant à croiser le regard de Serapis, qui, en tant que femme, aurait remarqué l'impact que sa présence avait eu sur lui ce jour-là, le jour de la naissance de la fille, le maître de maison commença à parcourir les couloirs de ses dépendances, comptant toujours sur la possibilité de croiser les pas de la jeune servante élancée.

Après que Serapis ait reçu la révélation affective de Licinius et gardé secrètes ses sentiments, les jours passèrent jusqu'à ce qu'un matin, lorsque les événements naturels menèrent Licinius au "Forum Olitorum" pour le réapprovisionnement des légumes et autres produits consommés par les habitants du palais romain, elle se sentit plus libre de répondre à l'intérêt de Marcus, ayant perçu ses regards furtifs, ses promenades maladroites à l'intérieur de la maison, comme quelqu'un qui cherche quelque chose sans savoir où cela se trouve.

Ainsi, sachant que Licinius n'était pas là, Serapis, audacieuse et joueuse, décida de changer son approche afin de s'assurer que l'intention de Marcus était bien de se rapprocher d'elle.

Elle plaça sur un plateau finement sculpté une coupe de vin, quelques pains et des fruits secs pour le petit-déjeuner et, sans que le maître ne l'ait demandé, dans un geste d'audace qui pourrait lui coûter son emploi, elle se dirigea vers ses appartements, frappa à la porte et attendit qu'on lui réponde.

Dès que la porte s'ouvrit, Serapis se tint debout, en posture de révérence, la tête baissée et le corps légèrement courbé, tendant le plateau avec les bras devant, comme si elle respectait le maître, qui semblait un peu désemparé. Dès l'ouverture de la porte, Serapis offrit le plateau, le regard tourné vers le sol, ses longs cheveux couvrant son visage comme un rideau opportun qui dissimulait son identité.

– Voici, mon seigneur, votre petit-déjeuner pour ce nouveau jour, dit-elle respectueusement.

Se voyant dans cette scène insolite et peu commune, car sa routine familiale ne comprenait pas une telle démarche, de plus, en général, lors des rares occasions où il prenait le petit-déjeuner dans sa chambre, cette demande était faite à Licinius et lui était fournie par lui, toujours servie par un autre serviteur qui rendait des services personnels et exclusifs au maître de maison pour éviter la jalousie de Druzila et les soupçons des autres employés, le premier réflexe de Marcus fut de renvoyer durement la jeune servante avec le plateau, la renvoyant avec un reproche, car la préoccupation du maître de maison était la vertu apparente sous son toit.

– Je n'ai pas demandé de petit-déjeuner ce matin, dit-il brusquement.

Poursuivant la mise en scène par laquelle elle voulait tester l'intérêt du maître, Serapis, avec calme et grâce, leva le visage et, au fur et à mesure qu'elle le faisait, ses cheveux se dégageaient sur les côtés, révélant son regard pétillant et lumineux.

Regardant directement dans les yeux de Marcus, la servante, feignant l'humilité, répondit :

– Pardonnez-moi, seigneur, je dois m'être trompée. Peut-être que ce petit-déjeuner est destiné à votre épouse Druzila. Encore une fois, je vous prie de m'excuser pour ce dérangement.

En prononçant ces mots d'une manière si douce et soumise, la tendresse de Marcus fut touchée par la surprise et par la "coïncidence" qui amenait la jeune servante jusqu'à sa porte, celle qu'il cherchait secrètement.

LA FORCE DE LA BONTÉ

Voyant qu'elle se préparait à quitter pour se rendre dans la chambre de sa femme et sentant son cœur battre la chamade, il ne voulait pas perdre ce moment spécial, encore plus captivé par la beauté négligée de Serapis. Ainsi, il adoucit le ton de sa voix et dit :

– Regardez bien, bien que je n'aie pas demandé de petit-déjeuner, il arrive à point nommé. S'il vous plaît, entrez et servez-moi ce qui est sur le plateau.

La réaction de Marcus confirmait à Serapis qu'il s'intéressait à elle, et cela signifiait une grande chance pour toute servante romaine de sa classe inférieure.

En un instant, Serapis entrevit tout son futur et toutes les opportunités que la main de la déesse Fortuna lui offrait. Sans aucun doute ni signe de pudeur ou de réserve, la servante pénétra dans les appartements du maître, qui, plus rapidement qu'immédiatement, ferma la porte et s'assit à une petite table qui lui servait de bureau ou de table pour manger, selon le moment.

Serapis, alors, avec des manières feignant la discrétion, cherchait à rester ferme dans l'exercice de ses fonctions de servante, laissant à l'homme toutes les initiatives, si cela lui plaisait. Elle lui servit donc le vin, plaça la carafe à côté, puis déposa devant lui les pains et les fruits pour que Marcus puisse les atteindre sans difficulté.

Lui, peu intéressé par la nourriture, ne quittait pas des yeux Serapis, qui, percevant son intérêt mal dissimulé, se réjouissait intérieurement, sachant que la moitié de la guerre était déjà gagnée.

Même l'ennemi ne cachait plus rien.

– Quel est ton nom ? demanda Marcus en saisissant son poignet au moment où elle posait les fruits sur la table, révélant ainsi un désir d'intimité physique avec la jeune servante, chose très inhabituelle de la part d'un maître envers ses esclaves, dans l'ambiance familiale. Sans se retirer de ses avances mais feignant une certaine timidité qui était bien loin de la réalité, elle répondit :

– Serapis, pour vous servir, mon seigneur.

Marcus éprouvait pour elle une avalanche de sentiments incohérents. Il avait l'envie de la saisir là, sur-le-champ, de la faire asseoir sur ses genoux et de caresser ses longs cheveux tout en lui confiant ses affectueux désirs mal reçus par d'autres femmes qu'il achetait pour quelques pièces.

LA FORCE DE LA BONTÉ

Son désir masculin, d'autre part, était de nouer avec elle les relations les plus condamnables pour un chef de famille romaine, ici même, dans sa chambre, comme si elle lui appartenait corps et âme, sans considérer sa propre volonté, car il ne s'agissait pas d'une esclave mais d'une employée, bien que, à l'époque, la différence entre esclaves et employés fût rarement reconnue ou respectée.

Une combinaison de tendresse paternelle, d'attirance charnelle, de volupté, de passion et de désir le dominait et il lui était difficile de se contrôler.

Serapis percevait l'état agité de sa respiration. Sa main froide montrait le désordre de ses émotions, et son visage rouge trahissait l'accélération de son rythme cardiaque. Elle avait le contrôle de la situation, mais elle ne voulait pas être vulgaire ni facile, car cela l'égaliserait aux prostituées de la rue, et ce n'était pas ce qu'elle désirait.

Ainsi, cherchant à donner l'impression de vouloir s'éloigner, elle demanda, respectueusement :

– Mon seigneur, souhaitez-vous autre chose ?

Voyant que la jeune femme était prête à partir, brisant ainsi la magie de cette première rencontre intime, Marcus affirma, s'appuyant sur son autorité incontestée dans cette chambre :

– Oui, Serapis. Je souhaite que chaque matin, tu me serves quelque chose à manger, à la même heure que ce matin, même si je suis encore en train de dormir. Tu as ma permission de frapper à la porte jusqu'à ce que je me réveille ou qu'un serviteur vienne ouvrir.

– Mais, seigneur, excusez-moi de vous rappeler cela, mais Licinius attribue toujours cette tâche à un serviteur de son intimité...

– C'est vrai, Serapis, mais cela ne se passera plus ainsi. J'apprécie que ce soit toi qui m'assistes chaque jour, à moins que cela ne te dérange. Dans ce cas, j'accepterai que ce soin soit apporté par quelqu'un d'autre. C'était le moment de son destin. Serapis pourrait refuser de le servir et ainsi le repousser après tant d'attente pour une telle opportunité. Ou alors, d'une manière séductrice, elle réaffirmerait son désir de lui servir, en se rapprochant davantage de lui. Voyant que l'on attendait d'elle une réponse décisive et révélatrice, Serapis réfléchit bien et répondit :

– Il n'y a rien dans ce palais qui puisse honorer plus un serviteur ou une servante aussi démunie que moi que la possibilité de vous servir, mon seigneur. Toutefois, cela pourrait entraîner des difficultés que vous ne percevez pas.

– Que veux-tu dire, Serapis, si c'est ma volonté qui dirige cette maison ?

– Oui, c'est vrai, mon seigneur. Cependant, je dois vous avouer que votre épouse me déteste sans raison, si ce n'est par jalousie envers moi.

Voyant que Marcus ne voulait pas de sa femme, il ne lui serait pas difficile d'imaginer que l'esprit vengeur de Druzila était tout à fait capable de se comporter ainsi.

– Je sais comment est Druzila, Serapis, et c'est pourquoi je ferai tout pour que tu ne sois pas complètement soumise à son tempérament.

– Je vous remercie beaucoup, mon seigneur.

– Alors, Serapis, pourquoi continues-tu avec cette expression d'inquiétude ?

– Seigneure, il se trouve que je dois beaucoup au seigneur Licinio, qui, pris de compassion pour mes malheurs, m'a amenée dans cette maison.

– Et moi aussi, je dois beaucoup au vieux Licinio, mon ami, pour t'avoir amenée ici, Serapis, dit Marcus, d'un ton galant.

Serapis sourit d'un air gêné, suggérant qu'elle comprenait la galanterie, mais ajouta :

– Il se trouve, seigneur, que le généreux et paternel seigneur Licinio, ces derniers temps, semble plus intéressé par ma personne insignifiante, allant même jusqu'à me faire des propositions pour se marier avec moi.

Face à cette révélation, Marcus se redressa sur sa chaise et son état émotionnel changea, passant d'un enchantement à une certaine inquiétude.

Voyant qu'il restait silencieux, attendant plus d'explications, Serapis continua, maîtrisant ses propres émotions et les dirigeant vers son auditeur :

– Je me sens très liée à lui pour tout ce qu'il a fait pour m'aider ici, et peut-être que ses sentiments se sont confondus. Cependant, comme je ne ressens aucune attraction pour lui, je ne me sens pas autorisée à accepter ses avances. Je me trouve dans une situation difficile où je ne souhaite pas le blesser en ne répondant pas à ses sentiments de la manière qu'il espère.

Ainsi, je crains que si je reste attachée au service personnel du seigneur de la maison, cela pourrait blesser les sentiments du seigneur Licinio et causer de la souffrance à celui qui, jusqu'à maintenant, a été mon bienfaiteur.

Voyant que cette préoccupation était importante et qu'elle prenait en compte la personne de son ami et administrateur de confiance, Marcus, sérieux, lui demanda :

– Licinio est un homme honorable et digne de toute considération. Son sentiment est noble et ses intentions sont toujours sincères. Es-tu vraiment sûre de ne rien ressentir qui corresponde à ses sentiments, Serapis ?

Comprenant la portée de cette question, qui marquerait un tournant dans sa vie, Serapis se souvint de tous ses projets et rêves de richesse qu'elle espérait construire pour elle-même. En ce moment délicat de son destin, elle choisit ce qui lui semblait être le mieux pour ses propres intérêts, sans réfléchir profondément à ce qu'elle faisait.

Elle pensait à son propre egoïsme. Tant qu'il n'y avait personne d'autre qui la désirait, Licinio, bon et généreux, pourrait lui servir de consolation. Cependant, maintenant que l'intérêt de son maître était évident, elle ne se souciait pas qu'il fût marié, qu'il eût une fille, que son rapprochement avec le maître fût un scandale ; dans ces conditions, qu'elle n'ait même pas la moindre lignée n'avait pas d'importance. Ce qui la captivait, c'était l'idée d'être la maîtresse de cet homme puissant et admiré, riche et malheureux. De plus, sa femme, Druzila, pour qui elle éprouvait une aversion profonde et une antipathie difficile à dissimuler, rendait le fait de conquérir le mari d'autant plus savoureux, comme la récompense des humiliations successives qu'elle avait dû endurer dans l'intimité du service.

– Mon seigneur, j'ai une gratitude infinie pour le seigneur Licinio, mais je ne me sens pas encline à partager ses désirs de mariage. Mon cœur attend encore l'affection qui pourrait le réchauffer et à qui je pourrais me donner pour qu'il réalise ses rêves d'homme et lui fournisse la descendance masculine qui perpétue la tradition familiale. Et, de ce que je ressens en moi, malgré tout le respect que j'ai pour lui, le seigneur Licinio n'est pas cette personne.

LA FORCE DE LA BONTÉ

Un peu soulagé, Marcus comprit les raisons faussement exprimées de Serapis et réfléchit alors :

– Eh bien, Serapis, mon cœur vide et amer, aride et malheureux, comprend les désirs de ton affection, et ta noblesse d'âme est plus pure que celle de bien des matrones romaines, toujours préoccupées par leurs caprices et par l'accomplissement de leurs volontés égoïstes. Cependant, je perçois dans tes intentions un espoir de bonheur qui guide mes désirs identiques, et c'est pourquoi je ne voudrais pas m'éloigner de toi, même si les conditions sociales nous séparent. Licinio a toujours été un homme que j'ai admiré, et, connaissant la vie de souffrances qu'il mène, je ne voudrais pas lui causer davantage de contrariétés. Ainsi, tu dois rester discrète, te soumettant à ses ordres. En attendant, j'aimerais savoir si l'idée de nous rencontrer, dans le respect des précautions nécessaires vues nos positions respectives, te plairait afin que nous apprenions à mieux nous connaître. Ne te sens pas obligée d'accepter parce que je suis le maître ici. Rien en toi ne doit être forcé. Si tu préfères l'isolement, je ne manquerai pas de respecter ton souhait.

Les paroles de Marcus avaient un ton de mélancolie, comme s'il exprimait une confession amère de son sentiment malheureux de longue date. En réalité, toute sa quête effrénée de plaisirs en dehors du foyer était motivée par un sentiment de vide, mal réciproqué, dans une soif de trouver un équilibre pour son esprit agité, bien qu'il ait dû expérimenter toutes les prostituées de Rome. Et ce n'était pas dans le sexe qu'il trouvait la réponse à son cœur. Cependant, Serapis semblait raviver en lui un renouveau d'espoir, lui procurant le désir juvénile de se retrouver dans l'affection tant rêvée et, en même temps, si frustrée par le conventionnalisme et les arrangements d'intérêts. Il savait néanmoins qu'entre eux il y avait une barrière très difficile à franchir, issue de ce même conventionnalisme social, des limites sociales. Il n'avait aucune idée de la manière dont il pourrait corriger cette distorsion. En attendant, il ne pouvait pas se permettre de manquer l'occasion de rester proche de Serapis. Une force différente l'attirait.

La jeune servante, émue par les manières de cet homme si vulnérable dans ses sentiments, qui, lors de leur première rencontre, était passé de la condition d'un patron arrogant à celle d'un cœur faible et dépourvu, avouant ses sentiments et demandant de l'aide, se risquait à saisir l'opportunité, ne voyant ni ne souhaitant d'autre chemin que celui qui lui garantirait la récompense de ses efforts et lui répondait :

– Comme je vous l'ai dit, monsieur, le plus grand honneur qu'une servante comme moi pourrait aspirer est de servir votre seigneurie. Et si plus que du vin ou du pain, je pouvais vous servir de nourriture pour le cœur affamé, soyez certain que je ferai tout pour que la faim se dissipe dans votre cœur. Je suivrai vos ordres et ferai tout discrètement, car je ne souhaite blesser ni les sentiments de votre femme ni ceux du seigneur Licinio.

La réponse de Serapis redonna vie au cœur enfantin de Marcus qui, avec un large sourire, s'approcha d'elle et, sans détour, la prit dans ses bras avec effusion, dans le silence et la solitude de cette pièce sans témoins.

Pour éviter de paraître facile, Serapis resta raide, ne répondant pas à son élan, afin de ne pas être confondue avec une aventurière ordinaire.

Voyant sa position ferme, Marcus se recula et s'excusa, en disant :
– Pardonne-moi, Serapis, je me sens très anxieux. Je ne veux imposer quoi que ce soit ni te forcer à rien. Je te dis seulement que cela fait longtemps que je n'ai pas ressenti une joie aussi grande que celle que tu m'as donnée ici. Chaque fois que Licinio sera en service, je veux que tu viennes ici pour que nous abordions les détails de notre conversation. Nous serons prudents pour que tout soit fait dans le plus grand secret. Pour l'instant, nous avons convenu de nous retrouver ailleurs, dans le temple de Jupiter Capitolin, où tout le monde peut aller et où tu pourras aussi être sans éveiller de soupçons. Dans deux jours, à la tombée de la nuit, je serai là en t'attendant. Parle avec Licinio et demande-lui la permission de sortir. Il viendra sûrement me consulter et je règlerai les choses.

Une fois l'accord conclu, la conversation se termina et, tremblante d'émotion, elle courba son corps respectueusement et, laissant derrière elle un homme revigoré par le sentiment, un Marcus excité par la possibilité d'être heureux à nouveau, elle sortit silencieusement de la chambre, avant que l'administrateur qui l'aimait ne revienne du marché.

Lorsqu'elle sortit, Serapis n'avait plus cette atmosphère de confusion ni d'oppression par les doutes. Comme si une sécurité enfouie depuis longtemps lui donnait de la lucidité, la figure de Marcus était désormais le centre de toutes ses attentions et de tous ses désirs de femme.

LA FORCE DE LA BONTÉ

En vingt minutes de dialogue, la figure de Licinio et tout son véritable sentiment cesseraient d'être un motif de confiance pour lui accorder l'affection et passeraient à la catégorie d'un obstacle qu'il faut retirer. Licinio ne lui paraissait plus un candidat au mariage. L'égoïsme de Serapis le plaçait dans la condition d'un homme mûr qui ne savait pas où il se trouvait, se laissant séduire par sa jeunesse sans tenir compte de la différence d'âge entre eux.

Celui qui était digne d'elle était Marcus, et sur lui elle investirait tous ses efforts, surmontant tous les obstacles qui se présenteraient. Le monde appartenait aux plus forts et aux plus résistants – comme elle le pensait toujours aussi, dans l'identité des défauts qu'elle partageait avec Druzila, toutes deux femmes de son époque, avec les imperfections de leur époque et les faiblesses spirituelles qui les rendaient très semblables.

Ce jour-là, lorsque Licinio revint du marché, en sueur et haletant, Serapis n'était déjà plus la même personne.

Son regard avait commencé à scruter l'administrateur, cherchant ses défauts et ses caractéristiques qui le rendaient insignifiant aux yeux de son cœur de femme, jusque-là enclin à considérer son affection comme sincère et vraie. Maintenant, elle devait s'éloigner de Licinio afin que Marcus perçoive que ses intentions étaient véritablement sérieuses.

La figure de l'administrateur devenait un obstacle dans son chemin et son sentiment, une épine dans sa chair.

Dans son cœur, Serapis commença à retirer tous les sentiments amers, les souvenirs de sa vie d'enfant marquée par la dureté, la faim, les abus et l'indifférence, pour devenir plus froide envers l'unique homme qui l'avait protégée par un véritable sentiment d'affection pour elle.

Désormais, un autre plus riche et plus puissant s'intéresserait à ses vertus physiques, désireux de s'approcher d'elle, ce qu'elle ne pourrait ni mépriser ni permettre qu'il se passe. Elle était connue comme la "marée de chance", que beaucoup recherchaient, et qui, une fois passée, laissait généralement un sillage de douleur et de malheur, qui semblait plus une ironie du destin sur le chemin des naïfs, transformant ces moments de joie en porte du propre enfer, si l'enfer existait réellement.

Ce jour-là, Serapis ne prêta aucune attention à l'administrateur, maintenant une position distante, évitant toute conversation, prétextant des engagements avec Druzila et l'enfant.

LA FORCE DE LA BONTÉ

Licinio remarqua son comportement différent, mais connaissant les manières capricieuses et exigeantes de la maîtresse de maison, il ne soupçonna rien de la transformation de Serapis.

De plus, la jeune femme savait être agréable lorsque l'isolement le permettait et qu'il n'y avait pas de témoins autour, cherchant à maintenir Licinio tranquille, sans imaginer que les événements se déroulaient contre ses intérêts affectifs.

Ici, un sourire malicieux, au-delà d'un geste de joie, une petite caresse avec laquelle elle montrait son affection pour l'homme qui l'avait aidée depuis le jour où il l'avait rencontrée. Cela consolait Licinio, qui imaginait que, en réalité, les moments les plus amers et indifférents de Serapis étaient causés par Druzila.

Maintenant, Serapis n'avait plus de doutes. Elle allait se consacrer à Marcus.

Pendant ce temps, elle ne pouvait nier son affection pour Licinio, affection cependant qui ne l'empêcherait pas de le sacrifier pour réaliser ses désirs de grandeur.

Ainsi, les choses évoluaient dans ces deux jours qui précédèrent leur première rencontre, aux pieds des dieux romains, comme Marcus l'avait prévu.

Druzila, dans ses pensées, manigançait de se venger de Marcus en utilisant Licinio. Serapis, de même, projetait de se venger de Druzila et de la vie humiliante en utilisant Marcus et en sacrifiant Licinio. Marcus rêvait de reconstruire sa vie avec Serapis, sans tenir compte des sentiments de Druzila, qui utilisait les intérêts du monde matériel dans l'union des convenances, sans prendre en considération la responsabilité envers la fille que le destin avait placée dans sa maison et sans penser aux sentiments de Licinio qu'il commençait à connaître.

Licinio tentait d'aider la maîtresse de maison désemparée tout en devant fuir Druzila pour être fidèle à son ami Marcus, respectant sa condition de mari. Il essayait de servir de soutien à son ami irréfléchi de longue date, cherchant à l'aider à retrouver son jugement, tout en s'efforçant d'aider Serapis et de lui offrir son véritable amour, rêvant de fonder une famille et de se réaliser en tant qu'être humain, sans forcer les rêves de femme en l'obligeant à l'accepter.

Très égoïstes, pensant uniquement à eux-mêmes aux côtés du seul être qui possédait une compréhension supérieure de la vie, cherchant à faire le maximum pour protéger leurs chemins douloureux, avec la bonté naturelle de son esprit.

Ainsi, cher lecteur, si votre cœur se remplit de compassion pour Licinio, qui pourrait sembler, à première vue, être la victime des égoïstes et des méchants, ne vous précipitez pas.

Le temps passera pour tous, et probablement, votre compassion devra être redirigée vers d'autres personnages de cette histoire.

Que Licinio, en attendant, garde votre admiration et votre respect pour tous les efforts qu'il fera jusqu'alors pour surmonter ses limites et rester sur le chemin de la droiture et de la vertu, malgré ses tendances naturelles et ses inclinations humaines, également désireuses de trouver son propre bonheur.

29.
RÉUNIONS ET RENCONTRES

Suivant les instructions de Marcus, le lendemain, Serapis s'adressa à Licinio et, avec une attitude sympathique, cherchant à paraître aussi naturelle que possible, lui demanda l'autorisation de quitter le palais et, une fois son travail quotidien terminé, de se rendre au temple de Jupiter Capitolin pour y faire ses prières. Cela faisait longtemps qu'elle n'avait pas fait d'offrandes au dieu auquel elle était dévouée. Heureusement, les forces invisibles lui avaient accordé tant de bénédictions, transformant radicalement sa vie personnelle, depuis qu'elle avait rencontré Licinio sur le marché. Reconnaissant que les propos de Serapis étaient sincères, l'administrateur ne s'opposa pas au souhait de la servante, qui suscitait chez lui une grande émotion.

— Quand souhaites-tu aller au temple, Serapis ?

– Eh bien, mon seigneur, si cela ne pose pas de problème, je pense y aller demain, après le coucher du soleil, afin de ne pas interférer avec mes obligations quotidiennes.

– Pour ma part, il n'y a aucun problème. Cependant, je dois consulter le seigneur afin qu'il autorise officiellement cela, maintenant qu'il est plus présent au palais. Voyant que les choses se déroulaient comme Marcus l'avait prévu, Serapis ressentit un renforcement intérieur, sachant que tout allait se passer conformément à ses désirs.

– Eh bien, mon seigneur. Si c'est possible, alors, dès que j'aurai la réponse de notre maître, je vous prie de m'en informer afin que je puisse me préparer correctement, ou oublier l'idée de rendre mes hommages et ma gratitude à Jupiter.

– Dès que j'aurai la réponse, aujourd'hui même, Serapis, je te tiendrai au courant, répondit Licinio.

Elle sortit de là et chercha Marcus pour lui transmettre, parmi d'autres informations administratives spécifiques, la demande de Serapis, que le maître de la maison écouta sans grande attention, comme il le faisait toujours pour les affaires des serviteurs. Pour marquer son mépris, Marcus, avec son intelligence habituelle, répondit à Licinio :

– Eh bien, mon ami, c'est toi qui diriges cette bande de bœufs de somme. Que penses-tu ? Dois-je lui permettre d'y aller ? A-t-elle bien rempli les tâches que tu lui as confiées ?

Se sentant honoré de la confiance de Marcus, qui restait ainsi en charge des décisions administratives, Licinio ne perdit pas une seconde et lui expliqua que Serapis était très compétente, qu'elle n'avait jamais fait le moindre faux pas depuis qu'elle avait rejoint les services de la maison, et qu'elle n'avait jamais manqué une seule journée dans la somptueuse résidence. Sa discipline et son dévouement, supportant les exigences les plus cruelles de Druzila, étaient des facteurs qui, aux yeux de l'administrateur, la rendaient digne d'une telle faveur, une faveur noble pour exprimer sa dévotion aux dieux, toujours si liés aux hommes et à leurs vies.

Écoutant sa défense un peu rude, Marcus se mit à imaginer si ce n'était pas une position motivée par le sentiment amoureux de Licinio, engagé dans le destin de la jeune servante. Ainsi, il décida de plaisanter pour sonder ses sentiments :

– Eh bien, mon ami, à ce que je vois, cette demoiselle t'a adopté comme son défenseur inconditionnel. Est-ce son mérite ou le sort qu'elle t'a jeté ? dit Marcus avec un sourire malicieux aux lèvres.

Rougissant dans sa dignité de serviteur respectueux, Licinio ne se rendit pas compte qu'il avait peut-être exagéré dans l'enthousiasme avec lequel il parlait de la jeune femme, ce qui donna à Marcus l'idée, bien fondée, qu'il était émotionnellement engagé envers Serapis.

Tentant de rectifier la situation, Licinio répondit :

– Eh bien, mon seigneur, ma défense se fonde uniquement sur la vérité. Bien que la jeune femme soit très belle, je prends toujours en compte la nécessité d'être juste dans la récompense ou la punition que méritent ceux que je dirige. C'est pourquoi, bien qu'il s'agisse d'une servante qui inspirerait de l'affection même à la statue de marbre la plus froide, je peux vous assurer que mon évaluation se limite à ses véritables qualités de dévouement et de soumission résignée.

– D'accord, Licinius, répondit Marcus, mettant de côté le fait que tu sois devenu aussi rouge qu'une tomate – et je ne sais pas pourquoi – je vais prendre en compte ta remarque et, si aucune obligation de service ne s'y oppose, j'autorise cette jeune fille à se rendre au temple. Profite-en, Licinius, et accorde-lui l'autorisation de revenir à l'heure qu'elle souhaite, afin de lui accorder la liberté qu'elle mérite, en lui accordant quelques heures supplémentaires. De cette manière, la jeune femme pourra se promener tranquillement, visiter un endroit agréable ou retrouver un parent qu'elle n'a pas vu depuis longtemps.

D'une voix feignant le mépris et l'indifférence, Marcus préparait déjà le terrain pour que leur rencontre se fasse sans la contrainte de l'heure de retour, afin qu'aucun obstacle ne vienne perturber la première nuit de compréhension entre les deux.

Et, profitant du tournant que prenait la conversation, Marcus annonça au gestionnaire :

– Ah ! Licinius, c'est bien que tu m'aies parlé de ce sujet. J'avais presque oublié de te dire qu'en raison de mes affaires personnelles que je dois reprendre, maintenant que ma présence dans cette maison a été suffisante pour prouver ma position de père et mari attentionné, je serai pratiquement absent toute la journée demain, sans savoir exactement à quelle heure je reviendrai chez moi, ou même si je reviendrai.

Ainsi, je compte sur ta présence ici pendant toute mon absence, afin que madame et l'enfant ne soient pas laissés sans soin ni protection par une personne de confiance. Si tu dois t'absenter, envoie un serviteur de confiance, mais toi-même, reste ici jusqu'à mon retour. Les succès commerciaux attirent de nombreux envieux qui, maintenant qu'ils savent la naissance de la petite Lucia, pourraient tenter de l'enlever, soudoyant une employée pour me faire du chantage ou pire encore. Ma confiance est entièrement placée en ta diligence, mon ami.

En disant cela, Marcus posa la main sur l'épaule de Licinius, dans un geste de véritable amitié, qui ne prenait évidemment pas en compte les sentiments du gestionnaire et, dans la manière astucieuse de l'habile négociant, il le maintenait prisonnier de ses obligations domestiques, afin qu'il, enthousiasmé par l'affection qu'il éprouvait pour Serapis, ne soit pas tenté de la suivre lors de son offrande aux dieux, obstruant ainsi la rencontre planifiée entre les amoureux. Sans se douter de rien, Licinius remercia la confiance de son maître et quitta les appartements du patron, se dirigeant vers les quartiers où les domestiques préparaient les tâches quotidiennes, annonçant à Serapis l'autorisation de Marcus et sa généreuse concession, comme si elle recevait une nuit libre pour se divertir et se distraire.

LA FORCE DE LA BONTÉ

Reconnaissante du geste de Licinius, Serapis baissa la tête et sourit, se sentant réconfortée, cherchant à étouffer l'euphorie qui envahissait son âme jeune et aventurière.

Dans sa ruse féminine, elle savait que, grâce à ce geste généreux, Marcus prévoyait une rencontre bien plus longue qu'un simple moment de conversation.

La nuit arriva rapidement, et après de nombreuses tâches, Serapis, sans comprendre la raison, ressentit un sommeil profond, peu habituel pour la jeunesse et la routine des services auxquels elle s'était habituée. Le sommeil arrivait lourdement, la contraignant à se coucher plus tôt que d'habitude.

Depuis la nuit de pleine lune où Licinius lui avait révélé ses désirs, Serapis évitait de se retrouver seule avec le gestionnaire, car sa confusion émotionnelle était trop grande. Après que Marcus se soit présenté comme l'homme idéal pour ses aspirations, Serapis s'était consacrée exclusivement à la concrétisation de ses projets affectifs, s'isolant encore davantage de Licinius.

Maintenant, à l'aube du grand jour, Serapis ressentait avec étonnement ce sommeil incontrôlable. Demandant la permission à tous ceux qui ne soupçonnaient rien de son comportement, toujours très discrète et réservée, sans confier ses pensées à quiconque, elle affirma se sentir un peu malade et demanda à se retirer plus tôt dans ses appartements, sachant que le jour suivant promettait d'être riche en émotions.

En fait, telle était son interprétation résultant du phénomène étrange.

Elle devait être dans cet état à cause de l'approche de la rencontre de ses rêves, où ses projets seraient menés selon l'intérêt de son cœur.

Anxiété, nervosité, euphorie, tout cela produisait une usure qui, dans son émotion maîtrisée, pouvait maintenant payer le prix de son épuisement physique.

Pensant ainsi, elle réfléchit qu'il serait préférable de céder au poids de la nécessité organique plutôt que de continuer à lutter contre l'exigence physique, s'épuisant davantage.

Ainsi, elle s'installa le plus confortablement possible dans le modeste lit et, sans avoir besoin de faire d'effort ou d'utiliser un quelconque artifice pour trouver le sommeil, en moins de deux minutes, elle ronflait déjà.

LA FORCE DE LA BONTÉ

Chaque fois que cela devient nécessaire, chers lecteurs et lectrices, le monde spirituel dispose des moyens d'aider les incarnés dans les moments les plus importants de leur parcours personnel.

Dans les luttes, dans les défis, les décisions, l'action généreuse et amicale des tuteurs invisibles est toujours présente pour que nos esprits suivent le chemin le plus droit, bien que ce ne soit pas toujours le chemin le plus agréable.

Ainsi, ce moment représentait un tournant crucial dans la chaîne des existences des personnages de cette histoire, motivant l'effort invisible pour que Serapis, en réalisant ce qu'elle jugeait être le mieux pour ses intérêts, ne se retrouve plus tard dans le malheur en raison de la souffrance qu'elle se serait infligée à elle-même et aux autres autour d'elle.

La jeune femme parvint à quitter l'environnement misérable qui l'avait accueillie au début de sa vie. Elle trouva un bienfaiteur qui la sortit du danger et, sans aucun intérêt inférieur, la conduisit dans un milieu de luxe et de beauté, où elle pourrait être, bien que servante, profitant des privilèges, du confort et de l'abondance de nourriture, tout en modelant son esprit rebelle au service des âmes affligées et immatures.

Plus que cela, la générosité de l'Univers, la séparant des malfaiteurs et des individus de mauvaise vie, des hommes cruels et esclaves des plus bas instincts – comme Celio Bacus – la plaça sur le chemin de Licinius, un noble serviteur, dévoué au bien spontané et incapable de penser ou de faire le mal, luttant contre ses instincts masculins face aux provocations et insinuations de la femme de son maître, indifférente à ses propres manques masculins. Éveillant l'affection dans la perspective du bonheur à ses côtés, Licinius représentait le port sûr que la Providence lui désignait, afin qu'elle apprenne à être plus qu'une servante sans soutien, mais une épouse digne, dévouée et compagne de son mari, avec qui elle apprendrait les vertus essentielles de l'âme.

Cependant, Serapis, comme une grande partie des femmes de tous les temps, ne se sentait pas attirée par ce qu'elle trouvait ennuyeux. Elle n'était pas attirée par le port sûr et paisible d'une vie droite et modeste.

Elle désirait la tempête de la mer ouverte des passions et de ses rêves, dans les aventures de la mer de la vie, agitée et dévastatrice, traîtresse et mortelle.

Poussée par ses tendances les plus intimes, son esprit était attiré par le mode de vie qu'elle avait déjà connu dans des existences passées, dont ses chutes retentissantes l'avaient éloignée, la plaçant dans un niveau social plus bas afin qu'elle apprenne d'autres leçons d'une existence plus modeste, mais plus sûre pour son propre avenir.

Pendant ce temps, bien qu'elle se trouve sur le bon chemin, bien que douloureux pour son orgueil et son arrogance, elle refusait de suivre le parcours nécessaire, prête à le dévier, selon ses plans tracés depuis longtemps.

Dans l'ironie suprême, elle marquerait son écart dans l'environnement sacré du temple, qui, à l'époque, représentait le lieu béni où l'être humain pouvait s'élever vers la divinité. De cette manière, les amis invisibles qui surveillaient les pas et les besoins de la servante Serapis, comme cela arrive avec tous les incarnés du monde, s'efforçaient de l'empêcher de conduire sa conduite sur le même chemin d'erreurs et de misères du passé.

Pour atteindre mieux ces objectifs, sans lui ôter les privilèges du libre arbitre, les esprits amis se servaient du repos du corps, qui, en accordant la liberté indispensable et une lucidité partielle à l'esprit, permettait un dialogue plus direct et clair avec celui qu'ils désiraient alerter, conseillant.

Cela se produit avec n'importe lequel des enfants de Dieu, peu importe leur religion, leur culture, leur position personnelle ou politique.

Les amis spirituels qui sont toujours vigilants se servent de ces moments pour que nous recevions des informations, réfléchissions mieux sur leurs explications, nous intégrions dans les véritables raisons des événements qui nous entourent, des raisons qui, invariablement, sont enracinées dans nos vies passées et qui justifient pleinement l'existence de tels événements, nous demandant une autre attitude, une autre force, un autre type de lutte ou de réaction. L'action subtile que permet le détachement de l'âme lors du sommeil du corps physique permet à l'esprit de se retrouver dans la dimension spirituelle, en contact avec des tuteurs sages et généreux qui l'alerteront, imprimant dans son acoustique mentale les avertissements nécessaires pour qu'il refasse ses pas et choisisse mieux sa conduite, informé de tous les tristes effets qu'un mauvais choix lui entraînera dans le cours de sa trajectoire.

En fin de compte, le retour dans le monde a impliqué une planification méticuleuse et la participation directe d'innombrables amis invisibles qui, dans leur rôle de soutiens de nos objectifs, dans l'objectif essentiel de notre transformation, ont promis de nous surveiller et de nous alerter sur tous les risques auxquels nous exposent nos anciens vices, contre lesquels nous avons promis de lutter.

Les planificateurs spirituels sages, les techniciens de la réincarnation, les ingénieurs des formes biologiques, les modeleurs du corps périspirituel, les instructeurs de l'âme, les professeurs du sentiment, les maîtres de la volonté, tous les composants des départements spécialisés se sont engagés dans les processus réincarnatoires, cherchant à faire de cette expérience une étape décisive dans la vie de la personne qui revient.

C'est pourquoi une vie est si précieuse pour être traitée avec dédain par les esprits qui savent combien il est difficile de ramener le corps charnel à l'esprit endetté.

Lorsque l'être humain comprendra l'immense gamme d'amis invisibles qu'il a pour le bien, plus que de se livrer à des comportements impulsifs et irréfléchis, capricieux et immatures qui représentent toujours l'harmonie avec un autre type d'esprits, tout aussi imparfaits que les hommes eux-mêmes, il interrompra sa conduite pendant un moment et, en hommage à tous ces lumineux anges tutélaires, il leur adressera une prière sincère, demandant leur inspiration, demandant leur bonne compagnie, sollicitant l'intuition claire afin de ne pas commettre l'erreur que son impulsivité, manipulée par des esprits inférieurs comme lui, commettrait facilement.

Nos pas quotidiens seraient guidés par l'ombre de la méditation élevée, nos décisions seraient le fruit d'une période de réflexions sincères, durant lesquelles nous chercherions toujours à comprendre quelle serait la volonté de Dieu et quelle serait la conduite de Jésus, s'Il était à notre place.

Cela ne signifie pas que nous devrions transformer nos heures en une prière constante, formelle et répétitive, mais nos esprits seraient ouverts aux forces lumineuses qui, plus facilement, guideraient notre esprit et notre cœur, à travers des conseils et des alertes qui nous parviendraient de manière plus directe et qui pourraient servir de leviers pour nos comportements.

Apprenons à prier en travaillant, afin que nos bonnes actions soient le véritable témoignage de notre lien avec le Bien.

Apprenons à vivre, pour que nos actes, paroles, sentiments et pensées se transforment, naturellement, en la prière la plus douce et la plus élevée qui produira un parfum et enveloppera tous ceux qui nous entourent.

LA FORCE DE LA BONTÉ

Serapis était sur le point de commettre la première erreur qu'elle pourrait éviter si, alertée comme elle le serait, elle reconsidéra ses impulsions et choisit d'accepter l'aide de Dieu qui lui parvenait déjà par d'autres moyens.

Ne se conduisant pas sur les chemins droits du devoir, ni elle ni aucun de nous ne pouvons accuser personne, encore moins Dieu, de nous avoir abandonnés ou condamnés à la souffrance.

La vigilance supérieure est toujours prête et connaît toujours nos désirs et intentions les plus intimes.

Lorsque nous cessons de nous tromper ou de chercher à justifier nos attitudes impétueuses, nous serons en meilleure harmonie avec ces amis supérieurs qui souhaitent tant nous empêcher de trahir la nouvelle opportunité de vivre.

Ainsi, chers lecteurs, ne vous laissez pas tromper en invoquant la possibilité de réaliser un rêve, si ce rêve blesse quelqu'un. Ne vous excusez pas en disant que « tout le monde le fait, pourquoi pas moi ? ». Si votre comportement dérange ou fait souffrir, si cela crée de l'embarras ou de la douleur, si quelqu'un se perd à cause de votre volonté, soyez certains que la Justice vous rattrapera, même après de nombreuses années de succès et de vie fastueuse. Dans tout ce que vous envisagez de faire, demandez-vous, avant, si votre attitude délibérée causera un préjudice à quelqu'un. La douleur que l'on sait pouvoir éviter, le préjudice causé à autrui par nos ambitions ou nos désirs dans la folle « course à la survie » représenteront la tragédie annoncée dans notre propre horizon.

C'est pourquoi Jésus mettait toujours en garde contre ceux qui cherchaient à vivre pour gagner leur vie.

Tous ceux qui ne pensaient qu'au succès professionnel, aux conquêtes matérielles, à progresser à tout prix, à être admirés pour l'accumulation de leurs richesses et l'extension de leurs pouvoirs pour exalter leur orgueil, leur vanité ou pour faire une arme avec laquelle ils blesseraient la misère, l'incapacité de leurs semblables, qui produiraient plus d'envie que de respect et d'admiration, plus de haine muette que de gratitude spontanée, qui se feraient passer pour bons pour conquérir des postes temporaires, qui fanfaronneraient leurs actes généreux pour solliciter des voix, tous ces individus s'inscrivent dans l'affirmation de Jésus :

« Quiconque veut gagner sa vie, la perdra. »

LA FORCE DE LA BONTÉ

Cet égoïste et opportuniste, qui a réduit la vie à une lutte acharnée pour l'élévation sociale, pour le renforcement d'une vanité stupide, un gaspillage fastueux ou une avarice mesquine, celui qui se félicite d'embrasser des papiers comme faisant partie de sa propre personnalité, qui s'enorgueillit de conduire une voiture pour laquelle il a payé plus cher qu'une maison, simplement pour le luxe d'avoir une voiture neuve, qui vit dans la folie et l'illusion de l'inutilité, celui-là, comme Jésus l'a dit, aura perdu sa vie.

En revanche, il affirme que quiconque perdra sa vie par amour pour Lui et pour Son Message, celui-là la gagnera.

Tous ceux qui choisissent les chemins de la lutte honnête, du sacrifice de leurs ambitions pour que leurs semblables aient le minimum nécessaire ou quelques joies supplémentaires ; tous ceux qui deviendraient défenseurs de l'éthique dans leurs positions, sacrifiant leurs intérêts en faveur de la justice et de la vérité ; tous ceux qui refuseraient d'être des poids morts dans les feuilles de paie du gouvernement, à peine gagner sans travailler, comme des rongeurs de la chair des vieillards qui meurent sans ressources, des créatures qui périssent de faim faute de goûter ; tous ceux qui comprendraient que vivre est quelque chose qui demande la conscience tranquille au-dessus du portefeuille plein ou de l'argent à la banque ; tous ceux qui ne se laisseraient pas entraîner par la légèreté de la majorité, mais choisiraient leurs chemins en fonction des orientations sûres de l'Évangile, où il n'y a pas de place pour voler son prochain, où il n'y a pas de justification pour le crime commis au nom de l'ambition ou de la guerre sociale, où il n'y a pas de complaisance envers le mal, même si l'on cherche à aider le méchant, cet homme qui a tout compris, c'est lui, en raison de ses principes, qui ne sera pas au sommet des honneurs de la société, qui ne sera pas vêtu de pourpre ni pourra occuper des places en vue, qui n'aura pas les ressources pour gaspiller dans des véhicules qui coûtent l'argent qu'une vie de travail honnête de nombreux semblables n'arrive pas à gagner ; cet homme, qui a tout fait pour aider ceux qui avaient besoin, qui a servi tout le monde par amour sans rien attendre en retour, qui a compris la nécessité de se conformer à la définition de l'HOMME DE BIEN, celui-ci sera le perdant aux yeux du monde mesquin et injuste, qui élève les trafiquants riches, les usurpateurs violents, les dissolus et les puissants débauchés.

Pendant ce temps, selon le concept de l'Évangile, Jésus affirme avec sagesse :

LA FORCE DE LA BONTÉ

« Quiconque perdra sa vie pour Ma cause, celui-là l'aura gagnée. »

Il aura vécu et tiré toutes les leçons pour devenir un esprit meilleur, libre des impuretés des défauts qu'il avait accumulés dans son parcours évolutif.

C'était l'impulsion du monde spirituel dans la vie de Serapis, à ce moment où, soumise aux opérations magnétiques de libération temporaire, son esprit serait retiré du corps pendant son sommeil pour recevoir des avertissements affectueux de ceux qui l'aimaient et se consacraient à l'aider à ne pas agir comme elle l'avait fait des milliers de fois auparavant.

Retirée de son corps, Serapis serait conduite à la présence d'entités liées à elle par l'immense amour qu'elles lui portaient, afin que les enseignements reçus restent imprimés dans son esprit et la mettent en alerte pour que sa décision, dans ces circonstances, soit la meilleure possible.

Lorsqu'elle se réveillerait le lendemain, elle ne se souviendrait pas consciemment de tous les détails, mais porterait en elle une forte impression de quel serait le chemin le moins douloureux à suivre, comme cela se produit en fait pour chacun de nous chaque matin, qui se présente comme une nouvelle invitation à faire le bon choix et non l'erreur. Réfléchissons, car, de notre souffrance, Dieu n'est jamais coupable.

30.
SOUTIEN SPIRITUEL

Dès qu'elle quitta le corps physique, l'esprit de Serapis se retrouva enveloppé par un épais brouillard qui semblait la plonger dans une région terrestre, entourée de brume claire, comme elle en avait déjà été témoin dans certaines localités de Rome à certaines époques de l'année, principalement pendant les périodes froides.

Cependant, son être ne ressentait aucune sensation de froid et, tel un automate, elle poursuivit une direction donnée, comme si une force invisible l'incitait à s'y engager.

Elle trouva une saillie dans le sol qu'elle franchit facilement, comme si elle n'avait aucun poids, se dirigeant vers un banc de substance semblable au marbre qui se trouvait visible à une certaine distance, sur lequel elle se sentit invitée à s'asseoir.

Son âme alternait entre anxiété, peur et insécurité face à l'atmosphère silencieuse et sereine.

Habituée aux pensées bruyantes et à sa manière d'être fermée, où elle se cachait des autres pour que ses manigances ne soient pas découvertes, là elle se sentait comme si aucun secret ne pouvait être dissimulé.

Il ne fallut pas longtemps avant qu'une entité féminine, charmante, n'émerge du milieu du brouillard épais et ne s'approche d'elle. Lui prenant les mains avec tendresse, elle lui dit :

– Ma chère fille, le moment dangereux approche et il est nécessaire que ton esprit soit attentif pour que tu ne te laisses pas aller aux mêmes erreurs qui t'ont conduite à la situation difficile dans laquelle tu te trouves, situation qui pourrait empirer considérablement en fonction de tes décisions.

Incapable de prononcer le moindre mot de protestation ou de dissimulation, Serapis se sentait enveloppée par cette entité douce et maternelle qui la dominait avec le pouvoir d'une affection spontanée, sans aucune intimidation.

Continuant à lui parler, l'esprit ami poursuivit :

— Tu as été amenée ici pour que ta mémoire soit éveillée pendant quelques instants, afin que ta responsabilité dans les décisions qui te concernent ne soit pas influencée par l'euphorie de l'affection que tu crois partagée.

Depuis longtemps, ton âme suit les abîmes sombres des fautes morales, ayant souffert beaucoup pour en arriver à ce moment, après une longue préparation entre larmes, douleurs et promesses.

Ton passé spirituel a imposé que ta vie, dans cette pèlerinage actuel, soit construite à l'ombre de la richesse, devant porter le vêtement humble de ceux qui apprennent à servir, afin qu'ils puissent développer l'apprentissage de la vertu, toujours dans le but de rendre ton esprit moins rebelle.

Tu partages l'environnement des richesses éphémères dans lesquelles ton esprit a échoué de manière éclatante, afin qu'au contact de telles tentations, il se façonne, se conformant à la condition de subordination, apprenant à supporter les vices et les offenses de ceux qui se croient puissants ou supérieurs, comme tu l'as été et l'as pensé, un jour.

Écoutant intérieurement, sans pouvoir expliquer comment elle faisait, la pensée de l'entité parvenait au plus profond de son être, éveillant des sensations personnelles très claires, comme si un souvenir lointain lui indiquait sa condition passée de noblesse, d'où elle tirait les impulsions arrogantes et le désir de s'élever qui ornaient autrefois la personnalité de Serapis.

Cependant, ses pensées étaient facilement captées par l'esprit qui l'entourait.

Il suffisait donc de penser à l'horreur de la vie avec Druzila, aux injustices qu'elle subissait, aux commentaires sarcastiques, à la manière ironique et arrogante dont la maîtresse de maison s'adressait à elle, pour que l'entité amie lui avertisse :

— Ton antipathie envers Druzila ne se limite pas à une relation de quelques mois, fruit de la rencontre durant cette période de vos existences.

En acoustique, tu vas te souvenir plus clairement. Pense, Serapis, retourne dans le temps au plus profond de toi-même, souviens-toi de cette même Rome d'il y a plus de soixante-dix ans...

En parlant ainsi, l'esprit ami posa sa main ouverte sur le front de Serapis, l'induisant dans une situation de douce hypnose à travers laquelle, sans comprendre ce qui se passait, la jeune femme percevait l'atmosphère aristocratique de la capitale de l'Empire à une époque lointaine, sans discerner clairement les détails de la période.

Les forces enfouies au plus intime de son être commençaient à lui révéler une autre personnalité.

Deux femmes, l'une hautaine, rusée et mesquine, l'autre plus jeune, également dangereuse et répugnante, s'étaient spécialisées dans le culte des plaisirs faciles, fréquentant les lits des hommes les plus puissants de Rome pour obtenir des faveurs et échanger des influences. Elle ne se souvenait plus des noms de ces créatures, mais aux côtés de l'émissaire lumineux qui la protégeait, Serapis était sûre d'avoir été l'une des deux, tout en éprouvant du dégoût et de l'horreur envers l'autre.

Le souvenir fut clair et suffisamment fort pour qu'un monde entier de sensations et d'anciennes émotions de bas niveau refassent surface en elle.

Parmi tout cela, se distinguait l'aversion pour l'autre femme, qui, dans ses souvenirs, était encore plus effrayante qu'elle-même.

Afin d'interrompre la scène et de ramener la jeune femme dédoublée à une conscience plus lucide, l'entité qui l'entourait retira sa main droite du front de Serapis et se retrouva à nouveau face à elle.

Établissant un raisonnement plus clair, l'esprit lui parla :

– Tu as maintenant été en contact avec les archives enregistrées dans ton propre être, où se trouvent les facteurs expliquant les motifs de ton existence actuelle.

Sans scrupules, tu as été une femme changeante et promiscue, qui, par désir de pouvoir et d'influencer les autres créatures, t'es laissée entraîner dans la complication des erreurs sexuelles et émotionnelles, toujours accompagnée d'une autre femme que tu devais guider sur le chemin sûr.

Cependant, dans ses pensées, Serapis ne comprenait pas comment elle pouvait être une autre personne, avec un autre apparence, d'autres coutumes et vêtements, et, en même temps, être celle qui, aujourd'hui, n'était qu'une servante. L'absence des enseignements spirituels faisait que les créatures se perdaient encore plus dans la confusion et les doutes.

Son visage se modifia au contact des souvenirs passés, prenant un air de répulsion et de haine mal dissimulés.

Comprenant que ces sentiments émergeaient naturellement de son intime, l'entité généreuse continua d'expliquer :

– Tu ressens le poids de tes défauts émerger dans ta nature, celle qui, dans cette existence actuelle, sera occupée à dompter et à modifier, bien que cela coûte le prix de la douleur la plus profonde pour ton être.

Ton aversion pour elle ne s'est pas éteinte dans ton âme et ton sentiment est capable de l'identifier, même si le temps a passé et que vous avez été séparées pendant si longtemps. Les engagements dans le Bien comme dans le Mal marquent les créatures qui s'y attachent ou qui s'y lient, jusqu'à ce qu'elles puissent surmonter les défis et aller de l'avant.

Serapis se sentait maintenant piégée et ne savait même plus quoi penser.

La femme détestable qu'elle avait identifiée ne ressemblait à aucune qu'elle connaissait, mais elle était sûre qu'elle avait quelque chose à voir avec Druzila.

Il suffit de penser à cela pour que l'esprit lui affirme :

– Tes soupçons sont justes. Druzila est la même femme qui a été à tes côtés dans les erreurs d'autrefois, face à qui ton esprit est aussi engagé qu'elle ne te doit rien. Toutes deux se trouvent ici, à cette occasion, pour que, bien que lentement, vous puissiez développer une affinité corrompue et déçue dans d'autres époques, où les dons de beauté, de pouvoir et d'argent rendaient malheureuses de nombreuses créatures.

Ton esprit est sur le chemin de Druzila pour que, avec les difficultés naturelles que vous créerez toutes les deux, vous puissiez commencer à vous comprendre.

En disant cela, l'entité lumineuse fit un geste de la main vers le côté, et émergea de ce décor de beauté et d'inspiration un autre esprit féminin qui tenait Druzila, semi-endormie dans ses bras, de sorte qu'elles se retrouvèrent face à face.

En ressentant l'approche de cet environnement, la nouvelle venue, comme si elle était plongée dans de l'eau bouillante, se réveilla du sommeil apparent qui l'enveloppait et, en un instant, sauta de côté, cherchant à gagner plus d'espace, mais sans quitter la sphère de contrôle des entités élevées qui avaient organisé cette rencontre entre elles.

– Toi ici, espèce de musaraigne – cria Druzila, hors d'elle – traîtresse, vipère, qui m'a conduite dans les abîmes les plus profonds du mal. J'ai toujours su, selon les croyances de nos ancêtres, que le démon était masculin, mais après t'avoir connue, j'ai commencé à défendre l'opinion que, dans ta condition infernale, Saturne doit être une femme.

– Calme-toi, Druzila, car nous ne sommes pas ici pour revivre le passé – lui dit l'esprit qui l'avait conduite jusqu'à cette rencontre.

– Je ne peux pas me taire devant celle qui m'irrite et qui, maintenant, essaie de gâcher ma vie.

Entendant les insultes et les accusations, bien que sous l'influence élevée, Serapis prit courage et répondit, comme si une autre personnalité activait sa langue :

– Qui penses-tu tromper, bête mal déguisée, meurtrière cruelle, créature horrible ? – demanda la servante, indignée. Et sans attendre de réponse, Serapis continua, tandis que les deux entités angéliques les maintenaient dominées, sans intervenir dans la discussion :

– Tu empoisonneuses d'innocents, tes griffes acérées sont visibles de loin. Ton souffle malfaisant est pestilentiel et capable de faire faner une forêt entière en un jour. Tu usurpes ce qui est mien, mon palais, mon amant, ma vie. N'est-ce pas suffisant d'avoir fait cela auparavant ? Je te garantis que je ne permettrai pas que l'histoire se répète, au nom des dieux les plus puissants de Rome. Tu devras me rendre tout ce que tu m'as volé.

Comprenant que les deux se révélaient mieux elles-mêmes à travers cette procédure où elles se débarrassaient de toute identité superficielle et fausse, les deux âmes bienveillantes qui les guidaient écoutaient leurs références agressives, sans montrer la moindre indication de parti pris ou d'intérêt pour leurs révélations.

Après que les deux aient vomi tous les mauvais mots qu'elles gardaient en elles, l'entité qui dirigeait Serapis prit la parole, sereinement, et dit aux deux adversaires :

– Des siècles vous attendent. Ce sont des moments lumineux ou simplement une répétition sombre de ces instants où vous ne faites que vous révéler telles que vous êtes au fond de vous-même.

De ce que vous déciderez pour la vie qui vous attend dépendra le bonheur futur. Vous êtes toutes deux moralement endettées l'une envers l'autre et envers des tiers qui partagent votre environnement. Toi, Serapis, tu es là pour comprendre les besoins de ta maîtresse et soutenir ses erreurs en supportant ses accusations et déséquilibres émotionnels, développant la patience et rétablissant d'anciens liens moraux qui ont été brisés par des crimes que vous avez toutes deux commis, veillant à ce que l'affection de

Marcus soit redirigée vers le cœur de son épouse, non pas en vue d'un amour inexistant qui a créé une union dirigée par les intérêts, mais au moins à cause de Lucia, la petite créature qui, pour de nombreuses raisons, te doit protection, Serapis.

Quant à toi, Druzila, ta nécessité de compagnie devra chercher en Serapis la servante fidèle et diligente qui fera tout pour défendre tes intérêts. Au lieu de l'offenser, cherche à la soutenir, respecte sa difficulté d'être presque une esclave. Comprends que son désir d'être heureuse et le besoin féminin de trouver un soutien qui t'inspire, favorisant l'attention aux désirs du cœur de Serapis, sont des moyens de rétablir aussi les liens de respect et de soutien que vous devez l'une à l'autre.

Si cela ne se fait pas ainsi, vous finirez par vous rendre compte de la réalité de vous-mêmes. Souvenez-vous que Jésus a toujours enseigné que notre bouche parle de ce dont notre cœur est plein, et c'est dans notre intérieur que se trouve le type de trésor que nous aimons cultiver.

En disant cela, les deux entités lumineuses placèrent devant les yeux des deux femmes, dont les esprits étaient dirigés par le rêve, un miroir cristallin dans lequel elles pouvaient voir ce qu'elles étaient devenues en raison de la discussion féroce et agressive qu'elles avaient eue.

Placée devant leurs yeux ébahis, l'objet les invita à identifier la réalité de leur transformation, modelées par les vibrations de haine et d'antagonisme réciproques. À ce moment-là, presque simultanément, un cri d'horreur s'échappa de leurs gorges, réalisant l'état commun et identique de déséquilibre et de perturbation dans lequel elles s'étaient plongées en extériorisant ce qu'elles portaient réellement dans leur cœur.

Devant la vision horrifiante de leurs propres structures et lignes dégénérées, elles furent immédiatement conduites dans le sommeil afin que ces images restent cristallisées dans leur rétine spirituelle et qu'elles leur soient utiles au réveil, afin qu'il ne reste aucun doute sur les devoirs qui les attendaient à partir de ce moment.

Cela ne signifiait pas qu'elles ne pouvaient pas adopter un autre comportement, car le libre arbitre leur restait intact, dans le cadre des pouvoirs que Dieu avait accordés à ses enfants.

Cependant, elles étaient bien alertées sur les conséquences des actions qu'elles choisiraient pour elles-mêmes, ne pouvant nier l'aide supérieure qui leur avait été offerte pour répondre aux urgences de leurs âmes.

LA FORCE DE LA BONTÉ

Ainsi, l'esprit de Livia leva Serapis dans ses bras et, accompagnée de l'autre esprit, celui d'Abigail, elles suivirent la direction sombre de la Terre où, dans deux lits très différents, l'un d'opulence et l'autre de servitude, deux corps féminins restaient plongés dans un sommeil agité, fruit de la même cauchemar, à savoir : la rencontre avec elles-mêmes.

Livia et Abigail, chacune portant l'une des entités dédoublées, les conduisirent respectivement dans la chambre de Serapis et de Druzila, et, à travers des passes magnétiques, replacèrent les deux périspiritismes dans leurs enveloppes corporelles respectives et leur appliquèrent des énergies intenses dans la zone du cortex cérébral, afin que toutes les impressions de cette nuit restent gravées dans leur esprit de manière très claire, les avertissant que les comportements qu'elles choisiraient, à partir de ce moment, seraient des décisions conscientes et pour lesquelles elles avaient été dûment alertées.

Après avoir passé quelques minutes auprès de Serapis, lui donnant les dernières recommandations pour éviter la rencontre avec Marcus et préserver le mariage de Druzila de tout délit, Livia se dirigea vers les appartements de Licinio, où elle le soutint avec des forces et un esprit pour la continuité de ses défis. Peu après, elle se dirigea vers la chambre de Druzila, où elle se retrouva avec Abigail pour prier ensemble en faveur de Lucia, l'esprit qui, enveloppé par tous, devait également payer le prix des processus d'approche entre les deux âmes endettées.

Après que la vibration fraternelle fut terminée, telles deux étoiles retournant au firmament qui annonçait déjà l'arrivée du nouveau jour, elles retournèrent aux plans spirituels, portant dans leurs cœurs les meilleurs sentiments pour tous les incarnés auxquels elles avaient prêté assistance, mais, au fond, déplorant la fragilité des hommes qui, invariablement, se laissaient emporter par des comportements irréfléchis, refusant la discipline émotionnelle et prétendant toujours reporter à plus tard tout effort pour surmonter leurs propres défaillances.

Le nouveau jour apporterait à elles et à tous les autres impliqués dans la trame de leurs décisions les effets proportionnels à la qualité des attitudes adoptées.

Au son des oiseaux bruyants et des bruits matinaux de la grande ville, Serapis ouvrit les yeux, tentant de relier le sens d'un rêve que son esprit avait conservé dans la plupart des détails.

Elle avait rêvé de Druzila.

En même temps, enveloppée dans les doux oreillers et coussins qui la couchaient, Druzila, effrayée, se réveillait confuse, se voyant victime d'un cauchemar dans lequel elle avait rêvé de la plus répugnante de ses servantes. Comment osait-elle envahir l'atmosphère de son monde onirique pour lui causer encore plus d'inconfort que celle qu'elle était déjà capable de lui infliger pendant la journée de travail ? Telle était la pensée de la maîtresse de la maison qui, naturellement, se sentit en droit d'hostiliser encore plus la jeune et audacieuse servante dès qu'elle la retrouverait dans le service de ce jour.

Les enseignements et aides spirituelles avaient été administrés. Il revenait maintenant aux incarnés de permettre qu'ils produisent les effets possibles.

31.
DÉCISIONS MALHEUREUSES

Ainsi, en entrant dans la chambre de la jeune mère, encore imprégnée par les expériences du rêve et de la vision qu'elle avait eues pendant la nuit, Serapis ne savait pas bien comment interpréter les avertissements reçus, ni la vision la plus terrible qu'elle ait jamais vue de sa vie, lorsqu'elle s'était retrouvée devant ses yeux, sur un écran semblable à un miroir, l'image horrifiante qui, selon ce qu'on lui avait expliqué, n'était autre que sa propre vision. Naturellement, elle ne pourrait pas raconter une telle expérience à Druzila, en disant qu'elle avait été en sa compagnie pendant son sommeil, car elle ne pouvait imaginer une telle liberté de la part des serviteurs mal considérés.

Elle devait, selon les recommandations, rester au service de la maîtresse de maison et la traiter avec gentillesse et affection, supportant ses exigences sévères.

En réalité, toutes ces recommandations lui parvenaient vaguement, comme des impulsions qui la rendaient moins hostile envers les manières de Druzila, comprenant qu'il y avait quelque chose de très grave entre les deux femmes.

Pendant ce temps, la maîtresse de maison, arrogante et peu disposée à comprendre l'essence de ses souvenirs issus du rêve qu'elle avait également fait, décida de suivre le même chemin que d'habitude, c'est-à-dire celui de la femme hautaine, affichant avec toute sa force son orgueil et sa fausse supériorité devant la pauvre servante, sur qui elle déchargeait toutes ses frustrations personnelles, résultant de sa beauté inférieure et de la peur que Serapis lui vole les attentions de Licinio, le seul homme qui lui consacrait son attention.

Ce matin-là, Druzila repoussa encore plus loin les limites de ses impulsions tempéramentales, obligeant Serapis à rester en totale vigilance pour ne pas perdre sa contenance et se lancer dans une dispute physique avec la maîtresse de maison.

Dès son entrée dans la chambre, Druzila l'humilia avec des exigences de changement de vêtements, l'accusant d'être exhibitionniste. En réalité, les vêtements des serviteurs, toujours de qualité inférieure, étaient souvent quelque peu transparents et moins soignés que les tissus réservés aux maîtres, ce qui faisait que, parfois, les femmes se retrouvaient avec certaines parties du corps découvertes, comme une partie des jambes ou des bras, sans que cela signifie qu'elles s'habillaient dans l'intention de se montrer. Cependant, complexée et rancunière, Druzila interprétait toutes les attitudes de Serapis comme des tentatives de montrer ses atouts aux regards de tous. Ce matin-là, Serapis dut changer de vêtements trois fois, se présentant à une Druzila de plus en plus irritée et réprimée.

Après avoir réussi à s'habiller d'une manière acceptable selon les critères de la maîtresse de maison, Serapis fut obligée d'effectuer les tâches les plus inférieures et humiliantes, comme nettoyer les récipients destinés à recueillir les besoins organiques de la nuit, un service généralement réservé aux serviteurs, et non aux servantes, dans ce palais.

Chacune des exigences de Druzila blessait l'honneur de Serapis, qui devenait de plus en plus irritée par ces comportements égoïstes et intolérables.

Dans le fond de son cœur, la servante espérait pouvoir se tourner vers Licinio pour se plaindre de la jeune mère et de ses excès.

Cependant, elle ne voulait pas se montrer trop contrariée afin que ses projets de sortir ce jour-là ne soient pas perturbés par un quelconque imprévu.

Ainsi, elle supportait tout, cherchant à étouffer le volcan qui comprimait sa poitrine par des larmes secrètes qu'elle versait dans des coins éloignés, chaque fois qu'elle pouvait s'éloigner de la persécution de Druzila. Ce matin-là, Serapis se leva avec la sensation nette que la rencontre prévue pour la nuit devrait être reportée, sans savoir pourquoi. Une prémonition de douleur et de souffrance lui serrait le cœur, sachant qu'elle serait à la merci du mari d'une autre femme, ce qui n'était pas correct, selon les principes élevés.

La figure de Lucia, la petite créature, lui provoquait également cette sensation de tendresse, étant attirée par la jeune mère et son nouveau-né.

Serapis avait un lien étrange avec la fille de Druzila et, sans savoir pourquoi, elle supportait souvent les folies de la mère simplement pour pouvoir être près de Lucia, qui, de plus, semblait se calmer en sa présence, encore plus que dans les bras de sa mère, où elle restait toujours agitée et irritée.

LA FORCE DE LA BONTÉ

C'était une autre raison pour que Druzila devienne contrariée envers Serapis, car elle ne pouvait ignorer le changement d'humeur du bébé quand il était tenu dans les bras de la servante. Invariablement, Lucia cessait de pleurer ou de gémir sous la chaleur du corps de Serapis, ce qui était une source de fierté, bien que non exprimée, une victoire silencieuse qui parlait d'elle-même aux regards perçants de Druzila, qui, chaque fois qu'elle s'en apercevait, essayait de retirer l'enfant des bras de Serapis.

Druzila souffrait de la façon dont elle interprétait les choses, car bien qu'elle ne supportait pas la présence de Serapis, elle ne voulait pas la tenir éloignée, car dans ce cas, elle ne saurait pas ce qu'elle ferait, tout en ne pouvant pas l'humilier comme elle en avait le plaisir.

Pour la garder sous son contrôle, elle avait besoin de la garder près d'elle. Cependant, la présence de la servante l'irritait d'autant plus, que ce soit à cause de sa beauté physique naturelle, de ses manières étudiées en présence de la maîtresse de maison, des préférences de Lucia ou du soupçon de son implication amoureuse avec Licinio.

Cependant, dès que le jour se leva, Serapis portait dans son cœur la ferme intention de modifier ses projets, écoutant les présages de son cœur affligé et s'éloignant du mari d'une autre femme.

Toutefois, au cours de la journée, le comportement de Druzila modifia dans l'esprit de Serapis son peu d'affection pour les sacrifices les plus héroïques, et l'envie de s'éloigner de Marcus. Au contraire, après avoir été accablée de toutes parts, la ligne de prudence se rompit en Serapis et, dans l'impulsion typique des créatures blessées dans leur orgueil, la servante commença à désirer davantage rencontrer le mari de cette femme perverse, cherchant à remplacer la maîtresse arrogante, en séduisant son propre mari, et ce, dès ce jour-là.

Même l'image de l'innocente Lucia ne l'empêchait pas de ressentir un plaisir sincère à se voir dans les bras de Marcus, anticipant sa vengeance contre cette vipère.

Druzila n'écouterait aucune des mises en garde reçues, tandis que Serapis, se laissant contaminer par la malveillance de celle-ci, tombait dans la même basse vibration qui la mettait sur le vieux chemin des erreurs et des relations charnelles, comme forme de vengeance ou pour obtenir des avantages.

Si, lors de leur rencontre dans les appartements de Marcus, Serapis ne pensait pas à des intimités plus profondes avec le maître lors de ce premier rendez-vous, comme il lui avait suggéré, maintenant, après avoir été piétinée de toutes parts par l'épouse, ses ardeurs féminines étaient prêtes à se laisser emporter par tout élan masculin qui signifiait exercer la vengeance de le posséder et de lui offrir le plaisir qu'elle n'était pas capable de lui donner.

– Oui, pensait Serapis, ce soir sera le mien, après tant d'humiliations et de vexations. Cette vipère va goûter à son propre poison, elle sera encore plus isolée qu'avant. Son mari sera à moi et sera tellement fasciné qu'il s'éloignera encore plus d'elle, incapable d'être gentil et agréable avec ceux qui l'entourent. En vérité, maintenant je comprends que la figure horrifiante de mon rêve n'était pas moi, mais sans aucun doute, il s'agissait de Druzila, cette femme perverse et inhumaine.

Elle, c'est vraiment le démon en personne.

Inspirée par la malveillance de Druzila, Serapis capitulait face aux avertissements spirituels et ne faisait rien d'autre que compter les heures avant la rencontre avec Marcus, se laissant emporter par des interprétations irréelles, mais qui lui paraissaient bien plus adaptées à ce moment-là.

De son côté, comme il l'avait déjà communiqué à Licinio, dès le matin, Marcus quitta le palais à la recherche de la meilleure organisation pour sa rencontre avec la servante désirée.

Profitant de ses ressources abondantes, il louait pour ses divertissements un petit mais confortable espace, dans une rue discrète de la ville. Là, il cherchait à créer le cadre idyllique avec lequel il comptait se sentir plus à l'aise avec Serapis. Des fruits frais, des tissus brillants accrochés aux coins de la pièce, une petite fontaine murmurant poétiquement dans l'ambiance, des bois résineux imprégnant l'atmosphère de senteurs enivrantes, brûlés dans des récipients soutenus par des tiges métalliques placées à des points stratégiques, une abondance de nourriture, sans toutefois exagérer, pour ne pas laisser transparaître une folie ou un déséquilibre du maître de maison.

Des danseuses sensuelles pour le moment le plus intime, afin d'éveiller l'intérêt et de provoquer chez la jeune fille le désir de se livrer à lui. Tout était prévu dans les moindres détails.

Pour préparer tout cela, Marcus se donna beaucoup de peine, et, avec l'aide de personnes de confiance habituées à servir de couverture aux infidélités communes, qui gagnaient leur vie à aménager des chambres avec soin, sans jamais révéler l'identité des amants pour ne pas perdre leurs clients, il attendait avec impatience la venue de la nuit.

Conformément à ce qui avait été convenu, il se rendit au temple de Jupiter Capitolin, où trois autels accueillaient les dieux les plus traditionnels de la Rome antique, dont la divinité jupitérienne était la plus remarquable.

L'intérieur du temple, une fois la nuit tombée, était illuminé par des torches et des tripodes fumants qui imposaient la solennité, l'odeur caractéristique des essences, et la pénombre inspirant le respect de ceux qui étaient les puissants conducteurs des destins humains.

Naturellement, pendant la nuit, la fréquentation du lieu sacré diminuait, se limitant aux personnes les plus riches qui y arrivaient en litières, portées par des esclaves servant également de gardes et de protection contre tout imprévu.

Pour éviter de courir de tels risques, ce jour-là, Licinio permit à Serapis de quitter la somptueuse résidence avant que le soleil ne se couche complètement, de manière à ce que la jeune femme puisse arriver au temple encore de jour.

S'intéressant au sort de la servante avec laquelle il s'était le plus attaché, Licinio lui proposa ses services pour la reconduire au palais, mais Serapis le repoussa poliment, prétextant le désir de rendre visite à sa famille, qu'elle n'avait pas vue depuis longtemps, et qu'elle serait de retour au travail au matin du jour suivant.

Comprenant les désirs de la jeune femme, Licinio accepta ses raisons et se sépara d'elle, ressentant intérieurement que Serapis n'était pas tout à fait la même ces derniers jours. Bien qu'elle restât toujours diligente et attentive, elle était plus réservée envers lui, évitant sa présence dès qu'elle en avait l'occasion.

Licinio ne savait pas quoi en penser. Peut-être avait-il été trop audacieux ou s'était-il montré inapproprié, créant une gêne chez la jeune femme.

Cependant, rien n'y faisait à ce moment-là. Serapis s'éloigna déjà dans les ruelles tortueuses qui la menaçaient au temple.

Marchant sur les chemins qu'elle connaissait bien d'autrefois, dans la misère et la faim, il ne lui fut pas difficile d'arriver aux environs de la colline où se trouvait l'ancien temple étrusque, rénové et agrandi selon les normes les plus luxueuses des Romains de son époque, situé comme le point d'espoir pour son rêve de femme.

Il est inutile de dire que, anticipant le développement de cette première rencontre, la servante s'efforça de se vêtir aussi sensuellement que possible, appliquant les parfums les plus provocants et stimulants qu'elle avait à sa disposition, puis elle se coucha par-dessus, cachée sous une simple tunique de servante, dissimulant son apparence provocante afin de ne pas éveiller de soupçons ni causer d'incidents en chemin.

Arrivée à destination, elle monta les marches et, prudemment, pénétra dans le sanctuaire où le faible nombre de personnes démontrait que la journée s'acheminait vers ses derniers souffles, donnant place à la nuit.

Ne sachant que faire, elle se dirigea vers l'endroit prévu et resta là, silencieuse, comme quelqu'un qui se recueille en prière devant les statues des dieux romains.

Il ne fallut pas longtemps avant qu'une main forte et décidée ne se pose sur son épaule, annonçant l'arrivée du prétendant tant attendu.

Discrète, car les Romaines s'enorgueillissaient d'éviter de parler avec des hommes en public, sauf si elles étaient considérées comme des prostituées en raison de leur comportement permissif, Serapis se tourna et croisa les yeux brillants de Marcus qui, dans cette ambiance, étaient illuminés par les flammes des encensoirs et des torches vacillantes.

Sa silhouette masculine s'était particulièrement soignée dans sa présentation et, face à un tel éclat masculin, Serapis se laissa encore plus envoûter, perdant tous les restes de prudence qui, en ce premier moment d'intimité, auraient dû lui suggérer des limites.

– Viens avec moi, Serapis – dit calmement le jeune homme amoureux, excité par cette première conversation éloignée de chez lui.

– Oui, mon seigneur – répondit la jeune femme, soumise et enivrée par la gentillesse des manières masculines de Marcus.

Ils se dirigèrent vers un endroit plus isolé dans le temple, et le jeune homme, excité, continua :

– Par Hercule, Serapis, je pensais que je ne te trouverais pas ici. C'était trop beau pour être vrai.

— Moi non plus, mon seigneur, je ne savais pas quoi faire. Je suis arrivée plus tôt pour éviter la tombée de la nuit, et je me demandais ce que je ferais si vous ne veniez pas.

— L'essentiel, c'est que nous sommes ici, et je ne veux pas perdre de temps en lamentations qui nous enlèvent la joie d'être ensemble.

Voyant que l'ambiance ne permettait pas de prolonger la conversation, car tout propos inapproprié risquait de nuire à l'atmosphère de l'instant, Serapis ajouta :

— Alors, mon seigneur, je suis à votre disposition pour que nous puissions partager cette joie de nous rencontrer pour la première fois – comme pour lui dire qu'ils avaient besoin de se rendre ailleurs.

— Bien sûr, ne perdons pas de temps. J'ai une litière qui nous attend à côté du temple. Va là-bas d'abord, un esclave est déjà informé de ton arrivée et se chargera de te recevoir. Après cela, je me dirigerai moi-même vers l'endroit, et ensemble nous irons dans un lieu plus approprié pour partager ces moments agréables –. Proposé ainsi, exécuté ainsi.

Il ne fallut pas longtemps avant que la litière ne s'arrête à l'entrée de la maison parfumée que Marcus avait préparée pour leurs heures passées ensemble.

Dès qu'elle entra, Serapis se laissa envahir par le charme de ce petit monde, rempli de surprises et d'attentions si agréables pour l'esprit féminin, sensible aux détails et facilement séduite par les gestes tendres, les soins et les galanteries.

Marcus la conduisit à l'intérieur et, remarquant les vêtements modestes de servante, lui suggéra de les changer pour être plus à l'aise, car il n'y manquait pas de vêtements appropriés pour l'occasion.

Cependant, à sa grande surprise, dans un geste inattendu et empreint de douceur étudiée, Serapis se débarrassa de la tunique rugueuse sous les yeux lumineux de Marcus, qui aperçut une autre femme émerger. Bien que simples, les vêtements cachés sous la manteau révélaient une femme voluptueuse, dont les contours physiques étaient bien plus marqués, lui offrant une vision inspirante et envoûtante.

Voyant l'impact sur l'intérêt de Marcus et sentant qu'elle dominait désormais la situation et sa victime sans défense, Serapis osa encore davantage et demanda doucement :

— Mon seigneur me permet-il de lâcher mes cheveux ?

LA FORCE DE LA BONTÉ

Définitivement vaincu, le jeune homme ne se préoccupait pas que cela ressemble à une déclaration de soumission de la part de la femme, dans l'intimité d'une demande qui semblait plus une phrase murmurée dans une chambre conjugale confortable et secrète.

– Installe-toi confortablement, Serapis, car j'ai toujours essayé de t'imaginer à nouveau, ton visage modelé par tes cheveux libres et lâchés.

D'un simple geste, Serapis adopta presque la condition d'Afrodité. Beauté dans les vêtements flottants qui éveillaient les instincts masculins, et enchantement dans l'atmosphère de son visage, créé par la libération de ses longs cheveux châtain clair qui sculptaient son joli visage parfaitement proportionné.

Immédiatement, Marcus ordonna qu'on serve du vin et des fruits, car l'heure suggérait la nécessité de se nourrir, afin que la nuit continue dans le confort et la promesse de moments agréables. Serapis, comprenant les manières de son maître, le laissait diriger tout et se contentait de présenter son charme, tout en maintenant au maximum l'affection et l'apparence d'une innocence préservée.

Le temps passa entre des conversations agréables, Serapis sachant maintenir Marcus intéressé et stimulé, sans céder facilement à ses impulsions.

Le jeune homme, de plus en plus captivé, prenait ses mains en parlant avec tendresse, lissant ses cheveux, lui servant encore du vin et des fruits, sachant qu'avec l'augmentation de l'alcool, il réussirait plus facilement à atteindre l'intimité qu'il désirait tant, s'attachant à la jeune femme comme celui qui trouve la source du bonheur éternel.

Il ne s'imaginait pas que, pour sa part, Serapis était prête à se livrer sans effort, simplement par plaisir de se venger de Druzila.

Les moments se succédaient et les danseuses excitaient les émotions des amoureux. Dès qu'elles eurent fini leur spectacle, après s'être retirées, Marcus s'approcha et, la tirant délicatement avec ses bras robustes et tendres, déposa sur ses lèvres un baiser ardent avec lequel il franchit toutes les barrières qu'il croyait poser Serapis pour repousser ses avances, mais qui n'étaient que sa manière astucieuse de créer un climat de difficulté afin de maintenir l'intérêt masculin à son apogée.

Le baiser fut le signal pour que, de simples inconnus, ils devinssent amants cette même nuit idyllique.

LA FORCE DE LA BONTÉ

L'engouement de Marcus et les manières faussement innocentes, mais en réalité expertes, de la jeune femme firent que tous deux se laissèrent emporter par les ardeurs de la passion et, sincèrement et sans limites, se jurèrent un amour débridé.

Cette même nuit, Serapis et Marcus consommèrent tous leurs désirs et partagèrent les plaisirs physiques qui semblaient avoir été longuement accumulés.

Lui, dans un désir ardent de la faire sienne, et la jeune femme dans le rêve ancien qui se réalisait, celui de quitter sa condition misérable et de conquérir le palais.

Le temps s'écoula comme il s'écoule toujours lorsque la passion et l'enchantement le dirigent.

Les lumières de l'aube se mêlaient dans le ciel de cette Rome de vices et de chutes aux derniers vestiges de l'obscurité, faisant que le couple, désormais installé sur le lit confortable, revienne à la réalité de la vie.

Lui, le maître, et elle, la servante.

– Regarde, Serapis, tu dois retourner au palais comme convenu avec Licinio. En attendant, je ne veux pas que ces moments soient oubliés.

– Mon seigneur, être à vos côtés signifiera pour moi la suprême joie, que ce soit ici ou au service de votre maison, en tant que simple servante.

Le simulacre de Serapis était digne des plus astucieux des bandits.

Sa sagesse à agir avec une vertu apparente et un détachement séduisait les hommes imprudents et naïfs, enthousiasmés par ses manières humbles et apparemment désintéressées.

– Cela ne fait que démontrer ta noblesse, Serapis. Ah ! Si toutes les Romaines avaient la moitié de tes vertus ! – s'exclamait Marcus, passionné.

Mais je ne me contenterai pas de t'avoir près de moi sans pouvoir m'approcher et te voler un baiser. Je veux que tu acceptes de revenir ici, chaque fois que nous pourrons nous voir, et que cela reste notre secret, tant que ce maudit mariage avec Druzila durera.

Entendant la proposition directe, Serapis répondit :

– Eh bien, mon seigneur, comme je l'ai déjà dit, après aujourd'hui, je ne m'appartiens plus et, ainsi, je respecterai tout ce qui représente votre désir, prenant soin de respecter madame Druzila et sa fille Lucia du déplaisir de se voir trahies dans le respect qu'elles méritent, car vous savez la rigueur de la loi et de nos coutumes lorsque la servante couche avec son maître.

– Oui, mon amour, nous prendrons toutes les précautions nécessaires et j'organiserai nos rencontres avec toute la prudence requise. Je repousserai Licinio encore plus souvent et te libérerai pour que nous puissions nous retrouver ici. Puis-je considérer ce petit nid d'amour comme notre Ciel sur Terre ?

En entendant la question passionnée, Serapis baissa la tête, feignant l'embarras, et répondit :

– Pour moi, mon seigneur, cette petite maison sera mon palais tant que vous serez avec moi ici.

– Alors qu'il en soit ainsi, Serapis. Ce sera ton palais, ou plutôt, notre palais.

Ayant prononcé ces mots, il l'embrassa sur les lèvres pleines et provocantes et lui offrit un pendentif précieux qu'il accrocha autour de son cou, comme pour lui plaire avant de se préparer à repartir.

La servante s'habilla à nouveau, dissimulant les belles robes sous un manteau simple, et fut conduite en litière jusqu'aux environs de la résidence. Elle descendit quelques rues avant d'arriver, afin qu'aucun soupçon ne naisse aux yeux indiscrets de ceux qui surveillent la vie des autres, puis elle continua à pied le reste du chemin jusqu'à la résidence.

Elle se dirigea directement vers ses appartements, se jeta sur le lit et attendit que l'aube se lève complètement pour reprendre ses habitudes. Elle se remémorait tous les moments séduisants et passionnés vécus ensemble, se rappelant les détails, les mots, les confessions et les caresses, prolongeant ainsi le plaisir d'avoir atteint ses objectifs, unissant l'utile à l'agréable.

Elle avait conquis un terrain important pour ses projets d'ascension sociale tout en ayant pour objet de conquête un jeune homme de grande beauté, de richesse et d'ingénuité dans son sentiment de carence.

De plus, elle avait exécuté sa première vengeance, froide et calculée, contre celle qu'elle pensait pouvoir humilier par une supériorité mensongère et agressive.

Cette journée avait été la sienne et cette émotion, Serapis ne la laisserait échapper pour rien au monde.

LA FORCE DE LA BONTÉ

En repensant à sa rencontre avec Licinio cette nuit-là, sous la lune pleine, dans le banc du jardin, elle se moquait de lui et d'elle-même, se disant :

– Et dire que j'avais envisagé la proposition de Licinio, celle de devenir l'employée, la femme de l'employé. Quelle bêtise de ma part et de la sienne. Si j'avais suivi mon impulsion, à cette heure, Marcus serait dans les bras de n'importe quelle petite femme. Mais grâce à Jupiter, il doit rêver de mes caresses et du plaisir que je lui ai procuré. Licinio va s'enliser avec une petite servante qui a tendance à souffrir toute sa vie. Moi, je serai encore la maîtresse de ce palais.

Pauvres de ceux qui se laissent duper par leurs sentiments et qui abandonnent leurs projets pour se livrer aux illusions du cœur.

Ce jour-là, toutes les avertissements spirituels avaient été oubliés par les personnes impliquées dans les drames de la vie, choisissant le chemin qu'elles pensaient le plus agréable, refusant de contenir leurs impulsions et se permettant ainsi de laisser la loi de cause et effet suivre son cours à travers les épines déchirantes.

Là, à peine Licinio comprenait-il, dans la maturité de son esprit, la nécessité de comprendre, de renoncer et d'être bon, ce que, aux yeux des femmes perverses qui l'entouraient, il interprétait comme une faiblesse masculine, une idiotie ou un manque de virilité.

Cependant, l'administrateur était le seul à pouvoir ressentir les bienfaits du devoir accompli, apprenant à renoncer, à servir, à résister aux assauts, à contenir les impulsions sexuelles de son corps encore jeune et de ses sentiments dépourvus d'affection, se préservant de plus grands problèmes et protégeant ceux qui l'entouraient des crimes vers lesquels ils se lançaient obstinément.

Comme Serapis l'imaginait, Marcus se laissa doucement aller au repos et à la récupération de ses forces, dans le même lit où il avait été en compagnie de celle qui, à partir de ce jour, dominerait ses sentiments et ses désirs. Il resta là jusqu'à ce que la chaleur du soleil de midi rende indispensable un bain rafraîchissant, où il fut aidé par ses esclaves personnels, sans parvenir à échapper à la pensée de la jeune femme adorée, se forçant à imaginer comment la faire revenir là, dans ce qui avait été baptisé le palais de Serapis et de Marcus, la chambre où l'affection idyllique de ces deux amants se concrétisa, redéfinissant ainsi leur vie.

32.
LA NOUVELLE ROUTINE

Le travail du jour suivant le premier rendez-vous fut bien différent pour Serapis. Son esprit, se sentant victorieux et dominateur, se plaçait désormais au-dessus de Druzila, comme si elle parvenait à accomplir tous ses plans pour l'éloigner de son chemin à jamais.

Naturellement, elle devait faire attention pour que son euphorie ne se transforme pas en précipitation et que son désir de vengeance n'expose pas ses intentions, ce qui compliquerait leur pleine réalisation.

Elle ne pouvait oublier qu'elle était encore une servante. Cependant, le simple souvenir qu'elle était devenue l'amante du maître, celle qui le comblait d'affection physique au détriment de l'épouse, une femme déséquilibrée et intolérante, lui donnait une assurance intime capable de supporter toutes les agressions de Druzila, jusqu'à en éprouver de la joie.

Ainsi, plus la femme agressive et complexée lui infligeait des coups moraux et la faisait se sentir humiliée, plus Serapis se nourrissait, se renforçait d'affection pour la transformer en caresses à offrir à Marcus, dans la volupté de l'envelopper de toutes parts jusqu'à ce qu'il devienne incapable de vivre sans ses caresses.

Ainsi, au fil des jours, Serapis parut, aux yeux de Druzila, de plus en plus docile et soumise, ce qui augmenta l'irritation de cette dernière qui, voyant la servante résignée, imaginait que ses comportements agressifs n'étaient pas suffisants pour lui infliger le dégoût qu'elle souhaitait.

À partir de ce moment, les souffrances injustes que Druzila imposait à la jeune servante s'intensifièrent.

Références désagréables, affirmations calomnieuses, accusations mesquines, tout cela était de la ruse de la femme malade, prête à perdre son équilibre pour céder à ses peurs. En même temps, Druzila se sentait encore plus attirée par Licinio, qui, dans ses projets, serait celui dont elle se servirait pour amener Marcus à la souffrance, se nourrissant de l'attente d'être aimée par quelqu'un, fût-ce par sa condition de supériorité sociale.

Pour n'importe quel homme de son époque, il n'aurait pas été difficile de succomber aux séductions de Druzila et de s'engager dans le chemin de l'infidélité aventureuse. Ainsi, le sens moral de l'époque romaine, tout comme celui de toutes les époques, peu développé, permettait ou encourageait les conquêtes les plus dangereuses pour l'équilibre des foyers et des cœurs, comme une démonstration de la capacité et du pouvoir de séduction, dans le triste jeu d'apporter des espoirs et des rêves idylliques dans les cœurs étrangers, pour leur offrir, après la conquête, uniquement douleur et épines.

Cependant, Licinio résistait, pour désespoir de la femme qui l'assaillait.

Après avoir vu les manières intimes par lesquelles Serapis remerciait l'administrateur de l'avoir libérée du service de Druzila deux fois par semaine, la maîtresse de maison était encore plus inquiète, imaginant que la servante lui volait le seul homme capable de lui servir de soutien.

Ses yeux se faisaient plus aiguisés et ses oreilles plus attentives afin de tout savoir.

Cherchant une servante en qui elle avait confiance, elle se mit à lui payer pour que toute information suspecte lui soit révélée, consciente qu'entre les serviteurs, les affaires étaient toujours connues et commentées.

Lélia, l'employée que Druzila utilisait comme yeux et oreilles pour le palais, ne sympathisait pas non plus avec la collègue des tâches domestiques, car elle sentait que Licinio la privilégiait et, par jalousie pour ce traitement différencié, elle désirait la nuire. C'est pourquoi, bien qu'il n'y eût aucune suspicion réelle, Lélia ressentait le besoin de révéler à Druzila certains détails qu'elle inventait, afin de pouvoir, peu à peu, retenir encore plus l'intérêt de la maîtresse pour ses services.

Sans rien savoir, Licinio et Serapis étaient sous une surveillance étroite et discrète de la part de Lélia, devenue la confidente de la maîtresse, stimulant ses désirs et satisfaisant toutes ses attentes.

Quant à Marcus, il retourna à la résidence seigneuriale et s'enferma dans ses appartements.

Quelques heures plus tard, à peine pour provoquer Druzila, il informa qu'il rendrait visite à la fille Lucia et que l'épouse devrait être préparée.

Ce comportement avait en réalité l'intention de lui permettre d'être dans les appartements où il trouverait Serapis, ou la verrait de plus près.

Comme cela avait été décidé par le chef de la famille, tout fut préparé pour que le père soit auprès de sa fille, une proximité jusqu'alors peu courante pour ses manières irresponsables.

En réalité, c'était le signal qu'il envoyait à Serapis pour qu'elle soit également proche et que leurs regards puissent se croiser, même dans les appartements de l'épouse elle-même.

À l'heure prévue, Marcus se dirigea vers la chambre de Druzila dans laquelle il entra sans cérémonie, devant les révérences de tous les serviteurs, parmi lesquels se trouvaient sa bien-aimée et Licinio.

Se dirigeant vers l'endroit où se trouvait l'enfant, il trouva l'épouse la tenant dans ses bras, de manière à attirer l'attention du mari sur elle, imaginant que la visite pourrait aussi avoir été programmée pour une réconciliation après la dernière conversation acerbe entre eux. Voyant que la fille était dans les bras de la mère, Marcus se dirigea vers elle et, comme si Druzila n'existait pas, lui prit Lucia dans ses bras et commença à jouer avec la petite, qui souriait aux caresses de son père.

Il tourna le dos à la femme et se dirigea vers la fenêtre, laissant Druzila sans un mot d'attention ou de tendresse, se mordant l'intérieur.

– Regarde, Licinio, quelle jolie petite romaine – dit Marcus en s'adressant à l'administrateur –. C'est une femme – et c'est dommage – mais, malgré tout, je ne peux nier, ce sera une belle matrone, n'est-ce pas ?

Aux commentaires du maître, Licinio répondit :

– Les vertus sont indépendantes du sexe, mon seigneur. La bonté, la générosité sont les seules vertus qui méritent notre attention. Lucia devrait être une source de fierté pour n'importe quel père, principalement en tant qu'héritière des vertus de la famille de son père et de sa mère.

Face à cette réponse philosophique et noble, Marcus sourit et rétorqua :

– Eh bien, voilà mon grand ami, toujours en train de creuser mes propos et de révéler des facettes plus belles que celles que mes mots ont pu exprimer.

Sentant que son intervention avait pu offenser Marcus, Licinio chercha à compléter :

– Ma insignifiance est majestueuse et, dans ma condition de serviteur de votre confiance, je ne reconnais pas en moi de telles qualités, mon seigneur. Je ne suis qu'un homme qui a beaucoup médité sur les erreurs humaines et leurs conventions enfantines, parmi lesquelles celle qui concerne l'importance du fils aîné.

– Parle-en, Licinio – demanda Marcus – désireux de prolonger la conversation durant laquelle il se tenait plus près de Serapis, qui, exultante, suivait chaque développement du colloque.

– Bien, mon seigneur, je ne souhaite pas manquer de respect à nos traditions en essayant d'altérer ce que les siècles ont construit. Cependant, je peux affirmer sincèrement que l'amour qui nous unit à nos mères, malgré la pauvreté de nos pères, est quelque chose de magique et mystérieux.

Ma propre mère, une femme d'une bonté enviable, possède une aura d'élévation telle que je n'ai jamais pu en trouver chez une autre personne. Depuis que nos vies se sont croisées, je la vénère comme la bienfaitrice qui a assumé le rôle de ma malheureuse mère biologique, me donnant tous les exemples de correction, de respect et de sagesse avec lesquels j'essaie de me conduire sur les chemins de la vie, m'efforçant de ne pas la décevoir.

Et je sais que son lien avec elle est même plus fort qu'avec son père, que nous respectons tous deux également et à qui nous sommes profondément reconnaissants. Ce sont les femmes qui éduquent les hommes, qui supportent leurs tempéraments et génies agressifs et aventuriers. Ce sont les femmes qui doivent enfanter, avec les douleurs que les hommes courageux et guerriers ne supporteraient sûrement pas sans verser de larmes.

Ce sont elles qui ont maintenu nos traditions et si Rome doit son histoire à deux frères, Romulus et Rémus, n'oublions pas que c'est dans le sein d'une femelle que tous deux se sont nourris pour ne pas périr. C'est pour cela que nous sommes tous ici.

Bien que notre tradition ait valorisé la virilité masculine comme celle qui garde nos flammes sacrées allumées et nous garantit l'attention de nos besoins dans l'au-delà de la mort, il ne faut pas oublier que c'est sur l'esprit précieux de nos femmes nobles et patientes, soumises et courageuses, que reposent les bases de nos grandes conquêtes.

C'est pourquoi, au fond de moi-même, je ne les considère pas inférieures ni plus imparfaites ou moins vertueuses que les hommes.

En écoutant les divagations tout à fait inhabituelles, mais vraies, Marcus lui répondit avec une grande intimité :

– Eh bien, mon ami, tes concepts sont presque une révolution des mœurs, mais je ne peux m'empêcher de te donner mon accord pour une grande partie de ce que tu dis, car mon cœur est bien plus lié à ma mère qu'à mon père.

Je réfléchirai à tes arguments et nous en reparlerons plus tard.

Démontrant qu'il avait déjà accompli ses tâches de père occasionnel dans cet environnement, Marcus s'éloigna, non sans avoir déposé l'enfant dans les bras de Serapis, un double moyen de ressentir une satisfaction.

D'abord, parce qu'il pourrait se rapprocher de celle qui était au centre de son affection, sans éveiller de soupçons immédiats, car Serapis faisait partie du service intime de Druzila, comme cela s'était produit le jour même de la naissance. Et deuxièmement, parce qu'ainsi il n'aurait pas à se rendre auprès de la mère pour lui rendre l'enfant, montrant ainsi à tous son mépris pour elle, tout en affirmant aux yeux astucieux de Serapis qu'il n'avait aucun lien avec la femme capable de l'obliger, même au geste de politesse.

En quittant la chambre, Marcus parla à haute voix, pour que la chère servante puisse aussi entendre :

– Licinio, viens avec moi à mon bureau, j'ai une mission pour toi.

Convoqué pour accompagner le maître de maison, Licinio se retira, laissant les femmes avec les obligations normales de la routine domestique, et suivit son patron vers la destination qui l'attendait.

Pendant ce temps, aux oreilles de Serapis, Marcus voulait indiquer qu'il l'éloignerait de là pendant un certain temps afin qu'ils puissent se retrouver à nouveau.

Et cela fut effectivement prévu.

Prétextant des besoins urgents pour évaluer comment se portaient les affaires dans une parcelle éloignée qu'il possédait en dehors de la ville, Marcus décida que Licinio s'éloignerait quelques jours du service au palais pour être à la tête de la conférence et de la supervision des activités rurales sur ses terres, tâche que Licinio avait déjà accomplie par le passé et qui, en aucun cas, ne susciterait de soupçons.

Les détails étant convenus, Marcus lui remit les provisions en argent pour le salaire des fonctionnaires et l'acquisition de ce qui serait nécessaire. Et, devant la longue liste de choses que Licinio devait accomplir, il fut convenu que l'administrateur s'absenterait au moins quatre jours, ne revenant qu'une fois toute l'activité rurale achevée. Tentant aussi de se débarrasser de sa propre femme, Marcus décida que l'épouse et la fille devraient l'accompagner, afin qu'elles puissent profiter des airs de la campagne pour renforcer leurs corps, ce qui serait très sain, principalement pour la petite.

Sachant que Druzila avait une servante de confiance, qu'elle maltraitait dans ses accès d'agressivité, il dit à Licinio :

— Mon ami, je sais que Druzila traverse l'une de ses pires phases et que même les servantes de sa confiance ne supportent pas ses attaques agressives. Lors d'une dispute que nous avons eue, elle a qualifié au moins deux d'entre elles de noms aussi dégradants que ceux que l'on pourrait donner aux animaux, et encore moins à des êtres humains. Parmi les deux citées, l'une s'appelle Serapis et l'autre je ne me souviens plus du nom, mais je sais que tu en as connaissance.

Espérant l'effet de ses paroles, Marcus regarda Licinio qui l'accompagnait attentivement, comme s'il attendait son approbation.

Voyant le geste de compréhension de Marcus, Licinio hocha la tête affirmativement et répondit :

— Oui, mon seigneur, vous n'avez pas tort. La maîtresse a été très nerveuse et son irritation contre les servantes est très forte, Serapis étant parmi elles.

— Très bien. Je veux que ces pauvres femmes restent ici pour ne pas être dérangées par Druzila. De plus, si la présence des servantes perturbe son équilibre, ce sera une bonne occasion pour que son éloignement permette d'améliorer son humeur, rendant ainsi le voyage plus agréable, n'est-ce pas ?

— Oui, mon seigneur, ce sera bénéfique pour toutes.

— C'est vrai, Licinio – répondit le maître de maison, heureux, anticipant les moments agréables qu'il passerait en compagnie de Serapis, dans le palais qu'ils avaient baptisé le jour de leur première rencontre.

En outre, les jeunes femmes qui ne sont pas esclaves sont des employées, et cela ne doit pas être négligé. Pour les esclaves, nous avons la liberté d'agir comme bon nous semble, mais pour les employés, il est important de ne pas oublier que nous traitons avec des personnes libres et ayant certains droits. Druzila a dépassé les limites dans ses attaques, et je ne veux pas que nous soyons à la merci de ces femmes qui, une fois gravement blessées, se transforment en lionnes dangereuses.

LA FORCE DE LA BONTÉ

Sa théorie de la noblesse des femmes doit également tenir compte de ces faits particuliers de l'esprit féminin lorsque ses aspirations sont frustrées – ajouta Marcus, ironiquement, en souriant à Licinio, qui, dans sa bonté naturelle, ne se doutait pas des véritables intentions de son interlocuteur.

Tout étant arrangé, Druzila fut informée qu'elle partirait dans deux jours pour un séjour loin du palais, en compagnie de Licinio et de la fille Lucia, ce qui, d'une certaine manière, correspondait aussi à ses désirs, s'éloignant de son mari et restant en présence de l'homme désiré, pour se jeter sur lui et le conquérir.

Sachant la nécessité d'avoir des servantes pour l'aider, elle fut notifiée qu'elle en emmènerait quatre, mais que les autres resteraient pour le service du palais et, selon les besoins que Licinio connaissait, Serapis ne les accompagnerait pas. Cette décision fut interprétée par Druzila comme une proposition de Licinio qui, peut-être, souhaitait désormais répondre à ses impulsions et ardeurs féminines, libre des attentions de la belle servante de la maison avec laquelle elle soupçonnait qu'il était impliqué.

Dans l'esprit de Druzila, tout avait été arrangé par Licinio qui, devant s'éloigner, aurait suggéré à Marcus l'autorisation d'emmener la fille Lucia et l'épouse pour lui tenir compagnie, en prétextant le besoin d'un air nouveau pour l'enfant et une vie saine à la campagne.

Les soupçons de Druzila furent renforcés lorsqu'elle apprit que Serapis resterait, sentant que Licinio avait aussi prévu que la servante ne les accompagne pas afin de ne pas gêner les moments d'intimité entre la maîtresse de maison et l'administrateur.

Dans l'esprit perturbé de la femme, tout cela avait été organisé par un cœur passionné qui, finalement, n'avait plus pu rester distant de ses attaques. Parmi les servantes qu'elle choisit, après que Licinio lui eut informé des disponibles pour accompagner la famille à la ferme éloignée, se trouvait Lélia, qui, maintenant que Serapis était écartée, pourrait mieux s'entendre avec Druzila et recevoir de nouvelles instructions sans éveiller de soupçons sur une intimité totalement inconvenante entre la maîtresse et une simple employée.

Les véhicules étant prêts, séparés des esclaves qui serviraient de conducteurs et de sécurité pour la petite caravane, à l'aube du jour prévu, ils prirent le chemin des portes majestueuses qui avaient été élevées depuis longtemps et leur permettaient d'accéder aux routes bien entretenues qui traversaient tout l'Empire romain, l'un des éléments qui avaient permis à Rome de se développer si loin dans ses conquêtes administratives, politiques et militaires.

Loin de là se trouvait la propriété rurale de la famille, où les membres du petit cortège seraient logés, permettant à Marcus de profiter des plaisirs de la compagnie de Serapis pendant une longue période.

Avec le palais vide d'yeux et d'oreilles, de complots et de gens, Marcus se sentait plus libre dans ses propres domaines pour faire ce qu'il voulait.

Ainsi, sans se soucier de rien de particulier, il demanda à Fabio, le serviteur qui assumait provisoirement les fonctions de Licinio au palais, de lui envoyer Serapis avec une cruche de vin frais pour étancher sa soif.

Exécutant la demande de son maître, Serapis frappa à la porte, qui fut ouverte par un serviteur de confiance de Marcus, et entra en portant le plateau.

Marcus ordonna à son esclave de rester dehors de ses appartements, sans laisser entrer personne jusqu'à ce qu'il lui en donne l'ordre.

À l'intérieur, Serapis se retrouva seule avec Marcus, mais, afin de rester dans sa condition de servante, elle demeura à sa place subordonnée, attendant qu'il prenne l'initiative, si tel était son désir.

Ce serait le moment où elle évaluerait le degré d'engagement personnel que Marcus reconnaissait dans la relation entre eux.

Là, il pourrait lui dire que tout cela n'était qu'une simple fantaisie et qu'elle continuerait à être une employée. Sinon, il pourrait la dispenser de ses services, estimant que son implication sexuelle était inappropriée pour vivre sous le même toit que sa femme.

Il serait encore plus grave s'il l'ignorait comme s'il n'avait eu avec elle qu'une aventure parmi les prostituées de la vie romaine.

Serapis se tenait là, résolue, faisant confiance à son intuition féminine qui lui disait que, d'après la manière de Marcus, il ne tarderait pas à la prendre dans ses bras et à l'embrasser passionnément.

Une fois la porte fermée et s'assurant qu'il n'y avait pas de fenêtres indiscrètes qui pourraient révéler à des yeux curieux ce qui allait se passer à l'intérieur, Marcus s'approcha de la servante désirée, dans un mélange de volupté, d'anxiété, de passion avide d'affection, il l'étreignit et posa ses lèvres sur les siennes, démontrant, pour soulager ses inquiétudes, qu'il s'était laissé envoûter profondément par sa beauté, sa grâce et sa sensualité.

— Cela a été long pour arriver à ce moment, ma bien-aimée Serapis, dit-il, haletant, comme s'il cherchait l'air, n'ayant pas assez de souffle pour exprimer toute la profondeur de son amour réprimé. Essayant de répondre à ses caresses, avec la ruse féminine qui ne veut pas éteindre le feu mal allumé, Serapis répondit :

— Moi aussi, mon seigneur, le temps semble ne pas être passé et, bien que j'aie fait tout mon possible pour rester insignifiante dans ma condition de servante, je n'ai pas passé une minute sans me rappeler ce que j'ai vécu cette nuit-là, un rêve que j'aurais souhaité ne jamais voir se terminer.

— Eh bien, maintenant, Serapis, pendant un bon moment cette nuit ne se terminera pas. Ou mieux, nous ferons de la journée notre nuit.

— Que voulez-vous dire, mon seigneur ? demanda-t-elle, souriant timidement.

— J'ai déjà arrangé que Fabio te libère afin que nous puissions, ensemble, nous retrouver dans notre autre palais.

Et ainsi, Marcus commença à expliquer succinctement comment, ce jour-là, Serapis serait dispensée de son service interne pour aller le voir dans leur repaire de passion, revivant les émotions de leur première nuit d'amour.

Tout étant arrangé entre eux, Serapis retourna au travail et, dans les plans de Marcus, il ne tarda pas à ce qu'un messager, secrètement engagé par lui, vienne annoncer qu'un parent proche de Serapis était très malade, demandant son aide personnelle pour le temps nécessaire à sa guérison.

Ayant reçu le message, Fabio le conduisit immédiatement chez Marcus, qui attendait avec impatience la suite du plan.

— Seigneur, un message demande la présence d'une servante de cette maison auprès d'un parent très malade. Comme il s'agit d'une servante, je soumets ce cas à votre jugement afin que les mesures nécessaires soient prises.

— De qui s'agit-il, Fabio ? demanda Marcus, voulant sembler indifférent au sujet.

– C'est une personne liée à Serapis, la servante pour laquelle sa présence est demandée.

– Et cette servante a-t-elle bien agi pour que nous puissions lui donner l'occasion de s'absenter ?

– Eh bien, mon seigneur, c'est le seigneur Licinio qui s'occupait toujours de tout cela, mais je n'ai jamais entendu d'avertissement ou de plainte à l'encontre de Serapis. De plus, mon seigneur, il s'agit d'une maladie qui nécessite la présence de quelqu'un de plus jeune, car l'infirme, qui affirme n'avoir personne d'autre que Serapis, a besoin de soins indispensables pour survivre.

– C'est vrai, Fabio. En plus d'être misérables, ces serviteurs ont aussi la malchance de tomber malades ou de devoir s'occuper de ceux qui tombent malades. Très bien, tu peux autoriser la servante à s'absenter, à condition qu'elle revienne ici tous les deux jours pour nous donner des nouvelles. Qui sait, peut-être pourrons-nous faire quelque chose pour alléger la souffrance de ce malade, n'est-ce pas ? Appelle Serapis dans mon bureau pour que je puisse lui communiquer cela moi-même et l'informer de la dispense temporaire de ses tâches.

Sensibilisé par la générosité de son maître, Fabio sortit pour annoncer à Serapis la nouvelle et la conduire devant Marcus, de cette manière, Marcus tenta de montrer à l'administrateur intérimaire qu'il gardait une main ferme sur les rênes de la maison, n'autorisant pas que les choses soient faites de n'importe quelle manière.

C'était sa manière de montrer son autorité, ce qui rendait l'octroi de la permission encore plus convaincant.

À l'arrivée de Serapis, quelque peu confuse, Marcus lui annonça, solennel et artificiel :

– Servante, des nouvelles de l'extérieur demandent ta présence auprès d'un parent malade qui sollicite tes services afin de se remettre. Considérant l'absence de la maîtresse et de la jeune fille, ainsi que la réduction des tâches internes en conséquence, en plus du fait qu'il semble s'agir d'une urgence, il demande l'aide de mains plus jeunes, j'ai autorisé ton absence pour le temps nécessaire, cependant, tu devras revenir ici tous les deux jours pour nous rendre compte de l'état réel de la santé, s'il y a amélioration ou non, afin que, d'une manière ou d'une autre, nous puissions savoir ce qui se passe et, si nécessaire, apporter notre aide dans ce qui pourrait être requis.

LA FORCE DE LA BONTÉ

Comprenant les plans de Marcus, Serapis, respectueuse, le remercia pour sa générosité et lui assura qu'elle obéirait comme il l'avait déterminé. Elle ajouta qu'elle ne porterait que les vêtements qu'elle avait sur elle, laissant au palais son petit ensemble de biens personnels, comme preuve de son désir de revenir pour reprendre son travail régulier dès que cela serait possible.

Une fois les accords définitifs pris, Marcus ordonna à Fabio de donner à la servante quelques pièces pour ses dépenses urgentes et lui accorda, ce même jour, l'autorisation de quitter le service du palais.

Ainsi, en début d'après-midi, Serapis traversait déjà les ruelles de Rome en direction du lieu du rendez-vous, auquel elle accéda par un passage discret à l'arrière du bâtiment. Elle y pénétra sans être reconnue, étant enveloppée dans de modestes manteaux qui couvraient presque tout son visage, ce qui la faisait passer pour une servante venue nettoyer et organiser l'endroit, comme c'était habituellement le cas dans les lieux secrets que les hommes gardaient pour leurs rencontres clandestines.

Il ne fallut pas longtemps avant que le bruit de l'arrivée de Marcus dans les lieux ne fasse savoir que l'énervement de l'attente allait enfin être apaisé, et que l'instant de la passion et de l'envoûtement allait se renouveler dans les bras de la jeune servante voluptueuse et captivante.

33.
L'AMERTUME DE LA PASSION

Pendant que le couple se trouvait dans son refuge de rêve et d'enchantement, livrés à l'échange de caresses physiques comme si le monde autour d'eux s'était réduit à cette chambre parfumée, Licinius poursuivait son chemin vers la campagne, obéissant aux ordres de Marcus.

Déjà en route, Drusilla commençait à réfléchir à la manière de surmonter les barrières que l'administrateur imposait à ses avances. C'était là l'occasion idéale pour réaliser sa conquête et, dans la mesure de son succès, préparer sa vengeance contre son mari, dont elle ne soupçonnait pas encore l'infidélité avec Serapis.

Pendant que Licinius se retrouvait accaparé par les multiples tâches qui le sollicitaient sur différents fronts de travail simultanément, Drusilla passait de longues heures à converser avec la servante Lélia. Celle-ci, avec ses paroles venimeuses, savait cultiver l'anxiété et la suspicion dans l'esprit de sa maîtresse, n'omettant aucun détail pour insinuer l'existence d'une relation ou d'un intérêt affectif entre l'administrateur et la servante Serapis.

Obsédée par cette idée, Drusilla se laissa emporter par le désir de posséder ou d'être possédée par lui, à tout prix, refusant de se sentir humiliée au point d'être supplantée par l'affection envers une servante.

Perdue dans ses pensées, elle élabora un plan, définissant sa ligne de conduite pour ces quelques jours où elle aurait plus de liberté pour agir. Elle prit des dispositions, réfléchit à chaque étape et, dans son imagination troublée, se persuada qu'elle avait conçu le piège parfait pour ses ambitions.

Ainsi, à la fin du premier jour, elle invita Licinius à se rendre dans ses appartements sous prétexte de discuter d'un sujet personnel.

Consciente des réserves que l'administrateur manifestait chaque fois qu'il se trouvait en sa présence, Drusilla opta pour une stratégie différente, évitant les approches directes qui avaient marqué leurs précédentes rencontres.

Elle choisit soigneusement sa tenue, s'habillant de manière sensuelle et suggestive pour laisser entrevoir certaines parties de son corps, suffisamment pour attirer l'attention de Licinius sans paraître inconvenante.

Lorsque Licinius, après une journée de travail éreintante, s'était lavé pour se présenter en des conditions dignes devant sa maîtresse, il se hâta de répondre à sa convocation. Si pressé, il renonça même à prendre un repas, préférant écouter ce que Drusilla avait à lui dire avant de dîner.

Il arriva devant ses appartements et se présenta. Une fois autorisé à entrer, Drusilla ordonna à tous les serviteurs de confiance de les laisser seuls, sauf Lélia, qui, suivant un accord préalable, resterait sous prétexte de s'occuper de la petite Lucia.

– Bonsoir, monsieur Licinius – s'exclama Drusilla en essayant de paraître amicale.

– Bonsoir, madame.

– J'ai besoin de discuter avec vous de certains sujets concernant ces terres et leurs problématiques. Bien que mon mari en soit l'administrateur, ces biens proviennent de ma famille depuis des générations et faisaient partie de ma dot. Par conséquent, je m'intéresse à leur situation réelle tout autant que cela importe à mon époux.

– Eh bien, madame Drusilla, dans la mesure de mes possibilités et de mes compétences, je suis prêt à répondre à votre demande – répondit Licinius.

Observant son état de fatigue, Drusilla lui demanda s'il s'était déjà nourri. Lorsqu'il répondit par la négative, elle saisit cette occasion pour amorcer ses tentatives. Sans consulter l'administrateur et dans un geste de courtoisie peu commun chez les maîtres envers leurs employés, elle ordonna à Lélia de se rendre à la cuisine et de faire en sorte que leur dîner soit servi dans ses appartements privés. Un geste inhabituel, surtout lorsqu'il s'agissait de l'épouse recevant un homme en l'absence de son mari.

Consciente des intentions de Drusilla, Lélia, arrivée à la cuisine, laissa échapper un commentaire déguisé, typique des domestiques parlant à l'insu de leurs maîtres. D'un ton malicieux, elle insinua que Drusilla était enfermée dans ses appartements en compagnie de Licinius et qu'ils allaient dîner ensemble.

Il n'en fallut pas plus pour que, dans l'esprit frivole des auditeurs, l'idée d'une relation autre que professionnelle entre eux prenne racine. Lélia, sans chercher à clarifier la situation, entendit les ricanements et se rendit compte que ses collègues avaient mordu à l'hameçon. L'agitation parmi les serviteurs naquit à la perspective d'une possible infidélité de leur maîtresse avec l'homme de confiance du maître de maison.

Ces insinuations constituaient un terrain fertile pour l'imagination des serviteurs, qui désormais prêteraient des intentions non fondées aux moindres gestes ou paroles des principaux intéressés.

De retour dans les appartements, Lélia servit elle-même le repas, s'assurant qu'aucun autre domestique ne puisse témoigner de l'attitude respectueuse et digne de Licinius envers Drusilla.

Bien qu'il ait conscience que rester dans les appartements privés de Drusilla n'était pas tout à fait conforme à l'étiquette, Licinius estimait que la situation n'avait rien de compromettant. En effet, il n'était pas seul avec elle, mais en présence de Lélia et de la fille du couple. Ils discutaient de sujets liés au travail qu'il avait été chargé d'exécuter. De plus, cette propriété n'offrait aucun autre espace approprié pour une conversation privée sur des affaires, étant donné qu'il s'agissait d'une maison rurale aux installations bien plus modestes que celles du palais de Rome. Ainsi, les appartements de Drusilla faisaient office de bureau improvisé.

Tenant compte de ces éléments, Licinius remercia Drusilla pour son attention. Sans se douter des intentions de cette dernière, qui s'était jusqu'alors montrée discrète et bien élevée, il commença à manger, accompagné par elle qui, selon ses propres dires, n'avait pas non plus dîné.

Lélia, postée à distance du couple, restait attentive pour répondre à toute demande de la maîtresse. De cette manière, la conversation tourna autour des questions administratives, sans que Licinio ne perçoive la moindre intention séductrice ou dissimulée de la part de Druzila.

Elle, de son côté, restait concentrée sur les sujets liés aux terres. Elle lui demanda comment allait le troupeau, si les chevaux étaient bien soignés, si les endroits qu'elle avait l'habitude de visiter et où elle passait de longues heures dans son enfance étaient toujours préservés.

À toutes ces questions, Licinio s'efforça de répondre avec attention et précision, permettant à la dame de se satisfaire de ses explications.

Cependant, même pour Licinio, la propriété était si vaste qu'il ne pouvait répondre de manière détaillée ou satisfaire pleinement la curiosité de Druzila.

LA FORCE DE LA BONTÉ

Après plusieurs réponses imprécises et en laissant entendre qu'il ne savait même pas où se trouvaient tel ou tel endroit mentionné, Druzila exprima le souhait de visiter la propriété le lendemain matin.

Tout en servant du vin frais à Licinio pour accompagner son repas, elle déclara qu'elle souhaitait qu'un serviteur de confiance soit mis à sa disposition pour l'accompagner dans les environs le lendemain. Elle voulait ainsi raviver les souvenirs des beaux jours de son enfance qu'elle avait passés dans ces lieux.

Naturellement, étant la personne la plus importante de cette petite expédition, il était du devoir de Licinio de l'accompagner personnellement. La confier aux soins d'un serviteur ou d'un esclave aurait signifié renoncer à ses responsabilités fondamentales, parmi lesquelles la plus importante était de veiller au bien-être de Druzila et de sa fille, des trésors bien plus précieux que les terres ou les objets de valeur présents sur la propriété.

Constatant que Druzila lui imposait un problème qui risquait de perturber la routine qu'il avait prévue, Licinio imagina poliment une solution pour continuer à remplir ses fonctions administratives tout en répondant personnellement aux souhaits de la maîtresse, et il suggéra avec courtoisie :

– Je pense qu'il serait inapproprié, madame, qu'un esclave, même l'un des plus dignes de confiance, vous accompagne à travers ces terres, car votre sécurité, tout comme celle de votre petite fille, relève de ma responsabilité. Ainsi, pour satisfaire votre désir, je ne vois personne d'autre que moi-même, en tant que responsable final, pour veiller à tout ce qui pourrait survenir lors de cette promenade. Cependant, comme je dois, conformément aux instructions de votre mari, poursuivre des tâches qui m'obligent à m'absenter pendant plusieurs heures le matin, je suggère que nous profitions en fin de journée de la douceur du soleil déclinant et, avant que la nuit tombe, visitions les lieux qui vous tiennent à cœur.

Voyant que Licinio cherchait à être attentif et, avec ses manières courtoises, à concilier ses responsabilités avec ses propres souhaits, Druzila se sentit flattée et imagina que, peut-être, Licinio partageait secrètement son désir d'une implication émotionnelle. Ainsi, pour tirer profit de cette opportunité tout en adoptant une attitude féminine de soumission qu'elle savait plaire aux hommes, elle afficha un air ravi et, avec satisfaction, s'exclama :

– Je savais bien que de toi, Licinio – passant à le tutoyer – je ne pouvais attendre qu'un tel comportement délicat et compréhensif. C'est convenu. Demain, en fin de journée, je t'attendrai ici pour que la calèche nous conduise aux endroits qui me sont si chers et où j'ai passé des moments heureux. Je souhaite les revoir, car ils restent indélébiles dans mes souvenirs.

– Oui, madame. Je veillerai à ce qu'un serviteur de confiance nous accompagne, afin d'éviter toute mauvaise surprise en chemin.

Entendant cette suggestion, troublée mais sans exprimer son désaccord, puisqu'elle souhaitait être seule avec l'homme qu'elle convoitait, Druzila affirma qu'il en serait fait selon ses instructions et qu'elle attendrait donc avec impatience le lendemain.

Une fois le dîner et la conversation terminés, Licinio quitta la chambre avec un sourire de satisfaction sur le visage, soulagé d'avoir traversé ces heures de discussion sans avoir à adopter une posture défensive. Maintes fois, il était sorti de telles situations en sueur froide, fuyant pour éviter d'être compromis aux yeux indiscrets et accusé de séduction, car personne n'aurait cru qu'il pouvait être, lui, la victime d'une telle tentative de la part de sa maîtresse.

Les traits de soulagement et d'apparente satisfaction affichés par Licinio face à l'attitude contenue de Druzila furent néanmoins interprétés, par les regards malveillants des serviteurs, comme la preuve d'une réjouissance masculine à la suite d'un rendez-vous intime avec celle qui ne devait être que sa maîtresse.

Du moins, selon les interprétations perfides de ces témoins indiscrets, Licinio profitait de la situation, tissant une toile de séductions autour de la dame, sans respect pour la présence de sa propre fille, et ce qui était pire encore, en l'absence du mari.

Le lendemain, sans la moindre suspicion dans son esprit sincère et sans défense, Licinio reprit sa routine habituelle, tandis que Druzila, laissant libre cours à son imagination, ajustait ses plans aux nouvelles opportunités qui se présentaient à elle, voyant la chance lui sourire davantage qu'elle ne l'avait prévu.

Après avoir pris son premier repas, elle quitta sa chambre et se rendit à l'extérieur pour organiser sa promenade de l'après-midi. Elle ne chercha pas à dissimuler son enthousiasme et annonça qu'à la fin de la journée, une corbeille de provisions et une jarre de vin devraient être prêtes, car elle s'absenterait pour visiter la propriété.

LA FORCE DE LA BONTÉ

Druzila savait que, empoisonnés par les commentaires de Lélia – des propos qu'elle avait elle-même ordonné de répandre négligemment – les serviteurs interpréteraient son comportement comme une confirmation de leurs soupçons. Cela aussi faisait partie de son plan personnel.

Se rendant au lieu où étaient rangés les véhicules de transport, parmi lesquels elle comptait en choisir un pour sa promenade, elle remarqua qu'un d'entre eux, bien qu'en moins bon état, avec des signes d'usure au niveau des roues et des essieux, semblait le mieux adapté pour l'occasion. Ce véhicule, avec ses hautes barres en bois le long des côtés formant une carrosserie rustique, permettait d'y fixer une couverture en tissu pour protéger les occupants du soleil.

Ainsi, Druzila opta pour ce véhicule et ordonna qu'il soit équipé de la couverture. Puis, faisant preuve de sa ruse féminine, elle chargea Lélia de gérer le reste des préparatifs.

D'un ton complice, comme si elle partageait chaque étape de son plan, elle demanda à Lélia de se rendre à l'endroit et, en utilisant le serviteur qui semblait le plus prompt à nourrir les rumeurs sur l'adultère supposé, d'arranger pour que les essieux de la calèche soient davantage fragilisés. De cette manière, au cours du trajet, le véhicule serait susceptible de se briser, empêchant ainsi le retour de la caravane.

Cela lui donnerait le temps de s'éloigner davantage et de rester seule avec Licinio, afin de poursuivre les étapes de son plan.

Lélia, consciente des intentions de Druzila et se considérant toujours dans la sphère d'influence de sa maîtresse, ne se fit pas prier. Comprenant ses désirs, elle chercha celui qui, par ses traits et ses expressions, lui semblait le plus vulnérable. Entamant une conversation sous un air complice, elle continua à mettre son plan en œuvre :
– Salut, Lívio, comment ça va par ici ? – demanda Lélia, feignant un intérêt sincère.

Abordé par la servante de la maîtresse, jeune femme attrayante et pleine d'atouts aux yeux du rustre travailleur rural, Lívio, jeune et ardent, mobilisa ses maigres ressources pour ne pas paraître maladroit face à la jeune fille qui venait à lui.
– Eh bien, ma petite, ici, tout est toujours pareil, sauf quand, tout à coup, des gens de la ville arrivent et bouleversent tout, nous obligeant à changer nos habitudes. Et maintenant, comme si cela ne suffisait pas d'avoir le

régisseur du maître, on a aussi la maîtresse elle-même qui, semble-t-il, a décidé de faire une promenade dans ces terres que personne ne visite jamais.

S'apercevant qu'il cherchait à poursuivre sur des sujets plus personnels et qu'il s'amusait de l'arrivée de voyageurs comme s'il s'agissait de phénomènes rares, Lélia continua :
– Eh bien, c'est toujours agréable de sortir de chez soi et de se promener un peu, surtout quand la terre est aussi belle que celle-ci, pleine d'endroits inspirants.

– Oui, des endroits inspirants, ici, ce n'est pas ce qui manque – répondit-il, énigmatique.
Saisissant la perche tendue, Lélia enchaîna :

– Apparemment, tu dois bien connaître ces "endroits inspirants", n'est-ce pas, Lívio ?

Le jeune homme rougit, baissa la tête, et, avec un sourire gêné, confirma :

– Oui... il y en a quelques-uns que je connais très bien...

– Eh bien, j'aimerais que, avant de retourner à Rome, tu m'en montres un. Je voudrais garder un bon souvenir de cette terre avec moi.

Présenté en ces termes, cela ressemblait presque à une invitation à la débauche, venant de quelqu'un dont les charmes physiques ne pouvaient qu'impressionner un paysan habitué à la rudesse des travaux manuels.
Aussitôt, une lueur s'alluma dans les yeux de Lívio, illuminant son visage. Plus prompt qu'un éclair, il accepta de la conduire dans ces recoins enchanteurs où le charme du paysage laissait place à la passion des corps.

Enthousiasmé par cette promesse, Lívio se montra tout à fait disposé à laisser Lélia poursuivre ses intentions, conformément aux ordres de Druzila.

– Même la maîtresse semble plus inspirée ces derniers jours – dit-elle, feignant l'innocence.

– Oui, j'ai remarqué que cet air est bon pour éveiller les désirs de beaucoup de monde.

– Tu as vu que Licinio est resté dans sa chambre plus longtemps ? – demanda-t-elle à voix basse, comme pour révéler un secret.

– Mais, Lélia, tu étais là-dedans aussi, n'est-ce pas ?

– Bien sûr, Lívio, mais tu sais que je ne suis qu'une simple servante, qui, d'une manière ou d'une autre, n'a aucune importance dans ce monde face à ceux qui, presque, possèdent nos vies. J'ai pu remarquer que, se pliant à nos habitudes de la Rome corrompue et lascive, l'administrateur est tombé sous le charme de notre maîtresse...

Savourant ces révélations croustillantes, Lívio commenta :

– Eh bien, Lélia, aucune femme qui ne voulait pas donner d'occasion à une telle intimité n'aurait accepté de rester là, seule avec un autre homme. Les femmes sont très audacieuses. Ne me dis pas que c'est Licinio qui a ordonné que le dîner soit servi là-dedans. Ça, c'est l'affaire de ceux qui commandent, pas de ceux qui obéissent. C'est elle, bien sûr, comme le font toujours les femmes, qui lui donne les moyens. Une femme trouve toujours un moyen de faire avancer les choses...

Lívio, ayant déjà fait l'expérience de la ruse féminine, estimait que les femmes tissaient leur toile tout en donnant l'impression d'être dirigées par les hommes, lesquels, tout à coup, se retrouvaient prisonniers de leurs propres pièges.

– On voit bien, Lívio, que tu comprends l'âme féminine, dit Lélia.

– J'ai déjà passé par quelques-unes, et elles sont toujours prêtes à nous donner de l'espoir, puis à nous laisser de côté dès que ça ne les arrange plus.

– Je ne suis pas aussi sûre que Druzila soit aussi intéressée, répondit la servante, poursuivant la conversation.

– Je n'ai aucun doute, et je parie que c'est le cas.

– Eh bien, j'accepte le pari, répondit-elle. Et sortant un petit récipient de son sac, elle le tendit devant les yeux avides de Lívio, comme lui remettant sa part du pari.

– Mais je n'ai pas d'argent pour parier avec toi, dit le jeune homme, déconcerté.

– Alors faisons ainsi. Je parie que Licinio est plus intéressé qu'elle, et toi, tu paries que c'est elle qui l'est davantage. Si tu gagnes, tu gardes l'argent. Et si je gagne, tu dois me mener, comme une patronne, dans les lieux inspirants... Qu'en dis-tu ?

La proposition était irrésistible, car, selon Lívio, quel que soit le résultat, il serait le seul gagnant.

Le pari accepté, Lélia ajouta :

— Maintenant, nous devons faire en sorte que les choses fonctionnent pour que nous puissions évaluer lequel des deux est le plus passionné.

— C'est ça, Lélia. Mais comment allons-nous faire ? demanda-t-il.

— Que dirais-tu si nous leur donnions un petit coup de pouce, pour que le « destin » profite de cette promenade d'aujourd'hui, car je sais que Licinio et un serviteur vont accompagner la madame, pour qu'ils soient empêchés de revenir au domaine, devant passer la nuit seuls quelque part là-bas ?

— Écoute, si le seigneur Licinio est avec elle, il ne voudra pas se retrouver dans une situation aussi compromettante, sauf s'il cherche à la séduire, car une femme ne pourrait pas revenir ici seule, surtout de nuit, dans l'obscurité des chemins. C'est pour ça qu'il devrait revenir, laissant le serviteur avec elle pour la protéger. C'est ce que ferait un homme sans intérêt.

— Alors, s'écria Lélia en souriant, toi, expert. C'est ainsi que nous saurons comment les choses vont se dérouler.

— Si Licinio revient seul et laisse le serviteur avec Druzila, c'est qu'elle est la séductrice et lui l'innocent, confirma Lívio.

— Exactement. Maintenant, si le serviteur revient et que Druzila reste seule avec Licinio, c'est qu'il veut la séduire et qu'il a profité du moment pour se retrouver seul avec elle et exploiter la situation. On est d'accord ainsi ?

Devant l'esprit malicieux et, en même temps, naïf de Lívio, il semblait que cela prouvait bien sa thèse. De plus, le pari serait favorable dans les deux cas, qu'il gagne de l'argent ou qu'il ait la possibilité de passer du temps en compagnie de Lélia dans l'un des coins les plus secrets du domaine.

C'est pourquoi il ne se soucia pas de réfléchir à toutes les possibilités et variantes de cette énigme, par laquelle il découvrirait qui des deux impliqués serait le plus intéressé par la séduction. Maintenant qu'ils étaient d'accord, il lui revenait de préparer la voiture pour qu'après un certain temps de trajet, suffisamment loin de la maison protectrice, l'une de ses roues ou de ses essieux soit endommagée.

Lívio, ayant grandi dans la campagne, connaissait bien les efforts que le véhicule endurait, ainsi que la qualité des chemins. Il s'efforça donc d'ouvrir l'une des boucles de la roue avant de la voiture, en utilisant un coin de bois qui la fragiliserait suffisamment pour que, d'un choc plus violent ou d'un trou plus profond, elle se casse et empêche la voiture de continuer son voyage.

Pour cela, ils auraient besoin de chance pour que des pierres ou des trous fassent leur travail.

Une fois tout préparé, Lívio chercha Lélia pour lui annoncer, tout excité, que le plan était en marche.

Avec un sourire malicieux et excitant, la servante lui caressa légèrement le visage, comme pour lui promettre ce qu'il désirait tant : l'argent ou elle-même.

Elle retourna dans les appartements de Druzila pour lui raconter les nouvelles.

– Tout est prêt, madame. La voiture est préparée. En attendant, elle doit être conduite prudemment, jusqu'à ce qu'elle soit assez éloignée, selon vos plans, et projetée sur une pierre ou un fossé, afin que la roue se casse.

– Laisse faire, Lélia, je m'occupe de ce détail, répondit Druzila, ravie de l'évolution de ses plans.

À la fin de la journée, comme promis, alors que le soleil devenait plus doux et entamait ses adieux dans le ciel, tout le monde était prêt à partir, les provisions demandées par Druzila étaient chargées, recouvertes d'une nappe, et le groupe prenait la route pour la promenade demandée. Le serviteur de confiance tenait les rênes de la voiture, Licinio était assis à ses côtés, et à l'intérieur de la carrosserie, dont le toit était recouvert d'un tissu doux, mais dont les côtés restaient ouverts à la vue, une chaise confortable avait été adaptée pour que Druzila s'y installe.

Obéissant à ses demandes, le serviteur conduisait lentement, sous prétexte de ne pas vouloir endommager son corps à cause des secousses du chemin.

Le groupe se dirigeait donc vers les endroits indiqués par Druzila, et elle, feignant la surprise, lançait des commentaires ici et là. Ils avaient déjà bien avancé lorsqu'à cause de l'heure tardive, Licinio suggéra de revenir, tout en répétant la promenade le lendemain.

Voyant que le moment était venu, Druzila lui répondit, feignant l'euphorie :

LA FORCE DE LA BONTÉ

– Tu sais, seigneur Licinio, quand j'étais jeune, je venais ici et conduisais la voiture en ressentant toute l'émotion de la jeunesse, à la tête d'un véhicule. Avant de revenir, j'aimerais refaire cela, me rappelant mes temps de joyeuses aventures.

Plus que de le demander, les paroles de Druzila résonnaient comme l'impératif d'un désir qu'elle réaliserait, même contre la volonté du serviteur. Elle se leva de la chaise et prit, des mains du serviteur qui tenait les rênes, la direction de la voiture, sans que Licinio puisse l'en empêcher, se contentant de lui donner l'avertissement de faire attention.

Ainsi placée, avec le serviteur installé dans la carrosserie, Druzila commença à conduire les chevaux sur les chemins rudimentaires, et après les premiers moments de trajet tranquille, elle se donna le droit d'accélérer, incitant les animaux à prendre le galop, comme une jeune femme impétueuse, conduisant son char le jour des compétitions dans le cirque romain.

Licinio se tenait comme il le pouvait face aux trous du chemin et, d'une voix inquiète, répétait :

– Doucement, madame... plus doucement... c'est dangereux, vous n'avez pas l'habitude...

Pourtant, rien ne faisait ralentir Druzila. La poussière se levait sous le passage du véhicule et le fouet claquait dans l'air, indiquant aux chevaux de devoir accélérer progressivement, jusqu'à ce qu'un fossé naturel du chemin, ouvert par le courant des inondations, devienne un trou et provoque la rupture de la roue avant, rendant l'accident inévitable.

Avec le déséquilibre du véhicule, perdant une de ses roues, la chute de tous fut inévitable, y compris celle de Druzila qui, déjà consciente de ce qui les attendait, selon les affirmations de Lélia, était préparée à l'accident. Ce n'était pas le cas pour ses deux compagnons, qui, à cause du renversement, crurent que c'était le fruit du hasard et de l'euphorie de la conductrice mal préparée.

Cependant, la vérité était que, lors de la chute, Licinio se tordit le pied, qui enflamma immédiatement, l'empêchant de marcher.

Le serviteur, à peine effrayé avec quelques écorchures, était celui qui aidait à relever la dame et l'administrateur, les replaçant dans une position pour évaluer la situation à laquelle ils étaient exposés.

LA FORCE DE LA BONTÉ

Une fois les dommages du véhicule et l'état physique de Licinio constatés, le tableau était complet pour que Druzila puisse tirer parti de la situation et prendre ses propres décisions.

Licinio ne pouvait pas marcher sur de longues distances et n'avait d'autre choix que de rester là, attendant que quelqu'un vienne les aider. Cependant, la nuit tombait et les chemins deviendraient sombres et difficiles.

Ainsi, sans perdre de temps, Licinio se tourna vers Druzila et lui dit :

– Madame, nous sommes dans une situation délicate. La voiture ne peut pas avancer et je me suis tordu le pied, je ne peux pas marcher jusqu'à la grande maison, nous sommes trop éloignés. Je vous conseille de continuer avec le serviteur jusqu'à là-bas et, une fois arrivés, faites envoyer quelqu'un ici, guidé par le serviteur qui connaît notre emplacement, pour venir me chercher.

Voyant que Licinio avait l'intention de rester seul et que son plan ne pouvait pas accepter cela, Druzila s'opposa et ordonna, usant de sa condition de patronne :

– Il n'est pas question que tu me fasses revenir à pied à la maison. Tu es fou, Licinio. Je n'arriverais pas vivante à destination. Si tu ne peux pas marcher, je ne peux pas partir non plus. Puisque le serviteur va là-bas, qu'il prévoie un moyen de transport pour nous deux à son arrivée et vienne nous chercher. Avant cela, il nous aidera à mettre quelques pierres sous l'essieu pour que la voiture soit de niveau et que nous puissions rester sous sa protection. Et pour qu'il puisse arriver plus vite à destination, nous allons manger un peu de ce que j'ai apporté, car la nuit semble longue et prometteuse.

Ainsi, la voiture fut mieux nivelée, Druzila monta dans la carrosserie et, de l'intérieur, elle sortit un grand panier contenant de la nourriture et du vin, leur disant que cela ferait partie du repas qu'elle comptait prendre avec les paysages pittoresques de son enfance, mais que maintenant, cela leur servirait de ration pour l'attente du secours.

Tandis que les deux hommes se préoccupent de recevoir les encas, Druzila s'occupait de servir le vin, moment où, sans qu'ils ne s'en rendent compte, elle profita de l'obscurité pour verser dans la coupe du serviteur quelques gouttes d'une substance provoquant la somnolence, suffisante pour l'assommer pendant la journée et troubler sa perception de l'orientation dans l'obscurité de la nuit. De telles substances, tout comme les poisons puissants, étaient très courantes à cette époque, grâce auxquelles des hommes honnêtes se retrouvaient dans des situations humiliantes au réveil, nus, en compagnie de jeunes filles également dévêtues, des créatures gênantes éloignées de la vie pour dégager les chemins, empoisonnés par des toxines mortelles dont les traces ne menaient jamais aux véritables criminels.

Après cela, elle renvoya le serviteur qui, bien qu'il marchât vite, mettrait au moins trois bonnes heures pour revenir à la maison, s'il n'était pas intoxiqué par le somnifère qui troublerait tout son sens de l'orientation et, à coup sûr, l'empêcherait d'atteindre sa destination jusqu'au lever du jour. Profitant de la solitude en compagnie de Licinio, Druzila l'aida à s'asseoir à l'intérieur de la voiture, dans laquelle elle s'installa également.

Là, ils étaient tous deux, maintenant, à la merci l'un de l'autre. Ou, pour être plus précis, lui à la merci de Druzila, excitée et impatiente de concrétiser ses plans.

Toutefois, ses plans ne comprenaient pas, à ce moment-là, la concrétisation de l'acte physique. Elle souhaitait troubler la perception de Licinio et, le considérant comme un héros blessé, elle chercha à l'envelopper de douceur et d'affection. Telle une servante attentive, elle observa sa cheville meurtrie, essayant de la panser avec les tissus dont elle disposait, ce qui la contraignit à déchirer une partie de ses propres vêtements pour les utiliser comme bandages.

Licinio tentait de l'en empêcher, sachant bien son audace, mais, voyant que Druzila se contenait, il imagina qu'elle était vraiment attentionnée et intéressée par sa guérison.

Après l'avoir installé, elle lui servit une autre portion de vin, dans laquelle, comme elle l'avait fait pour la coupe du serviteur, elle versa la même substance, en quantité un peu plus faible, pour que Licinio s'endorme doucement.

Dès que l'effet se fit sentir, Druzila s'installa près de lui et, constatant combien il luttait pour ne pas céder, elle lui dit de dormir un peu, assurant que, dans la voiture, ils seraient en sécurité.

Incapable de contrôler la somnolence provoquée par le toxique, Licinio tomba dans un profond sommeil, dont Druzila profita pour faire ce qu'il lui convenait.

Profitant de l'inconscience de l'administrateur, elle ouvrit ses vêtements, lui exposant la poitrine, décomposa le reste de son habit afin de faire croire à celui qui les verrait qu'ils étaient dans une situation suspecte, ou du moins faire imaginer à Licinio l'idée d'intimités qui, en réalité, n'avaient pas eu lieu entre eux.

Profitant de l'occasion pour bien arranger la scène, elle desserra ses propres vêtements, exposant sa poitrine comme si elle avait, elle aussi, été dans cette situation et, pour qu'il paraisse victime, elle ingéra une forte dose de la même substance ajoutée au vin, de manière à ce qu'elle ne se réveille qu'après Licinio. La scène était parfaitement mise en place et, devant le regard de n'importe quelle personne, il ne ferait aucun doute qu'elle avait été séduite par Licinio. De plus, Druzila avait donné des instructions à Lélia pour que, dès que l'aube arriverait, elle commence à rechercher les disparus, accompagnée de Lívio, son complice, ayant laissé des indications approximatives sur la région où elle supposait que la voiture était en panne.

Ainsi, comme aucun des membres de la caravane n'était revenu au milieu de la nuit, la servante donna l'alarme. Affirmant qu'elle exécutait les ordres de la patronne, qui l'avait instruite sur la manière d'agir en cas d'urgence, elle partit dans une autre voiture, accompagnée de Lívio qui, préoccupé par la situation, pour s'assurer qui gagnerait le pari, s'écria, surpris :

— Mais Lélia, et notre pari ?

— Quel pari, Lívio ?

— Bon sang, le pari qu'on a fait pour savoir qui reviendrait ici ?

— Ah ! Cela fait longtemps qu'ils sont partis et, donc, quelqu'un aurait déjà dû être de retour. Je suis inquiète et je n'en peux plus d'attendre. Tu dois venir avec moi, après tout, toi aussi tu as participé et tu ne peux pas rester sans m'aider.

— C'est vrai. Mais ça reste notre secret – dit-il, inquiet de la possibilité que sa complicité dans l'accident soit révélée, ce qui entraînerait de graves sanctions.

— Bien sûr, Lívio. Pour moi, il n'y a rien d'autre qui compte que la sécurité de la dame. Si tu veux, je renonce au pari et, dès que possible, je te paierai ce que j'ai promis.

Rassuré, Lívio se prépara à sortir avec une lanterne primitive, en voiture, dans la direction que Druzila avait indiquée à sa servante.

LA FORCE DE LA BONTÉ

Ainsi, tandis que l'émissaire de la maîtresse, à moitié ivre de sommeil, se traînait parmi les buissons du chemin, perdu et désorienté, essayant de parvenir au domaine, la voiture de Lélia et Lívio avançait à toute vitesse vers le lieu indiqué.

C'était encore l'aube lorsqu'ils arrivèrent dans la région et il ne leur fut pas difficile de repérer la lumière de la lampe à huile et, de loin, les contours de la voiture en panne. En s'approchant, ils constatèrent que, à l'intérieur, Druzila, à moitié dévêtue, dormait aux côtés d'un Licinio également endormi, avec des vêtements en désordre.

Lívio et Lélia se regardèrent, comme pour confirmer leurs soupçons, sans savoir encore qui avait séduit qui, mais tout laissait à penser que l'homme portait une plus grande responsabilité dans cette situation délicate.

En tentant de les réveiller, ils comprirent que leurs soupçons étaient fondés, car Licinio revenait à la conscience facilement et rapidement, effrayé par la présence d'inconnus, tandis que Druzila, bien qu'ils tentent de la réveiller, restait engourdie, comme si elle se trouvait dans cet état en raison d'une force plus puissante que celle du sommeil ordinaire.

Les faits étaient plus révélateurs aux regards malveillants que n'importe quel discours ou justification.

Les deux témoins les avaient trouvés dans cette condition. Licinio ne savait quoi dire et, peu importe ce qu'il dirait, cela ne changerait rien.

34.
AFFECTION MALADIVE

Lorsque le groupe retourna à la demeure de la propriété rurale, Licinio était taciturne, abattu, confus face aux événements qui, à sa compréhension, étaient bien trop embrouillés dans des choses inexplicables.

Sa structure physique et mentale lui indiquait qu'il n'avait eu aucune attitude indigne envers cette femme qu'il devait respecter et protéger.

Cependant, les circonstances menaient à une autre conclusion.

Deux employés étaient là, témoins d'une situation qui, dans l'esprit de toute personne, serait naturellement interprétée comme la consommation d'un acte physique, peu importe combien on tenterait d'expliquer que rien ne s'était passé.

À leur retour, alors que le jour était déjà levé et que le soleil pointait à l'horizon, ils trouvèrent le serviteur encore à moitié étourdi, sur le bord du chemin, demandant à être ramassé.

Dès qu'il monta dans le véhicule, Lélia lui demanda ce qui s'était passé, une curiosité également partagée par Licinio et les autres, à l'exception de Druzila, qui dormait encore.

– Je ne sais pas ce qui s'est passé. Après l'accident, la demoiselle m'a demandé de venir à la demeure chercher de l'aide. Je suis parti dans la direction que je connais bien, mais je n'avais fait que quelques pas et j'ai commencé à ressentir un engourdissement, une somnolence qui m'ont laissé pratiquement sans direction.

– Mais, ressentais-tu quelque chose lorsque tu es sorti pour l'excursion de l'après-midi avec la maîtresse et monsieur Licinio ? demanda Lélia, cherchant plus d'informations, bien qu'au fond elle connaisse le plan de Druzila dans les moindres détails.

– Non, jeune fille. Je ne me suis jamais senti malade ici.

– Alors, tu as dû boire beaucoup pour être tombé dans cet état de désorientation, dit Lívio, connaissant bien les effets de l'alcool sur le corps humain.

– Lívio, tu me connais et tu sais que pour que l'alcool me fasse perdre conscience, il en faut beaucoup. Je n'ai bu qu'un demi-verre de vin juste avant de partir, que la patronne m'a donné avec le goûter qu'elle avait apporté. Regarde donc si un demi-verre de vin aurait pu me laisser dans cet état, Lívio !

Alors, le serviteur expliqua qu'il avait essayé de retrouver son chemin, mais sa capacité à s'orienter avait été perturbée par le sommeil et il n'avait rien d'autre à faire que de se traîner jusqu'à un buisson et se laisser aller, pensant que, si il dormait quelques heures, il se sentirait mieux et pourrait ensuite aller chercher de l'aide à la ferme.

Il dormit ainsi presque jusqu'à l'aube, se réveillant affolé, sans comprendre comment cela était arrivé, sachant pourtant l'urgence de la situation.

Sa conduite pourrait être sévèrement punie, car il avait laissé à la merci du sort non seulement l'administrateur de la ferme, mais aussi la propre femme du maître, livrés aux intempéries et à tous les dangers pendant la nuit.

Une telle irresponsabilité pesait sur sa conscience et il savait que l'on ne lui pardonnerait pas.

– Cela ressemble à un somnifère, pensa Lívio, imaginant que le sommeil anormal du serviteur, combiné avec celui incontrôlé de Druzila, avait un lien avec la scène de maltraitance qu'ils avaient trouvée en arrivant.

Lívio regardait Licinio, comme pour l'accuser d'une conduite déshonorante.

Il ne songeait pas à enquêter sur qui avait donné le vin au serviteur, où était la bouteille de médicament, ni qui avait ordonné que le jeune homme parte chercher de l'aide.

Tout cela n'était pas important dans la conception de la justice de Lívio, peu préparé à voir les choses avec des yeux sages. Il appliquait ce qu'il observait.

Pour lui, un homme qui passait la nuit avec une femme dans la même charrette, se saoulant ou permettant une telle altération de ses vêtements, tout en observant l'état de décomposition dans lequel Druzila se présentait, portant même des morceaux de ses vêtements déchirés servant de bandages pour la cheville tordue de Licinio, était bien plus qu'un simple élément de preuve d'une prévarication cruelle et dangereuse pour quelqu'un ayant de telles responsabilités, profitant de la clandestinité et de sa position de plus grande force et domination pour soumettre une femme fragile et sans défense à ses désirs. Pour Lívio, c'était très grave et cette connaissance lui permettrait de tirer de grands avantages si Licinio tentait de se faire passer pour innocent.

Posséder de telles informations et de telles preuves représentait un puissant moyen de chantage qu'il utiliserait sans aucun doute pour tenter d'améliorer sa position sociale et de grimper dans la hiérarchie rurale où il passait ses journées. Accoutumée aux normes d'une fausse honnêteté, où les plus audacieux s'occupaient d'extorquer, corrompre et voler les plus faibles, la société romaine était imprégnée de ce pragmatisme consistant à toujours faire du chantage, toujours corrompre, toujours tenter, car tôt ou tard, les faiblesses humaines conduiraient les hommes à des compromis moraux qui les réduiraient à de simples oiseaux pris dans les pièges de la malice, de la calomnie et de l'envie. Lívio anticipait ses grandes possibilités et imaginait comment les utiliser pour agir à partir de ce moment. Naturellement, pour que cela puisse se concrétiser, il devrait miser sur la thèse de la trahison avec l'utilisation du remède, ce qui exonérerait la maîtresse et accuserait l'administrateur.

Il s'imaginait recevoir des sommes considérables de Licinio pour acheter son silence et, lorsque l'administrateur ne répondrait plus à ses exigences, se retrouver devant Marcus pour lui raconter tous les détails de cette rencontre suspecte et compromettante, recevant de lui également de plus en plus de ressources en guise de remerciement. Son regard malicieux et indigné se portait sur Licinio, qui percevait silencieusement le reproche, bien qu'il ne se sente pas en position de réprimander l'employé, n'ayant aucune preuve de ce qui s'était passé.

Près de la maison de la ferme, Druzila commença à montrer des signes de conscience retrouvée et, dès leur arrivée, elle fut conduite dans sa chambre où elle resta pendant quelques heures, heureuse de voir que tout se passait comme elle l'avait prévu. Pendant que tout le monde s'occupait de ses tâches, Lélia chercha Lívio et, suivant les instructions de Druzila, s'entendit avec lui pour qu'ils gardent le silence sur ce qu'ils avaient vu.

– Oui, Lívio, nous sommes les deux seuls témoins et nous ne pouvons pas laisser cette affaire sortir de la bouche des employés. C'est un cas pour que la maîtresse le règle avec monsieur Licinio. Restons silencieux et laissons les choses suivre leur cours. De plus, nous sommes les parties les plus faibles dans cette histoire. Il ne sera pas difficile que cela se complique pour nous, nous accusant de menteurs, d'avoir un intérêt à salir le nom de la maîtresse ou de l'administrateur.

En écoutant les paroles mesurées de Lélia, fruit du plan astucieux de Druzila, Lívio ne put que lui donner raison, d'autant plus que, si tous les employés connaissaient l'affaire, il perdrait l'occasion de tirer profit de ses précieuses informations, risquant que d'autres ne le fassent à sa place.

– Tu as raison, Lélia. Nous devons garder le silence sur cette affaire, dit l'employé, complice naïf de tout ce processus. – Cependant, ajouta-t-il, je pense que nous devons régler notre pari, n'est-ce pas ?

Lélia, en entendant la référence à leur pari du jour précédent, concernant savoir qui était le séducteur et qui était la séduite, chercha à lui donner une réponse acceptable sans s'engager immédiatement.

– Bien sûr, Lívio, notre pari est toujours en place et doit aller jusqu'au bout. Et étant donné les circonstances, nous n'avons pas besoin de beaucoup discuter pour savoir qui était le séducteur et qui la séduite, n'est-ce pas ?

Souriant d'un air mi-malin, Lívio acquiesça de la tête.

– Cependant, je dois d'abord m'occuper des besoins de la maîtresse, pour que, ensuite, nous terminions notre affaire.

– D'accord, répondit-il, j'attendrai notre rencontre.

Lélia se dirigea vers les appartements de la femme astucieuse qui, dans son esprit perturbé par les frustrations et les déséquilibres, avait conçu, avec l'aide d'entités ténébreuses, l'élaboration de cette stratégie bien ficelée.

Druzila était bien plus éveillée et attendait la servante pour en savoir plus sur ce qui s'était passé.

À l'arrivée de celle-ci, son esprit anxieux devint encore plus agité, lui ordonnant de lui relater tous les détails, ce qui, en le faisant étape par étape, lui procurait une satisfaction intérieure jamais observée, comme le pêcheur qui, jetant son filet, voit qu'il a été précis et que la plupart du poisson viendra dans ses mailles.

– Cela veut dire, alors, qu'à votre arrivée, Licinio dormait encore ? demanda Druzila, s'amusant, euphorique de la situation.

– Oui, Madame. Monsieur Licinio était inconscient, bien qu'il ait récupéré sa lucidité dès que nous avons appelé son nom.

– Et quelle a été sa réaction ?

– Eh bien, Madame, au début, il a été surpris par notre arrivée. Puis, voyant nos regards interrogateurs, il a eu peur de l'état désordonné de ses vêtements et, enfin, il a presque paniqué en voyant sa semi-nudité, couché à ses côtés dans la même charrette.

– Ha, ha, ha... il est tombé dans mes filets, mon gros poisson ! s'exclama Druzila, souriante, maintenant maîtresse de la situation et détentrice de toutes les victoires.

Voyant que Lélia avait interrompu le récit, Druzila continua à poser des questions :

– Et l'employé, il a aussi tout vu ? Il a compris que j'étais la victime de Licinio ?

– Oui, Madame. Lívio a aussi été témoin des faits et, comme vous l'aviez orienté, j'ai convenu avec lui que nous garderions le silence et la discrétion.

– C'est bien, dit Druzila. Maintenant, c'est à toi de récupérer ta part du pari que tu as fait avec lui. C'est ton droit de te promener avec lui, et tu dois être emmenée voir les endroits les plus intéressants de la propriété.

Et en disant cela de manière euphorique, Druzila se leva et se dirigea vers le compartiment où se trouvaient ses affaires les plus intimes, en sortit un petit flacon, qu'elle remit à Lélia en disant :

– Si tu veux te livrer à cet employé sale et malodorant, je ne peux pas t'en empêcher. En attendant, si tu veux échapper à ses assauts, mets deux ou trois gouttes de cette potion dans un peu de vin et il dormira comme un bébé, te libérant de cette situation gênante. Ensuite, profite-en pour t'échapper dès qu'il sera endormi.

– Ah ! Madame, je n'ai aucun intérêt à me donner à un homme qui sent le fumier de bétail, qui a le visage le plus ressemblant à une râpe et qui, à ce que je crois, ne s'est pas baigné depuis que notre César est devenu empereur des Romains.

– Alors, Lélia, débarrasse-toi de lui avec ça et, quand il se réveillera, il ne comprendra pas ce qui s'est passé.

– Merci, Madame, cela va éviter de plus gros problèmes pour moi.

– Maintenant, fais cela en fin d'après-midi, car je compte retourner à Rome le plus vite possible. Face aux événements, je vais rencontrer Licinio aujourd'hui même et demander notre retour en ville, ce que, je suis sûre, il ne me refusera pas.

Ainsi, marque ton excursion avec Lívio pour le soir et ne va pas trop loin pour pouvoir revenir rapidement une fois qu'il dormira. Je pense qu'il va dormir longtemps et, le lendemain matin, quand il reprendra conscience, nous serons déjà en route pour Rome.

En entendant les avertissements, Lélia réfléchit :

– Cela veut dire alors que Lívio va rester dormir exposé toute la nuit ?

– Non, si tu lui apportes une couverture pour le protéger de la rosée, répondit-elle ironiquement, avec cynisme, la maîtresse, comme si elle considérait que l'employé ne méritait rien de plus que de rester exposé aux rigueurs de la nuit.

– Est-ce que personne ne remarquera son absence ? demanda la servante.

– Bien sûr que non. C'est un de plus qui est habitué à sortir et revenir quand il veut. Il est ici depuis longtemps et ses disparitions sont tellement courantes que personne ne s'en préoccupe plus. Quand mon père s'occupait de ces terres et que Lívio était encore très jeune, il y a quelques années, il a été battu à cause de ses fugues. Puis, comme il n'y avait vraiment pas de solution, les gens ont fini par l'accepter, car quand il était sobre, il était un bon travailleur, jouant le rôle de plusieurs hommes avec une houe à la main.

– Très bien, Madame. Je vais apporter la couverture pour la mettre sur lui.

Elles se dirent au revoir, discrètes.

Lélia alla chercher Lívio pour lui demander, à la fin de l'après-midi, s'il accepterait de l'emmener visiter un joli endroit aux alentours, mais pas trop loin, car elle devait rentrer après et ne voulait pas risquer la même situation que la maîtresse, en référence au risque d'être avec lui dans un endroit trop éloigné, exposée à être, elle aussi, séduite.

Lívio fut euphorique et, immédiatement, imagina où il serait très approprié d'être avec Lélia pour lui montrer les beautés de la propriété et, en même temps, la garder près de lui.

LA FORCE DE LA BONTÉ

Druzila prit un long bain parfumé, se changea et, à l'heure voulue, fit servir le déjeuner.

Lucia était avec une autre servante qui, avec soin, s'occupait de la créature, répondant à tous ses besoins. Après le déjeuner, elle ordonna que Licinio vienne dans ses appartements.

L'administrateur était dans sa chambre, pensif et intrigué, analysant la situation délicate qui le concernait, se sentant incapable d'avoir commis une quelconque offense à la dignité de Druzila. Cependant, il savait qu'il était vulnérable, incriminé par les circonstances, dans une société viciée où il n'en fallait pas plus que ce qui lui était arrivé pour être considéré coupable par n'importe quel tribunal.

Il reçut l'invitation avec une pression au cœur. Comment se comporterait-il devant Druzila ? Que lui arriverait-il, à partir de ce moment-là ?

Il n'avait d'autre choix que d'aller et de voir ce qu'elle désirait.

— Entre, Licinio, dit doucement et tendrement la créature astucieuse, préparant les prochains coups de son aventure.

— Oui, Madame ! Me voilà, comme vous l'avez ordonné.

— Mais, Licinio, pourquoi tant de formalités ? dit-elle, et en parlant ainsi, elle se leva et se dirigea vers lui tranquillement.

— Ce sont les manières par lesquelles les employés s'adressent à leurs maîtres, Madame.

— Mais... dit-elle, réticente, après cette nuit, Licinio, je te dispense des manières formelles pour que, dans notre intimité, nous nous permettions la proximité de cette charrette, que je n'oublierai jamais de ma vie. Jamais je n'aurais imaginé ressentir dans les bras de quelqu'un ce que j'ai ressenti dans les tiens, Licinio...

— Pardonnez-moi, Madame. Je ne peux imaginer avoir été dans une situation intime avec qui que ce soit depuis longtemps.

— Eh bien, homme, ne fais pas celui qui ne comprend pas. Ton impétuosité m'a presque tuée et, maintenant, tu restes là, indifférent comme une pierre ?

— Madame Druzila, je ne sais pas quelle force ou quelle substance m'a fait perdre connaissance. En attendant, je tiens à affirmer personnellement, devant vos yeux lucides, qu'en toute conscience, je n'ai rien fait qui ait porté atteinte à votre dignité ni à l'honneur du Seigneur

Marcus que j'apprécie tant. En moi-même, je n'ai trouvé aucune preuve d'acte indiquant des intimités avec d'autres, si ce n'est que, si quelque chose s'est passé, cela s'est fait dans une inconscience totale de ma part. C'est pourquoi je présente mes plus sincères excuses et, si par hasard j'ai fait quelque chose qui ait pu vous déshonorer, je vous présente ma démission ici même.

Voyant l'inflexibilité de Licinio et sachant qu'elle ne voulait pas le perdre, surtout maintenant qu'elle l'avait entre ses mains, Druzila devint plus douce et répondit :

– Ne sois pas comme ça, mon amour... tout s'est très bien passé et je ne me suis en aucun cas sentie déshonorée. Au contraire, cela fait longtemps que mon mari me déshonore avec des prostituées de tous types et, aujourd'hui, je suis la femme la plus heureuse et la plus honorée du monde d'avoir été dans tes bras. Il est certain qu'à un moment donné, tu te souviendras de ces émotions et ressentiras aussi de la nostalgie. Quand cela arrivera, et j'espère que cela ne tardera pas trop, nous organiserons une autre calèche rien que pour nous – dit-elle malicieusement.

Licinio, austère et ferme, restait silencieux, sans esquisser le moindre sourire.

Voyant qu'il restait froid, Druzila prit l'initiative de se rapprocher encore et, sans qu'il réagisse le moins du monde, passa ses mains dans ses cheveux en désordre, enfilant ses doigts dans les anneaux qui formaient son beau contour.

Licinio se tenait droit, inflexible. Il ne fuyait ni ne répondait.

C'était comme si Druzila n'existait pas.

Cela l'irritait intérieurement, mais, cherchant à maîtriser ses émotions, la femme douce et pleine de gestes arachnéens dans la construction de sa toile, parla après s'être éloignée lentement.

– Très bien, Licinio, ou mieux, Monsieur Licinio – comme vous préférez être appelé, même après tout ce qui s'est passé entre nous – je vous ai appelé pour demander notre retour à Rome. Les événements récents m'obligent à quitter cet endroit, car notre rencontre idyllique a été témoinisée par des serviteurs qui, il ne fait aucun doute, vont la propager dans tous les coins. Ainsi, je donne l'ordre que demain, dès que le ciel commencera à s'éclaircir, avant l'aube, nous soyons en route pour Rome, car je ne veux pas être la cible de regards malicieux de la part des employés, ni d'autres commentaires négatifs dont je pourrais être exposée à cause de toi. Si ce n'était pour ton impulsivité, je ne serais pas dans cette situation délicate.

– Je répète que je n'ai rien fait de mal qui pourrait vous nuire, bien que la situation semble aller dans un autre sens. Cependant, je comprends votre situation et reconnais que cet événement malheureux causera des désagréments directement liés au personnel de la maison. C'est pourquoi, soyez prête pour que, dès l'aube, nous retournions en ville.

Aujourd'hui encore, si vos bagages sont prêts, je ferai les préparer, afin que tout soit prêt pour que, dès que nous nous réveillerons au chant du coq, nous puissions repartir comme vous le souhaitez.

Voyant que Licinio était d'accord avec son idée, Druzila termina la réunion, non sans avant lancer une dernière flèche empoisonnée dans sa direction, à travers laquelle elle voulait lui rappeler sa condition de vulnérabilité.

– Nous sommes donc d'accord, Licinio. J'ai besoin d'arriver rapidement à Rome, car j'ai des choses importantes à discuter avec mon mari. Alors, ne tardons pas.

La mention de Marcus était une menace voilée et une référence faite pour le laisser en suspens.

Quel sujet devrait-elle avoir à traiter avec son mari, cette femme qui ne le sollicitait presque jamais pour parler de quoi que ce soit et, quand elle le faisait, c'était pour parler de futilités ? C'est ce qu'elle espérait que Licinio pense après lui avoir donné l'information sur ses désirs de rencontrer Marcus. Elle savait le respect et la connexion que Licinio entretenait avec son mari et l'amitié qu'ils avaient construite au fil des années de leur vie commune.

Il y avait entre eux un lien dans lequel Marcus voyait Licinio comme son frère aîné et celui qui l'avait toujours sauvé des légèretés commises dans la fougue de la jeunesse.

C'est pourquoi Druzila voulait aussi utiliser cette connexion affective qu'elle savait être très valorisée par les deux et utiliser Licinio comme une arme menaçante, grâce à laquelle elle pensait pouvoir obtenir la soumission de Licinio à ses caprices puérils de femme qui ne s'aime pas et qui, de plus, est mal aimée.

Les préparatifs avaient commencé. Lívio et les autres employés s'étaient mis à préparer les selles, les carrosses et les détails. Cependant, à la fin de l'après-midi, l'employé alla chercher Lélia, qui, comme elle l'avait déjà convenu avec lui, l'attendait à un endroit précis.

Utilisant un petit véhicule tracté par des animaux, rapide et spécifique pour de courts trajets, semblable aux bigas de compétition si courantes dans l'arène festive des jeux de la capitale, Lívio ramassa Lélia qui, accrochée à la taille du conducteur, se laissa conduire au site prévu, tenant une petite corbeille avec quelques aliments dans l'autre main.

Le contact de Lélia, si proche, faisait que Lívio oubliait tout et ne s'imaginait qu'avec elle, dans la carence d'affection qui marque toujours la vie de la plupart des gens, égoïstes et égocentriques.

Il ne tarda pas à arriver dans un coin agréable, où l'on pouvait apercevoir un petit cours d'eau cristallin, courant vivement juste après une chute d'eau qui produisait un charme tout particulier.

Lélia descendit du transport et se laissa guider par Lívio jusqu'à un agréable coin d'herbe, sous quelques arbres accueillants, un peu à l'écart des regards curieux des autres.

– Voici que je paye ma dette envers toi, adorable Lélia – s'exclama Lívio, enthousiasmé.

– Heureusement que j'ai pu traiter avec un homme de parole – répondit-elle, souriant et étendant la couverture sur l'herbe.

– Heureusement que Licinio ne s'est pas retenu dans ses élans – rétorqua Lívio qui, grâce à la supposée séduction infligée par l'administrateur, avait eu l'opportunité de ce moment de rêve.

– Je crois que nous devons trinquer pour ça – dit Lélia, accompagnant le coucher du soleil dans ses dernières flammes qui disparaissaient à l'horizon, teintant d'or toute la scène.

– Attends, j'ai apporté une petite lampe pour éclairer notre cachette – dit Lívio, sortant de son sac l'objet qu'il tenta d'allumer, afin que la lumière gagne le contour de la flamme douce, produisant une certaine magie. Ce furent de petites enchantements que Lívio avait probablement appris à offrir à l'esprit féminin, toujours en espérant être traité avec certaines attentions qui lui permettraient d'accepter la cour du spiritueux masculin.

Lélia, naturellement, prit le panier et la serviette qu'elle étendit sur le tapis qu'elle avait apporté pour couvrir Lívio après qu'il se soit endormi.

LA FORCE DE LA BONTÉ

Sur la serviette, elle déposa quelques fruits, des pains sucrés, un petit pot de miel et un récipient scellé avec du vin, ainsi que deux simples tasses qui leur serviraient de coupes pour le toast.

Pendant que Lívio s'occupait du combustible, préparant la mèche et allumant la lampe, Lélia eut amplement le temps de servir le vin et de mettre quelques gouttes de somnifère dans la boisson de Lívio.

Lorsque tout fut prêt, Lélia lui tendit la dose préparée, levant son verre pour le bonheur de tous deux. Elle souhaitait que Lívio boive rapidement le vin pour que l'effet ne tarde pas, car elle n'aurait pas d'arguments pour repousser longtemps les assauts du jeune serviteur excité. Ils prirent une grande gorgée et commencèrent à manger certaines des délices que Lélia avait préparées.

Pour ne pas éveiller de soupçons, la jeune femme acceptait et, d'une certaine manière, répondait par des sourires aux compliments et galanteries de Lívio, qui, ainsi, se préparait pour l'attaque.

Étant un jeune homme peu habitué aux formes de la ville, rude d'avoir toujours été élevé parmi les animaux et les travaux les plus durs, naturellement Lívio n'aurait pas les gestes raffinés ni ne connaîtrait les étiquettes de la conquête, demandant patience, mystère et magie, dans le jeu préliminaire. C'est pourquoi Lélia ne voulait pas prendre de risques et, au lieu des trois gouttes, comme cela avait été indiqué, elle lui en mit cinq pour s'assurer.

Cela ne tarda pas, et la tête de Lívio commença à montrer des signes de ralentissement.

Les arbres, les paysages commencèrent à tourner et, s'il n'était pas assis, il aurait été victime d'un vertige qui l'aurait renversé.

Ne comprenant pas ce qui se passait, Lívio eut juste le temps d'exclamer :

– Lélia, je crois que tu as apporté le même vin que Druzila et le serviteur ont bu... – et tomba en arrière, sans attendre de réponse, prenant une position inconsciente, devenant livide.

Voyant que son candidat s'était remis dans les bras d'une autre amante, Lélia essaya de ranger tous les objets dans le panier, enveloppa Lívio dans la couverture sur laquelle il était déjà tombé et, avec la lampe à la main, attacha le cheval près des arbres voisins et prit le chemin vers le domaine.

LA FORCE DE LA BONTÉ

La nuit noire avait déjà jeté son manteau sur tout et à peine la petite flamme de la lampe indiquait que quelqu'un revenait.

Rapide, Lélia ne fut remarquée par personne, prenant soin de, dès qu'elle aperçut les lumières de la maison vers laquelle elle se dirigeait, éteindre la lampe et continuer dans la direction indiquée par la clarté, faisant attention aux obstacles du chemin.

Elle arriva discrète et, vive, il n'y avait plus de traces qu'elle venait de revenir d'une promenade.

– Alors, Lélia, as-tu réussi à te préserver des assauts du jeune homme ? – demanda, intéressée, la maîtresse, montrant de l'indifférence.

– Mon Dieu, madame, si ce n'était pas pour le somnifère, je serais vraiment perdue. Le jeune homme ardent ne me laissait aucun répit. Ma chance a été que, pour être sûre, j'ai mis cinq gouttes au lieu de trois.

– Très bien – répondit Druzila – il va juste dormir plus longtemps...

Se séparant de Lélia, qu'elle conseilla de se réveiller tôt le matin pour qu'elles puissent partir d'ici, elle ne lui révéla pas que, en réalité, le somnifère en question n'était rien d'autre qu'un poison puissant et qu'à ce stade, Lívio serait déjà en train de baver, caché sous la couverture qui devrait le recouvrir pour toujours, mettant fin à celui qui pourrait mettre en danger ses stratégies.

Sans que Lélia le sache, Druzila avait empoisonné Lívio pour qu'il ne puisse jamais entraver son chemin, faisant exactement ce que l'élue avait l'intention de réaliser.

Au fond, Druzila était une Romaine passionnée par toutes les intrigues et méthodes courantes chez les Romains de son époque, n'hésitant pas à faire tout ce qu'elle jugeait nécessaire pour que ses victoires restent concentrées uniquement sur elle.

Tôt ou tard, Lélia subirait les mêmes dangers qui avaient victime Lívio.

Seule la nécessité que Druzila avait de garder un témoin pour Rome la protégeait, afin que Licinio soit dans une position inférieure, car si les deux disparaissaient, personne d'autre ne pourrait l'incriminer.

35.
L'ANCIEN SCÉNARIO POUR LES MÊMES ERREURS

Le voyage de retour à la grande ville, plus tôt que prévu, fut un trajet sans événements dignes de mention, à l'exception de l'inconfort qui rendit la petite Lucia indisposée et en pleurs.

Pendant ce temps, reléguée par Druzila aux soins des servantes qui tentaient d'offrir à l'enfant un semblant de réconfort maternel, en remplacement de celle qui, indifférente, ne s'intéressait pas à son destin comme une mère dévouée le ferait normalement, l'indisposition de Lucia fut considérée comme le fruit de ce mouvement accéléré, toujours inapproprié pour une enfant de si jeune âge.

Le cortège arriva après plusieurs heures de marche, le transport lent et soigneux étant exigé par les plaintes de la petite.

La maison luxueuse, quant à elle, possédait de vastes ressources pour satisfaire les esprits fatigués par le voyage, leur offrant l'ombre fraîche, de l'eau courante pour des bains agréables, ainsi que des aliments sains qui, mis à la disposition des voyageurs, leur procureraient rapidement un meilleur sentiment de bien-être.

Aussitôt arrivés, tous reprirent leurs tâches, dans l'atmosphère vide de cette grande construction de pierre et de marbre, sans affection ni bonheur.

Druzila se retirait pour soigner son corps fatigué par les rigueurs du chemin, confiant sa fille aux soins de Lélia et d'autres domestiques responsables de son attention. Elle imaginait que, dès que son mari rentrerait à la maison, ce qui ne se produisait pas avant le coucher du soleil, il demanderait un entretien personnel, même si c'était simplement pour lui faire savoir la raison de leur retour, arguant que le mal-être de sa fille l'avait obligée à revenir plus tôt, en retirant ainsi à Licinio la responsabilité de toute anticipation.

Par ce comportement, cependant, elle espérait semer dans l'esprit de Licinio le soupçon qu'elle signalait à son mari la conduite inappropriée de son homme de confiance, affaiblissant ainsi ses défenses et établissant un climat de peur ou d'incertitude qu'elle comptait exploiter pour atteindre ses objectifs.

Cependant, toutes les puissances spirituelles se rassemblaient dans cet environnement pour aider ce groupe de personnes affligées et faibles à supporter les épreuves amères qu'elles se procuraient elles-mêmes.

Sur Druzila, un groupe d'entités sombres se pressait, stimulant ses pensées lascives et ses comportements irréguliers, avec des idées rusées et dangereuses. Sans aucune élévation intérieure, Druzila restait entre les mains d'entités obsédantes qui, depuis les temps anciens, s'étaient associées à elle pour exploiter les sens et les plaisirs.

Même les dieux romains n'éveillaient chez elle aucun respect, et elle les considérait comme de simples statuettes sans valeur, auxquelles se soumettaient des gens n'ayant rien de mieux à faire, ni de forces matérielles pour réaliser leurs idéaux par eux-mêmes.

Recourir aux dieux, pour elle, était une preuve de faiblesse et une confession d'incompétence, alors qu'en réalité, selon sa vision de la vie, les véritables dieux étaient le pouvoir, l'argent, la séduction et l'astuce pour choisir les bons chemins de la meilleure façon. Jamais elle n'aurait vu l'un des dieux sculptés quitter ses niches, où ils étaient incensés, pour empêcher une correction infligée à un esclave innocent, ou un empoisonnement d'une personne dont la vie représentait un obstacle dans son chemin. Pour elle, la fiole de poison contenait plus de pouvoir que tous les dieux réunis.

Autour d'elle, des fils magnétiques tissés de matière sombre et collante entouraient sa structure mentale et émotionnelle, manipulés par des entités intelligentes et malveillantes, ignorantes des véritables responsabilités qui incombent à tous les êtres habitant la planète.

En même temps, les serviteurs à son service étaient eux aussi maintenus sous cette influence et surveillance, qui les contrôlait et les inspirait pour qu'ils se comportent comme un organisme unique et harmonieux.

Autour de Licinio, des esprits se rassemblaient également. Cependant, ils possédaient des caractéristiques très différentes. Commençant par Zacharie qui, depuis le plan spirituel élevé où il se trouvait, s'était constitué en son tuteur invisible. Depuis longtemps, une grande force se dirigeait sur l'administrateur qui, à partir de ce moment-là, allait devoir supporter des épreuves difficiles et nécessaires à son perfectionnement, préparé comme il l'était avant la renaissance pour surmonter certains défauts moraux qu'il portait en lui. Aux côtés de Zacharie, Livia, Jean de Cléophas et Siméon restaient vigilants, toujours prêts à étendre leur influence bénéfique sur les cœurs réceptifs à leurs conseils généreux et à leurs intuitions fraternelles. Il ne servirait à rien de tenter une quelconque modification dans la direction que Druzila choisissait pour ses pas irréfléchis. Pendant ce temps, aux côtés de Licinio, Zacharie exerçait le pouvoir d'intervenir à travers le sentiment ferme de la volonté déterminée de son protégé. Ainsi, profitant du moment de récupération des forces, dès qu'il serait mis au courant de tous les détails de la maison pendant son absence, Licinio se sentit envahi par le désir de prier. Oui, car Licinio, bien que dans les cadres religieux de son époque, possédait un cœur sincère et dédié au bien, des qualités essentielles pour garantir que toute prière venant de lui reçoive une influence magnétique suffisante pour être captée dans les espaces célestes et envoyée pour l'analyse de son contenu. Confus par les circonstances, sans se sentir coupable de rien, l'administrateur était otage des événements et de l'astuce de Druzila, l'épouse de son ami d'enfance. Naturellement, il n'aurait jamais raconté les attaques directes qu'il subissait depuis longtemps de la part de la jeune femme insatisfaite, incapable de rester fidèle à l'engagement affectif qui la liait à Marcus. Il ne voulait pas empirer les choses, qui de toute façon n'étaient déjà pas très bonnes entre le couple, bien qu'il eût la liberté de s'adresser au mari pour lui parler de l'affaire. Druzila n'imaginait pas à quel point Marcus était lié à Licinio, ni ne soupçonnait qu'il était celui qui l'aidait moralement, le sauvant des engagements charnels dans lesquels l'impulsivité et les désirs du jeune homme le plaçaient souvent. Licinio était de la plus absolue confiance de Marcus, car ce dernier lui révélait tous les secrets et les égarements de son tempérament aventureux. En tant que confesseur des temps de leurs facéties, Licinio avait appris à écouter, à conseiller sans juger et à tenter de réparer les torts que Marcus causait dans les cœurs féminins par ses éclats immatures, ce qui faisait de lui un homme digne de la confiance du mari de Druzila. À travers toute leur relation, Licinio avait pour Marcus l'affection d'un frère aîné et mature qui sait comprendre les faiblesses du plus jeune et lui révéler les défauts apparents, les comprenant davantage comme le fruit de l'immaturité que de la malveillance. Bien qu'il ne se permettait pas de conspirer avec les légèretés de Marcus, qu'il censurait toujours par des alertes amicales et de bon humeur, Licinio développait une affection sincère pour le jeune homme, en qui il voyait la bonté au-dessus des irresponsabilités. Ce qui préoccupait Licinio, ce n'était pas le fait que Marcus croie qu'il l'avait trahi, car ils se connaissaient très bien en même temps que le mari avait une idée claire de la façon dont Druzila se conduisait, en élaborant des pièges qu'elle avait l'habitude de créer, même pour lui, son mari. En vérité, ce qui préoccupait l'esprit généreux de Licinio, c'était que son récit deviendrait une manière de dévoiler l'essence de Druzila aux yeux de celui qui pourrait infliger à la femme de lourdes peines, en plus de devenir la cause d'une rupture sérieuse des liens, surtout maintenant que Lucia se renforçait comme une créature nouvellement née. Cependant, son silence le placerait dans de sérieuses difficultés, laissant entendre à Druzila qu'il était effectivement sous sa direction et son contrôle, effrayé et soumis, comme pour reconnaître la culpabilité dans l'incident auquel il n'avait en rien participé, stimulant encore plus l'attaque contre lui, en jugeant qu'il le maintenait sous son contrôle.

Si Licinio restait immobile, le temps conspirerait contre lui, car, n'ayant pas fait preuve de loyauté en relatant les faits, tout en s'exposant aux circonstances où il pourrait être considéré comme infidèle par son ami, ce qui lui coûterait sa position dans le cadre familial, son silence pèserait contre lui, même si Druzila l'accusait devant les oreilles de Marcus.

Parler semblait alors à Licinio le seul moyen de prouver son innocence réelle. Cependant, cela représentait en même temps une conduite indigne pour l'harmonie du foyer. S'éloigner de ses fonctions sans explication pourrait également être interprété comme une confession de culpabilité, permettant à Druzila de corrompre tout et d'avoir, dans sa désertion, la confirmation de ses propos. Ainsi, fuir les faits serait probablement l'une des erreurs les plus graves qu'il pourrait commettre.

Dans cet état de tourment, Licinio se renferma dans sa chambre et pria les dieux en qui il croyait, leur demandant de le guider sur le chemin le moins douloureux.

Entendant ses prières angoissées, car elles ne venaient pas d'un cœur égoïste pensant uniquement à lui-même, préoccupé qu'il était de trouver une solution qui nuirait le moins possible à tous les impliqués, Zacharie s'approcha de lui. En posant sa main lumineuse sur son front, il émit un puissant rayon d'énergie pour clarifier la réception de l'inspiration, sans pour autant obliger Licinio à suivre cette voie.

En vérité, en utilisant les principes de l'Amour et les lois de l'Univers, Zacharie guida Licinio à raisonner selon des chemins déjà connus, avant la renaissance.

LA FORCE DE LA BONTÉ

Ainsi, Zacharie, profitant des méditations de Licinio, comme si ce dernier se parlait à lui-même, se posant des questions et y répondant, entourait le jeune homme de manière à ce que ses peurs et angoisses trouvent la meilleure voie pour arriver à une solution véritable.

Les prières de Licinio furent donc entendues, et Zacharie, chargé par les forces de la Vie, répondit, accomplissant ce qu'il devait faire en cet instant.

Ce furent des phrases courtes et claires qu'il déposa dans l'esprit de Licinio, méditatif et silencieux, pour orienter ses pensées confuses.

– Comment dois-je procéder face à cette situation compliquée dans laquelle je me suis retrouvé ? se demandait Licinio, après avoir prié.

– Mon fils, n'aie pas peur de la vérité ni des jugements des autres.

Cette phrase surgit en lui comme une réflexion directe de son esprit. Dans le travail d'analyse de la situation, il pensa ensuite :

– D'accord ! Je ne dois pas avoir peur de la vérité ni des pensées des autres. Cependant, si je décide de tout raconter, Druzila transformera ce sentiment mal géré en haine.

– La haine est un poison pour celui qui la cultive, répondit Zacharie.

– Si je garde le silence, en attendant, elle ne développera pas ce sentiment.

– Ingestionné par quelqu'un ou gardé dans un flacon en attendant sa victime, le poison est toujours du poison, réfléchissait et inspirait Zacharie.

– Si je parle, je cours le risque d'être considéré comme un menteur et de perdre le respect de ceux que j'aime, pensait Licinius, incertain.

– La vérité te défendra devant le tribunal divin, mon fils. C'est tout ce dont tu as besoin. Le jugement des hommes sera toujours erroné et, en général, mauvais.

– C'est vrai ! Pourquoi penser ainsi, quand Marcus lui-même possède tant de légèretés, mais cela ne le transformera pas en une mauvaise créature.

– N'attends rien des autres, car en réalité, tout émane de Dieu, mon fils. Ne laisse pas ta correction de conduite être sous le contrôle de ceux qui imaginent posséder le pouvoir sur la Vérité. Il vaut mieux se soumettre à une injustice et souffrir en se conduisant correctement que de déformer la vérité et se laisser à la merci de gens sans préparation pour agir avec noblesse.

— Oui... si je ne fais rien, complétait la pensée Licinius, Druzila va penser que je suis à sa disposition et que je vais me soumettre à tous ses caprices, interprétant mon omission comme une culpabilité.

— Et si Druzila révélait quelque chose à Marcus avant toi, mon fils, ton comportement ultérieur sera interprété simplement comme une défense faible pour te justifier, comme le débiteur qui tente de fuir après que son engagement est devenu connu.

— Oui... si je ne me dépêche pas, Druzila apparaîtra comme la femme offensée qui se tourne vers son mari, qui se sentira doublement trahi en pensant que l'offense venait de celui qui devrait défendre et préserver son honneur. Me précipiter est le seul recours que j'ai... pensait Licinius, désormais plus sûr de lui.

— C'est cela, mon fils. N'aie peur de rien. Nous serons à tes côtés pour tout ce qui arrivera. Cependant, prépare-toi avec foi et ne permets pas que la déception et le découragement te submergent. Bientôt, nous nous retrouverons dans un endroit plus adapté pour la renaissance des anciennes croyances enveloppées par la douceur du doux Messie promis.
En disant cela, Zacharie désigna du doigt lumineux le cœur de Licinius, qui ressentit un impact énergétique apaisant, comme une forme de protection par de nouvelles forces face aux comportements difficiles qu'il devrait adopter immédiatement.

Ainsi, après avoir conclu la phase d'analyse de la situation dans laquelle il était impliqué, Licinius se sentit renforcé pour agir, avec une pensée plus équilibrée et fondée sur des principes plus élevés que la peur, la rancune, ou la vengeance. Il irait faire ce que le devoir lui imposait pour que le mal ne se fût pas encore aggravé.

Avec cette conviction, il se prépara à sortir, car à cette heure, lorsque le soleil de l'après-midi conseillait le repos après un repas, Marcus ne s'autorisait jamais à faire autre chose que de se réfugier dans le lit secret où il se retirait pour les aventures de sa masculinité en quête d'affirmation.

Sans rien communiquer à Druzila ni à un serviteur, Licinius s'éloigna du palais et se dirigea vers l'endroit où il savait que Marcus se réfugiait lorsqu'il n'était pas chez lui, un endroit connu de l'administrateur afin que, en cas d'urgence, il puisse y trouver Marcus.

LA FORCE DE LA BONTÉ

De plus, plusieurs fois Licinius s'était rendu dans cet endroit exotique, envoyé par Marcus, pour rompre une relation amoureuse qui était devenue trop gênante, en présentant les excuses de son maître et en offrant une compensation aux jeunes femmes négligées. Là-même, il avait été témoin de crises de fureur, de larmes de douleur, de cœurs brisés, d'espoirs éteints, de haines promises, dans les réactions naturelles et compréhensiblement agitées de celles qui, au début, avaient accepté la condition d'une aventure agréable de ces rencontres, pour ensuite désirer les transformer en engagements plus significatifs, s'impliquant plus profondément avec l'amant riche et bien positionné, cherchant à l'attacher et à en faire leur mari.

Ainsi, après près d'une heure de marche, Licinius atteignit le lieu où il avait toujours retrouvé l'ami et maître pour s'entendre avec lui.

Détenteur des secrets pour y entrer sans problème, Licinius ne s'attendait pas à rencontrer une situation plus embarrassante que celles qu'il avait déjà trouvées avec son patron, qui le recevait toujours sans détours ni fausses postures de pudeur offensée.

Entre eux, il n'y avait ni secrets ni fausses vertus.

Ainsi, Licinius pénétra dans l'ambiance, cherchant cependant à rester aussi discret que possible, afin de ne pas déranger son ami qui, selon lui, pourrait être en train de dormir, dans un sommeil réparateur.

En général, c'était ainsi qu'il agissait.

Il arrivait tranquillement pour évaluer la situation dans laquelle Marcus était impliqué.

S'il entendait des bruits, après un certain temps, il faisait un bruit spécifique qui l'identifiait aux oreilles du maître, qui, se retirant, venait à lui pour connaître ses besoins. S'il n'entendait aucun bruit, il se dirigeait lentement vers la chambre pour voir si Marcus s'y trouvait, ce qui pouvait ne pas être le cas, l'obligeant alors à le chercher ailleurs.

Entre le salon et la chambre, seul un rideau léger les séparait.

Ainsi, si le maître était en train de dormir, Licinius s'asseyait dans l'antichambre en attendant qu'il se réveille.

C'est ainsi que l'administrateur procéda cet après-midi-là. À ses côtés, Zacharie et Livia l'accompagnaient, afin de protéger ses énergies.

Son arrivée douce ne fut remarquée par personne et le silence régnait dans l'atmosphère.

LA FORCE DE LA BONTÉ

L'antichambre suggérait que Marcus devait avoir utilisé la pièce pour des rencontres intenses, à en juger par le désordre des meubles et des objets. Fidèle à ses habitudes, Licinius attendit un bruit qui pourrait effectivement indiquer la présence de Marcus et de son accompagnant dans cette pièce.

Comme aucun bruit ne se fit entendre, comme il le faisait toujours, l'administrateur s'avança vers le doux rideau qui séparait la chambre du salon, le soulevant pour vérifier la présence ou non du maître.

Et quelle ne fut pas sa surprise, avec une douleur profonde dans le cœur, de voir Marcus, endormi dans les bras de Serapis, dans une situation indéniable de deux amants heureux et engagés.

Sa tête tourna en un instant et un vertige le força à se retirer.

Son affection sincère était brisée, sans qu'il puisse trouver d'explication logique à cette flagrante situation licencieuse, autre que l'implication amoureuse de celle à qui il avait révélé ses sentiments sincères, avec celui pour qui il nourrissait une sincère affection.

Deux êtres qu'il aimait étaient là, se donnant l'un à l'autre. Il craignait de tomber et, pour éviter un tel dénouement, chercha le siège le plus proche, tâtonnant l'air jusqu'à trouver l'endroit adéquat.

Dans cette opération, tandis qu'il projetait son corps sur le fauteuil doux, il ne put éviter de renverser des objets qui se trouvaient près du siège, des bruits qui vinrent rompre le silence régnant.

Habituellement protégé de la curiosité des autres, Marcus se réveilla au bruit inhabituel et, de l'endroit où il se trouvait, éleva la voix en demandant :

– Y a-t-il quelqu'un là ? Allez, réponds.

Et en prononçant ces mots avec une voix légèrement perturbée, il quitta le lit et enfila la tunique à portée de main, sortant du lit et se dirigeant vers la pièce où se trouvait Licinius. Voyant que les bruits de la chambre indiquaient que le maître se levait, Licinius, qui à partir de ce moment pensait ne pas créer de problèmes pour lui ou pour la servante de la maison, décida de s'exclamer à haute voix :

– C'est Licinius, ici, mon seigneur !

– Licinius ? Que se passe-t-il, homme, pour revenir avant le jour convenu ? dit Marcus, surpris, se rendant compte de la situation délicate dans laquelle il se trouvait, ne sachant pas encore si l'administrateur l'avait vu dans les bras de Serapis. – Attends un moment, je vais venir te parler.

En disant cela, il fit signe de se taire à Serapis, qui se réveillait également avec sa voix stridente, lui demandant de rester là sans bouger, jusqu'à ce que Licinius s'en aille.

Dans la rapidité de l'éclair, Marcus se souvint de l'intérêt que Licinius portait à Serapis, bien qu'il ne l'en ait jamais personnellement révélé, ayant été informé de cette affection par la propre servante.

Se demandait si Licinius les trouverait flagrants. Se demandait si Marcus devait révéler qu'il entretenait une relation avec une servante de son palais, et justement avec celle qui était la plus aimée de l'administrateur qui se trouvait là.

Face à toutes ces questions, il décida de rester silencieux et d'attendre de voir ce que Licinius allait lui révéler.

Ce dernier, pour sa part, faisait tout son possible pour réajuster son équilibre et traduire ses idées avec calme et lucidité.

À ce moment-là, Zacharie soutenait son esprit et Livia le maintenait aussi serein que possible dans son cœur.

– Eh bien, si ce n'est pas toi, Licinius ! s'exclama Marcus en sortant de la chambre.

– Oui, mon seigneur. Malheureusement, nous avons dû avancer notre retour à la demande de madame Druzila. Je n'ai pas pu terminer mes tâches comme prévu, il me semblait que les soins envers madame et la petite Lucia étaient prioritaires.

– Bien sûr, mon ami, toujours préoccupé par tout, dans le bon ordre.

– Cependant, je suis ici car il me faut vous présenter une affaire sérieuse et délicate, afin que vous puissiez en prendre connaissance et délibérer sur elle et ses conséquences.

– Très bien, mon homme, tu sais que ce n'est pas le meilleur moment pour une conversation de ce genre, si possible en un autre moment – dit-il mi-souriant, laissant entendre l'inopportunité de la situation.

Comprenant que Marcus faisait référence à son rendez-vous amoureux et à la présence de quelqu'un d'autre dans la chambre, Licinius, faisant un grand effort intérieur, tenta d'éloigner toute suspicion qu'il aurait connaissance de l'affaire ou qu'il sache qui était la personne dans ses bras, là dans le lit.

– Très bien, mon seigneur, pardonnez-moi l'impropriété de l'heure. Dès mon arrivée, vu le silence de l'endroit, j'ai imaginé que vous étiez absent et, en essayant de sortir, j'ai renversé quelques objets qui, par chance, vous ont réveillé. Puisque ce n'est pas le meilleur moment, j'aimerais que, dès que possible, vous m'accueilliez, car les faits concernent votre famille.

– Très bien, Licinius. Tes scrupules ont toujours été sages et, donc, je te demande de faire un tour autour et, dans une heure, de revenir pour que nous puissions discuter correctement. C'est le temps dont j'ai besoin pour me libérer de mon engagement d'aujourd'hui... – dit-il hésitant, voulant faire entendre que c'était une femme sans importance, comme tant d'autres qui étaient déjà passées par ici, dans cette situation.

– Je le ferai, mon seigneur.

S'éloignant de la pièce, Licinius voulait laisser libre cours aux larmes de douleur qui oppressaient son cœur, mais il chercha à contenir sa souffrance afin de ne pas perdre l'équilibre nécessaire pour avancer avec clarté et réflexion.

De loin, il vit Serapis quitter la pièce, enveloppée de vêtements différents et discrets, se dirigeant vers le palais. Dans le délai convenu, Licinius revint dans la pièce et, sans plus de cérémonie, révéla à son ami, qui était désormais l'amant de la femme qu'il aimait, la situation délicate dans laquelle il avait été placé par Druzila, mais qu'en aucun cas il n'avait eu de désir la concernant ni remarqué dans son corps le moindre indice de rapprochement intime, attribuant cet incident à l'action d'un puissant narcotique qu'elle lui avait administré dans le vin qu'elle lui avait servi.

Une telle hypothèse se confirma par la somnolence manifeste du serviteur qui avait été envoyé demander de l'aide.

Le récit de Licinius, limpide et sincère, bien qu'il contrôlait sa propre douleur intérieure pour la scène qu'il venait de témoigner, fit en sorte que Marcus se sente encore plus coupable de s'être impliqué avec la femme que son ami aimait.

En raison de son comportement permissif et de la rigueur habituelle de Licinius, Marcus ne se laissa pas empoisonner par la jalousie ou des pensées basses, et se permit même de plaisanter avec son ami :

LA FORCE DE LA BONTÉ

— Druzila est vraiment un danger, Licinius. Son désespoir est tel qu'elle a perdu l'esprit, mon ami. Je suis convaincu que c'est cette femme avec qui je me suis marié. Rusée et perfide, elle avait l'habitude de menacer ses adversaires en créant des situations dangereuses pour les démoraliser. Plus d'une fois, elle a fait mention des somnifères qui pouvaient résoudre les problèmes plus rapidement que n'importe quel changement de César sur le trône de Rome.

— Je ne sais pas, mon seigneur. Je prends à peine la liberté, au nom du respect que j'ai pour vous et votre famille, ainsi que de toute la gratitude que je nourris pour ce que j'ai reçu et continue de recevoir de vous tous, de m'exprimer d'abord sur ces faits, car, sans savoir s'ils seront ou non rapportés par elle et de quelle manière ils seront relatés, toute information de ma part pourrait être interprétée comme une complicité de ma part ou comme une peur résultant d'une culpabilité personnelle.

— Je comprends ta préoccupation, Licinius ! dit Marcus, qui, à ce moment-là, ne voulait pas agir envers l'administrateur avec la même loyauté qu'il lui témoignait, en lui révélant son implication avec Serapis.

— Je suis ici, te laissant la liberté de t'éloigner de mes services personnels et de ma maison, afin qu'une autre personne puisse être placée à ma place et qu'elle maintienne la confiance nécessaire pour remplir cette position honorable.

— Cela ne sera pas nécessaire, mon ami. Je serai toujours en confiance avec ton caractère véritable et loyal, car je sais que si tu t'étais épris de Druzila, tu serais ici avec un autre discours et moi, de mon côté, j'aurais déjà appelé quelques hommes forts pour t'emprisonner comme un fou. Au final, s'éprendre de cette femme est un signe de démence.

Marcus rit de lui-même et, s'admirant encore plus de Licinius, lui donna la permission de se retirer tranquillement, afin que sa routine soit reprise.

La noblesse de l'administrateur contrastait avec son manque de courage à lui révéler, en cet instant, son implication avec Serapis, bien que Licinius n'ait jamais avoué ses sentiments pour la servante.

De plus, la jeune femme elle-même n'osait pas répondre aux affections de l'administrateur, ce qui lui semblait ouvrir la voie pour garantir la possibilité de s'impliquer plus sérieusement avec quelqu'un d'autre, sans problème.

LA FORCE DE LA BONTÉ

En dehors de cela, ce furent des jours de joie qu'il n'avait pas vécus depuis longtemps, que ce soit avec Druzila, que ce soit avec les nombreuses prostituées grossières qui erraient dans Rome, à la recherche de quelques pièces de monnaie.

Serapis savait être douce et gentille, affectueuse et complice, faisant des jeux amoureux un défi agréable et une romance stimulante. C'est pourquoi, de plus en plus, le maître du palais tombait amoureux d'elle, pour le malheur de tous ceux qui s'y abritaient.

Dès qu'elle quitta les lieux, l'esprit de Livia partit comme une protection lumineuse vers Serapis, la suivant jusqu'au palais, enveloppant la jeune femme de rayons lumineux de tranquillité et de bons sentiments. Au fond, Serapis se sentait aussi mal à l'aise face à l'amour que Licinius lui révélait, mais face à ses projets, les liens magnétiques avec des entités ténébreuses la maintenaient également sous une influence directe, laissant à Livia, l'esprit qui guidait ses pas, prier et la suivre de près.

Au palais, Serapis chercha à se débarrasser de sa pauvre tunique et à informer les responsables qu'elle était revenue dans l'environnement de travail, après avoir aidé le parent malade à se rétablir, même avant le délai imparti.

Cependant, dans son esprit, l'éclat des yeux de Marcus, dans l'enchantement qu'il lui avait causé dans l'esprit, ne s'effaçait pas et représentait le trophée de sa conquête.

Chaque rencontre était plus émotive et plus proche entre eux. Il ne tarderait pas à ce qu'elle, enfin victorieuse, occupe les couloirs et les appartements du palais, redevenant ce qu'elle avait toujours ressenti être : une noble romaine, pervertie, audacieuse, joueuse, menteuse, mais propriétaire du palais, épouse de Marcus.

36.
LICINIO CRISTIANO

La sortie de Licinius de ce lieu ressemblait à celle de quelqu'un qui laisse, dans le cimetière, les restes mortels de ses êtres les plus chers. Si pour Marcus et Serapis cet endroit était leur cachette de rêves et le berceau de leur affection, pour lui c'était la tombe où il avait vu s'éteindre ses projets les plus sincères, pour lesquels il attendait encore une réponse de la servante.

À ce moment-là, il se sentit méprisé, il se perçut comme un idiot qui s'était passionné de manière noble et pure pour une femme à qui il souhaitait consacrer tout son avenir, avec honnêteté et correction, dans les valeurs qui embellissaient son âme généreuse. Toujours cultivant les principes de fidélité, de loyauté et de sincérité, Licinius se trouva obligé de réprimer toutes ses forces les plus impulsives, afin de ne pas agir de manière inappropriée, face aux valeurs qu'il défendait.

De la même manière que celui qui porte le corps d'un être cher aux funérailles finales doit apprendre à se surpasser pour ne pas interrompre la nécessaire paix du dernier adieu, avant l'inhumation, Licinius sentit le besoin indispensable de se contenir et, cherchant l'équilibre dans le moment cruel de la découverte, de maîtriser ses impulsions afin de ne pas provoquer de situations embarrassantes.

C'est pourquoi, à l'heure de cette épreuve, il réussit à se contrôler, par lui-même et grâce à l'aide de Zacharias.

Cependant, quittant l'intérieur de la maison comme quelqu'un qui quitte la veillée funèbre de ses espoirs, abandonnant ses rêves pour être enterrés, Licinius laissa libre cours aux larmes amères que son cœur réclamait pour se soulager.

Il s'assit sur un promontoire du chemin, quelque peu éloigné du lieu où il avait vu la dernière scène, celle où Serapis, pressée, prudente et bien déguisée, s'éloignait en direction du palais, et là il se laissa aller à un sanglot discret et amer, se mêlant à la foule anonyme qui ne le connaissait pas.

Il ne serait pas le premier à se laisser aller aux douleurs les plus intimes dans la rue de cette Rome cruelle. Peu se souciaient des larmes des autres dans cet environnement où ce qui importait était la conquête des valeurs éphémères de la matière.

Si on ne faisait pas attention, le passant qui se laissait aller aux larmes pour soulager son cœur risquait, par-dessus tout, d'être attaqué par des opportunistes et des félins astucieux qui, voyant son état de détresse et d'imprudence, seraient prêts à soulager le passant en pleurs de ses biens, même s'ils étaient pauvres.

Cependant, Licinius, en homme fait, n'était pas du genre à se laisser abattre par ces malfaiteurs et, pour cette raison, au moins il pouvait pleurer sans trop de préoccupations.

Il se rappela son enfance difficile. L'orphelinat précoce, le désir de se blottir dans le giron maternel, mais de ne jamais le trouver aussi accueillant et sûr que dans le sein d'une mère, enterrée par la chute soudaine de son foyer.

Son seul frère s'était perdu, séparé par les forces du destin, et maintenant, il continuait sa route seul dans le monde, se fiant à peine aux affections de cette famille généreuse qui l'avait accueilli et à laquelle il servait comme le plus fidèle des débiteurs : la famille Cornélius.

Et pourtant, malgré son lien avec eux et sa relation avec Marcus, qui peut-être semblait être la personne la plus proche de son affection, dans la condition du frère qu'il avait perdu quand il était petit, c'était justement Marcus qui se dressait comme l'obstacle à la réalisation de ses idéaux affectifs. Il avait aidé Serapis, la sauvant des griffes du malfaiteur qui la poursuivait sur le marché ; avait organisé sa vie ; lui avait trouvé le travail nécessaire ; l'avait introduite dans le milieu social tant convoité par toutes les femmes romaines de son niveau, condamnées à la misère ou à la prostitution.

De plus, il s'était enchanté de sa manière d'être, s'était laissé emporter par ses gestes simples et spontanés et lui avait déclaré son amour, dans un élan qu'il n'avait jamais eu pour aucune autre jeune femme jusqu'alors.

Il lui offrait ce qu'il avait de meilleur dans sa sincérité. Utilisé par Druzila, il avait été placé dans la délicate situation d'un déshonneur de foyers, un fardeau qui aurait pu peser sur son caractère, le diffamant, si ce n'était le fait que Marcus connaissait l'esprit de sa femme.

Partout où il allait, il essayait de faire le bien et ne recevait que douleur, trahison et offense en réponse.

LA FORCE DE LA BONTÉ

Sa sincérité d'intentions était répondue par l'ironie méprisante de Serapis, sa dévotion et son respect pour la famille de son ami plaçaient sa réputation sous le soupçon de traître, son désir de respecter la vérité et de rester fidèle à son ami le conduisait à la découverte des mensonges cachés dans lesquels s'exprimaient leurs désirs charnels. Ainsi, il était certain que Serapis aurait dû révéler à Marcus la proposition de mariage qu'il lui avait faite, des semaines auparavant.

En y réfléchissant mieux, maintenant plus serein après que l'inondation de larmes eut lavé son visage triste, Licinius comprit pourquoi ce voyage inusité avait été entrepris, avec la détermination de conduire Druzila et sa fille si loin, nourrissant le plan de faciliter les rencontres entre les deux, rendant les choses plus simples.

Chaque découverte, dont la logique irréfutable des événements se superposait à la scène de l'idylle amoureuse des passionnés dans le lit, confirmant tout le tableau, indiquait qu'il devait y avoir entre eux quelque chose de plus fort qui ne se concoctait pas ainsi, d'un jour à l'autre.

Il se sentit comme un idiot avec ses sentiments sincères.

En réalité, il ne pourrait accuser Marcus de rien, car ce dernier n'avait aucune obligation de rester à distance à cause de l'amour de Licinius pour Serapis, puisque ce dernier n'avait jamais révélé ses intentions à son ami. Si Marcus commettait une erreur morale, c'était uniquement en ce qui concernait sa femme, à qui la fidélité imposait un devoir de respect et de considération, si les liens qui les unissaient étaient véritables. Cependant, ce ne serait pas le premier comportement inapproprié et infidèle du mari. En même temps, la propre Druzila vivait en insinuant afin de briser les liens formels de l'union et, avec certitude, se venger des offenses morales que le mari n'avait jamais cherché à cacher à ses yeux enragés.

En vérité, s'il avait raconté à Marcus ses sentiments pour Serapis, il était sûr que l'ami ne se laisserait pas emporter par l'intérêt. Ce serait peut-être seulement le désir d'un homme pour une belle servante. Qui sait ?

Pendant ce temps, Serapis savait tout, il avait sa parole sincère, ses désirs révélés et, malgré la confession de son affection, elle ne donna jamais l'impression qu'elle ne le désirait pas, rejetant sa manifestation avec un "NON !"

Ses pensées bouillonnaient, essayant de donner une forme réelle au monde de surprises qui l'enveloppait, se sentant, à un moment donné,

LA FORCE DE LA BONTÉ

que les choses autour de lui n'étaient pas vraies. Cette ville d'apparences et de pouvoirs lui semblait repoussante. Face aux choses qu'il pensait concrètes, il découvrait d'autres réalités qui avaient toujours existé, mais qu'il n'avait jamais vues pleinement.

Les pierres sur lesquelles il était assis seraient-elles réelles ?

Ou étaient-elles simplement d'autres illusions qui, bientôt, se dissiperaient pour le jeter dans un abîme sombre ?

Les heures passaient et, à ses côtés, l'esprit de Zacharias le caressait paternellement, l'accompagnant dans les réactions et douleurs les plus intimes.

Le vieil ami invisible, assis à ses côtés sur le sol froid de cette ville, avait aussi les yeux brillants de larmes. Ses bras enlaçaient Licinius comme un père qui souhaiterait protéger son fils des tirs de la vie, des pierres du monde, lui offrant le seul recours dont il disposait pour lui donner des énergies et un équilibre contre l'émotion attaquée par les idées négatives. En même temps, Zacharias regardait anxieusement autour de lui, comme s'il attendait qu'une autre personne arrive.

Il ne fallut pas longtemps avant que Zacharias sourit, voyant l'approche de l'esprit de Jean de Cléophas, accompagné d'un jeune homme à l'apparence négligée mais au bon cœur, qui n'était pas capable d'identifier sa présence spirituelle.

– Ah ! Je suis content que tu aies réussi, mon fils. J'étais inquiet de ton retard, dit le vieil homme, souriant satisfait.

– Oui, mon papacito, répondit Cléophas à celui auquel il se sentait lié par des liens de profonde gratitude et de respect. C'était un peu compliqué, mais j'ai réussi à faire en sorte que notre frère Décio m'écoute dans ses prières.

Pendant que les deux conversaient, Décio, qui se présentait comme un passant ordinaire, fut attiré par cette scène oppressante, représentée par un homme de la taille et des vêtements de Licinius, assis au bord du chemin, pleurant comme un enfant abandonné.

Envahi par les sentiments de Cléophas, qui, de loin, l'inspirait spirituellement pour qu'il se dirige vers cet endroit, Décio ressentit une compassion inattendue pour cet inconnu et, se souvenant des leçons de la Bonne Nouvelle qu'il avait eu l'occasion de connaître, il pensa au Christ qui disait : « Chaque fois que vous avez visité un malade, que vous avez donné de la nourriture à un affamé, que vous êtes allé visiter un prisonnier, que vous avez pris soin d'un inconnu, aussi petit ou insignifiant qu'il soit, c'est à moi que vous l'avez fait. »

Le cœur de Décio battait différemment. L'effort spirituel de Cléophas pour inspirer ce chrétien simple et modeste afin qu'il passe par ce chemin avait porté ses fruits.

Dans les plans spirituels, il était arrivé le moment de mener Licinius jusqu'au message de Jésus, déjà cultivé dans la grande capitale par d'innombrables groupes, tout en s'étendant grâce à sa force et à l'exemple de résignation et de dévouement héroïquement démontrés dans les exécutions et dans les cirques, où les spectacles présentaient toujours les cruautés et les absurdités, en utilisant des personnes et des chrétiens sans défense.

En outre, d'innombrables esprits convertis s'étaient proposés à renaître à Rome pour, expurgeant leurs erreurs passées de manière anonyme, diffuser l'excellence de ce message d'espoir et de foi en un Dieu généreux et ami.

Aux côtés d'une grande cour d'entités lumineuses et idéalistes, des foules d'esprits endettés avaient demandé et reçu l'autorisation de descendre dans le monde de la vie pour affronter les obstacles de la foi naissante et, si nécessaire, donner leurs vies comme le plus grand patrimoine au service de leur propre élévation.

Ainsi, Décio faisait partie de ceux qui, remplis de dettes du passé, avaient reçu la graine de l'Évangile dans leur esprit, avec la sincérité des véritables lutteurs et, depuis lors, dans ses activités quotidiennes, il s'efforçait toujours d'aider les gens à trouver le même chemin.

Cette ville monstrueuse, pleine de rites et d'intérêts confus et conflictuels, n'avait pas beaucoup de temps pour ceux qui continuaient à professer une foi différente du polythéisme traditionnel.

Seulement lorsque cela était pratique et nécessaire, ses dirigeants prenaient ces partisans comme du matériel incandescent ou de la nourriture pour les animaux, dans des divertissements bon marché pour le peuple.

Cependant, Décio ne négligeait pas le petit troupeau qu'il s'efforçait d'orienter, emmenant la lecture des textes chrétiens dans sa petite maison où il recevait toujours des personnes en quête de réconfort et d'espoir.

LA FORCE DE LA BONTÉ

Là-bas, de nombreuses guérisons avaient été réalisées et, dans le sens chrétien primitif, aucun commerce n'était fait des choses sacrées et nobles.

Cela faisait que de plus en plus de personnes intéressées cherchaient Décio comme celui qui pouvait leur donner des orientations.

Soutenu par des esprits amis qui conseillaient le travail de la naissance et de l'implantation de l'Évangile dans le siège impérial du monde considéré comme civilisé, Décio était toujours protégé et inspiré par des pensées et des entités supérieures qui se servaient de lui pour le travail qu'il accomplissait, plus que pour l'être humain endetté qu'il était.

Quant aux dettes, il en assumerait la responsabilité en offrant la monnaie du travail désintéressé pour le bien des autres.

Et là il était, attiré par l'intuition de Cléophas et relié par son magnétisme au frère déchu et malheureux.

Voyant que personne ne se préoccupait des larmes solitaires de Licinius, Décio se baissa à la hauteur de ses yeux mouillés et, tentant d'avoir l'air amical, lui demanda :

— Excusez-moi, mon frère, puis-je faire quelque chose pour vous aider ?

Enveloppé par les forces de Cléophas et par l'amour ému de Zacharias qui, de même, embrassa le nouveau venu, Décio se sentit encore plus touché par une profonde émotion.

Ses yeux, peu habitués à pleurer pour ses propres douleurs, durent aussi faire des efforts pour ne pas laisser les larmes les trahir.

Se voyant ainsi recherché, de manière fraternelle et simple, par un homme du peuple qu'il ne connaissait pas, Licinius baissa les yeux, gêné, et répondit :

— Il n'y a pas de remèdes pour les douleurs du cœur, mon ami.

Entendant sa réponse, qui indiquait que ses souffrances n'étaient pas physiques mais morales, Décio s'agenouilla devant lui et répondit :

— Il est vrai que nos anciens dieux ne s'occuperont jamais de nos larmes anonymes, préoccupés comme ils l'étaient toujours par la taille de nos armées, la puissance de notre empire. Orphelins de leur protection, nous ne trouverons en eux aucun remède pour nos larmes les plus intimes, mon frère. Pourtant, il existe une grande et lumineuse espérance pour nous tous...

LA FORCE DE LA BONTÉ

Et les mots hésitants de cet homme, qui semblait plus un rude ouvrier qu'un prédicateur de philosophies, attirèrent l'attention de Licinius qui, intéressé par sa sincérité et sa douceur, se tourna vers lui et demanda à nouveau :

– Que voulez-vous dire, ami ?

– Oui, mon seigneur. Il y a de l'espoir pour tous nos problèmes et nos souffrances, un espoir qui ne coûte rien, qui sont les pétales lumineux de la plus belle fleur que la Terre ait connue un jour et qui, parfumés par la vérité, rendent honteux les dieux de pierre que nous vénérons, embarrassés devant la profondeur des révélations que la bonté divine nous a offertes à travers le message de l'Évangile de Jésus.

Devant l'intérêt silencieux de Licinius, Décio poursuivit :

– Nos cœurs brisés trouvent du réconfort, nos désillusions viennent à comprendre les raisons de leur existence et, une fois compris la valeur de la vie, nous orientons nos pas vers d'autres routes, modifiant notre façon d'être et évaluant mieux la valeur de chaque expérience sur Terre.

Nous n'attendons plus de nos frères, créatures erronées tout autant que nous-mêmes, des comportements plus parfaits ou exempts d'erreurs, mais nous venons à comprendre leurs faiblesses et à leur révéler le mal qu'ils nous font, nous rappelant que le mal appartient toujours à celui qui le pratique et non à celui qui le reçoit.

Nos esprits, affamés de compréhension, sont baignés par la vérité qui nous dit que bienheureux serions tous les affligés du monde, si nous savions comprendre les leçons que la douleur nous administre. Que chacun peut être lumière dans l'obscurité et que ni l'argent, ni le pouvoir, ni le nom ne sont capables de tromper la Souveraine Justice du Dieu Unique qui voit tout, connaît tout et juge tout avec sagesse et bonté. Tous ces concepts, dans la bouche d'un homme aussi rude, impressionneraient n'importe qui. Décio lui-même se sentait admiratif de la fluidité de ses mots, comme s'il n'avait pas fait d'effort mental pour les prononcer, ni eu besoin de chercher dans l'archive limitée de sa capacité pour les enchaîner avec la logique précise et tellement applicable au cas concret de Licinius.

Naturellement, le pouvoir de Zacharias était impliqué dans cette transmission claire des concepts que Décio n'aurait pas pu rassembler facilement et exprimer avec une telle clarté, par lui-même. C'était l'une des

LA FORCE DE LA BONTÉ

innombrables manifestations médiumniques que la doctrine spirite des temps modernes approfondit et explique clairement.

À ce moment-là, Zacharias enveloppait l'esprit de Décio qui, en instrument docile, exprimait toutes les idées qui lui venaient mystérieusement de l'acoustique mentale, conduisant Licinius à entendre exactement ce dont il avait besoin pour être touché dans son sentiment le plus profond et blessé.

Enveloppé dans cette atmosphère forte et lumineuse, Licinius se laissa captiver par les affirmations de Décio comme une créature qui commence à découvrir un monde ignoré et se laisse guider pour que sa curiosité et sa faim puissent être satisfaites.

– Viens avec moi, mon frère. Nous parlerons mieux chez moi. Ce n'est pas très loin d'ici. Là, je te donnerai quelque chose à manger et à boire, et nous pourrons échanger des idées sans les désagréments de la rue.

Se sentant soutenu, Licinius accepta d'être relevé par les bras forts de ce nouvel ami que le "hasard" avait amené à lui dans le moment le plus difficile de ses sentiments.

L'affection spontanée dans une communauté d'égocentriques, intéressés, rusés et astucieux était, en soi, un baume que, depuis longtemps, Licinius n'avait pas ressenti nulle part. C'était toujours lui qui essayait d'être bon pour les autres. Maintenant, il trouvait quelqu'un qui se préoccupait de lui et qui, sans le connaître, s'occupait de sa douleur et se proposait de l'aider. Ainsi, il se laissa conduire jusqu'à la modeste maison de Décio qui, ce jour-là, ne travaillait pas sur les chantiers d'ingénierie de la ville, où il employait sa sueur pour gagner le pain quotidien.

Avec eux, Zacharias et Cléophas, en tant qu'esprits bienveillants qui les soutenaient, suivaient et cherchaient à les envelopper dans une atmosphère encore plus fraternelle et stimulante. Licinius ne comprenait pas correctement quelle nouvelle manière de voir la vie c'était celle-ci.

Décio lui raconta alors tout ce qu'il savait et comment le message de Jésus était arrivé à Rome et jusqu'à lui. Après cela, il commença à raconter les faits sur la vie du Messie et tous les exemples d'élévation et de noblesse qu'il avait laissés à l'humanité.

Fasciné, Licinius semblait comprendre tout cela avec facilité.

C'était comme s'il ne découvrait pas cela, mais qu'il reconnaissait toutes les réalités qu'il entendait pour la première fois dans cette existence.

LA FORCE DE LA BONTÉ

Une émotion enthousiaste s'empara de son âme. Il reconnaissait qu'il se conduisait selon des principes très proches ou même identiques à ceux que Décio lui présentait.

– Mais il me semble que je sais déjà tout cela, mon ami, s'exclama Licinius, intrigué et heureux.

– Oui, mon frère, cela arrive parfois avec les gens. Ils disent que cela leur semble très familier et, sans difficulté, ils intègrent les principes chrétiens et changent leur propre vie.

– Penses-tu que je pourrais avoir avec moi un écrit où je pourrais lire plus attentivement ces enseignements ? demanda Licinius.

– Bien sûr, mon frère. J'ai avec moi quelques copies qui circulent parmi nous et qui, par leur histoire, viennent de l'ancien Jérusalem, apportées par les premiers adeptes de cette Bonne Nouvelle. Il n'est pas nécessaire de les recopier. Tu peux les emporter et garder les notes. Plus tard, nous produirons plus de copies et les distribuerons à ceux qui en auraient besoin.

– Merci beaucoup, mon ami, dit l'administrateur, ému, tenant pour la première fois entre ses mains l'ensemble des enseignements de Jésus.

Dans cet environnement de pauvreté et de simplicité, Licinius parvint à trouver le remède qui soignerait son âme blessée dans les milieux de luxe et de plaisirs dans lesquels il vivait.

La trahison de Serapis, les intrigues de Druzila, les déceptions de la vie, semblaient s'être fanées face à la perspective de trouver l'explication à toutes ses questions et la confirmation de toutes ses certitudes.

Un autre être, beaucoup plus lumineux et innocent que lui, avait existé et, malgré tout le bien qu'il avait fait, comme lui aussi, il avait reçu du monde une charge d'épines, le fouet de l'ignorance, la trahison des monnaies, la solitude de l'injustice et l'abandon sur la croix.

Qui serait cet être si courageux qui avait tout donné pour témoigner de sa parole ?

Licinius était la terre généreuse et fertile, bien préparée par les instruments qui laboraient dans la douleur, les déceptions, les larmes, pour que la semence soit déposée dans le sol préparé de son âme, afin que, réunies les conditions essentielles, chacune d'elles puisse produire cent autres, comme Jésus l'avait enseigné.

LA FORCE DE LA BONTÉ

Cette nuit-là, Licinius se sépara de Décio, car il se faisait tard et ils étaient restés ensemble plus de six heures à parler de toutes ces vérités.

– Puis-je revenir demain, mon ami ? demanda l'administrateur, un peu timide.

– Bien sûr, mon frère. Demain, au coucher du soleil, après être sorti de mon travail, nous nous retrouverons ici avec un petit groupe de frères pour parler de ces choses et de bien d'autres encore, et tu seras le bienvenu. Ne t'inquiète pas, car ce sont toutes des personnes très simples comme moi, sans importance ni statut social. Personne ne te reconnaîtra ici comme une personne importante. Si tu le souhaites, tu peux venir avec des vêtements plus simples pour ne pas paraître trop différent des autres.

– Merci, Décio. Je serai là demain à l'heure indiquée.

Les deux hommes s'embrassèrent, rapprochés par la douleur et l'amour fraternel, par les mains invisibles de nos amis spirituels, toujours prêts à aplanir nos chemins et à nous apprendre l'art de construire notre bonheur sur des bases solides de vérité et de bien.

Cette nuit-là, Licinius resta éveillé, lisant les notes qu'il avait sous les yeux et méditant sur elles, cherchant à extraire tout l'or caché sous chaque phrase prononcée par Jésus pour guider l'humanité.

Des principes d'amour du prochain, de charité et de pardon des offenses, qui étaient plus révolutionnaires dans cette communauté égoïste qu'un cri de liberté au milieu de la tyrannie sanguinaire.

Absorbant les concepts, sous l'inspiration de Zacharias, il commença à observer le comportement de Druzila, de Serapis, de Marcus, de tous les autres hommes et femmes de son temps à travers le prisme des lois véritables de l'esprit et, ainsi, tous les concepts qu'il avait dans son âme et qui guidaient sa vie, acquéraient un sens de réalité irréfutable.

Il y avait quelqu'un, en plus de lui, qui avait vécu pleinement tous ces principes et, quelle que fût sa force, aucune doctrine mensongère ne pourrait imiter cela.

Rien de ce qui était humain n'aurait pu produire une telle réaction dans le cœur des hommes.

Les dieux de pierre égoïstes et indifférents, froids et cyniques, n'étaient que le reflet des hommes qui les avaient créés, également durs, égoïstes, indifférents, froids et cyniques.

LA FORCE DE LA BONTÉ

Le vrai Dieu devait être autre, bien plus grand, bien plus beau, bien plus juste et généreux que ceux qui, régnant dans le cœur de l'humanité dite la plus civilisée de l'époque, avaient produit uniquement cette masse de déchets moraux, ces résidus matériels qui résumaient la grande capitale du monde de l'époque.

La faillite morale de Rome était l'échec des dieux qui la dirigeaient ou qui auraient dû la guider vers de meilleurs chemins. La ruine des hommes signale toujours la rupture de leurs bases ou la manière dont les êtres se rapportent à elles.

Lorsque le jour se leva, Licinius, sans savoir comment ni par quel mécanisme, bien qu'il possédât le même visage et occupât la même place dans cette société, sans chirurgie esthétique ni modification de sa silhouette, était en vérité une autre personne. On pourrait dire qu'il avait toujours été un chrétien qui s'ignorait en tant que tel.

À ses côtés, Zacharias et Cléophas le soutenaient, avec Livia qui, accompagnant Serapis, chercha, cette nuit-là, à l'envelopper de forces revitalisantes pour les épreuves qui l'attendaient.

Dans l'âme de la servante, des forces qu'elle ignorait la préparaient aux épreuves aiguës de la maternité qui l'attendaient, car de la rencontre licencieuse avec Marcus, les lois de l'Univers avaient déterminé que l'impératif des réparations devait se réaliser à travers ceux qui avaient semé la douleur, la déception et la tragédie dans le passé, lorsqu'ils avaient exercé la précieuse liberté selon le modèle du libertinage irresponsable.

Le moment était venu, pour tous, de réparer les erreurs passées.

Serapis engendrerait, à partir de l'élément fécondant de Marcus, cette grossesse qu'elle apprécierait au départ comme une victoire sur Druzila, sans penser aux difficiles conséquences de cet événement dans le scénario de la vie où tous étaient placés. Livia se chargerait de l'aider pendant ces moments délicats pour l'âme féminine.

Ce même jour, pendant que Licinius était avec Décio, apprenant les vérités chrétiennes, Livia accompagnait la servante qui retournait au palais pour veiller sur les premiers pas de la fécondation qui allait bientôt se produire, cette nuit-là, soutenue par de nombreux esprits envoyés par le Seigneur lui-même, personnellement impliqué dans les destinées de tous ceux qui composent son troupeau, pour que personne ne se perde dans les défis du chemin.

37.
LA FOLIE QUI SÈME LA DOULEUR

Cependant, malgré le soutien du monde invisible, les créatures, immergées dans leurs expériences évolutives, devaient marcher selon leurs besoins d'apprentissage, faisant leurs choix et agissant conformément à la liberté que chaque esprit possède dans le cadre de la loi de cause et effet.

Ni les bons esprits ne remplacent les incarnés dans la résolution de leurs problèmes, ni les esprits en détresse ne les forcent à agir mal.

Les deux influences existent et sont disponibles afin que, dans leur propre champ vibratoire spécifique, il appartient à l'individu vivant dans le monde physique de se synchroniser avec l'une ou l'autre.

Licinius s'efforçait d'élever sa compréhension de la vie par la nourriture qu'il donnait à son âme, cherchant à approfondir les leçons apprises avec Décio et les nouveaux concepts chrétiens qu'il recevait de la petite communauté d'adeptes de la nouvelle foi, qui se réunissait chaque semaine.

En même temps, il continuait d'accomplir ses obligations dans la maison de Marcus, s'efforçant de faire tout le bien qu'il pouvait, même plus que ce qu'il avait toujours fait.

Serapis, cependant, dans les premiers jours de la grossesse, bien qu'ignorant son état, conservait dans son cœur une satisfaction intime pour l'aventure à laquelle elle s'était livrée, dans les bras de celui qu'elle considérait comme la solution à tous ses désirs féminins d'élévation sociale. Alors que son âme se réjouissait de l'imagination de son succès, l'antagonisme avec Druzila allait prendre une nouvelle dimension qui le rendait encore plus acéré.

Au fond, elle était désormais la préférée du mari de la femme maléfique, et avec ce triomphe dans l'âme, se sentant plus en sécurité, elle devenait plus détendue vis-à-vis de ses devoirs, surtout en ce qui concernait les soins exigés par Druzila.

En ce qui concerne Lucia, cependant, Serapis restait affectueuse envers la petite enfant, même si elle n'avait pas encore un an. Quelque chose de maternel était éveillé en elle par le contact avec l'enfant, sans que la servante ne sache expliquer pourquoi. Peut-être était-ce parce que la mère, en particulier, lui prêtait si peu d'attention, la confiant aux soins des domestiques. À cet égard, Serapis s'identifiait à elle, dans une enfance triste et pratiquement vécue dans l'abandon, sans affection de la part de ses parents. Combien de fois Serapis pensait à elle-même que peu importait la richesse des gens pour que l'abandon émotionnel survienne. Elle, pauvre depuis sa naissance, avait été victime de cela, tout comme Lucia, née dans le palais, qui cherchait le réconfort dans les bras des serviteurs, n'ayant pas trouvé l'affection de sa mère ou de son père. La servante se dévouait de plus en plus aux soins de la petite, animée par le sens de la maternité véritable qui envahissait son corps et son esprit.

Sa sensibilité se transformait et, sans comprendre pourquoi, la servante se sentait de plus en plus dédiée aux soins de Lucia, imaginant ce que ce serait si l'enfant lui appartenait réellement comme fille.

Druzila, arrogante et capricieuse, comme elle l'avait planifié depuis son arrivée à Rome, chercha à approcher son mari, pour semer dans l'esprit de Licinius la crainte qu'elle révèlerait la scène dans laquelle ils avaient été trouvés dans la propriété rurale de la famille.

Pendant ce temps, elle ne savait pas que l'administrateur avait déjà révélé tous les détails à son mari, y compris les soupçons selon lesquels il s'agissait d'un piège dans lequel il avait été pris, et que, selon sa conscience, il n'avait commis aucun acte enfreignant le respect qu'il devait à tout le monde. Druzila, cependant, avait l'intention de se rapprocher de son mari, pour, une fois de plus, tenter de l'atteindre par des insinuations et des mensonges, afin de le provoquer.

Ainsi, leur rencontre fut quelque peu grotesque.

– Marcus – dit la femme – nous avons dû revenir plus tôt à cause de l'indisposition de Lucia, qui ne se sentait pas bien à cause de l'air du camp.

– Ah ! Oui, d'accord – répondit le mari, indifférent et plongé dans ses souvenirs des aventures avec Serapis, se demandant où était sa tête lorsqu'il épousa Druzila

– J'espère que tu ne m'as pas trop manqué – lança l'épouse, provocatrice et ironique

– Parmi les nombreuses choses que je ressens pour toi, je suis sûr que la nostalgie n'en fait pas partie... surtout pour une période aussi courte. Si cela avait été pendant dix ou vingt... ans, qui sait ?

La réponse réticente et crue était un coup direct à son ego féminin.

Se sentant ironisée par l'indifférence de son mari, elle tenta de riposter :

– Mais si tu es indifférent, ce n'est pas ce qui se passe avec d'autres hommes, toujours intéressés par quelqu'un comme moi, s'exclama Druzila, voulant susciter des mystères et provoquer des jalousies chez son mari.

– Eh bien, je te le dis, Druzila, sincèrement : amène-moi un homme qui te désire vraiment et, en plus de lui permettre de t'emporter avec lui, je serai capable de lui offrir une belle récompense.

– Comme tu es cruel et méchant, rugit la femme, blessée dans son intimité.

– Je suis simplement sincère, tu sais que notre amour n'a jamais existé véritablement. Tout comme je souhaite être heureux, je ne prétends pas t'empêcher de l'être avec celui que tu veux ou celui qui te désire.

– Mais, tu ne t'inquiètes même pas si quelqu'un m'a déshonorée, m'obligeant à céder malgré le fait que je sois déjà la femme d'un autre ? dit Druzila, cherchant à simuler de l'indignation.

– Toi, Druzila, as-tu été obligée de faire quoi que ce soit ? – et il éclata de rire. – Une femme capricieuse, astucieuse et mesquine comme toi, qui n'a jamais cédé aux désirs de personne, qui n'a jamais pensé à rendre quelqu'un heureux en sacrifiant ses futilités pour cela, tu n'as jamais rien fait par obligation.

Encore plus exaspérée par la certitude et l'indifférence de Marcus, Druzila éclata en injures et en une crise de nerfs :

– Eh bien, il y a beaucoup d'hommes qui me désirent, et même plus, qui ne résistent pas à mes atouts féminins et m'ont obligée à me donner.

– Ha ! Ha ! Ha ! – fut la réponse de Marcus, dans une nouvelle crise de rire.

– Eh bien, alors amène-moi ce héros pour que je le récompense ou que je le félicite, ou mieux encore, que je l'envoie en prison, car te désirer, Druzila, c'est un signe de grand besoin, beaucoup de courage ou, en dernier recours, une folie furieuse.

Au bord de l'agression physique, Druzila bouillait de haine, subissant les humiliations de Marcus.

Voyant la capitulation nerveuse de son épouse, Marcus se sentait encore plus stimulé à la blesser sans pitié.

– Voyons, toi la menteuse, amène-moi celui qui est passionné par tes tentacules et ton poison ! Amène-moi celui qui, te désirant tant, mérite de ma part les plus grands honneurs, et je l'aiderai à être heureux, t'emmenant loin de moi.

Et, considérant l'affaire conclue, Marcus se leva et quitta la pièce, laissant Druzila plongée dans l'une de ses nombreuses crises de nerfs violentes, durant lesquelles elle lançait tout ce qu'elle trouvait contre les murs.

Avant de partir, Marcus lui lança ironiquement :

– Fais attention à ne pas lancer Lucia contre le mur par erreur pendant tes crises de folie. Elle se brise, mais elle ne fait pas de bruit...

Druzila, hors de contrôle, proférait toute sorte d'injures, surtout blessée par le défi de son mari auquel elle ne pouvait riposter, car, manifestement, il n'y avait aucun homme qui s'intéressait à elle.

Se sentant tellement dégradée, tellement réduite par les carences qu'elle possédait déjà dans ses sentiments, amplifiées par son état, elle retourna dans sa chambre et, en présence de Lélia, déversa toute la haine qu'elle éprouvait pour Marcus, sans se soucier du témoignage de Serapis, qui s'occupait de la petite, près du berceau, dans la même pièce.

Dans l'intimité de la servante, une joie macabre se faisait jour, heureuse de voir l'insatisfaction de celle qui occupait un endroit qui, bientôt, serait le sien.

La beauté physique de Serapis, cependant, dérangeait la femme malheureuse qui, à cause de cela, la poursuivait davantage, maintenant l'antagonisme vivace.

Serapis, maintenant plus sûre d'elle, savait que tout cela ne serait qu'une question de temps.

Et le temps passa rapidement pour nos personnages. La jeune servante commença à avoir des réactions physiques étranges. Des rêves différents peuplaient ses nuits et des nausées soudaines étaient interprétées comme le résultat d'une alimentation inadéquate.

Pendant ce temps, par la répétition constante, le sentiment féminin commença à s'inquiéter de la possibilité d'une grossesse.

Les changements corporels, les altérations hormonales, tout témoignait de l'existence de quelque chose de très différent pour l'esprit de cette jeune femme qui, maintenant, se préparait à devenir femme et mère.

Après avoir attendu encore un peu pour confirmer ses soupçons, sans en parler à personne de son état, elle chercha un moment favorable et, sous prétexte de répondre à une demande de Marcus, portant une cruche de vin, elle pénétra dans la chambre privée qui l'abritait pour lui parler, confidentiellement :

– Mon seigneur, je dois vous informer que, à ce que je vois, vous serez bientôt père à nouveau ! – tenta-t-elle de se révéler, par paraboles, pour que l'impact soit moindre.

Sans comprendre, Marcus répondit soudainement :

– Tu es folle, Serapis ? Je ne m'approcherai même pas de Druzila, encore moins avoir un nouvel enfant avec elle ! – s'écria-t-il, ne réalisant pas ce que Serapis voulait dire. – Ces rêves que vous, les femmes, avez la nuit, ne signifient pas toujours ce qu'ils semblent. Pour faire un enfant, il faut plus que rêver, Serapis. Il faut que moi ou quelqu'un de plus stupide que moi participe et couche avec Druzila, et je suis sûr que je ne ferai pas ça, tout comme aucun homme sensé ne le fera lorsqu'il se rendra compte de la femme qu'il aura dans son lit.

Voyant que Marcus ne soupçonnait rien, Serapis, interprétant le drame de la femme fragile, répondit, hésitante :

– Oui, Marcus, malgré cela, vous serez père. Ce n'est pas un rêve et ce n'est pas avec Druzila que cela se passe...

Pris de surprise par l'apparence de la servante et se rappelant qu'ils avaient poussé l'approche physique jusqu'à ses dernières conséquences à de nombreuses reprises, Marcus pâlit, se levant brusquement.

– Que veux-tu dire, Serapis ? Es-tu en train de me dire que la grossesse est la tienne ? – dit-il, entre surprise et inquiétude.

– Oui, mon seigneur.

– Non, ce n'est pas possible, Serapis !

LA FORCE DE LA BONTÉ

— Je crois que si, Marcus. Je n'ai jamais été avec une autre personne et, pendant tout le temps que j'ai travaillé ici, je n'ai jamais quitté cet endroit sauf pour vous rencontrer.

Ne sachant quoi faire, s'il devait montrer de la joie ou de l'inquiétude, puisque c'était une situation délicate, Marcus tenta de rassurer la servante qui observait son état de confusion, face à la nouvelle de la paternité.

— Je suis calme, Marcus. Je croyais simplement qu'il était important que vous sachiez cela, car je ne pourrai pas cacher mon état à tout le monde encore longtemps.

— Oui, je sais. Va, maintenant, pendant que je réfléchis à une solution. Nous parlerons après.

Après avoir déposé un baiser sur le visage de son amant, Serapis se retira obéissante, sans ressentir une certaine joie dans son âme. Après tout, cette situation accélérerait tout.

Marcus serait contraint d'agir, car autrement, il serait difficile d'expliquer comment une servante se retrouvait dans cet état sans avoir eu de relation connue avec des hommes étrangers.

Rappelons qu'à l'exception de ces jours où Marcus lui avait permis de quitter l'endroit de sa maison, Serapis n'avait jamais quitté le palais avant, à l'exception de la nuit où elle était allée au temple pour remercier Jupiter Capitolin, occasion du premier rencontre entre eux.

Pour que tout soit clarifié, tout le monde chercherait à connaître le futur père et, la chose la plus logique, c'est qu'il se trouvait dans le palais même.

Naturellement, on ne pourrait pas imaginer, par le comportement de Serapis, toujours distante avec les autres domestiques et serviteurs, que le père soit l'un d'eux.

À cause de la beauté de la servante, elle ne se livrerait pas à n'importe lequel de ces malheureux.

Il n'y avait que deux candidats possibles pour la suspicion de tous.

L'un était Licinius, qui, pour de nombreux domestiques de la maison, avait une préférence évidente pour la jeune femme.

L'autre était Marcus, qui, étant le maître du palais, pourrait, parfaitement, être le père possible. Cependant, il appartenait à une autre classe sociale, était enclin à des aventures hors de la vue des domestiques, et avait à sa disposition toutes sortes de femmes sans avoir besoin de prendre les risques d'une implication affective avec une servante dans sa propre maison, en présence de sa femme et de sa fille. Selon les normes romaines, Marcus aurait beaucoup à perdre, dans les concepts sociaux toujours importants pour les idiots et les futiles, en s'impliquant avec une employée de sa maison.

Ainsi, dès que la grossesse serait perçue, le soupçon de la paternité oscillerait entre les deux seuls et les plus importants hommes de la maison en mesure de revendiquer une ascendance pour en tirer profit dans une relation sexuelle avec une servante.

Si tout le monde croyait que c'était Licinius, les problèmes seraient mineurs, bien que Druzila finirait par les condamner avec son esprit vengeur et capricieux, rejetée même par l'administrateur lui-même, qui préférait avoir des relations avec l'employée plutôt qu'avec la maîtresse.

Si tout le monde croyait que c'était Marcus, la tempête pourrait être bien plus violente.

Face à tout ce scénario, Serapis savait que Marcus devait réfléchir à ce qu'il devait faire et, le mieux qu'elle pouvait faire en tant que femme, était de ne pas le presser, attendant que les choses se résolvent comme elle le pensait.

Dans l'esprit bouillonnant de Marcus, une telle situation était également évaluée, en tenant compte de tous les avantages et inconvénients qui pourraient en découler.

Tout d'abord, il ressentait une grande attraction pour Serapis et, ainsi, la possibilité qu'elle lui donne l'enfant tant désiré, le poussait à penser à ne pas utiliser de moyens artificiels pour interrompre la grossesse.

Cependant, il ne serait pas prudent de la laisser dans la position de servante, car sa condition deviendrait bientôt visible pour tous et la honte serait également grande.

Il devait la faire sortir du travail.

Oui, ce serait la meilleure solution. Il irait la loger dans la petite maison où ils s'étaient retrouvés plusieurs fois, des mois auparavant, et là, il constituerait sa maison de remplacement. Il entourerait la jeune femme de tout ce dont elle avait besoin, lui offrant tout ce qu'il y avait de mieux, restant recluse dans ce nid jusqu'à la fin de la grossesse.

Avec la naissance, il verrait ce qu'il ferait de l'enfant.

LA FORCE DE LA BONTÉ

Pendant que l'amant commençait à élaborer ses plans, Serapis se lançait dans ses projets, imaginant qu'avec les vœux d'amour éternel qu'il lui avait faits, il ne serait pas difficile pour lui d'écarter Druzila de cet environnement pour la mettre à sa place.

Elle se voyait déjà couchée dans le même lit où Druzila avait donné naissance à la petite Lucia, s'imaginant entourée par les soins des servantes et donnant des ordres capricieux par lesquels elle exercerait son pouvoir sur les autres.

Naturellement, elle compterait sur le soutien du maître de maison, son amant dévoué et passionné.

Maintenant qu'elle était plus sûre de ses sentiments et de la maîtrise de la situation, Serapis devint plus audacieuse, se permettant certains comportements qui montraient à Druzila qu'elle la défiant.

Elle se réfugiait dans la protection que lui offrait Marcus pour affronter les diatribes de la femme.

Druzila donnait des ordres et elle faisait semblant de ne pas l'entendre. En même temps que l'idée de la maternité la rapprochait de Lucia avec le plus grand et pur amour, comme si elle s'exerçait avec la petite aux premiers pas de l'art de devenir mère, sa disposition physique, perturbant son cycle biologique, son émotionnalité, faisait que son comportement s'éloignait de cette soumission quasi-esclave qui caractérisait la condition de tout employé dans un palais aussi important que celui-ci.

Cela irritait encore plus la patronne qui, plus blessée, cherchait à se venger des employés pour ses frustrations et souffrances.

Voyant que Serapis ne lui prêtait pas attention, elle confia à Lélia la mission de chercher des informations.

Et dans le rôle de servante fidèle, avec accès aux chambres communes où elles se retrouvaient, la jeune espionne se mit au service de la patronne, toujours intéressée par les informations pour se rendre utile et gagner plus de considération de la maîtresse de maison.

S'approchant de Serapis, qui était allongée dans son humble lit, un peu indisposée, Lélia devint amicale et lui demanda :

– Serapis, je te sens étrange, mon amie. Ces derniers jours, tu es tellement différente, plus nerveuse, plus distante. As-tu par hasard un problème ?

LA FORCE DE LA BONTÉ

— Non, Lélia, je suis juste un peu plus fatiguée. Après tout, tu sais combien Druzila me poursuit, ce qui m'oblige à toujours être attentive. C'est très épuisant.

— Eh bien, c'est vrai – répondit Lélia, prétendant être compréhensive face aux problèmes de l'autre servante.

— En plus de cela, je n'ai pas bien dormi et cela me rend naturellement nerveuse.

Écoutant les raisons convaincantes de la servante alitée, Lélia chercha à se rapprocher davantage et, pour atténuer les difficultés de la jeune femme, lui confia :

— Écoute, Serapis, concernant ce problème de manque de sommeil, j'ai un remède qui est très efficace. Lorsque nous étions à la ferme, il y a quelques mois, un jeune homme voulait me courtiser de manière insistante et je ne pouvais pas lui échapper. Ainsi, en me plaignant à Druzila que je devais me rendre à une rencontre avec le jeune homme, car je lui avais promis cela, elle me donna un petit flacon de puissant somnifère pour que je le mette dans sa boisson et, sous son influence, il s'endormirait avant de devenir plus audacieux dans ses élans juvéniles. Selon elle, trois gouttes suffiraient pour le faire dormir profondément. Et c'est ce qui s'est passé. J'ai mis cinq gouttes – pour ne prendre aucun risque – et il n'a fallu que cinq minutes pour que le garçon soit inconscient, ce qui me permit de retourner à la maison de la ferme et, le lendemain, revenir ici sans problème.

— Ah ! Quelle intéressante – répondit Serapis, pensant à tout cela, intriguée.

— Eh bien, Serapis. Il se trouve que, à cause du voyage, Druzila a oublié de me demander le flacon et je l'ai toujours avec moi, gardé pour une autre situation plus compliquée. Si tu veux, je peux te le prêter pour que, en cas de manque de sommeil, tu prennes une goutte pour mieux dormir. Cela ne ferait de mal à personne et, en plus, cela soulagerait ton insomnie. Qu'en penses-tu ?

Voyant la bonne disposition de Lélia et désireuse d'être seule le plus vite possible, Serapis décida d'accepter l'offre, ce qui amena Lélia à sortir pour aller chercher le flacon caché dans ses affaires.

Naïve comme elle était dans son intention stupide d'être agréable à la maîtresse, Lélia ne se doutait pas qu'il s'agissait d'un poison cruel. Elle croyait, en toute confiance, qu'il s'agissait d'un somnifère, dont elle avait observé l'effet partiel sur Lívio, sans savoir qu'un certain temps après, il était mort.

Pour Serapis, en attendant, cette histoire était très étrange. Connaissant Druzila comme elle la connaissait, sachant ses ruses et ses méthodes secrètes, elle se méfiait de tout ce qui venait d'elle.

Néanmoins, elle reçut le flacon de Lélia et la demande que cela reste un secret entre elles, car si Druzila venait à l'apprendre, elle demanderait à récupérer le flacon, ce qu'elle ne voudrait pas lui rendre.

Promettant de garder le secret, Lélia s'éloigna joyeuse, pensant avoir gagné la confiance de Serapis grâce à sa gentillesse innocente.

Pendant ce temps, sur le plan spirituel, Livia, postée, enveloppait Serapis pour l'empêcher d'ingérer cette substance, une intuition qui venait s'ajouter aux méfiances de Serapis qui, sachant que Druzila était derrière ce remède, ne prendrait pas le risque de l'utiliser, même si c'était effectivement un somnifère certifié par la servante qui l'avait utilisé avec une efficacité supposée prouvée.

Serapis garda le flacon parmi ses affaires et, si Lélia lui demandait son efficacité, elle lui dirait, le lendemain, qu'elle l'avait utilisé et qu'il était, prouvé, très bon.

C'est ce qu'elle fit et, devant la curiosité spontanée de l'autre servante, Serapis lui commenta qu'elle avait passé une agréable nuit, n'ayant eu besoin que d'une seule goutte pour dormir paisiblement, étant très reconnaissante pour l'attention de Lélia.

Ne souhaitant pas rester sans ce précieux liquide, Lélia demanda à Serapis de lui rendre le flacon lorsqu'elle n'en aurait plus besoin, car elle aimerait toujours l'avoir à portée de main pour toute urgence.

Ne voulant pas créer de problèmes aux intérêts de Lélia, Serapis lui rendit effectivement le flacon, lui disant que si elle en avait de nouveau besoin, elle se permettrait de lui demander, car si c'était un puissant somnifère, il serait toujours bon de l'avoir disponible, au cas où de nouvelles crises d'insomnie surviendraient. Pendant ce temps, sans que Lélia ne s'en aperçoive, Serapis décida de garder une portion de ce somnifère pour toute urgence, en mettant quelques gouttes d'eau à l'intérieur du flacon original pour que Lélia ne remarque pas la disparition du produit.

Les semaines passèrent, et, obéissant aux ordres de Marcus, profitant des moments où Licinius n'était pas dans les environs en raison de ses déplacements à la maison de Décio, Serapis quitta le palais et se rendit dans la petite maison où l'amant l'attendait.

Ils n'auraient pas beaucoup de temps, mais Marcus était agité et euphorique.

Il allait lui annoncer ses plans, tandis que Serapis imaginait qu'à ce moment-là, Marcus lui révèlerait son désir de faire éclipser Druzila pour la mettre à sa place.

Ce fut donc avec une grande déception pour son esprit qu'elle entendit Marcus lui dévoiler son plan de la renvoyer du palais, pour la maintenir isolée du monde dans cette petite maison modeste comparée aux somptueux appartements du palais.

Là, elle resterait comme une femme cachée aux yeux de tous, alors que son rêve était de paraître puissante et maîtresse de tout.

Dans sa vanité et son orgueil de femme, elle s'attendait à être couronnée dans la vie de tous, sans tenir compte, dans son ignorance, qu'elle devrait affronter les puissantes forces d'une société préjudiciable qui discriminait les serviteurs et les pauvres, leur interdisant l'accès facile aux privilèges convoités par la majorité.

Elle imaginait, dans son innocence, que les choses se passeraient selon la simplicité de ses pensées, également égoïstes et égocentriques.

De plus, au fond, Serapis n'était pas très différente de Druzila, car elles suivaient des chemins très similaires dans la façon de vouloir façonner le monde selon leurs propres intérêts.

Faisant semblant d'être humble pour atteindre ses objectifs, Serapis deviendrait tout aussi arrogante dès qu'elle se sentirait conduite au centre des événements, dans le rôle de la femme dominante de la scène dans la vie de Marcus.

Elle pensait que la vie se résumerait à la concrétisation de ses plaisirs et de ses projets de domination.

Druzila était la même Serapis, enrichie.

Son âme anxieuse apparut ainsi, cachée dans l'abri secret, dans l'attente de recevoir de Marcus l'hommage définitif de l'amant qui voulait la conduire à la condition d'épouse.

Cependant, la vie n'était pas comme ses caprices l'imaginaient.

Là, pour son amertume, elle entendit de Marcus le plan de la garder recluse, entourée de luxe et de soins princiers, mais sans l'élever au statut social qu'elle convoitait tant. Elle devrait assumer le rôle de la maîtresse, de la seconde, celle qui est recherchée par l'homme pour satisfaire ses désirs, mais sans être considérée comme la première dans ses affections.

La proposition de son amant était quelque chose de déshonorant pour son orgueil féminin, qui risquait tout pour en arriver là et devoir se contenter d'une telle consolation.

Si tel était le degré d'affection que Marcus lui portait, après les innombrables promesses faites lors des moments de plaisir idyllique, il valait mieux s'en passer, le punir par son éloignement, d'autant plus maintenant qu'elle portait dans son ventre le fruit de cet amour interdit.

Sans montrer son mécontentement, Serapis feignit d'accepter les propositions du jeune homme, lui faisant croire qu'elle avait effectivement accepté la condition de subordonnée, cachée, d'amante pour toujours, tandis que l'autre, riche, laide, blessée, arrogante, continuait d'être la maîtresse du palais, commandant sur tout et sur tous.

Ah ! Cela ne se passerait pas ainsi – pensait Serapis, blessée dans tout son être, tout aussi mesquine et égocentrique que Druzila.

Revenant au palais pour que son absence ne suscite pas de soupçons, Serapis élaborait de nouvelles stratégies pour ses prochains mouvements.

Elle n'accepterait pas d'être la femme secondaire. Elle était là pour tout avoir ou ne rien avoir.

Maintenant qu'elle était enceinte de Marcus, elle avait des cartes pour jouer. Elle marchanderait, ferait pression, ferait tout pour qu'il la place au centre de ses préoccupations.

Elle fuirait d'ici, laisserait le jeune homme désespéré, la ferait chanter, l'empêcherait d'avoir accès au fruit de leur relation, jusqu'à ce qu'il accepte de la prendre comme reine, au centre du monde.

Ainsi, pendant que Marcus s'occupait des arrangements nécessaires dans l'environnement, améliorant les conditions, engageant quelques femmes pour s'occuper des besoins de son amante enceinte, Serapis laissait son plan prendre forme, plan qu'elle devrait mettre en œuvre dans quelques semaines, afin de ne pas finir découverte dans une grossesse déjà avancée et qui serait finalement impossible à cacher.

LA FORCE DE LA BONTÉ

Et à mesure que ses sentiments inférieurs la déconnectaient de Livia, sa consonance avec le mal ouvrait la voie à l'élaboration d'un plan funeste.

Oui, la vie de tous serait modifiée après que Serapis, contrariée et mesquine, soit passée à l'action, se voyant comme une déesse capable de diriger les destins des autres.

Elle attendrait le moment propice. Elle avait déjà besoin de cacher l'ampleur de son ventre avec des vêtements plus longs, tout en, avec ruse et perspicacité, menant Marcus avec son affection feinte, jusqu'à ce que le moment soit venu pour agir.

Dans ce sens, elle s'efforçait de se contrôler face aux attaques de Druzila. Elle ne pourrait pas être éloignée de son service, car elle avait besoin d'avoir accès aux appartements pour concrétiser ses objectifs.

Ainsi, pas à pas, mûri et planifié avec stratégie et froideur, Serapis réussit à trouver un petit abri dans une ruelle sombre de la ville, où elle se cacherait de toutes les recherches.

Elle devait faire tout pour rester isolée, sans éveiller les soupçons, utilisant comme facteur de conviction pour attirer la sympathie des autres, le fait de se dire mère d'une petite fille et, en même temps, enceinte, ayant besoin de soutien et d'abri.

Oui, dans les plans de Serapis, elle fuirait du palais après avoir enlevé Lucia de ceux qui ne se souciaient pas d'elle, car, en plus de se sentir très proche de l'enfant, qu'elle comptait protéger pour qu'elle ne voit pas sa vie ruinée par l'indifférence de personnes égoïstes et indifférentes, cela lui servirait d'instrument précieux pour obtenir de l'aide des citoyens romains simples qu'elle rencontrerait.

Dans son esprit, tout était planifié. Marcus se traînerait jusqu'à elle pour lui implorer de revenir dans ses bras, alors, dans ce cas, en tant qu'épouse véritable.

38.
DES SURPRISES TRAGIQUES

Imprégnée de ces résolutions, Serapis passait le temps à mesurer ses pas et les risques, attendant le moment propice pour agir. Pour ne pas éveiller de soupçons, elle acceptait les rencontres sporadiques que Marcus arrivait à organiser, contournant la surveillance des regards indiscrets, sans révéler aucune modification extérieure dans la manière d'aborder ses projets.

Au fond, elle n'aimait pas Marcus. Elle n'avait que l'intérêt de conquérir des positions de pouvoir et, pour cela, cet homme lui servait exactement à la mesure de ses ambitions.

Elle ressentait une affection qui se développa à travers les contacts physiques qu'ils avaient eus, mais rien qui la pousse à changer d'avis et à lui épargner la douleur de la fuite et de l'enlèvement de la petite fille.

Si lui voulait la maintenir dans une position subordonnée, comme une prisonnière dans une cage, il allait être très déçu.

D'autre part, avec un autre enfant dans son ventre, son pouvoir de persuasion serait encore plus grand.

Le temps passait lentement, et selon ses plans, Marcus préparait tout pour éviter les problèmes, croyant que Serapis était d'accord avec ce qu'il avait proposé.

Ils avaient fixé la date pour le départ de la jeune femme du travail à la maison, convenant que cela se ferait à sa demande, directement adressée à Licinio. Elle prétexterait vouloir s'installer à l'intérieur des terres, laissant derrière elle la grande ville, et, pour cette raison, elle renoncerait au palais.

Dans l'esprit de la jeune servante, cela constituerait aussi une excellente justification pour disparaître de la carte, car, en annonçant son départ de Rome, elle serait plus protégée de l'être retrouvée par les forces que Marcus pourrait mobiliser pour chercher la fille.

À l'approche de la date fatidique pour commencer à mettre son plan en œuvre, Serapis informa Licinio de son désir de s'éloigner, prétextant les raisons qu'elle avait convenues avec Marcus. L'administrateur, qui se guidait désormais par des principes spirituels et qui commençait à voir Serapis avec des yeux paternels, imaginerait que ce départ était dû à l'intimité qu'elle entretenait avec le patron, que ce soit en raison d'une rupture ou de l'impossibilité de continuer à être à la fois la servante de l'épouse et l'amante du mari.

En vérité, malgré l'antagonisme de Druzila à son égard, la petite Lucia ne se calmait généralement que lorsqu'elle se trouvait en présence de Serapis, ce qui obligeait souvent la servante à rester dans les appartements de la maîtresse de maison pour veiller au sommeil de l'enfant.

C'est sur cette affinité et la facilité qu'elle avait à rester là, dans les appartements intimes, que Serapis avait planifié d'enlever la petite créature, qu'elle pourrait facilement dissimuler parmi ses affaires, ayant déjà trouvé un type de panier qui lui servirait de valise, dans lequel elle pourrait cacher l'enfant parmi ses quelques vêtements lorsqu'elle quitterait le palais.

Son plan était déjà tracé.

Avec elle, dans la chambre de Druzila, restait l'autre servante, Lélia, qui entretenait une relation étroite avec la maîtresse, comme cela a déjà été relaté.

Ainsi, à la veille du jour désigné pour son départ, tout était prêt.

Au crépuscule, Serapis mit son plan en action.

Pendant le repos de Druzila et profitant du sommeil de Lélia, Serapis retirerait l'enfant endormi et tenterait de quitter le palais.

Ainsi, pour éviter de plus gros problèmes, elle veillerait à ce que Druzila dorme plus profondément, en lui administrant quelques gouttes du somnifère que Lélia lui avait proposé précédemment et dont elle avait retiré une portion significative avant de le rendre, comme cela a été expliqué. Elle verserait les gouttes endormantes dans le récipient d'eau que Lélia emportait toujours dans la chambre avant que Druzila ne s'endorme, étant habituée à prendre ce liquide avant de se coucher.

Ainsi, cette nuit-là, sachant les habitudes de Druzila, lorsque Lélia se rendit à la cuisine du palais pour chercher la cruche d'eau, la femme de Marcus étant occupée à se préparer pour la nuit, il ne fut pas difficile pour Serapis de s'éloigner de la chambre et, en se rendant à la cuisine sous le prétexte de chercher quelque chose pour les besoins de l'enfant, de verser le contenu du flacon dans le récipient, de manière à ce que Druzila s'endorme plus profondément, sans interférer avec ses intentions.

LA FORCE DE LA BONTÉ

Cela fait, elle retourna dans la chambre sans éveiller de soupçons, car il lui revenait de veiller aux besoins de la petite Lucia, ce qui l'obligeait à prendre toutes les mesures nécessaires, y compris en ce qui concerne la préparation des repas de l'enfant.

Lélia était chargée de s'occuper de Druzila, de lui fournir tout ce qu'elle demandait, de l'aider dans les soins nocturnes, de la préparer à dormir, de la déshabiller et de la vêtir des habits appropriés au sommeil, en plus d'organiser quotidiennement l'approvisionnement en eau pour les besoins habituels de la maîtresse.

En général, la prise du liquide était la dernière chose que Druzila faisait, une fois allongée sur le lit, sous les couvertures qui lui servaient de couverture douillette.

Ainsi, elle serait enveloppée pour dormir paisiblement, sans soupçonner que le somnifère pourrait avoir des effets irrésistibles, rendant l'assoupissement chimique inévitable.

Allongée, elle dormirait comme on pouvait s'y attendre de toute personne qui se prépare à se reposer.

Dans ses projets minutieusement calculés, Serapis se positionnait près du berceau de l'enfant, prête à dormir le léger sommeil de ceux qui veillent sur des enfants, dispensant la mère de toute inquiétude quant aux besoins de sa fille.

Lélia aidait Druzila à coiffer ses cheveux calmement, avant de les attacher pour la nuit.

Druzila se communiquait avec la servante de confiance par monosyllabes, comme une personne indifférente, incapable de sortir de sa coquille.

Une fois terminé le long processus de la vanité féminine, Druzila se vêtit pour la nuit et se coucha sous les couvertures du lit. À ce moment-là, comme d'habitude, Lélia retira une bonne portion du liquide de la cruche, qu'elle versa dans une coupe, que la femme de Marcus but jusqu'à la dernière goutte.

Le même poison qu'elle avait donné à Lélia pour empoisonner Lívio revenait maintenant à sa véritable source.

Jésus avait averti, jadis, que ceux qui frappent avec le fer, seront frappés par le fer. Ainsi, Druzila, déchaînée et malveillante, indifférente à la souffrance des autres, allait être victime de son propre poison.

LA FORCE DE LA BONTÉ

Personne là-bas ne se doutait de ce qui allait se passer.

Serapis attendait un sommeil profond pour enlever l'enfant.

Lélia s'imaginait une autre nuit tranquille comme les autres, au pied du lit de sa maîtresse. Druzila, dans ses futilités, restait monotone dans la condition de celle qui commande toujours et dirige les autres grâce à son argent et son pouvoir.

Soulagée de voir Druzila ingérer le liquide empoisonné sans que personne ne sache qu'il s'agissait de poison, Serapis feignit de dormir, attendant que les heures lui permettent de partir.

Cependant, après que tout fut calme, Druzila s'immergea dans un profond torpeur, comme si un sommeil incontrôlable lui obscurcissait la lucidité bien plus rapidement que d'habitude, pas plus de trente minutes ne s'étaient écoulées dans cette inconscience profonde avant que les premiers signes ne montrent que quelque chose n'allait pas.

Au début, des nausées violentes frappaient son corps et, agitant dans le lit, Druzila ne parvenait pas à rester immobile.

Puis, des gémissements et des bruits étranges commencèrent à sortir de la femme, qui, à ce stade d'intoxication, retrouva une partie de sa lucidité et se mit à se lamenter à haute voix.

Sa couleur avait changé, son visage avait perdu son éclat, et sa peau était devenue pâle, légèrement rougeâtre.

– « Lélia, Lélia, au secours ! » essayait de crier la jeune femme empoisonnée. « Appelle un médecin, vite. Appelle Marcus, Licinio, appelle quelqu'un, vite ! » parlait-elle, d'une voix rauque. « Au secours, aide-moi, je suis en train de mourir... »

L'angoisse dans sa voix et la désespérance dans ses paroles montraient que c'était une situation très sérieuse.

Lélia fut réveillée par l'agitation de Druzila et, ne comprenant pas ce qui se passait, se précipita pour aller chercher Licinio dans ses appartements, tandis que les cris réveillaient les autres domestiques, jusqu'au quartier de Marcus, qui, depuis le début de sa liaison avec Serapis, passait toutes ses nuits au palais.

Des cris partout, des gens courant. Quelqu'un sortit chercher le médecin qui, dans cette immense ville, ne put naturellement arriver à temps pour faire quelque chose.

Quelques minutes plus tard, Druzila commença à cracher de la mousse par la bouche, tandis que les fibres de son estomac, déchirées par le poison, laissaient place à des vomissements sanguinolents.

Le regard désespéré de Druzila trahissait sa peur face à la réalité de la mort qui approchait, une mort pour laquelle elle ne s'était jamais préparée.

Elle était toujours prête à empoisonner les autres, comme elle l'avait fait pour tant de personnes qui entravaient son chemin. Mais jamais elle n'avait imaginé qu'elle devrait aussi traverser une telle situation de désespoir et d'angoisse, sentant le manque d'air, brûler de l'intérieur, comme si elle était enveloppée de braises ardentes.

Il ne fallut pas longtemps avant que ses yeux commencent à distinguer les silhouettes sombres et sarcastiques qui, volant autour de son lit, applaudirent chaque fois qu'un vomissement ensanglanté venait se déverser sur les draps luxueux, comme s'ils applaussent dans l'arène ou au cirque, lors de compétitions populaires.

Ils vibraient à chaque douleur qu'elle montrait, quand elle ne parvenait plus à garder sa lucidité.

Leurs visages étaient horribles, prenant des formes terrifiantes pour accueillir celle qui partageait leurs désirs et défauts.

Outre eux, un groupe de personnes, celles qui avaient été lésées par elle depuis longtemps et qui, dans la structure défectueuse des lois humaines, n'avaient jamais été réparées ni reçues de justice, se rassemblait également autour. Tous les crimes qu'elle avait commis à leur encontre étaient déterrés sous ses yeux, qui, maintenant, ne savaient plus s'ils souffraient davantage de ce qui leur rongeait les entrailles ou de ce qu'ils affrontaient dans la réalité du monde des morts.

Les hallucinations se succédaient avec des cris de peur et des appels à l'aide.

Licinio n'avait rien à faire si ce n'est prier, silencieusement, à côté du lit, choqué par cet état soudain de grave altération de la santé, sans qu'aucune maladie ne se soit installée auparavant.

Marcus répondait aux impératifs du devoir conjugal, restant là à tenter de soulager la douleur, déterminant l'urgence de chercher un médecin, quel qu'en soit le coût, tout en soupçonnant que quelque chose de très grave était arrivé à Druzila.

LA FORCE DE LA BONTÉ

Les employés et serviteurs étaient tenus à l'écart, certains, comme Marcus, ressentant un petit plaisir caché par la mort de celle qui, de son vivant, ne s'était consacrée qu'à être une rongeuse du monde, frappant, blessant, maltraitant et humiliant tout le monde sans la moindre considération.

Les manifestations de joie face à sa malchance parvenaient également à la sensibilité de Druzila, qui, de plus en plus, devenait réceptive au monde spirituel résultant de la faiblesse de son corps, à l'orée du dénouement.

Le scénario qui l'attendait était inimaginable pour son esprit idiot et futile.

La récolte de ses actes avait été riche en épines et en larmes. Finalement, le jour de la récolte était arrivé.

Dans la chambre, effrayées et très surprises, Lélia s'éloigna vers un coin, afin de rester présente sans gêner les événements, fuyant la scène grotesque et répugnante.

Serapis, de son côté, tenta de prendre Lucia avec elle, la retirant de l'environnement confus et tumultueux afin de préserver le sommeil de l'enfant.

Cependant, les cris et l'agitation indiquaient sans aucun doute que la situation était grave.

À l'arrivée du médecin, il était impossible de nier la suspicion d'empoisonnement.

Face à l'impossibilité de sauver la vie de Druzila, il devenait impératif de découvrir qui avait causé cela, car l'intimité de la famille avait été violée.

Seules deux servantes avaient un accès direct à Druzila.

Immédiatement, Serapis et Lélia furent convoquées dans le bureau privé de Marcus qui, en présence de Licinio, était confus face à tout ce qui se passait justement à la veille du départ de Serapis.

Se pourrait-il qu'elle ait quelque chose à voir avec cet incident ? La pensée de Marcus ne pouvait s'empêcher de prendre cela en considération.

Bien qu'au fond, il se réjouît de la veuvage qui lui était bien plus favorable à ses intérêts, il ne savait pas dire quelle étrange coïncidence faisait que Druzila mourait empoisonnée, en compagnie des deux servantes qui s'occupaient d'elle.

Si la femme était morte naturellement, rien d'anormal n'empêcherait la continuité de ses projets. Cependant, maintenant, avec le diagnostic médical de l'empoisonnement, tout pointait vers Serapis.

En présence de Licinio, qui, dans son expérience affective, pensait aussi des choses très similaires, Marcus présenta la situation et le diagnostic médical, disant qu'il aimerait obtenir des explications pour cet incident tragique.

Sous pression, les deux servantes se déclarèrent innocentes, sans comprendre ce qui s'était passé ni ce qui avait motivé l'empoisonnement et la mort de Druzila.

Se sentant accusées, comme cela arrive toujours à la servitude dans les incidents qui se produisaient au sein de la maison où elles servent, tant Lélia que Serapis tentèrent de se montrer innocentes.

Pendant qu'elles étaient là, le médecin fit appeler les hommes pour qu'ils puissent entendre ses découvertes.

– « Seigneur Marcus, je n'ai aucun doute qu'il s'agissait de poison, car nous vivons dans une société où ces cas se multiplient chaque jour dans toutes les classes sociales.

Les symptômes sont typiques et, d'après les habitudes de la victime, la toxine a dû être placée dans l'eau qu'elle a bue avant de se coucher.

J'ai la cruche qui contient encore une bonne partie du liquide, donc nous pourrons faire un test. Faites amener un animal afin que nous lui administrions une partie du liquide pour observer le résultat. »

D'accord avec les soins et suggestions du médecin, il ne tarda pas à ce qu'un serviteur amène, des rues désertes, un chien abandonné, attiré par un morceau de viande, et, dès qu'il eut ingéré l'eau empoisonnée, les mêmes symptômes apparurent sur son corps.

L'origine de l'empoisonnement était confirmée.

À partir de ce moment, les soupçons se portèrent sur Lélia. Elle était celle qui apportait le flacon et s'occupait tous les jours des besoins de la maîtresse.

La servante, tremblante, nia son implication.

Serapis, à ce moment-là, ne pouvait plus poursuivre son plan de fuite et de rapt, sous peine de s'incriminer elle-même.

Cependant, voyant la direction que prenaient les événements, elle demanda à Licinio l'opportunité de s'entretenir brièvement avec lui.

Sans qu'elle ne sache que Licinio connaissait déjà le secret de sa liaison avec Marcus, elle tenta de lui parler rapidement, cherchant à tirer parti de la situation et à se libérer de toute suspicion.

– « Seigneur Licinio, il n'est pas ignoré de l'antagonisme gratuit que Druzila nourrissait contre ma personne et c'est pourquoi je trouve naturel qu'on me suspecte en ce moment difficile. »

– « Tout le monde est passible de culpabilité dans cette maison, Serapis », dit l'administrateur, sérieux et direct.

– « Cependant, il y a peu de temps, un événement s'est produit qui pourrait être significatif pour résoudre ce mystère. »

– « Allez, parle vite, je n'ai pas beaucoup de temps. »

– « J'étais malade, indisposée, dans mon lit, quand Lélia est venue me voir, s'intéressant à mon état. J'ai trouvé étrange cet intérêt de la part de cette servante qui, chaque fois qu'elle le peut, me nuit devant les maîtres avec des commentaires malveillants. Cependant, elle semblait préoccupée par mon abattement et je lui ai dit que c'était à cause du stress dû aux persécutions de Druzila, ainsi que de la difficulté à dormir, ce qui me causait de la fatigue. »

– « Et alors ? », demanda Licinio, pressé.

– « Alors elle m'a proposé un remède qu'elle disait être un somnifère que Druzila lui avait donné pour l'utiliser contre un jeune homme qui l'avait harcelée lorsqu'elles étaient à la ferme ces derniers jours. Je l'ai trouvé un peu suspect, c'est pourquoi j'ai dit que je l'accepterais. Elle a apporté le flacon qu'elle garde pour elle et me l'a donné, me conseillant de prendre une ou deux gouttes, ce qui suffirait pour dormir profondément. Je n'ai pas trop compris pourquoi, mais j'ai ressenti un frisson intérieur et j'ai dit que je le prendrais, mais je n'ai pas eu le courage de l'utiliser, avec de justifiées inquiétudes, sachant que Druzila ne m'aimait pas et qu'il pourrait s'agir d'un piège pour me causer des dommages irréparables. »

– « Et qu'as-tu fait avec le flacon ? »

– « Eh bien, le lendemain, je l'ai rendu à Lélia, en lui disant que je l'avais utilisé et que j'avais mieux dormi, croyant qu'elle le garde dans ses affaires personnelles. »

– « C'est très important, car il pourrait s'agir d'un somnifère ou même du poison lui-même. Es-tu sûre de cela ? Peux-tu assumer cette histoire devant elle ? »

– « Quand vous voulez. C'est ce qui s'est passé », répondit Serapis, évitant de révéler dans son récit la partie où elle avait retiré un peu de la substance, croyant qu'il s'agissait d'un somnifère, pour l'utiliser selon ses plans.

Dans la chambre, le corps immobile et trempé de Druzila n'avait plus de vitalité.

Son esprit, du côté invisible de la vie, était dans un état pire que celui de son propre corps charnel condamné, celui-ci, maintenant, à la tombe et à la décomposition.

Pour Druzila commençait une terrible phase de rachat face à la vérité qu'elle avait créée pour elle-même, une vérité si cruelle qu'elle en viendrait à envier ses propres restes et lutterait pour changer de place si elle en avait l'opportunité. Elle supporterait le poids de la terre, la voracité des micro-organismes, l'odeur fétide de la putréfaction si cela lui permettait d'éviter de confronter la réalité qui se dressait maintenant devant elle.

La procession de créatures horribles qui la cherchaient, ironiques, sarcastiques, dans une procession macabre qui l'emportait sans qu'elle puisse s'échapper. Elle était emportée par la foule triomphante comme un trophée sans défense, sans personne à qui se tourner, hurlant et vociférant en vain.

Son corps spirituel, déformé par ses comportements négatifs durant sa vie, ressemblait à une sorcière misérable versant du sang par la bouche, le nez, les oreilles et ressentant toutes les douleurs de la mort qu'elle avait subie.

Au palais, tout semblait suspendu, dans l'attente de l'enquête sommaire qui avait lieu parmi tous les employés.

Alerté par Licinio, Marcus ordonna qu'une fouille soit effectuée dans toutes les chambres et dans les affaires des serviteurs ayant accès aux appartements de l'épouse, en utilisant ses esclaves personnels qui, étant toujours liés à ses services privés, ne se mêlaient jamais aux autres employés servant la femme.

Pendant ce temps, Serapis réévaluait la situation qui avait échappé à son contrôle.

Comment procéder maintenant ? Si elle quittait la maison, elle deviendrait suspecte. Si elle restait, ils découvriraient sa grossesse. En attendant, sans Druzila devant elle, peut-être que Marcus changerait d'avis sur son maintien en tant que maîtresse distante. Cependant, elle n'avait aucune certitude.

Il ne fallut pas longtemps avant qu'un des esclaves de confiance de Marcus ne trouve le flacon de poison dans les affaires de Lélia, qui, pauvre, ne se souvenait même pas de son existence, ne soupçonnant pas que c'était du poison.

Elle fut de nouveau appelée devant le maître de maison et l'administrateur qui avait été alerté par Serapis.

Devant le flacon qui lui fut présenté, la servante tremblait encore plus en admettant qu'il était en sa possession, ayant été donné par Druzila. À ce moment-là, elle évita de dire qu'elle l'avait prêté, de peur d'être considérée comme une voleuse ne rendant pas les objets à ses maîtres.

– Oui, mon seigneur. Madame m'a donné ce flacon en disant qu'il s'agissait d'un somnifère pour que je l'administrasse à Lívio, l'employé de la ferme, qui me gênait beaucoup avec ses propositions indécentes. Elle m'a dit qu'il suffisait de mettre deux gouttes pour endormir un bœuf.

– C'est ce que nous verrons – dit Marcus, ordonnant qu'on amène un autre animal pour faire le test définitif.

Sans trop se soucier du fait que l'effet du remède semblait être simplement de provoquer le sommeil, comme l'avait confirmé Serapis et les premières réactions de Lívio, Marcus resta aussi calme que possible, tandis que le remède était administré à un autre chien sans maître qui, sans tarder, commença à produire de la mousse à la bouche, se retrouvant dans un état d'abrutissement, incapable de se tenir debout, vomissant en continu.

Les mêmes symptômes que Druzila.

Face à une telle preuve, Lélia n'avait aucun argument. Elle se mit à pleurer en disant que ce n'était pas possible. Serapis elle-même avait pris le remède et avait dit qu'elle avait bien dormi cette nuit-là.

Convoquée pour s'expliquer, la servante mentionnée relatera les faits, ne manquant pas de décrire les scènes de la persécution de Druzila et de la complicité de Lélia dans des scènes poignantes, afin de soulever encore plus de soupçons sur la servante naïve et stupide, qui s'était laissée emporter par son ambition de se rendre complice de la maîtresse dangereuse, espérant en tirer profit au détriment des autres.

À ce moment-là, Serapis prenait sa revanche pour toutes les faussetés que Lélia avait lancées contre elle.

– Oui, mon seigneur, dit Serapis, Lélia m'a cherchée pour savoir quel était mon état personnel avec un intérêt jamais vu auparavant. Cela m'a beaucoup étonnée. Elle a voulu savoir comment j'allais et quand je lui ai dit, pour me débarrasser de son interrogatoire, que j'étais mal car je n'avais pas pu dormir, elle m'a parlé d'un remède qu'elle avait, qui était très bon et qu'elle m'offrait, car elle ne voulait pas s'en débarrasser puisqu'il avait été donné par Druzila.

Cependant, méfiante face à tant de gentillesse et croyant qu'il était inutile de m'exposer à des risques inutiles, j'ai évité de le prendre et, le lendemain, quand Lélia est venue me voir, je lui ai menti en disant que je l'avais essayé et qu'il était très bon, ce qui l'a amenée à me demander de lui rendre le flacon, ce que j'ai fait immédiatement.

– Le flacon que tu avais avec toi est celui-ci ? – demanda Marcus, impératif.

– Oui, mon seigneur, c'est celui-là.

Lélia était stupéfaite. À ce moment-là, son destin était scellé, ne comprenant pas ce qui se passait.

Ses paroles s'accordaient parfaitement avec un mensonge, bien fabriqué et combiné de manière si habilement fortuite que tout pointait vers sa véritable responsabilité.

Dans son esprit, la désespérance naissait, l'incitant à chercher toute mesure pour éloigner d'elle la suspicion mensongère d'avoir empoisonné la maîtresse.

– Mon seigneur, ce n'était pas moi. Je ne sais pas comment le poison a pu arriver dans la cruche d'eau. Je pensais toujours que c'était un remède pour dormir et, maintenant je vois, à quel point j'ai failli me tuer moi-même en ingérant ce poison en pensant que c'était un somnifère. Je me prosterne et jure mon innocence.

– Tu n'as aucune justification, Lélia, dit Marcus, déterminé.

– Tu avais le poison, tu avais l'intimité, et tu avais déjà essayé de l'utiliser avec Serapis, qui, comme tout le monde le sait, a toujours été mal vue par Druzila et toi-même.

– Mais je ne suis pas la seule à avoir pu tuer la maîtresse. Je n'ai aucun motif pour faire cela. Pendant ce temps, il y a des gens ici qui, en plus d'avoir accès à tout, avaient aussi des motifs suffisamment graves pour l'empoisonner.

– Écoute, Lélia, tu es folle ? – demanda Marcus.

– Non, mon seigneur. Je suis témoin de faits graves qui, à eux seuls, peuvent incriminer une autre personne de ce palais pour ce crime.

– Allez, parle ! – dit Marcus, ferme et décidé.

– Le seigneur Licinio a toutes les raisons du monde pour tuer Druzila. Il a été trouvé par moi et par Lívio semi-nu en compagnie de madame, qui, probablement assommée par un somnifère, dormait profondément, là, à la ferme. Lorsque nous sommes arrivés pour les aider, après l'accident de la voiture dans un endroit très éloigné, nous les avons trouvés allongés l'un à côté de l'autre, la maîtresse ayant son buste à la vue, les vêtements déchirés, et le seigneur Licinio dans une position clairement compromettante.

L'audace de Lélia ne pouvait être justifiée que par le désespoir de se débarrasser du châtiment qui, dans son cas, selon les lois corrompues et injustes de cette communauté, signifierait fatalement la mort dans l'arène.

Licinio, qui était dans la pièce, écouta l'accusation avec sérénité et calme, pâlissant légèrement en entendant son nom mentionné dans une circonstance aussi délicate, et en présence de Serapis elle-même qui, au fond, se divertissait de la détresse de Lélia.

Encore plus irrité par la servante dangereuse et nuisible, Marcus lui répondit :

– Eh bien, tu dois savoir, sale pervertie et criminelle, que je suis au courant de tout ce qui s'est passé, y compris que tu étais là, comme complice de ma défunte épouse.

Le propre Licinio m'a relaté tous les faits, lorsque même Druzila n'a pas osé se plaindre devant moi de la moindre violence qu'elle aurait subie. Comment veux-tu que je croie un seul mot de toi, quand la propre victime, la seule qui aurait pu nous donner la preuve décisive qu'elle a été violée et par qui, n'a jamais ouvert la bouche pour accuser qui que ce soit ? Crois-tu que je vais accorder plus de crédit à tes mensonges qu'à la parole loyale de cet homme qui est venu me révéler ces mêmes faits que ta malveillance utilise maintenant pour l'accuser ? Crois-tu que j'aurai des raisons de prendre tes arguments en considération plutôt que le silence de Druzila elle-même, qui n'a jamais parlé de ce sujet avec moi, réclamant réparation pour une offense subie ?

Se sentant acculée par les circonstances, Lélia, désespérée, cria :

– Non, mon seigneur, mais il y a un autre témoin. Faites venir Lívio à cette maison et il révèlera tout cela, car il a été témoin de tous les mêmes faits et n'aurait aucune raison de mentir. Il va confirmer toutes mes paroles.

Et à sa grande surprise, Marcus lui répondit sèchement :

– C'est impossible !

– Comment cela peut-il être impossible, mon seigneur ? Il suffit d'envoyer un émissaire pour ordonner à l'employé de venir, et en quelques heures il sera devant vos yeux.

– Il n'existe pas d'émissaire capable de le ramener d'au-delà, Lélia.

– Que voulez-vous dire ? – répondit la mise en accusation, déjà condamnée.

– Il y a quelques semaines, j'ai été informé par une lettre en provenance de la ferme que Lívio a été retrouvé mort quelques jours après votre retour.

Dans son désespoir, Lélia avait oublié de raisonner sur le destin qu'elle avait infligé à Lívio, lorsqu'elle lui administra le faux somnifère. Comme son esprit refusait d'accepter que cela fût du poison, elle n'avait pas mis les événements en lien, pensant que l'employé pouvait encore servir de témoin à sa version.

Maintenant, elle n'avait plus aucun moyen de se défendre.

– Lívio a été retrouvé mort, roulé dans une couverture, couvert de fourmis et déjà en décomposition, Lélia. Probablement à cause de ton... « somnifère... » aussi.

On peut emmener cette meurtrière en prison. L'affaire est réglée.

La condamnation, fondée sur toutes les preuves qui semblaient très claires, fut lancée contre Lélia, qui savait qu'à partir de ce moment-là, le reste ne serait qu'une formalité jusqu'à ce qu'elle soit sacrifiée lors d'une grande fête.

LA FORCE DE LA BONTÉ

La nuit se termina sur un matin triste et tragique, avec la nouvelle de la mort de Druzila se répandant et tout le monde étant informé que le deuil s'était abattu sur le somptueux palais.

Serapis, presque heureuse de la fin de Druzila et du destin de Lélia, attendait maintenant les prochaines étapes de Marcus pour voir comment il allait concrétiser ses projets.

En l'absence de la génitrice, elle prendrait définitivement la responsabilité d'élever Lucia, comme servante attentionnée et aimante qu'elle avait toujours été avec l'enfant. Cependant, Marcus ne pourrait pas tarder à prendre une décision, car son état de grossesse deviendrait bientôt insoutenable et visible à tous, bien que, désormais, la situation ne fût plus aussi grave, étant donné que le principal obstacle avait été enlevé avec la mort de l'épouse du bien-aimé.

39.
L'ABSENCE DE DIEU DANS LES CŒURS

Cela avait été une période tragique dans la vie de tous les membres du groupe des réincarnés, confrontés aux défis et aux épreuves, après tant de luttes ardues de sauvetage menées par le monde spirituel.

Avec la mort de Druzila, le palais se retrouva sans celle qui, par ses caprices et ses ordres, mobilisait tous les domestiques. Maintenant, seul Marcus restait dans son vaste intérieur.

En réalité, la figure du mari veuf ne lui allait pas comme la meilleure tenue, face à l'esprit qui rajeunissait après que l'épouse ait été engloutie par la mort, dans l'haleine du poison qu'elle avait ingéré.

Les perspectives pour son avenir, cependant, étaient totalement incertaines.

Licinio continuait à accomplir ses tâches, fidèle et dévoué, en maintenant l'ordre et en exécutant les désirs du maître.

Lélia avait été envoyée en prison, tandis que Marcus, dans ses fonctions importantes dans la société romaine, tentait de diriger le processus devant des juges corrompus et influençables, pour la plupart, qui protégeaient toujours les plus riches, au détriment de la vérité effective.

Naturellement, à cette époque de ressources techniques limitées, les preuves obtenues, le témoignage des serviteurs, la confirmation de Lélia, sa manière naïve et ingénue de se défendre, faisaient presque d'elle une coupable avouée du meurtre de Druzila, bien qu'il n'y ait clairement aucun motif pour que cela soit le cas.

L'hypothèse de vouloir voler ses richesses, de se venger de ses manières arrogantes, d'être au service de quelqu'un qui la récompenserait après le meurtre, fut envisagée.

Cependant, rien de certain et de concret n'avait été soulevé pour déterminer les raisons de la jeune femme. Cela n'était pas important à ce moment-là.

Il restait la question de Serapis.

LA FORCE DE LA BONTÉ

Face à tous les faits, la servante décida de reporter sa vengeance contre Marcus, qui la méprisait. Maintenant, plus que jamais, elle ne pouvait montrer aucun désir de fuite ou de séquestration de la fille Lucia, qui, chaque jour, s'attachait davantage à elle.

En l'absence de la mère qui ne lui avait jamais donné l'amour minimal qu'on attend d'une mère envers sa fille, la petite Lucia, qui à cette époque avait déjà passé sa première année de vie, s'était encore plus rapprochée de Serapis, qui faisait tout pour lui donner l'attention propre à une mère aimante et inquiète.

Pendant ce temps, la condition de Serapis deviendrait bientôt impossible à cacher, ce qui l'obligeait à déclarer qui serait le père, étant donné qu'il s'agissait d'une servante à qui les privilèges de l'anonymat et le respect de ses droits féminins à la discrétion n'étaient pas accordés.

C'est pourquoi, pour elle, la question devenait plus urgente, car elle devait agir en accord avec les décisions du futur père.

Lui, de son côté, sans la présence de Druzila, devenait encore plus intéressé à reconstruire sa vie aux côtés de la jeune servante aimée, sans pouvoir le faire de manière improvisée, sans préparation.

Il désirait assumer la relation avec Serapis immédiatement. Cependant, bien qu'il fût le maître puissant de la maison, son attitude pourrait compromettre le développement pacifique des choses.

Si cela se produisait, il lui imputerait naturellement la trahison consumée, puisque la grossesse de la servante ne pourrait être attribuée qu'à une relation illégitime. Si cela venait à être découvert, lui et Serapis pourraient être suspectés d'avoir empoisonné Druzila, ce qui provoquerait de graves problèmes juridiques, à la lumière du droit romain, surtout en raison de la fonction qu'il occupait et de la part de la fortune de la femme qu'il avait reçue grâce au mariage. Il ne serait pas difficile qu'un parent demande la destitution des droits du veuf sur la base de la suspicion qu'il aurait été responsable de l'empoisonnement. Après tout, il avait les moyens de le faire et, ensuite, accuser une servante innocente et vulnérable, il avait l'opportunité de commettre le crime, insinuant le poison létal par l'intermédiaire de l'un de ses serviteurs de confiance, et il avait le motif le plus brûlant de tous, c'est-à-dire la relation amoureuse et la grossesse de Serapis, pour servir de pièce incriminante parfaite.

Non ! Face à tous ces faits, Marcus ne pourrait pas se lier à Serapis ainsi, à la lumière du jour.

Ainsi, il décida de mettre en œuvre son plan pour éloigner la servante, en ordonnant que Serapis soit amenée dans ses appartements, prétextant qu'il avait besoin de traiter une affaire concernant la fille orpheline.

Amenée dans sa chambre, où elle fut enfermée seule avec lui, Marcus laissa libre cours à ses sentiments réprimés depuis quelque temps, lorsqu'il ne pouvait pas se rapprocher de Serapis comme il le souhaitait.

— Ah ! Comme tu me manques, mon amour, s'écria le jeune homme dans un élan de ses sentiments sincères.

Cherchant à répondre à ses gestes, Serapis lui rendit ses caresses, essayant de se montrer intime, laissant de côté les formalités qui l'obligeaient à rester froide et distante en tant que simple servante du puissant seigneur.

— Oui, Marcus, pour moi aussi cela a été une période d'amère distance. Je rêve de me rapprocher de tes bras et de sentir le parfum de ta peau. Bien que je ne puisse briser les barrières qui nous séparent.

— C'est vrai, mon amour. Ces barrières sont grandes et puissantes, je te remercie pour ta compréhension.

Dans l'intimité de son âme, Serapis imaginait à nouveau que le jeune homme, maintenant libre de se consacrer à elle, assumerait leur relation et la mettrait à la place de l'épouse, bien qu'avec un certain soin pour éviter des conflits inutiles. Là, dans la chambre du maître, elle anticipait le moment où il l'inviterait à l'épouser, poursuivant ainsi son ascension heureuse, en s'appuyant sur la tragédie de Druzila.

Restant silencieux, Marcus poursuivit, disant :

— J'ai réfléchi à tout ce qui s'est passé et, d'après ce que mes raisonnements me conseillent, nous devons poursuivre nos projets.

— Comment ça, mon seigneur ? – demanda-t-elle, quelque peu surprise.

— Oui, Serapis. Tu t'absenteras de cette maison jusqu'à ce que les événements soient oubliés, et il sera plus facile que notre sentiment soit présenté à tous, sans les désagréments d'une union précipitée, devant une société romaine rusée et malveillante, ce qui pourrait, à jamais, nuire à nos projets.

Ainsi, j'annoncerai à Licinio ton éloignement et, en raison de l'absence de la mère, je partirai avec l'excuse d'emmener Lucia chez les parents de Druzila, qui vivent loin d'ici, et je dirai à tous les serviteurs que tu es partie comme la servante préférée de l'enfant, afin que, en ta compagnie, elle trouve la paix et la sérénité nécessaires à son développement. Pendant ce temps, tu iras dans notre refuge et tu m'y attendras.

En même temps, nous garderons ton état secret et, lorsque notre fils naîtra, alors nous pourrons reprendre notre vie normalement, le temps conspirant en notre faveur pour que tu reviennes ici dans le rôle de l'élue. En vérité, je voyagerai avec Lucia jusqu'à la ferme, et après quelques jours, je reviendrai avec elle en secret et je la laisserai sous tes soins dans notre petit palais, où tu seras déjà installée.

L'écoutant avec une insatisfaction à peine dissimulée, Serapis comprit que Marcus ne comptait pas l'élever immédiatement à la condition désirée. Cependant, ses raisonnements lui paraissaient prudents et ses motifs, loin d'être de vaines excuses, révélaient le désir futur de faire d'elle son épouse.

Devant cette constatation, l'esprit astucieux de Serapis se laissa séduire par les perspectives avantageuses, en plus du fait indéniablement favorable qu'elle aurait Lucia sous son contrôle immédiat, éloignée du père, comme elle l'avait été depuis sa naissance.

Marcus attendait la naissance du fils, tant valorisé dans cette société conflictuelle et hypocrite.

Avoir une fille ou ne pas l'avoir revenait pratiquement au même.

Voyant qu'on lui demandait son avis sur ce processus que l'amant lui présentait, Serapis répondit :

– Comme toujours, mon seigneur, vos délibérations sont pleines de justice et de sagesse, et il ne me reste qu'à souscrire à votre bon sens. Ainsi, si vous me permettez de demander quelque chose, je vous prie simplement qu'après mon retour dans notre lieu de rendez-vous, je puisse compter sur vos visites de temps à autre, car la solitude pourrait me rendre folle, comme je crois que cela a fait avec Druzila.

– Regarde, Serapis, quelle demande inutile... – dit Marcus, attirant la jeune femme vers lui et la faisant s'asseoir sur ses genoux, d'un geste paternel.

– Votre absence me pèse et, même si je serai accompagnée de Lucia, à qui je me consacrerai de toutes mes forces, je ne pourrai plus être ici, dans ce palais, où j'entends vos pas dans les couloirs, je sens votre présence derrière ces portes. Cela signifierait m'éloigner de la chaleur qui me garde joyeuse et heureuse.

Ravivé par ces mots mielleux, sortis d'une bouche qui savait mesurer la taille de ses éloges pour obtenir ce qu'elle désirait, Marcus fut encore plus attendri par les manières de la jeune bien-aimée et, d'un ton plus affectueux, lui dit :

— Serapis, moi-même, pour ma part, je déménagerais là-bas et je vivrais à tes côtés. De plus, en ce moment, j'envie les esclaves qui s'unissent à celui que leur propre cœur leur conseille, sans avoir à se soucier des conventions mensongères des hommes. Comme nous sommes impliqués dans cet environnement dangereux et rusé, nous prendrons les précautions nécessaires pour que tout se passe normalement, sans empêcher que je vive le plus grand plaisir de ma vie, qui est d'être avec toi, autant que possible. Sois assurée que tu ne manqueras de rien, pas plus que Lucia. Je prendrai toutes les dispositions nécessaires pour qu'une servante de confiance soit à ton service, même pour faire les courses urgentes, car Licinio s'occupera des achats les plus courants.

— Et quand devrons-nous nous installer là-bas ?

— Dès que j'annoncerai la nouvelle à Licinio, il s'occupera de l'organisation du transfert. Révisons donc notre plan : comme je l'ai dit, toi et Lucia partirez à des moments différents. D'abord, tu partiras seule, en tant que personne qui quitte notre travail et part loin, prétendant avoir été envoyée avant nous, avec les bagages de Lucia, à destination de ce qui nous attend, afin que nous ne voyagions pas ensemble. Après quelques jours, en expliquant à tous que j'emmène Lucia chez des parents lointains qui l'attendent, puisque je n'ai pas de parents qui puissent assumer, en tant que grands-parents, l'éducation de l'enfant, je partirai avec elle, mais pour la ferme, où je resterai quelque temps, jusqu'à mon retour pour confier la petite à tes soins. Seul Licinio saura tout cela.

Et, déposant un ardent baiser sur ses lèvres, Serapis scella son engagement, bien que, au fond, cela ne signifiait absolument et totalement que la correspondance à ses désirs.

La servante ne faisait que reporter ses plans, tenant compte des derniers événements et de l'avancement de sa grossesse, période pendant laquelle elle serait bien plus vulnérable que jamais.

Avec la naissance, pensait-elle, ses forces seraient décuplées, car en donnant à Marcus l'enfant tant désiré, elle pourrait se sentir encore plus puissante face à lui.

Aussitôt qu'elle quitta la chambre du veuf, non sans échanger des serments mutuels d'amour, Marcus ordonna la venue de Licinio, avec qui il devait avoir une conversation très ouverte et sincère.

– Entre, mon ami – dit le maître de maison au fidèle et aimable serviteur.

– Merci, mon seigneur – répondit Licinio, en s'éloignant de Marcus.

Voyant sa posture soumise, le maître du palais l'autorisa, amicalement :

– Allons, Licinio, cesse avec ça et assieds-toi ici à mes côtés, car j'ai besoin de l'une de ces conversations que nous avions dans nos jeunes années insouciantes, quand je m'ouvrais à toi et que tu me donnais des conseils sages qui m'ont tant aidé.

– Bien sûr, Marcus. Pour moi aussi, il est très agréable de me souvenir de ce temps-là. Allez, tu peux parler, – dit Licinio, maintenant assis plus près de Marcus, ne manquant pas de deviner la teneur de la conversation, qui, en raison de l'intimité inhabituelle de cet instant, rare depuis que Marcus avait pris la tête de la famille, devait impliquer la confession de sa relation avec Serapis.

Confirmant ses pensées, tant il connaissait ce jeune homme, il écouta le récit qu'il avait gardé caché dans son cœur depuis longtemps :

– Licinio, mon ami, je ne t'ai jamais caché ce qui m'arrivait et, grâce à ta fidélité, je me suis guidé sur des chemins moins douloureux. Tu me connais avec tous mes défauts et, ainsi, tu sais qu'ici il n'y a ni le maître du palais ni l'employé qui le gère.

Devant le silence amical de son interlocuteur, Marcus continua :

– J'ai toujours cherché l'amour en quelqu'un et, depuis ma jeunesse, lorsque les affaires du monde et les intérêts du coffre manipulaient les sentiments et les unions, mon parcours n'a été qu'une constante frustration, entre les bras de Druzila, odieuse et mesquine, et les charmes des prostituées professionnelles, incapables de ressentir le manque d'affection de quelqu'un qu'elles pensaient être l'homme le plus heureux, simplement parce qu'il possède l'argent qui leur manque.

De beaucoup d'entre elles, j'ai reçu des propositions de mariage, mais je n'ai pu que rire de leur naïveté.

Tu es témoin de mes rêves interrompus, de mes projets détruits, surtout avec la naissance de Lucia qui, bien qu'étant belle et forte, ne représente pas le garçon qui perpétuera mon nom.

Ainsi, je pensais être condamné par l'ironie de nos dieux à errer seul, tel un aveugle affamé, dans un environnement empli de mets, en sentant leurs parfums, mais empêché de les goûter.

Cela m'est arrivé jusqu'au jour où j'ai rencontré une jeune femme qui a brisé toutes les chaînes en moi qui m'empêchaient de goûter à ces plats et de satisfaire la faim d'affection. C'est ici, dans le palais, que j'ai trouvé cette jeune femme et, comme tu dois déjà t'en douter, je suis certain qu'elle se trouve dans la difficile position de servante à nos besoins.

Licinio restait calme et ferme, sans dire un mot sur les révélations de Marcus.

— Dès le moment où je l'ai vue, quelque chose de magique s'est produit en moi, comme si une attraction irrésistible m'obligeait à la chercher, dans un mélange de peur et d'anxiété. Quelque chose me disait qu'elle était à la fois ma perdition et mon bonheur. Après avoir beaucoup résisté, cherchant le plaisir avec des femmes faciles, qu'elles soient chères ou non, j'ai senti mon esprit incliné à la rechercher. Plus je me frustrerais dans des plaisirs sans affection, plus son image mentale me hantait, me réclamant de l'attention. Mes rêves étaient peuplés d'elle, mes regards furtifs la cherchaient à travers les couloirs du palais.

Jamais je ne m'étais passionné de cette manière, surtout pas pour une servante. Pourtant, cela s'est produit et ces choses du cœur ne se contrôlent pas. Mon seul regret, dans tout cela, a été de découvrir, plus tard, que la même jeune femme était aussi désirée par ton affection.

Après m'être confié, sans imaginer que son cœur penchait également de ton côté, Serapis m'a dit que tu l'avais cherchée, lui révélant tes sentiments. Si j'avais su cela avant de lui ouvrir mon cœur, j'aurais pu éviter d'être aussi audacieux, attendant que les choses se définissent entre toi et elle.

Cependant, il était trop tard et, selon les propres paroles de la jeune femme, elle n'avait pas le désir de s'attacher à toi, s'étant engagée à me dire ta réponse négative.

LA FORCE DE LA BONTÉ

En même temps, elle m'a révélé qu'elle était également désireuse de me connaître et, pour faire court, nous avons commencé à nous rencontrer, là où... tu sais... j'ai un endroit réservé pour la recherche du plaisir physique, compensant l'infortune du cœur aux côtés de Druzila.

En écoutant cette confession honnête, Licinio s'émerveillait de la loyauté tardive de Marcus, celle qu'il avait toujours attendue de sa part, bien qu'elle soit arrivée avec retard. Brisant son silence, il commenta :

– Le voyage à la ferme...

Sans attendre que la phrase soit terminée, Marcus ajouta :

– Il a été organisé par moi pour éloigner Druzila de la maison, afin que Serapis et moi puissions nous retrouver plus longtemps et sans trop de risques.

– Je m'excuse, Licinio, d'avoir utilisé une stratégie peu loyale pour éloigner ma femme d'ici. Cependant, cela fait longtemps, depuis que je me souviens en tant qu'homme fait, que je n'avais ressenti un tel intérêt pour une créature, ce qui m'a conduit à agir ainsi.

En attendant, les dieux sont capricieux et volontaires. En fruit de cette rencontre, ils ont voulu que Serapis porte dans son ventre la semence de notre union illégitime aux yeux des canons de nos traditions.

– Elle est enceinte ? – demanda, surpris, l'administrateur.

– Oui, Licinio, Serapis sera mère et cela ne tardera pas.

– Par les dieux, Marcus, c'est bien trop dangereux pour cette maison et pour ta réputation, surtout après le décès de Druzila.

– Je sais déjà, Licinio. C'est pour cela que je t'ai fait venir. J'ai besoin de ton aide pour résoudre cette situation.

À ce moment-là, Licinio ne savait pas s'il devait regretter l'affection perdue de Serapis, avec ses rêves de réunion détruits, ou la situation de son ami, à qui il se consacrait sincèrement, malgré tous ses défauts et faiblesses humaines.

Poursuivant sa réflexion, Licinio ajouta :

– Avec cette situation, Serapis devient plus suspecte du meurtre que Lélia, la pauvre servante, plus bête que mauvaise. Et ce qui est pire, Marcus, c'est que ces soupçons peuvent aussi se retourner contre toi.

– Oui, Licinio, c'est vrai. J'y ai déjà pensé.

LA FORCE DE LA BONTÉ

– Réfléchis bien : Serapis m'a informé avoir reçu de Lélia un flacon de somnifère, qu'elle a gardé pendant une journée entière. Elle l'a rendu sans l'utiliser, craignant quelque chose de mauvais ou de prémédité de la part de Lélia et de Druzila. Naturellement, elle craignait que ce fût du poison et non du somnifère. Puis, après un certain temps, voilà que la servante de confiance porte la jarre empoisonnée jusqu'à la chambre... et là, elle reste pour témoigner des derniers râles cruels de la maîtresse, se désespérant en la voyant dans l'agonie de l'issue fatale. Elle ne fuit pas, ne s'éloigne pas, ne part pas loin. Ensuite, dans l'enquête que tu as menée, le flacon est découvert parmi ses affaires, et il s'avère que ce soit du poison, mais la pauvre créature insistait sur le fait que c'était simplement du somnifère, reçu comme tel de Druzila, qui est finalement devenue victime de sa propre astuce.

Et Marcus suivait le raisonnement de Licinio, plus profond et mature que le sien.

– Tout cela est très étrange, surtout lorsqu'elle a invoqué, pour m'accuser, le témoignage de Lívio, sans imaginer qu'il était déjà mort, comme tu le savais, selon les informations reçues, peu après notre retour de la ferme.

Lélia, d'après ce que l'on peut comprendre, ne savait pas que le jeune homme était mort, également empoisonné. Elle s'appuyait sur lui pour se défendre.

En attendant, je me suis toujours demandé quel pouvait être le motif de Lélia pour empoisonner Druzila délibérément.

Je ne l'ai jamais trouvé. Cependant, maintenant, avec ta révélation concernant la grossesse de Serapis, je commence à mieux comprendre les choses et à percevoir qu'il pourrait y avoir une autre vérité cachée sous les apparences de culpabilité de Lélia.

De plus, si Serapis peut être suspecte, ce serait un problème de la poursuivre en justice sans fondement solide et dans son état actuel, ce qui compliquerait les choses, à la fois pour elle et pour toi, mon ami. Les gens chercheront à imaginer une version du complot entre le mari et la servante pour tuer la femme et prendre sa place, comme cela a été souvent le cas dans les classes les plus riches de notre société corrompue.

Habituées à s'empoisonner tous les jours, avec des poisons réels ou des mots venimeux et des mensonges agressifs, les gens sauraient identifier dans ce drame les traits du crime qui aurait pu être commis par la servante enceinte du maître et par le maître passionné par la servante, tous deux cherchant à éliminer la femme inopportune et intolérable.

Marcus était étonné par la profondeur de l'analyse que Licinio lui présentait. Il n'avait jamais pensé sérieusement que Serapis pouvait être derrière tout cela.

Cependant, il ne souhaitait pas non plus accuser la femme qu'il aimait et la future mère de son enfant.

– Bien, Licinio, tes mots, comme toujours, sont lumineux et pleins de maturité. Cependant, comme tu l'as déjà dit, il ne serait pas sage de jeter des soupçons dans l'air, après que l'accusation irréfutable ait été lancée contre Lélia. Ainsi, j'aimerais que tu m'aides à mettre en œuvre mon projet, que je vais te présenter maintenant.

Cela dit, Marcus exposa le plan qu'il avait conçu avec Serapis et, étant bien conçu, il reçut tout le soutien possible de l'administrateur, comme la seule et meilleure solution pour rectifier la situation délicate dans laquelle les contingences de la vie les avaient placés.

Il fut donc convenu que Licinio organiserait le déménagement sans faire de commentaires, installant la jeune servante dans l'espace autrefois utilisé pour les rencontres licencieuses de Marcus, et modifiant l'intérieur afin de le transformer en un logement plus digne d'une femme qui allait devenir la mère du tant attendu enfant.

Pendant ce temps, après avoir réglé tous les détails, Licinio se sentit poussé à demander une faveur à Marcus :

– Marcus, un impératif de la conscience me pousse à faire appel à ton cœur généreux pour te demander une chose.

– Bien sûr, Licinio, parle sans crainte, car je ne peux te refuser aucune demande.

– Alors, mon généreux ami, permets-moi d'aider Lélia pour qu'elle ne soit pas condamnée à une mort horrible, comme tant d'autres ont trouvé la fin dans les fêtes cruelles qui plaisent tant au peuple. Je promets de chercher à l'aider sans compromettre aucune autre personne et accepte que ta main amie soit tendue pour qu'une innocente ne soit pas tuée avant que sa culpabilité ne soit prouvée. Je chercherai des autorités en ton nom et expliquerai que l'accusation a été formulée dans le tumulte des événements, mais qu'une nouvelle enquête serait nécessaire, car il existe des soupçons que Druzila ait peut-être résolu de mettre fin à sa propre vie. Je crois qu'une fois morte, et s'il est vrai qu'elle était la fournisseuse du caustique, tout comme elle m'a donné du somnifère la nuit où elle cherchait à m'accuser et à m'utiliser pour satisfaire ses désirs frustrés, il serait juste qu'elle porte dans sa tombe la culpabilité de s'être empoisonnée elle-même. Je témoignerai qu'elle avait l'habitude d'utiliser de telles substances pour manipuler les gens et, je pense, qu'avec ton consentement, nous pourrons sortir Lélia de cette situation douloureuse.

Mais je ne ferai rien sans ton approbation personnelle. C'est pourquoi je te supplie de me la donner. Il y a déjà bien trop de tragédies sous nos yeux.

Observant la noblesse de Licinio qui, de manière généreuse et humaine, se préoccupait du sort d'une servante inutile et si mesquine qu'elle l'avait accusé de meurtre lors des enquêtes sur la mort de Druzila, Marcus ne put lui refuser la demande, lui répondant simplement :

– J'admire ton engagement pour une personne de rang si inférieur. Cependant, bien que je ne puisse refuser l'autorisation que je te donne en ce moment, je tiens à te rappeler de ne pas impliquer Serapis dans ce processus. Si pour sauver Lélia, il fallait que je perde Serapis et l'enfant qu'elle porte, je préférerais qu'elle meure.

– Nous sommes d'accord, Marcus. Je ferai tout pour que Serapis et son bonheur ne soient en aucun cas affectés. Je mets ma parole et ma vie en garantie de cette promesse.

Ainsi se quittèrent les deux amis, qui, désormais, avaient pris les mesures pour tenter de rétablir la vérité des faits.

Pendant ce temps, Marcus n'allait pas rester inactif. Il adopterait les mesures nécessaires pour garantir la condamnation de Lélia.

Après réflexion, Marcus, considérant Lélia comme la plus convaincante des coupables, surtout puisque l'autre suspecte, à la lumière de tout ce que Licinio avait dit, serait la propre maîtresse, arriva à la conclusion qu'il laisserait Licinio essayer de sauver Lélia, mais qu'en même temps, il rendrait visite aux juges et aux personnes de son influence pour la maintenir en détention et la condamner pour le crime, afin de ne pas paraître idiot après avoir mené les enquêtes préliminaires, qui avaient mis en lumière la culpabilité de la servante.

Ainsi, le lendemain, tandis que Licinio préparait le transfert de Serapis, Marcus, sans que son ami le sache, commença une série de visites dans le but de maintenir Lélia enfermée et de lutter, en se basant sur les faveurs que beaucoup lui devaient, pour obtenir sa condamnation, comme si cela relevait de la vengeance du mari offensé par l'arrogance d'une servante qui lui avait non seulement volé sa femme, mais aussi la mère de son enfant.

Son désir de maintenir les choses telles qu'elles étaient serait exercé afin de neutraliser l'initiative de Licinius de protéger une innocente.

Cela garantirait son propre bonheur et établirait les bases pour une future union.

Ainsi, cher lecteur, les gens imaginent souvent qu'ils sont capables d'agir selon leurs propres désirs, sans tenir compte de la loi de l'Amour et de la Justice qui régit les relations dans l'Univers.

L'absence de Dieu dans les cœurs pousse les créatures vers les abîmes de la douleur et de la souffrance. Combien de fois désirons-nous agir selon nos intérêts illicites, reléguant au second plan les principes élevés et les impératifs de la fraternité humaine ?

Combien d'entre nous, poussés par l'ambition, ne nous permettons-nous pas de prendre aux autres ce qui ne nous appartient pas, sous la justification du profit ?

Combien de fois apportons-nous de la souffrance aux autres, en prétextant que tout cela fait partie des luttes de la vie ?

Combien d'entre nous devenons complices du mal parce que nous en tirons un bénéfice matériel, en nous justifiant par l'argument que tout le monde le fait et que si nous ne le faisons pas, d'autres le feront ?

Combien d'entre nous justifions nos aventures par l'excuse de l'émotion que nous procure l'adrénaline ?

Comprendre les lois spirituelles qui régissent toutes les créatures nous place sur le chemin sûr de la construction d'objectifs élevés, en atténuant les arbitraires et en réduisant les erreurs que nous commettons.

Nous ne possédons jamais tous les éléments du processus pour émettre un jugement exempt d'erreurs et qui représente le concept le plus élevé de la Justice.

Par notre frivolité, la souffrance a été la cellule où nous pouvons nous libérer de l'extase de notre volontarisme déchu. Si nous apprenons, cependant, à respecter la volonté de Dieu, qui nous demande d'agir pour éviter la souffrance des autres, que nous nous efforcions de sécher les larmes, que nous aidions jusqu'à où nos forces physiques et morales nous permettent, nous comprendrons que la vie est plus belle que le profit obtenu, plus belle que le sourire de nos lèvres sur le chagrin de ceux qui souffrent, que les plaisirs fugaces de la vie obtenus au prix de la misère de beaucoup.

La vie est le chemin lumineux que nous pouvons laisser derrière nous avec les pas de bonté que nous faisons.

Aucun voyage dans le monde ne nous accordera la joie d'une conscience tranquille, si celle-ci n'a pas été obtenue par le bien accompli.

Nous serons atteints par nos actes, de manière inflexible.

La rectitude dans le Bien peut nous causer de la souffrance, mais c'est une douleur fondée sur la bonté, une douleur transitoire et noble.

Chercher la joie personnelle en s'associant au mal peut nous apporter une certaine satisfaction, mais ce sera un bien-être fondé sur l'égoïsme et la méchanceté, qui deviendra une douleur persistante et mesquine, jusqu'à ce que nous ayons le courage de rendre ce que nous avons pris, de refaire ce que nous avons détruit, de réparer le mal que nous avons causé avec le bien que nous mettrons à sa place.

Ne souriez pas aujourd'hui aux dépens des larmes de quelqu'un.

Apprenez à pleurer maintenant, pour que quelqu'un puisse sourire plus tard.

Cela perdurera dans votre existence, car cela démontre que vous avez assimilé la bonté que Dieu a placée en vous, vous permettant de gagner des ailes et de vous élever au-dessus d'un être humain ordinaire, marchant vers l'angélicité. Aucun d'entre nous ne pourra échapper au progrès moral qui nous attend. Pensez-y.

Vivez-le.

40.
LEÇON POUR LICINIUS

Pendant ce temps, le lendemain matin, Marcus s'efforça de rendre visite aux magistrats et aux autorités afin de démontrer son intérêt personnel pour la condamnation de Lélia, sans mentionner l'action de son administrateur qui chercherait à lutter pour sa liberté, car Marcus craignait que toute cette histoire finisse par glisser vers Serapis et son bonheur personnel. Licinius, après avoir passé toute la journée à préparer la nouvelle demeure, se dirigea, au coucher du soleil, vers la petite maison de Décio, lieu de rencontre des nouveaux adeptes du christianisme naissant, dans un quartier plus éloigné du centre principal de la ville somptueuse.

Cette nuit-là, malgré la pauvreté intérieure, les créatures qui s'y réunissaient étaient enveloppées par une atmosphère hautement magnétique, car une grande variété d'esprits lumineux accompagnait ce modeste rassemblement de croyants de l'Amour et de la Vérité.

De nombreux noyaux se formaient dans les maisons modestes des travailleurs les plus rudes et les plus simples, qui consacraient leur sueur et leur sang pour que le marbre puisse orner les façades des bâtiments importants. L'humanité, à travers la majorité de ses gouvernants, a toujours préféré mépriser l'importance des hommes pour exalter celle des pierres et des bâtiments.

Outragés, affamés, blessés ou morts, cela ne faisait guère de différence pour ceux qui désiraient immortaliser leur nom par la construction de pyramides, mausolées, temples, forums, etc.

Ainsi, l'indifférence de ceux qui gouvernaient produisait des malheureux, des mécontents, et parmi eux, le message de l'Amour et de la Vérité se diffusait, car celui-ci édifiait des âmes, non des bâtiments.

Jusqu'à ce jour, le contenu de la Bonne Nouvelle édifie des temples dans l'intimité des âmes, dépréciant la valeur des conventions extérieures et de leurs marbres dorés et pourpres.

Décio était un humble ouvrier manuel, au service de la reconstruction de l'un des temples les plus importants de la nouvelle administration d'Hadrien, un bâtiment dédié à Marc Agrippa, le bras droit d'Auguste, ce grand César qui instaurait un nouvel ordre parmi les

Romains, il y a plus d'un siècle. Le petit temple, quelque peu endommagé par le manque de soin des administrateurs postérieurs, avait été redessiné sous l'administration d'Hadrien et, sous le contrôle et la supervision de Claude Rufus, était lentement en train de se reconstruire, tout en conservant dans la nouvelle structure l'hommage à Marc Agrippa.

À la fin de chaque journée, l'anonyme maçon qui prêtait sa force physique pour les tâches générales auxquelles il était désigné, rentrait chez lui et, continuant dans l'anonymat de sa manière de vivre simple, se réunissait avec des personnes désireuses de connaître le message de la Bonne Nouvelle, des malades de l'âme qui passaient la journée à être exploités, blessés et considérés comme inférieurs aux pierres qu'ils portaient.

Ainsi, un petit cortège de créatures unies par la souffrance et le désenchantement envers ce mode de vie se maintenait fidèle au culte des Vérités qui parlaient à l'esprit, leur donnant de l'espoir, les enseignant à chercher le chemin juste, à défendre les principes de Justice et à faire tout le bien qu'ils pouvaient, comme étant la seule manière de vivre selon l'enseignement qui promettait le bonheur à l'esprit qui s'y conformait.

Cependant, cela n'offrait pas la récompense du bonheur de la manière dont les gens s'y attendaient habituellement. Ce n'était pas une récompense immédiate, mesurable en biens, avantages matériels, intérêts mesquins, ou succès personnel, non !

La récompense que la Bonne Nouvelle promettait conduisait toujours les gens à désincarner leurs intentions, car le projet de la Bonté indiquait vers le bonheur spirituel, le royaume de Dieu, le trésor amassé dans les cieux, de véritables défis pour les intérêts et la sincérité des objectifs de ceux qui, à cette époque comme aujourd'hui, pensent faire du chemin divin l'escalier doré vers des bénéfices matériels.

Là étaient les conseils qui ordonnaient au dévoué sincère que, plutôt que d'attendre par la porte étroite du sacrifice, il était conseillé de faire des efforts pour y entrer, car beaucoup la chercheraient pour entrer, mais ne pourraient pas.

De tels exhortations directes dans ce milieu de créatures souffrantes, sous l'interprétation inhumaine de la vie par les gouvernants et les castes les plus riches des Romains, étaient le seul réconfort qui balsamisait leur espoir, raison pour laquelle, dans les zones les plus pauvres de cette ville, inspirées par les spectacles sanglants qui se répétaient à chaque période, de plus en plus de créatures se proposaient de

LA FORCE DE LA BONTÉ

devenir les héros de la foi, aux yeux ébahis des moqueurs du monde, toujours faibles et tièdes face aux sacrifices nécessaires pour passer par la porte étroite.

Pour les moqueurs ironiques et les charlatans, chaque échelon du chemin est une montagne infranchissable, car ils n'exerceraient pas leur volonté pour les œuvres de courage, d'effort de volonté. Ceux qui profitent de la vie ne se fortifient pas devant les défis du quotidien et, ainsi, lorsqu'arrive pour eux le moment de la douleur, du témoignage personnel pour mûrir, il leur semble que la vie a perdu son sens, que les luttes sont plus dures que ce que leurs forces peuvent supporter.

C'est pourquoi le conseil de la Bonne Nouvelle est parfaitement compréhensible pour ceux qui souffraient dans cette Rome, tandis que, pour les plus installés dans leurs plaisirs luxueux et débauchés, une telle philosophie n'avait aucun sens et devait, au contraire, être combattue, car elle représentait au fond le coup fatal contre le monde qu'ils préservaient tant, le mode de vie qui leur plaisait tant.

Licinius était chez Décio cette nuit mémorable quand, après les salutations fraternelles, tous s'assemblèrent pour écouter ses paroles amicales dénuées d'euphémismes.

Il parlait au cœur comme s'il était touché par des lumières éclatantes, l'enveloppant entièrement.

Dans l'obscurité de l'endroit, une douce lumière semblait l'envelopper et, dans la modeste maison, la pléiade d'entités angéliques se réunissait pour fortifier ceux qui s'y trouvaient.

– Chers frères – commença Décio, au début de la réunion – que le Divin Maître nous protège dans les moments difficiles qui nous attendent.

Conformément aux directives supérieures, nous devons faire face à tous les témoignages ayant pour objectif de prouver notre foi et, sans aucun doute, nous nous trouvons au même endroit où l'ancienne croyance, froide et indifférente, partisane et misérable, méprise les créatures et exalte les pierres.

Jésus était un être de chair et d'os, vivant et dévoué aux vivants, guérissant les souffrants, élevant les affligés, aimant ceux qui pleuraient, et ceux qui le cherchaient sincèrement, indépendamment de leur condition, avaient accès aux vérités de son cœur lumineux.

LA FORCE DE LA BONTÉ

Nous avons l'honneur de pouvoir le servir au centre du monde, là où la fleur parfumée cherche à planter ses racines, bien que le sol soit fait de pierres pointues et robustes, de détritus et de déchets moraux.

Il est nécessaire de les briser avec la force douce de la goutte d'eau qui, en embrassant la pierre, sans violence, supporte sa surface rigide et l'excave lentement jusqu'à ce qu'elle se brise.

Travaillant avec des pierres tous les jours, j'observe que leur poids et leur nature brute les rendent incapables de servir à bien des choses. Si elles sont utiles pour les fondations des bâtiments, pour les murs solides, pour les colonnes qui soutiennent le toit, elles sont inappropriées pour être posées sur le sommet de nos constructions.

Pour être plus proches du ciel, dans la fonction de protéger l'ensemble de la construction, nous apprenons à utiliser des matériaux pauvres et légers qui scellent et garantissent l'isolation sans risquer de faire s'effondrer l'œuvre.

Ainsi, qu'il s'agisse d'argile pauvre, de bois, de feuilles sèches, l'essentiel est que ces matériaux sont préférés pour le couronnement de l'œuvre, plutôt que le marbre qui, sur le toit, ne pourrait jamais y être.

Tel est le royaume de Dieu implanté sur Terre.

Il y a ceux qui composent les cours humaines avec leurs pratiques fastueuses et leurs préoccupations esthétiques, ceux qui choisissent les pierres de la tyrannie, qui choisissent le marbre de la grandeur et de l'arrogance, ceux qui bâtissent avec de l'or et des matériaux précieux, ceux qui élèvent des colonnes brillantes, ceux qui sont riches, des penseurs lumineux qui reproduisent les préjugés qui leur plaisent tant dans leur indifférence intérieure.

Il y a ceux qui sont des pierres du sentiment, ceux qui servent de séparations pour organiser notre société, comme des pierres dans les murs, il y a ceux qui, riches ou importants, s'occupent de maintenir leurs conceptions, dominant la scène du monde horizontal sur lequel ils reposent.

Cependant, aucun d'entre eux ne sera choisi pour, dans le sens vertical de la vie, couronner l'œuvre.

L'accomplissement de l'œuvre de Dieu que Jésus est venu inaugurer dans le monde appartient à la paille rejetée, à l'argile modeste, au bois sans valeur, des matériaux qui, par leurs caractéristiques, pourront être ceux qui seront placés le plus près du ciel véritable et prêteront leur valeur pour la couverture du bâtiment.

De là, mes frères, comme modestes créatures dans la communauté fastueuse, ne nous trompons pas en attendant des succès ou des gains qui ne nous aideraient guère à entrer par la porte étroite. Imaginons quelqu'un portant des objets, tous précieux, exigeant qu'on les garde sous peine de les perdre, volés par l'ambition de ceux qui souhaitent s'en emparer, et devant passer par une étroite ouverture qui ne permet que l'entrée de son propre corps.

Il essaiera de passer, mais il n'y parviendra pas.

Il verra immédiatement qu'il doit renoncer aux objets qu'il porte pour entrer. Cependant, il aime tellement les choses qu'il porte qu'il ne veut pas s'en débarrasser. Le dilemme qu'il crée pour lui-même, en raison de son attachement, est très grand. Il ne veut pas perdre ce qu'il a accumulé, par crainte que les autres bénéficient de ses biens et valeurs matérielles, et en même temps, il ne veut pas rester dehors de l'entrée, pour laquelle il ne peut porter que son propre être, sans charge étrangère à son individualité.

Ce sont des créatures qui sont des pierres de marbre, exquises et nobles, mais qui ne peuvent pas être placées sur le toit du bâtiment car elles tomberaient de haut et se briseraient au sol, en ruinant toute l'œuvre.

Ainsi, mes enfants, ne nous trompons pas en cherchant le royaume des choses matérielles, car ce qui est le plus important pour servir de couronne à l'œuvre de Dieu, nous le possédons déjà.

Nous ne sommes rien, nous sommes pauvres, nous sommes des créatures démunies que le Seigneur utilisera en son temps pour couvrir son bâtiment, car face au Soleil brûlant, à la nuit froide, à la pluie persistante, nous sommes les seuls à avoir la capacité de protéger tous les matériaux riches qui ne supporteraient pas l'usure que nous affrontons.

Les marbres se corroderaient, perdant leur éclat, les œuvres somptueuses dans des tissus de luxe perdraient leur éclat et s'évaporaient, les ornements précieux ne résisteraient pas à la chaleur ardente du Soleil et se briseraient, se réduisant en poussière.

Tous sont luxueux, mais ils sont trop fragiles face aux défis. Seuls les humbles et les simples, endurcis au goût des défis, possèdent les vertus qui les rendent capables d'être au sommet de l'œuvre, servant de couverture précieuse dans l'humilité de leurs exemples.

Le Seigneur nous appelle à ce travail.

La couverture protégera et aidera les matériaux futiles qui se croient importants et essentiels, sans parvenir à percevoir leur propre fragilité.

Nous n'avons aucun défi, cherchant toujours à faire de notre mieux, dans la simplicité de la goutte d'eau qui tombe sur la pierre dure jusqu'à ce que la roche se brise.

L'inspiration de Décio impressionnait les auditeurs de cette modeste réunion.

Personne n'osait interrompre le flux de son raisonnement beau et envoûtant, car c'était le monde spirituel qui parlait à travers ses mots.

Là, Zacharie enveloppait le travailleur aimant et, en utilisant les facultés médiumniques latentes, il transmettait toute l'influence puissante d'optimisme et de force à ceux qui, massacrés chaque jour, étaient ramenés la nuit dans les régions de la foi pure et véritable, rehaussant leur importance dans cette société qui les considérait comme si inutiles.

C'est sur eux que Jésus bâtirait son royaume d'Amour et de Concorde, leur réservant le siège honorable du sacrifice, au sommet de l'édifice.

Licinio était ému par ces références si sublimes et, son cœur, incliné à rechercher le bien de Lélia, se sentait encore plus déterminé après que les paroles de l'esprit de Zacharie l'incitaient à suivre le chemin de la Vérité et du Bien, en faveur de tous les autres.

Oui – pensait-il – peu importe le prix que cela me coûtera, je ferai tout mon possible pour entrer par la porte étroite, luttant pour la libération de celle qui n'était pas coupable du crime et qui est utilisée pour libérer les véritables responsables de son délit.

Ses pensées furent interrompues par les dernières réflexions spirituelles de Zacharie à travers Décio.

– Nos pas seront sur le chemin du Seigneur qui nous soutiendra toujours dans les heures difficiles qui s'approchent. Persécutions, injustices, mensonges et mort sont incapables de changer la nature de celui qui est déjà préparé à être le matériau précieux dans les mains du sublime charpentier.

Soyons tous avec la foi dans le cœur et la confiance en Dieu, car, comme nous le savons, l'ignorance pense qu'en tuant les bienfaiteurs, elle est capable de tuer la bonté. Nous serons toujours aux côtés de tous, renforçant leurs témoignages et leurs exemples qui, dans la dimension de la Bonne Nouvelle, représenteront la couverture de l'édifice sur cette grande communauté souffrante et affamée, toute vêtue de pourpre et d'or, devant une grande table de banquet absolument vide.

Ainsi sont nos frères dans cet environnement.

De riches convives à un banquet qui n'a aucun plat disponible pour rassasier la faim.

La faim de l'Amour, de l'Espoir, de la Paix dans les cœurs, ils seront rassasiés par les exemples de vous tous et, quand ils comprendront cela, ils laisseront les biens précieux qu'ils portent pour pouvoir passer par la porte étroite que vous connaissez déjà et que vous avez déjà franchie.

Priez toujours et soyez toujours unis au monde invisible par la confiance et la sincérité.

Ceux qui souhaitent échanger les choses du Ciel contre celles du Monde peuvent le faire, mais soyez sûrs qu'ils s'en repentiront amèrement.

Que la Paix du Divin Maître vous bénisse !

C'était la fin de l'exhortation évangélique qui, chaque nuit de réunion, venait remplir le cœur.

Ceux qui ne pouvaient pas rester après cette partie se disaient au revoir et partaient, cachés sous le manteau de la nuit, car ils résidaient plus loin et avaient besoin de se retirer.

Quelques autres restaient là plus longtemps, pour discuter entre eux et écouter les opinions inspirées de Décio, car il était évident qu'en ces moments-là, il était touché par une inspiration sublime qui rendait manifeste que ce n'était pas lui qui parlait, mais la sagesse des entités envoyées par Jésus, comme Zacharie, Simon, Livia, Abigail, Jeziel, Josué, Siméon, Paul, Ananias, Jean de Cléophas, parmi d'autres directement liés à l'édification du christianisme dans le monde.

Licinio s'approcha de Décio dès que les conditions le permirent et demanda, discrètement :

– Cher frère, les exhortations de ce soir concernent-elles des souffrances collectives ou des souffrances individuelles, comme le témoignage que nous devons affronter ?

– Bien, mon fils, l'œuvre divine ne méprise personne. Beaucoup attendent le martyre collectif dans l'arène, imaginant qu'ils y trouveront le seul moyen de servir l'œuvre, et pendant ce temps, ils méprisent chaque occasion de sacrifice quotidien, de démonstration de la propre foi sincère dans la véritable dévotion envers ceux qui nous entourent.

La porte étroite ne se situe pas sur les seuils de l'arène pleine de spectateurs. Elle se situe d'abord autour de nous, mettant à l'épreuve notre petite capacité de renoncement quotidien, nous offrant l'entraînement indispensable de nos vertus pour que, un jour, si nous étions préparés à cela, nous soyons conduits devant les bêtes ou sur les poteaux du martyre sous les cris et l'humiliation publique, comme couronnement de notre choix sincère et répété.

Nos témoignages sont quotidiens et nos souffrances personnelles sont les pièces humbles qui, une à une, se transforment en trésor convoité capable d'inspirer de grandes choses.

Pense bien. Si nous n'avions qu'une seule pièce de monnaie, nous ne mettrions pas dessus le poids de grands idéaux. Cependant, si nous en gardons une à côté de l'autre, toutes petites et sans valeur, elles gagnent en importance collective, se rassemblant chaque modeste représentation de valeur jusqu'à ce qu'un jour, réunies, elles forment la source abondante de ressources qui nous permettra de financer la construction de l'idéal. Individuellement, elles continuent de "rester petites et pauvres dans leur représentation de richesse." Cependant, réunies, elles s'ajoutent et se transforment en une source d'inspiration pour les idéalistes et en un motif de crime pour les voleurs paresseux qui ne veulent pas, à leur tour, empiler monnaie sur monnaie.

Il en va de même pour nos défis et nos souffrances, petits témoignages du quotidien. Isolés, ils peuvent sembler avoir une valeur insignifiante. Cependant, réunis sous le contrôle du même individu qui, constamment, en garde un à un, ils se transforment en un patrimoine qui en fait un trésor pour Dieu, afin d'être digne de grandes choses. C'est pourquoi l'œuvre du Bien ne peut se passer de ceux qui ont déjà appris à témoigner dans les petites choses, car ce sont les seuls capables de faire face aux grands témoignages sans fuir devant eux.

Celui qui a été fidèle dans les petites choses, le Seigneur le placera sur beaucoup de choses. C'est l'enseignement du Maître, dans la parabole des talents, représentant nos talents et nos dispositions à multiplier le bien à partir de peu.

Réfléchissant sur ces réponses profondes et véritables, Licinio commenta :

LA FORCE DE LA BONTÉ

– Mais n'y a-t-il pas, parmi ceux qui sont dévorés par les bêtes, ceux qui n'ont pas encore été capables de comprendre l'enseignement à travers les renoncements quotidiens ?

– Oui, mon fils, il se peut qu'ils soient là. Cependant, il suffit qu'ils soient à côté de celui qui reste fidèle et courageux face au sacrifice, là ils trouveront l'exemple à suivre dans l'heure de la difficulté inébranlable. Il est dit que les premiers chrétiens dévorés à l'époque de Néron, lorsqu'ils étaient unis au milieu de l'arène, sans armes ni défense, commencèrent à chanter et leur chant s'éleva dans les airs comme si tout le cirque pouvait entendre leurs voix. Dans ce chant, ils trouvèrent la force pour le témoignage, mais parmi ceux qui tremblaient et avaient peur, certains héros anonymes soutinrent le défi, et cela apprit aux autres à être courageux.

Le moment du défi et du témoignage pour certains peut être un moment d'apprentissage pour d'autres qui se présenteront toujours avec plus de peur et de fragilité que ceux qui ont déjà été éprouvés à plusieurs reprises et ont déjà appris à être la force de la foi qu'ils portent.

Ce sont les frères plus âgés et expérimentés. Ceux-là sont les frères plus jeunes et démunis, qui apprendront par le contact avec les plus compétents.

Licinio se sentit réconforté par ces explications. Avant de se séparer, cette nuit-là, il demanda enfin :

– D'après ce qui a été dit ici, cher frère, devons-nous attendre le témoignage des tragédies collectives ou nous inquiéter des témoignages individuels ? Est-ce un avertissement préventif pour les souffrances dans l'arène ?

– À ce sujet, mon fils, nous devons toujours être prêts car le Christ n'a trompé personne. S'il réservait la croix et le sacrifice pour lui, pourquoi cela serait-il différent pour nous ? De plus, à ce sujet, Jésus se manifeste clairement en disant : "Si l'on fait cela au bois sec, imaginez ce qu'ils feront au bois vert ?" Il était le bois sec, ferme, rigide, mature et préparé, tandis que nous étions le bois vert, fragile, immature, doux et flexible.

– N'attendons ni privilèges ni faveurs, et c'est pourquoi nous ne devons pas attendre uniquement le martyre public, ce qui peut aussi représenter l'exercice de notre vanité. Si nous avons été fidèles dans les petites choses, et avons supporté le témoignage de la douleur dans les petites pièces de monnaie des piqûres de chaque heure, nous accumulerons un trésor avec lequel nous pourrons acquérir la position honorable d'être soumis au martyre public, comme étant celui qui n'a pas peur devant le plus grand témoignage, parce qu'il s'est fortifié au contact quotidien de la souffrance mineure.

— Fuyons les grands défis si nous n'avons pas encore appris à être fidèles accomplisseurs de la volonté de Dieu dans les défis simples. Entrer dans l'arène pour fuir devant les bêtes, supplier César de pardonner ou renier notre foi par peur de la mort serait une honte suprême et une déclaration de notre faiblesse, comme les moqueurs de la vie qui ont peur de l'adversité et sont capables de tout sacrifier pour préserver les biens matériels lorsqu'ils passent par la porte étroite.

— Préparons-nous à chanter des hosannas à Dieu devant les bêtes, qu'elles soient des animaux ou des hommes, car aucun d'eux n'aura pitié des démonstrations de faiblesse que nous ferons sous leurs yeux.

Avec une telle réponse, Licinio se sentit satisfait des doutes qui oppressaient son esprit. Oui, il devait tout faire pour témoigner de sa propre foi face aux problèmes qu'il devait résoudre. Il n'eut plus aucun doute. Reconnaissant, il baisa les mains de cet homme courageux et se dit au revoir.

Il arriva au palais où il ne trouva plus personne d'éveillé, à part Marcus, qui gardait allumée la lumière de ses appartements.

Il osa demander un entretien personnel à ces heures.

Reçu avec la distinction habituelle, Licinio informa son ami des mesures qu'il avait déjà prises ce jour-là pour que tout soit à son goût pour le déménagement.

— Tout est en bonne voie, mon seigneur, et je pense que, demain après-midi, Serapis pourra déjà être dans la nouvelle demeure, dépendant de ce qu'il reste à délibérer pour que Lucia lui soit remise, selon le secret convenu.

— Eh bien, mon ami. Je te remercie pour ton dévouement à résoudre cette affaire, et ainsi, après que Serapis ait été transférée, je partirai immédiatement en voyage avec Lucia et quelques serviteurs de ma confiance, afin que tous croient que j'emmène ma fille chez des parents lointains, comme nous avons dit que nous le ferions. Je serai absent un certain temps pour que cela corrobore l'idée du voyage plus long, puis je remettrai Lucia dans les bras de Serapis, puisque, pour le bien de nous

LA FORCE DE LA BONTÉ

tous, nous nous installerons comme si nous étions une seule famille, comme, d'ailleurs, je souhaite que nous le soyons un jour.

– C'est correct, Marcus. Je pense que, ainsi, tout sera arrangé de manière appropriée.

– Alors, j'espère que vos efforts pour le transfert discret de Serapis seront fructueux.

Marquant la fin de la conversation, Licinio remercia Marcus pour sa confiance et, avant de partir, se souvint de Lélia et lui demanda :

– Monsieur, comme convenu, j'aimerais vous demander tout document qui m'autoriserait à rechercher des avantages en faveur de Lélia. Bien qu'il ne s'agisse pas d'une lettre de clémence qui pourrait compromettre votre sérieux auprès des autorités, au moins une référence à ma personne en tant qu'autorisé à être devant les juges afin d'accompagner le processus de Lélia et rechercher les ressources pour l'aider en tant qu'être humain dans le besoin.

Faisant semblant d'être agréablement surpris, Marcus répondit :

– Ah ! C'est vrai que nous en avons parlé hier. Oui, demain, dès le matin, passez par ici et j'aurai rédigé le document qui, je le répète, ne permettra pas de demander la liberté de la servante, mais vous reconnaîtra seulement comme une personne de ma confiance, cherchant à aider une créature dans le besoin, autorisé à faire ce qui est nécessaire pour alléger sa peine.

– C'est exact, Marcus. Cela m'aidera déjà à chercher les magistrats et autorités.

Ainsi, les deux étaient d'accord, sans que Licinio ne soupçonnât que, ce même jour, Marcus avait déjà consulté les mêmes autorités et magistrats pour rendre difficile, voire empêcher, tout avantage pour Lélia qui, selon ses idées erronées, serait plus utile morte que vivante.

Le lendemain promettait de grandes tâches pour Licinio, que ce soit avec le transfert secret de Serapis, qui quittait le palais sous prétexte de voyager avant son maître pour préparer les affaires avec les parents éloignés, ou avec les premiers efforts pour aider Lélia qui, après la conversation avec Décio, devenait ce petit témoignage de sa part, dans son engagement à protéger une innocente créature qui, en vérité, était punie pour quelque chose qu'elle n'avait pas réellement voulu faire, ni désirer tuer.

LA FORCE DE LA BONTÉ

Dès que le transfert de Serapis fut organisé et effectué, tout se déroula sans protestation, Marcus informa tout le monde de son voyage avec Lucia, sans préciser la destination qu'il prendrait, en les alertant qu'il resterait un bon moment hors de Rome.

Ainsi, il laissa le contrôle de tout à Licinio, qui, ce jour-là, prit congé de Marcus Cornélius avec l'assurance que, pendant son absence, tout pourrait se dérouler plus facilement dans l'environnement romain en faveur de Lélia.

41.
FIDÉLITÉ AU BIEN

Le jour suivant, après s'être libéré des obligations qui lui incombaient, surtout maintenant que Marcus avait quitté la ville, conformément aux plans pour l'installation de Serapis et la remise de la fille Lucia à ses soins, Licinio chercha à rencontrer les autorités responsables du procès et du jugement de Lélia.

Avec la présentation de la lettre signée par son maître Marcus, il ne fut pas difficile d'atteindre la personne responsable de la conduite des enquêtes, qui, à l'époque, souffraient de vices plus graves que ceux qui, aujourd'hui, entravent l'application de la loi dans la réalisation de la justice.

De nombreuses circonstances interférant dans le processus décisionnel, il était certain que l'influence de l'argent et des intérêts politiques pouvait produire la mort ou la libération de quiconque, du jour au lendemain.

Devant le juge Sérvio Tulio, Licinio, respectueux, lui présenta la lettre de Marcus afin qu'elle serve d'introduction.

Peu amical dès le début, comme une autorité habituée à être sollicitée par toutes sortes de demandes, le magistrat, tout-puissant avec le pouvoir de juger et de décider du destin selon son caprice, attribua peu de valeur au contenu du document, montrant sa faible volonté de perdre son temps avec Licinio.

– Oui, mon seigneur, pourquoi êtes-vous ici ? demanda le juge Sérvio.

– Je viens, suivant l'appel de ma conscience, solliciter vos bienfaits pour une jeune servante qui se trouve détenue dans le cachot, accusée d'avoir empoisonné l'épouse de mon seigneur, Dame Druzila, récemment.

– Ah ! Oui. Un crime horrible, vil, qui montre la faible valeur de la vie humaine dans notre environnement, dit Sérvio, manifestant son jugement prématuré.

– C'est vrai, noble magistrat. Cependant, je viens vous informer qu'il subsiste de sérieux doutes quant à la responsabilité de la jeune femme, car, selon de nouvelles observations, il est très probable que Dame Druzila ait, en vérité, ingéré le poison de son propre chef, délibérément.

– Que voulez-vous dire, Licinio ?

– Oui, magistrat, après avoir analysé les faits, Dame Druzila traversait une série de crises de déséquilibre depuis la naissance de sa fille et, comme nos soupçons l'ont démontré, des doutes significatifs pèsent sur la culpabilité de la pauvre servante, qui, depuis le début, nie sa participation à l'acte en question.

– Dame Druzila a-t-elle laissé un document, une lettre, un écrit évoquant sa décision de suicide ?

– Pas à ma connaissance, illustre juge.

– Y a-t-il un témoin ayant vu Dame Druzila verser le poison dans l'eau qu'elle a ingéré ?

– Non plus, car Lélia était la servante de confiance et celle qui était avec elle au moment crucial.

– Alors, mon seigneur, s'il n'y a aucune preuve ni indice solide que la défunte ait décidé de se suicider, il n'y a pas de modification dans les points principaux du procès qui sont clairs dans mon esprit, d'autant plus que la famille Cornélius est reconnue et respectée dans notre milieu. Tous les éléments convergent contre la servante pour sa condamnation.

Sans vouloir offenser les convictions du magistrat, Licinio lui demanda, pour mieux comprendre les particularités de l'évolution de ce procès :

– Mon noble seigneur, étant ignorant des questions juridiques, je vous prie de bien vouloir m'éclairer sur la peine à laquelle la jeune Lélia est exposée.

– Eh bien, il existe diverses variantes dans le châtiment d'une servante. Cela peut aller du châtiment physique, au maintien en prison, à l'exil, aux travaux forcés, jusqu'à la mort.

En raison des particularités du fait, de la gravité du geste, de l'importance de la victime, de son statut de dame confiée aux soins de la servante infidèle, de son récent état de mère, du moyen cruel utilisé par l'assassine, des conditions dans lesquelles le crime a été commis, de l'existence du flacon de poison parmi les effets de la prévenue, de la reconnaissance de cette dernière indiquant que le poison était en sa possession, de la déclaration d'une autre servante affirmant que la criminelle lui avait proposé le même liquide peu de temps auparavant, etc., tout cela, à ma capacité d'observation, indique que, à moins qu'une autre preuve solide ne vienne la libérer de cette sentence, elle sera condamnée à la mort dans l'arène.

Effrayé par la détermination du juge à appliquer la peine maximale, conformément aux précédents efforts de Marcus pour insuffler dans l'esprit de Licinio une profonde répulsion envers la conduite de la servante et obtenir la sentence correspondant à l'injure du mari blessé par le geste de la servante jugée criminelle, Licinio, qui ne se doutait de rien, interrogea :

– Mais, mon seigneur, il n'est pas possible de trouver un motif pour que la jeune femme ait voulu ôter la vie de la dame, sans avoir organisé sa propre fuite du lieu du crime, ce qui serait de toute évidence attendu.

– Eh bien, mon seigneur, devant tant de preuves, cela se perd dans le mystère que représente l'âme humaine, qui réalise parfois des choses inexplicables, pour lesquelles même la plus grande expérience dans la compréhension de l'insondable ne parvient pas à lever le voile qui cache les secrets de l'esprit déterminé à faire le mal. La jeune femme peut avoir été motivée par l'envie, car Druzila menait une vie enviable ; par la jalousie, car la servante se sentait peut-être négligée par l'attention de la dame ; par la cupidité, dans le désir de soustraire un bien précieux sans être découverte par la maîtresse ; par la vengeance, car la défunte avait un caractère difficile et pouvait avoir blessé les sentiments de l'employée, et ainsi de suite...

Sentant que le magistrat était froid dans son analyse des choses, Licinio s'exaspéra à l'idée que Lélia soit condamnée, d'autant plus qu'il savait qu'il ne pourrait pas révéler que le mari de la victime et une autre servante étaient impliqués amoureux, ce qui avait conduit à la grossesse de Serapis, des facteurs puissants qui soulèveraient de nombreux doutes sur les motifs de Lélia, mais qui jetteraient de fortes suspicions sur la conduite de Serapis et l'intérêt de Marcus, tous deux les plus grands bénéficiaires de la mort de Druzila.

Tentant d'être plus incisif sans être impoli, face à la sensibilité délicate de l'autorité judiciaire, Licinio interrogea :

– N'y a-t-il donc, noble magistrat, rien qui puisse être fait pour sauver cette jeune femme qui, devant toute évidence, n'avait aucun motif immédiat et confirmé pour commettre un crime aussi infâme ?

LA FORCE DE LA BONTÉ

— Il ne me semble pas possible que cela se produise, à moins qu'une autre preuve très solide n'apparaisse, démontrant que ce n'était pas la jeune femme qui a commis le crime. Si cela ne se produit pas, en temps voulu, elle sera conduite à l'arène où les flammes la brûleront ou les bêtes se délecteront de sa chair.

Avec cette information directe, Sérvio Tulio se leva, mettant fin à l'audience avec Licinio, qui, affligé, rendit ses révérences devant l'autorité et se laissa conduire hors de la salle, gagnant la rue.

Sa tête brûlait et son cœur était inquiet.

Il devait aider la jeune femme afin qu'elle n'ait pas à affronter un destin aussi amer.

Il chercherait plus de détails pour les présenter au magistrat, essayerait de parler à d'autres serviteurs, visiterait d'autres autorités pour tenter d'intercéder en sa faveur. Il avait peu de temps pour essayer de changer le cours des choses.

Pendant ce temps, dans l'environnement dépravé de Marcus, désormais transformé en logement agréable pour la jeune Serapis, la servante poursuivait le développement naturel de sa grossesse. Son ventre se dilatait rapidement, produisant en elle les effets les plus amers et l'obligeant à rester assise le plus longtemps possible.

Avec l'avancement de la gestation, bien qu'il lui restât quelques mois avant l'accouchement, l'état physique de Serapis était très différent de celui de Druzila lors de la naissance de Lucia.

Cela s'expliquait en réalité parce qu'elle ne serait pas mère d'un, mais de deux enfants, ce qui lui causait une croissance abdominale exceptionnelle, en plus des complications naturelles de l'équilibre physique et émotionnel.

Marcus était absent et reviendrait bientôt avec la petite Lucia pour intégrer la famille, ainsi que la servante de confiance pour les soins avant et après l'accouchement.

Dans son esprit, Serapis ressentait une inquiétude croissante chaque jour où les liens avec les esprits renaissants se resserraient. Dans ses rêves, il y avait toujours la présence de deux créatures, au lieu d'une seule. Elle ne comprenait pas pourquoi il y avait ce conflit, car jamais l'idée de porter des jumeaux ne lui était venue à l'esprit.

De plus, son cœur s'exaspérait, car elle nourrissait des sentiments confus envers les spectres qui la visitaient lors de ses moments de repos.

Tous deux se présentaient à ses yeux, lui inspirant à la fois peur et attirance.

Un mélange d'anxiété, de haine, d'excitation et de terreur compliquait les jours de Serapis, incapable de déterminer la cause de ce sentiment.

Elle attribuait ces réactions à l'avancée de la grossesse, à ses préoccupations concernant l'avenir avec Marcus, au désir ferme de ne pas se laisser influencer par la conversation avec le futur père, dans l'intention de la détourner de l'environnement somptueux où elle comptait élever l'enfant qu'elle portait dans son ventre.

Son rêve se concrétiserait. Elle irait habiter dans ce palais et dormirait dans le lit de Druzila, pour une vengeance douce-amère de tous les moments difficiles qu'elle avait traversés, de toutes les humiliations qu'elle avait dû avaler.

Les pensées de la future mère sautaient de façon désordonnée, d'une pensée qui la faisait sombrer dans la dépression à une autre qui l'excitait.

À ses côtés, d'innombrables esprits inférieurs se tenaient prêts à influencer ses sentiments et ses pensées, beaucoup d'entre eux cherchant vengeance pour tout ce qu'ils avaient souffert entre ses mains, ou de ceux qui, maintenant, arriveraient à elle sous forme d'enfants.

Un véritable nuage plombé se levait autour d'elle, seulement repoussé par l'atmosphère maternelle soutenue par des esprits courageux et dédiés à l'Amour pur, qui, par le sacrifice de leurs énergies, demeuraient là en sentinelles, afin d'assurer le bon déroulement du processus de réincarnation, veillant contre tout accident.

À ses côtés, Livia et les autres esprits amis accompagnaient l'évolution embryonnaire, enveloppant Serapis des forces apaisantes, cherchant à l'isoler des attaques inférieures, toutes résultant de la semence amère qu'ils avaient eux-mêmes semée dans leur passé récent, dans une incarnation perdue dans le désordre et l'abus des ressources de la Providence Divine.

Sans cette protection directe des entités sentinelles et des autres, tutrices de l'évolution de ces âmes endettées, le processus de réincarnation n'aurait pas atteint un bon terme et, sûrement, Serapis serait devenue victime d'hallucinations qui l'auraient probablement conduite à la folie, car bien que tout ait été organisé par le monde spirituel pour qu'elle modifie son comportement, apprenant à développer l'humilité dans la condition servile, elle avait choisi de suivre les mêmes chemins de l'ambition démesurée, résolvant de tracer ses propres routes au lieu de suivre celles que Dieu lui offrait.

Ce faisant, elle avait tué Druzila, bien que ce ne fût pas de manière délibérée, la mort de celle-ci lui ayant procuré une satisfaction intime, et pour la souffrance cruelle de la victime, elle n'avait ressenti aucune compassion, aucune prière de réconfort.

Après cela, sachant qu'elle était celle qui avait causé l'empoisonnement, bien qu'involontairement, elle avait lancé des soupçons sur Lélia, donnant des instructions pour que le flacon de poison, dont le contenu avait été utilisé pour produire cet effet morbide, soit découvert parmi ses effets personnels.

Serapis savait que la servante accusée était innocente. Cependant, encore une fois, elle ressentait de la joie et un sentiment de vengeance pour toute la persécution que Lélia lui infligeait à travers des mensonges et des insinuations venimeuses, avec Druzila.

De plus, elle avait l'intention d'agir de manière à mettre Marcus sous pression, afin qu'il la place au centre de son monde, comme la favorite dans le palais convoité, où elle dirigerait tous les employés et deviendrait une autre Druzila, capricieuse, arrogante et indifférente aux sentiments des autres.

Avec de telles idées inférieures, Serapis ne remplissait aucune condition qui lui permettrait d'améliorer son niveau vibratoire, repoussant ainsi de son chemin les esprits qui cherchaient à se venger.

La foule d'entités contaminait l'atmosphère de son confortable logis, aggravant son humeur, bien qu'elles n'aient pas d'accès direct à elle, protégée par la tâche maternelle, telle un bouclier lumineux cachant la créature malveillante en raison de la noblesse de sa fonction.

Parmi ces entités, l'inéquilibrée Druzila se tenait, en esprit, détachée de tout, ne désirant que se venger de cette femme insupportable. Apprenant sa condition d'entité désincarnée, elle s'indigna de la perte de sa position dans le monde matériel, mais elle ne donnerait en aucun cas la bataille pour perdue, surtout face à l'autre adversaire, Serapis.

Cependant, son indignation grandit encore lorsqu'elle perçut que la servante était enceinte et que la protection lumineuse s'étendait autour d'elle, empêchant tout accès direct.

LA FORCE DE LA BONTÉ

Elle identifia, par les paroles, les conversations et les pensées, que Serapis et son ancien mari avaient eu une relation intime, découvrant que la grossesse était le fruit de leurs rencontres clandestines.

Une nouvelle vague de vibrations haineuses naquit à la suite de cette constatation.

Marcus dans les bras de Serapis, portant sur ses genoux le fruit de cette union illicite... cela était un acide dans l'esprit de l'ex-épouse.

Avec ses sentiments de haine amplifiés, Druzila se mit à organiser les entités, arguant que ses droits de persécution étaient plus grands que ceux des autres.

Il ne lui suffisait pas d'être, elle-même, persécutée par ceux qui lui rendaient les maux qu'elle avait semés. Elle se soumettrait facilement à ses persécuteurs, mais à la condition qu'ils attaquent également Serapis, car elle était la femme la plus haïe qu'elle ait rencontrée sur son chemin.

À sa grande surprise, beaucoup de ses obsédants cruels étaient complices de Serapis, tandis que d'autres détestaient les deux femmes avec un sentiment égal, ce qui les fit se mêler dans un tourbillon de vengeance, élargissant le nombre des mauvais esprits, assoiffés de rendre le mal comme moyen erroné de retrouver le bonheur.

En vérité, dans cet environnement se retrouvaient les deux âmes qui s'étaient réciproquement engagées dans leur dernière vie matérielle, au temps du règne de Tibère. Serapis était la même Fúlvia, arrogante, dépravée, traîtresse, tandis que Druzila était la fille Aurelia, apprentie de ses méchancetés et amplificatrice de sa perversité, appliquant tout son talent pour réaliser des querelles plus grandes que sa mère, et, comme déjà décrit au début de cette histoire, avait empoisonné sa mère, dans son lit de souffrance, aidant les tumeurs à détruire le corps de Fúlvia et se préparant à confesser les plus grands crimes cachés d'Aurelia au généreux mari Emiliano.

Maintenant, dans la nouvelle existence, elles avaient été conduites à une vie commune sous le même toit, afin de pouvoir reprendre la cohabitation et commencer à réparer leurs erreurs. Cependant, comme Serapis et Druzila préféraient maintenir l'antagonisme ancien, nourrissant les haines d'autrefois et méprisant les avertissements du bien, qui ne leur manquaient jamais pour qu'elles affrontent les nouveaux défis et acceptent de tendre la main l'une à l'autre.

C'était l'effet naturel des décisions libres que chacun prend pour soi-même.

Tant qu'il n'apprend pas à choisir le Bien et seulement le Bien pour influencer sa conduite, l'être humain restera lié à la larme et à l'épine qu'il a semées autour de lui.

C'est ce qui arrivait à Druzila et à Serapis.

Victimes de leurs propres constructions, il leur revenait alors de récolter les fragments de leurs rêves brisés et de recommencer leur parcours.

Marcus, distant, avait réclamé le même coin où il avait envoyé son épouse, autrefois, portant ses serviteurs personnels et la petite Lucia qui, en contact avec le père, lui procurait des sensations agréables qu'il n'avait jamais éprouvées auparavant.

Jusqu'à ce moment-là, il avait été un illustre inconnu dans la vie de Lucia. Cependant, les derniers événements des dernières semaines avaient rendu son analyse des circonstances plus agréable et, à partir de ce moment-là, avec le bonheur frappant à sa porte en raison de l'accumulation de tant d'événements favorables, à commencer par la passion pour Serapis, en passant par sa grossesse, la mort de son épouse, la possibilité de se joindre à la femme aimée dans l'avenir, tout cela modifiait l'esprit taciturne et malheureux de Marcus, le conduisant même à éprouver la sincère volonté de se rapprocher de la petite créature qui commençait déjà à faire ses premiers pas.

La compagnie de l'enfant, bien qu'elle soit la fille de la regrettée épouse, ne lui rappelait pas la figure de la femme détestée, mais plutôt les perspectives d'une nouvelle famille, avec Serapis comme centre et les enfants autour d'eux, comme des étoiles dans son cœur qu'il pourrait enfin ouvrir au bonheur et à la satisfaction de vivre.

Il projetait son retour à Rome dans quelques jours, profitant de son séjour à la propriété rurale pour mieux évaluer l'état des affaires, organiser ses biens, et se mettre à jour concernant la situation des possessions qui, fatalement, seraient transférées au fils aîné, qu'il était sûr qu'il attendait bientôt.

Il désirait revenir rapidement, mais ne voulait pas rompre les plans qu'il avait établis, d'autant plus qu'il espérait que Lélia ait déjà été exécutée, comme le lui avait assuré le juge Sérvio Tullius lors de leur entretien, dans lequel il avait entendu l'engagement du magistrat que, dans moins de deux mois, Lélia serait envoyée au supplice, lors des interminables festivités célèbres pour leur exubérance et les nombreuses exécutions de condamnés et de chrétiens capturés, pour la joie du peuple inconséquent.

Il voulait donc être absent de Rome au moment où la jeune femme serait sacrifiée.

Cela justifiait aussi l'éloignement du jeune père de la ville, car, au fond, sa conscience lui signalait la possibilité que Lélia fût innocente.

Il n'aimait pas penser à cette question, car cela impliquerait que les soupçons se portent sur Serapis, ce qui ternirait sa propre joie et ses projets pour l'avenir.

Que Lélia paye le prix de son ingénuité et de sa stupidité. Elle n'était qu'une servante parmi tant d'autres.

C'était ainsi que les puissants évaluaient le poids d'une vie dans le cruel et froid théâtre du monde.

Cependant, pour l'Amour Divin, chaque être a une valeur inaliénable, qu'il soit plongé dans la boue du crime ou assis sur le plus haut trône de vertus.

Toutes les créatures proviennent de la même source souveraine et sont revêtues des mêmes vibrations célestes, d'où l'on peut comprendre que, pour Dieu, tous les êtres sont dignes de sa protection.

Il y a ceux qui sont plus immatures et inexpérimentés, tout comme ceux qui sont plus avancés et dévoués dans l'apprentissage des Lois Universelles. Cependant, pour tous, les portes de la compassion et de l'opportunité d'apprendre de nouvelles leçons sont ouvertes, répétant celles qui ont été mal menées, grâce à la généreuse concession de nombreuses existences.

Et bien que les gens pensent que le retour à la vie matérielle sera un nouveau défi qui les conduira aux mêmes erreurs, il s'agit simplement d'une vision limitée de l'ignorance qui habite en chacun de nous, car chaque nouvelle réincarnation présente des nuances spécifiques permettant aux esprits engagés de se perfectionner dans des domaines de leur développement spirituel, bien qu'ils commettent à nouveau des erreurs similaires dans d'autres secteurs de l'existence.

De plus, ce n'est pas seulement à travers la souffrance que les portes de la croissance et de l'évolution spirituelle s'ouvrent.

LA FORCE DE LA BONTÉ

Notamment, c'est à travers le Bien que les possibilités évolutives se canalisent. Une nouvelle vie physique permettra que de nouveaux comportements généreux soient établis, de nouvelles sources de semences fertiles se manifestent, et malgré les erreurs, d'autres fleurs apparaissent sur le chemin de l'esprit renaissant.

Il ne faut pas oublier que, dans la tige verte qui soutient la rose parfumée, les épines apparaissent avant que la fleur délicate et belle n'éclose.

Pendant ce temps, il n'y a personne qui ne se sente encouragé à affronter le défi des épines pour pouvoir récolter la beauté inspirante de la rose.

L'état de ces esprits, comme on peut le voir, nécessitait une plus longue période de souffrance et d'épines jusqu'à ce qu'ils fleurissent, lumineux.

Cependant, parmi tous ces personnages, certains commençaient déjà à atteindre l'état de la rose, surmontant leurs propres épines.

C'était le cas de Licinius, dans son dévouement aux efforts du Bien en faveur de ceux privés de justice, du respect dans son traitement des serviteurs considérés comme inférieurs, de la fidélité aux engagements et de la gratitude envers l'Amour reçu, qui l'amenaient à rester loyal envers son ami Marcus, à résister aux attaques de son épouse, en plus d'apprendre à renoncer au rêve de bonheur dans les bras de la servante, qui ne souhaitait rien d'autre que réussir dans le monde matériel, en compagnie de quelqu'un de plus puissant que lui, simple administrateur subalterne.

Oui, Licinius était là, enseignant par son exemple silencieux et la voie droite qui élève l'esprit, à travers ses propres épines, jusqu'à l'éclosion des boutons de vertus qui fleurissent pour ceux qui les cultivent avec idéalisme et force de volonté.

Tandis que chacun se préoccupait de sa propre vie, Licinius se souciait de la vie d'une humble servante, dont l'innocence lui paraissait évidente, mais les contours délicats et subtils des circonstances rendaient cela difficile à prouver, bien qu'il n'eût cessé d'essayer.

Il visita des autorités indifférentes, des politiciens qui pouvaient influencer le jugement, des nobles capricieux qui n'osaient même pas l'écouter.

Il chercha parmi les serviteurs un témoignage qui pourrait être présenté en faveur de Lélia, quelqu'un qui aurait entendu Druzila se plaindre de la vie, parler de mourir, quelqu'un qui accepterait de témoigner pour sauver une vie dans ce moulin à viande humaine plus modeste que représentait le pouvoir romain.

Le temps passait et ses opportunités se réduisaient.

Partout, mauvaise volonté.

Devant toutes les portes, l'indifférence à l'égard du destin d'un être humain.

Il se souvenait de Jésus, la nuit avant son martyre. La figure du Maître emmené d'un côté à l'autre, traité injustement, malheureux à cause de l'ignorance et de l'arrogance des soi-disant puissants.

Sa faim d'affection, dans l'abandon des êtres les plus aimés, son silence refusant de se défendre face aux accusations infondées, pour anéantir la légalité de ce jugement et faire peser sur la conscience des générations futures le poids de l'injustice qui fait honte par son infamie, sa cruauté et son opportunisme cynique.

Il se souvenait de Pilate, dont la tradition religieuse désignait comme le puissant romain qui se lava les mains au moment le plus important de sa vie, tentant de se débarrasser de cette condamnation qu'il considérait effectivement comme injuste, en déclarant qu'il ne voyait pas de crime dans cet homme. Sa position de pouvoir et sa capacité militaire en tant que représentant du plus grand empire de la Terre n'avaient pas empêché qu'un simple mendiant soit cruellement crucifié.

Quel genre de pouvoir était-ce ?

Quelle capacité l'être humain avait-il face aux obstacles qu'il pourrait affronter, mais acceptait passivement comme insurmontables ?

Jésus avait traversé ce que Lélia allait traverser. Pourtant, le Maître avait tout le soutien divin et la préparation pour surmonter les douleurs, le pouvoir de faire des miracles, la sagesse pour tout affronter.

Lélia était une femme misérable, naïve et une créature sans préparation, victime de sa propre innocence, sans défense. Son seul crime avait été d'être au mauvais endroit, au mauvais moment, avec les mauvaises personnes.

Licinius se sentait impuissant face aux obstacles qui se dressaient devant lui.

Dans ces conditions, il se rappela des exhortations de Décio, cette nuit-là dans sa petite chambre.

La porte étroite.

Comment passer par elle, celle du sacrifice, portant toutes les possessions et les choses que nous considérons précieuses ?

Comment ne pas avoir à renoncer à tout ce qui semble nous appartenir si nous souhaitons emprunter le chemin étroit qui nous mène à la perfection ?

Le passage étroit, qui n'accepte rien d'autre que ce qui est essentiel, demandait à l'homme de tout laisser derrière lui. Sans cela, il ne réussirait pas à surmonter l'effort nécessaire pour pénétrer dans la dimension de la Maison du Père.

Et si Jésus se trouvait dans la personne du plus petit des frères que nous rencontrons sur le chemin, ce n'était pas Lélia qui subirait une injustice. C'était Jésus qui serait exécuté de nouveau.

Pensant à cela, il priait avec ferveur, demandant l'aide pour trouver la direction juste afin que sa foi ait un sens dans sa vie.

Ses pensées s'élevaient vers les cieux et, se souvenant de cette rencontre avec Décio et des puissantes forces qui l'inspiraient, il supplia :

– Seigneur, le serviteur inutile que je suis ose élever la demande pour que ta lumière m'oriente dans l'obscurité de mes pas.

Ton cœur connaît mes défauts et mes tragédies morales. Je ne me présente pas comme quelqu'un qui mérite de solliciter des faveurs personnelles. Je sais qu'une jeune fille va être tuée sans raison et j'essaie d'aider à ce que cela ne se produise pas. Aide-moi, Maître de l'Amour, pour que je reçoive de Toi l'inspiration nécessaire afin de faire ce qui est nécessaire.

Des larmes de douleur et d'agonie mouillaient son visage, face à la perspective de ne pas pouvoir sauver la jeune fille de son destin tragique.

L'esprit de Zacharie l'enveloppait de son manteau de vibrations lumineuses, le soutenant avec l'inspiration demandée.

Avec la douceur de l'ami qui comprend la douleur de l'autre et l'angoisse de sa souffrance, l'esprit ami lui insufflait des forces et du courage.

Avec la subtilité de l'affection véritable, Zacharie lui caressait la tête et, touchant son cœur, il parlait à l'esprit :

– Oui, mon fils, Jésus a entendu tes prières et il te soutiendra dans tout ce qui sera nécessaire. Ne te laisse pas intimider par les obstacles.

LA FORCE DE LA BONTÉ

Jésus n'a pas déformé. Il ne s'est pas défendu contre ce qui n'était pas une accusation. Il savait que la condamnation était irrévocable et qu'il ne s'était pas lancé pour se défendre contre elle. Il a confié sa défense au pouvoir suprême du Père qui sait tout, connaît tout et fortifie tous ceux qui témoignent de ce qui est nécessaire.

Souviens-toi qu'aujourd'hui, tu le représentes sur le chemin des hommes. Lélia est victime de l'ignominie humaine, sans défense et sans préparation.

Toi, tu disposes de la connaissance et de la foi, du soutien et de la protection. Réfléchis et décide de ce qui te semble le mieux.

Les inflexions paternelles et énergiques de Zacharie pénétraient profondément la pensée de Licinius, le faisant réfléchir intérieurement.

– Oui, je suis le seul à pouvoir aider la jeune fille à se sauver. Mais le juge a demandé des preuves et je n'en ai trouvé aucune qui puisse la libérer... à moins que...

Et une nouvelle lumière pénétra son être.

– ... à moins que je n'assume moi-même la culpabilité...

Oui, si j'assumais la culpabilité, je libérerais Lélia de la mort. Cependant, la mort m'attendrait avec ses bras cruels.

Zacharie l'enveloppait encore plus et lui parlait maintenant plus directement à l'intimité d'autres vies :

– Lucilius, mon fils – oui, car Licinius était le même Lucilius, le centurion romain qui avait aidé Zacharie à protéger Pilate de la cruauté de ses adversaires – la porte étroite nous demande tout, si nous voulons surmonter nos défauts. Moi aussi, un jour, j'ai bu le poison destiné à un autre pour le protéger du mal et de l'injustice. N'aie crainte, Lucilius, je serai à tes côtés. Souviens-toi, je suis Zacharie, ton ami...

Les larmes de Zacharie tombaient sur le front de Licinius qui, sans comprendre pourquoi, ressentit une immense nostalgie, comme s'il désirait retourner dans un endroit beaucoup meilleur que ce monde de méchancetés et d'imperfections.

L'idée du risque de la mort ne l'effrayait plus. Seule la joie de savoir que Lélia pourrait être mise en liberté l'encourageait.

Après avoir ressenti la force de Zacharie, qui éveillait en lui une capacité ignorée, Licinius ne pensa plus aux revers qu'il devrait affronter.

Le message de la porte étroite ne quittait pas son esprit :

LA FORCE DE LA BONTÉ

"Efforcez-vous de passer par la porte étroite..."

Il pensait fermement que Lélia était ce petit être que Jésus disait qu'il représentait dans le monde et, en lui-même, il dit à Jésus, avec humilité :

– Seigneur de la vie, quand tu étais parmi nous, personne ne s'est levé pour te défendre et la honte pèse sur notre lâcheté et notre ingratitude. Je t'offre ma vie pour sauver la plus petite de mes sœurs de l'injustice des hommes, car c'est Toi que je veux sauver d'une nouvelle exécution. Ton cœur sait qu'en moi il n'y a pas de prétention, mais un immense amour et de la gratitude pour Toi. Accepte mon sacrifice comme la seule fleur que j'ai à T'offrir et soutiens-moi dans l'heure amère de la douleur qui m'attend.

Les yeux de Licinius brillaient de joie.

Il avait trouvé le chemin qui pourrait représenter l'espoir pour Lélia, sa sœur de souffrance.

Maintenant, il passerait à l'action immédiate. Jésus devait être sauvé d'une nouvelle exécution et, dans tout ce qui dépendait de lui, le Maître représenté par Lélia innocente ne resterait pas à la merci des juges cruels ni de leurs complices, tout en n'ayant pas lavé ses propres mains.

À partir de ce moment, Zacharie ne s'éloignerait plus de lui, lui donnant du courage et de l'audace face aux pires prédictions.

À ses côtés se trouvaient Livia, Jean de Cléophas, Siméon, Étienne, Abigail, et tous les autres esprits lumineux qui avaient traversé des épreuves similaires et qui, comprenant la grandeur de ce geste de dévouement, l'inspireraient sur le chemin lumineux du bien qui ne craint jamais le Mal et qui, surmontant les épines de l'égoïsme, se transforme en la fleur du sacrifice pour la victoire et le bonheur de tous.

42.
RENONCEMENT ET PRISE DE CONSCIENCE

Je ne comprends pas, monsieur Licinius. En si peu de temps, vous revenez sur le même sujet, demandant encore mon intervention en faveur de la même criminelle ? demanda, quelque peu irrité, le magistrat à qui, dans la structure légale romaine, revenait la décision concernant Lélia.

Comme nous en avons discuté lors de notre dernière rencontre, illustre magistrat, s'il existe une preuve qui n'a pas encore été trouvée et qui n'a pas été collectée jusqu'à présent, cela pourrait modifier le cours des événements.

Oui, c'est la seule façon de favoriser l'accusée, s'exclama Sérvio Túlio, convaincu que cela ne pourrait en aucun cas se produire.

Eh bien, dans ce cas, noble magistrat, je reviens ici avec l'âme soulagée pour vous informer que, en vérité, Lélia est innocente.

Et où sont les preuves de cette innocence si improbable, monsieur Licinius ?

Elles sont dans ce document que je viens de demander à annexer au dossier des preuves officielles.

Tendant les mains, Licinius lui remit une confession écrite sur un parchemin dans lequel il relatait qu'il avait lui-même fourni le poison à l'épouse de Marcus.

Avec beaucoup de détails, il expliquait qu'étant l'administrateur du palais, il connaissait parfaitement sa routine.

Ainsi, il avait un contrôle total sur toutes les choses et les mouvements qui se produisaient dans ses dépendances. Il raconta également les expériences dans lesquelles il avait été impliqué par Druzila, sous-entendant qu'il avait été trouvé dans une situation compromettante pour sa condition d'homme de confiance du mari de la défunte. En réalité, il n'avait rien fait contre l'honorabilité de ses devoirs et le respect qu'il devait à la mémoire de ses bienfaiteurs, les parents de Marcus, déjà décédés, mais, malgré cela, Druzila l'avait fait chanter, menaçant de révéler au mari ce qu'elle en savait selon sa version, mais ne le faisant pas à condition qu'il satisfasse ses désirs charnels.

D'après sa description, le document affirmait que la servante Lélia avait été témoin des événements survenus dans la propriété rurale éloignée de la famille, circonstance qui compromettait sa position d'administrateur, qui devait maintenir son autorité sur toute la servitude du palais, ne pouvant pas coexister avec des employés défiant son autorité, se considérant comme des vainqueurs capables d'intimider ceux qui devaient leur obéir.

En réalité, la servante profitait du plan de Druzila pour en tirer avantage et, pour cette raison, Licinius ne pouvait pas la garder à son service, bien qu'il ne puisse pas la renvoyer, car, une fois renvoyée et éloignée du palais, sa haine risquait de l'amener à agir de manière encore plus nuisible, inventant des choses pires.

Ainsi, Druzila avait une alliée importante au sein de la maison, et, dans la version du document, elle transformait sa vie en un véritable enfer personnel.

Elle demandait sa présence en permanence, lui faisait des avances en offrant son affection et, comme il ne répondait pas favorablement comme elle l'attendait, elle s'offensait et protestait, menaçant de détruire sa réputation devant Marcus, qui, depuis longtemps, représentait pour lui sa propre famille.

À aucun moment, cependant, il n'avait cédé aux tentations, par respect pour l'ami et le patron et aussi pour entretenir une relation affective discrète avec une autre servante du palais qui, de cette relation, était enceinte et sur le point d'accoucher.

En assumant la paternité dans ce document, Licinius offrait à Marcus la possibilité de justifier tout retour de Serapis dans la maison plus tard, en ramenant la servante et ses enfants, non pas comme le fruit d'une relation illicite entre eux, mais en retirant de ses épaules tout risque d'incrimination pour le crime commis.

Se sentant vulnérable face à toutes ces personnes cherchant à l'accuser et à le calomnier, il avait planifié tous les détails pour écarter Druzila de son chemin, éloigner Lélia de l'environnement, et ainsi continuer sa vie normalement, sans qu'aucune des situations oppressantes possibles ne se produise.

Druzila était une femme dangereuse et rusée, toujours avec des plans extravagants pour atteindre ses objectifs.

C'est pourquoi, dans le long document, il se confessait comme le véritable criminel, sachant que Lélia avait en sa possession le flacon de poison, comme Serapis lui l'avait révélé lors de son malaise. Il avait alors trouvé la solution rusée de la mort de la dame, par l'intermédiaire de la servante elle-même, sans qu'elle ne le sache, en utilisant un poison similaire, l'accusant du crime et écartant, en un seul mouvement, les deux adversaires.

La pièce auto-incriminatoire était très bien détaillée. Cependant, Sérvio Túlio avait du mal à croire son contenu.

Vous m'avez toujours semblé un homme correct et digne, monsieur Licinius, selon l'opinion de votre propre patron.

Les gens se trompent, noble magistrat. Nous avons tous des défauts que nous cachons, des peurs que nous faisons semblant de ne pas avoir, des intérêts personnels qui nous motivent, sous l'apparence de grands idéaux. Je peux affirmer que tout ce qui est écrit ici représente la plus absolue réalité.

Ceci n'est qu'un morceau de papier, monsieur Licinius. Votre statut social est au-dessus de celui des serviteurs et, devant la loi romaine, le sang du pauvre et de l'inutile n'a aucune valeur et il suffit de sauver les choses à son niveau de justice.

Oui, mon seigneur. En termes de justice humaine, cela peut atténuer votre colère, la soif de vengeance des personnes qui ont été victimes et qui réclament le sang de quelqu'un pour leur soulagement. Cependant, devant la Justice Souveraine, il s'agit du sang d'une créature innocente. Et si, pour nos lois si iniques parce qu'elles sont le fruit de notre propre iniquité, Rome dévore, sans distinction, des innocents au lieu des coupables, devant Dieu, nous devrons tous nous présenter et sa Justice nous demandera des comptes sur ce que nous avons fait de la Vérité que nous devions défendre et vivre.

Écoutant ses exhortations directes et intrépides, sur un ton de respect et de modestie, Servius Tullius ressentit un frisson parcourir sa colonne vertébrale.

Sur ses épaules pesaient d'innombrables altérations considérées comme légitimes dans la structure sociale de l'époque, mais qui, comme il le savait bien, étaient bien éloignées de l'exercice des préceptes de valeur dans leur plénitude.

Homme pragmatique, il résolvait les problèmes de la manière la moins gênante pour lui. Son idéalisme allait jusqu'à la limite de sa convenance et de ses gains personnels, ce qui le conduisait à s'incliner toujours devant les puissants et les plus riches, ou ceux qui lui garantissaient plus d'opportunités et de faveurs découlant d'une décision favorable.

Cherchant à donner à l'auditoire un air de sérieux et de fausse préoccupation pour les questions de la Vérité, Servius Tullius reprit la parole :

– Mais comme je l'ai déjà dit, sa posture, bien que courageuse, si elle n'était pas déplacée, n'est qu'une version qui pourrait ne pas correspondre à la vérité.

– Et bien que le noble magistrat imagine que je fasse partie de ceux qui viennent ici pour gaspiller le temps d'une autorité aussi importante avec des fantasmes mensongers et irresponsables, je peux affirmer que tout ce qui est là est la plus absolue des réalités.

– J'aurai besoin d'entendre M. Marcus à propos de cette affaire qui le concerne personnellement.

– Le patron est absent pour des raisons impératives et ne reviendra ici que dans environ deux mois.

Le juge s'exaspéra devant cette information.

Voyant son état agité et de terrible angoisse intérieure, Licinius ajouta :

– Bien que mes informations soient vraies, elles pourront être confrontées à celles de la propre Lélia, avec qui je n'ai plus eu de contact et qui pourra facilement être entendue par son jugement aiguisé. De plus, la jeune servante et bien-aimée sur laquelle je fondais mes idéaux d'époux et de père réside dans une maison facile à localiser, et son état pourra être facilement vérifié. Je demande seulement que cela soit fait discrètement pour ne pas nuire à sa grossesse avancée, car elle-même ne sait rien du contenu de ce document ni de ma culpabilité dans tout ce qui s'est passé.

Comprenant que la solution proposée pourrait renforcer la décision qu'il devrait prendre, Servius ordonna que Licinius reste là, dans la salle adjacente, jusqu'à ce qu'il ait une meilleure connaissance des faits.

LA FORCE DE LA BONTÉ

Voyant que les choses se compliquaient dans ce qui semblait être un cas aussi simple pour la routine inconsciente qui construisait ses jugements, Servius demanda, en compagnie de ses assistants, la prison où Lélia était détenue. Cependant, avant cela, il envoya un fonctionnaire de confiance à la maison où Serapis résidait, afin que sa grossesse soit effectivement vérifiée, tout en prenant soin de ne pas éveiller de soupçons, se faisant passer pour un fonctionnaire administratif romain chargé de vérifier des détails sur la construction ou, au moins, de demander l'avis de la propriétaire de la maison.

Servius arriva à la prison et ordonna qu'on lui amène la servante.

La jeune femme était transformée, après les jours passés isolée dans l'environnement promiscu de la prison où la défense de la dignité humaine n'était pas prioritaire.

Ses vêtements étaient déchirés, exhibant la peau déjà blessée au contact des pierres, des mains masculines et des rats qui venaient tous réclamer leurs droits sur les prisonniers.

Ses yeux enfoncés dans leurs orbites ne pouvaient que pleurer.

La tragédie personnelle impressionna même le juge, qui, rarement, se donnait le luxe de se rendre dans une prison personnellement.

Des hématomes et des éraflures témoignaient de ses efforts vains pour se défendre contre des forces bien plus grandes que les siennes. Son esprit déclinait et son raisonnement s'effondrait, comme s'il était en route vers l'aliénation.

La présence devant le juge de l'affaire n'avait rien changé à son visage martyrisé par la douleur.

— Vous êtes Lélia, la meurtrière de Druzila ? – commença Servius l'interrogatoire.

— Oui, je suis.

— Vous avez vraiment tué votre maîtresse ?

— Je dis que non, mais d'autres disent que oui et, à ce qu'il semble, leur avis vaut plus que le mien.

— Est-il vrai que vous avez été témoin d'un incident survenu à la ferme de vos maîtres, il y a quelque temps ?

En entendant cette question, Lélia s'éclaira. Enfin, il semblait que quelqu'un avait compris qu'elle pourrait être innocente.

LA FORCE DE LA BONTÉ

Encouragée par la flamme de l'espoir, Lélia retrouva sa vie propre et se mit à raconter, en tumulte, tout ce qu'elle savait.

Elle raconta que l'administrateur avait passé la nuit avec Druzila, qu'ils étaient tous deux semi-nus quand ils arrivèrent sur place, ce qui indiquait qu'ils avaient eu une relation plus intime, mais que Druzila semblait être sous l'effet d'une substance qui avait également été administrée au serviteur envoyé chercher de l'aide, après que le véhicule les ayant transportés se soit accidenté dans un endroit éloigné de la maison de campagne.

L'engourdissement de Druzila mit du temps à disparaître et, avec les marques de déchirures sur ses vêtements, il était évident qu'elle se trouvait dans une situation délicate, surtout en compagnie d'un autre homme, l'administrateur et homme de confiance de son mari.

Interrogée sur le fait que Druzila s'était offerte ou avait insinué pour attirer l'attention de Licinius, Lélia affirma que la maîtresse, en raison de son malheur dans le mariage, souhaitait blesser son mari, en attirant dans son lit celui qu'elle jugeait plus adapté pour créer la contrainte avec laquelle elle pensait attaquer son époux. Avec Druzila morte, il n'y avait plus besoin de cacher ses comportements intimes.

Servius Tullius commençait à se sentir dégoûté par ce marécage où il s'était permis de s'enfoncer jusqu'au cou.

De plus, Lélia lui révéla que c'était Druzila elle-même qui avait planifié la rupture de la voiture dans un endroit inaccessible, afin de rester plus proche de l'homme convoité. Ce qui lui sembla étrange, c'est qu'on les avait retrouvés endormis, y compris la maîtresse, plus profondément que l'administrateur qui, rapidement, recouvra sa lucidité après son arrivée sur les lieux.

Interrogée sur le fait d'avoir offert le flacon de poison à Serapis, Lélia confirma qu'elle lui avait offert le flacon, mais qu'elle ignorait qu'il contenait du poison, pensant que c'était simplement un somnifère qui aiderait la personne qui le prendrait à dormir plus profondément.

Tout cela correspondait à la version contenue dans le document de Licinius, ce qui lui conférait le statut de document véridique.

Servius mit fin à l'entretien et ordonna que la jeune femme ne soit plus conduite dans le cachot. Qu'on lui fournisse des vêtements décents car elle serait transportée de retour à son bureau, attendant enfin la réponse de son fonctionnaire qui s'était rendu à la maison mentionnée par Licinius.

LA FORCE DE LA BONTÉ

Cela fut fait.

Lélia et Servius furent reconduits dans les appartements où s'exerçait la fonction d'administrateur de la Justice.

Licinius continuait d'attendre dans une salle isolée.

À l'arrivée du juge, le fonctionnaire en question l'attendait déjà avec la réponse à sa démarche, confirmant que dans cette maison résidait une jeune femme du nom de Serapis, qui était enceinte de plusieurs mois, ayant pris toutes les précautions pour ne pas se faire connaître comme notificateur d'ordres judiciaires, mais comme un simple fonctionnaire administratif enquêtant sur des affaires bureaucratiques.

Tout cela correspondait parfaitement à la description de Licinius, en confessant le crime pour libérer Lélia.

Servius était maintenant convaincu qu'il y avait une forte raison pour que Licinius ait commis ce crime, ce qui ne serait pas inhabituel parmi les hommes les plus éclairés et les plus honorables, mais en tant qu'homme de confiance et administrateur, cela résonnait comme un crime grave, surtout en raison de sa cruauté et de son froid, tuant l'épouse de son ami, accusant la servante innocente qu'il savait incapable de se défendre.

Cependant, la question qui lui brûlait l'esprit était précisément celle qui découlait des nouvelles circonstances :

– Pourquoi Licinius avait-il décidé de se déclarer coupable, maintenant qu'il allait devenir père et qu'il pourrait mener une vie sans problèmes ?

Avec cette question en tête, Sérvio retourna dans son bureau et envoya chercher Licinius, laissant Lélia à l'extérieur, isolée.

Adoptant une posture supérieure et traitant son interlocuteur comme un criminel, Sérvio prit un air sévère et dit :

– Monsieur Licinius, votre déclaration de reconnaissance du délit a été confirmée par toutes les sources citées dans votre document. Il me semble qu'en effet, nous étions sur le point de condamner une innocente à mort, et qu'elle a été sauvée grâce à cette confession.

Un soulagement envahit le cœur de Licinius.

Lélia serait enfin libérée.

Un sourire délicat de bonheur se dessina sur ses lèvres.

Sérvio continua :

– Il est vrai que vous allez remplacer cette peine qui vous incombait. Cependant, j'ai besoin de vous poser une question : qu'est-ce qui vous a poussé, au fond de vous-même, à faire cette confession, surtout maintenant que votre vie semblait se diriger vers la réalisation de vos rêves paternels ? Pourquoi laisser une veuve et un orphelin quand quelqu'un d'autre paierait pour vos crimes sans que personne ne le sache ? Si je n'étais pas en face de vous, je douterais sérieusement de votre santé mentale... – affirma Sérvio, en interrogeant Licinius.

Écoutant les interrogations compréhensibles de cet homme intéressé principalement par les convenances et les circonstances favorables, et, une fois qu'il avait atteint son objectif, spirituellement enveloppé par Zacharie, Licinius répondit :

– Noble magistrat, il viendra un jour où nous apprendrons tous que la justice que nous pratiquons en tant que juges ne nous sauvera pas du banc des accusés devant la Justice Souveraine de Dieu. Nos accusateurs seront nos consciences, devant lesquelles aucun de nos actes ni de nos intentions ne peuvent être cachés.

Tous les hommes sont dotés d'un tel juge intérieur qui, tôt ou tard, endosse les fonctions de magistrat de lui-même. Et à quoi me servirait d'embrasser ma femme et mon enfant si, au fond de moi, je me considérais comme un criminel ? Avec quelle autorité morale éduquerais-je mes descendants si j'étais simplement un bandit bien habillé ? Un criminel comme moi le ferait-il aussi ? Mes souvenirs me poursuivraient, car le criminel peut fuir la misérable justice des hommes, il peut fuir les prisons les plus sûres, il peut fuir son pays, mais il ne peut fuir lui-même.

La seule manière de se respecter et d'être respecté, c'est de comprendre que notre véritable défense réside dans la purification de notre cœur et de nos pensées de toute erreur.

Il y a eu un homme qui, innocent et sans faute, fut crucifié sans prononcer un seul mot pour se défendre, parce qu'il croyait en la Souveraine Justice de Dieu, qui sait tout et prévoit tout.

Intrigué par ces références, Sérvio interrompit son explication et demanda :

– Nous avons notre Thémis, la déesse de la Justice, avec son bandeau, sa balance et son épée. N'est-ce pas d'elle que vous parlez ?

– Notre déesse est trop tiède pour représenter la Vérité, mon seigneur. Sa cécité est plus profonde que le bandeau qui couvre ses yeux, sa balance est toujours vulnérable au poids de l'or qui y est placé, s'inclinant toujours du côté de ceux qui l'approvisionnent le plus en biens et en richesses, et son épée est pleine du sang des innocents et des pauvres.

Non, mon seigneur, je parle d'un Dieu unique, notre Père, qui nous connaît mieux qu'un père humain ne connaît son propre enfant. Son ambassadeur terrestre, connu en Orient sous le nom de Jésus, fut l'une des créatures les plus dignes à avoir foulé cette Terre, et il fut un exemple vivant de tous les principes de Justice, de Vérité et de Fidélité envers Dieu qui l'avait envoyé.

Avec lui, nous apprenons qu'il ne sert à rien de fuir la responsabilité pour les erreurs commises, car à chacun de nous sera donné le fruit exactement égal au type de graine que nous avons plantée.

Nous ne souffrirons pas pour des choses que nous ne méritions pas. Nous devons reconnaître que nous sommes tous frères et que nous devons nous respecter les uns les autres. Il ne sert à rien de prétendre être bon ou vertueux sans l'être réellement. Ce sont ces principes en lesquels je crois et, ainsi, je ne pourrais me sentir digne si je me cachais derrière les apparences de la noblesse tout en portant de telles taches sur mon caractère.

Malgré les interdictions légales, il n'existe aucune loi qui empêche de croire en la Vérité et, ainsi, je me confesse également chrétien devant vos yeux et oreilles grand ouverts, afin que cette Vérité puisse toucher votre cœur, ne serait-ce qu'une fois dans votre longue existence faite de tromperies et de misères déguisées sous un manteau déchiré que vous appelez Justice.

C'est sur cette réalité de l'esprit que je me confesse à vos critères de magistrat, dont la faible possibilité d'atteindre la vérité aurait conduit à la mort d'une jeune innocente.

Vous êtes-vous déjà demandé, noble magistrat, combien d'autres détenus dans le même cachot sont aussi innocents que Lélia ?

Mais ils sont là parce que Rome a besoin de divertissement et le peuple demande une émotion bestiale. La justice que Thémis représente est en vérité une recruteuse de victimes sans défense et pauvres, tandis que les véritables criminels poursuivent leur vie dans leurs lits somptueux portés par des esclaves qui les ventilent, je ne sais pas si pour les rafraîchir ou pour éloigner le malodor moral qu'ils dégagent partout où ils passent.

Combien mourront parce que ceux qui auraient dû les défendre étaient trop occupés à prendre soin de leur coiffure, de leur fourchette ou de leur plaisir ? Dans la conscience de chacun de nous, magistrat Sérvio, brilleront nos actes de noblesse ou assombriront, brumeux, nos maladresses les plus secrètes.

Jésus nous enseigne que nous ne nous débarrasserons de nos maux que lorsque nous apprendrons à les renier, en endurant tout ce qu'il faut pour que la purification soit accomplie.

Si le prix que Rome me demande, pour sa cruauté et sa fausse justice, est la mort, que je paie ce qu'elle me réclame, mais non sans me souvenir que, il y a quelques minutes, sa stratégie d'enquête dont elle se vante tant, n'hésiterait pas à sacrifier une pauvre femme innocente, comme elle en tuera des milliers d'autres, sans faute.

Si tel est le genre de principe que Thémis défend, je la répudie et je me satisfais, le plus rapidement possible, d'être définitivement séparé de ce misérable scénario, où il semble que des démons infernaux incarnés occupent les postes les plus importants de notre société, feignant d'être des prêtres, des autorités, des sénateurs, des magistrats, des administrateurs, des soldats.

Que je sois, alors, dévoré par les lions ou brûlé sur un poteau incandescent.

Le jour viendra où même les bêtes sauvages ressentiront du dégoût à manger le corps de telles autorités et même les flammes ne se risqueront pas à consumer une matière aussi vile que cette chair humaine.

Étonné par un courage qui semblait surnaturel et rempli de vérités qui n'étaient pas dites dans cette Rome impunie, Sérvio restait abasourdi.

Pour briser cette ambiance, il fit un bruit particulier et ordonna à un fonctionnaire d'amener Lélia devant lui.

La servante arriva effrayée, encore plus surprise de percevoir la présence de Licinius.

– Lélia, en tant que servante innocente de toute accusation, en tant que juge, il m'incombe de vous rendre votre liberté, car une preuve irréfutable de votre innocence a été présentée.

Ne croyant pas ce qu'elle entendait, la jeune femme tomba à genoux, en pleurant, dans une scène poignante d'émotion, qui mettait mal à l'aise la fausse autorité de Sérvio qui, à ce moment-là, prenait conscience de la précarité des jugements eux-mêmes.

LA FORCE DE LA BONTÉ

– Seigneur Licinius, je savais que vous ne me laisseriez pas ici, emprisonnée, attendant la mort. J'étais certaine que vous chercheriez la vérité et obtiendriez les preuves nécessaires pour me sortir d'ici.

En disant cela, la servante lui embrassa les jambes, lui baisa les pieds et les lava de ses larmes.

Licinius s'agenouilla et, cherchant à fuir cette situation embarrassante, caressa ses cheveux sales et en désordre, essayant de la calmer.

C'était une scène qui ferait pleurer même les bois des meubles du bureau.

– Lève-toi, Lélia, car nous sommes en présence du magistrat qui a reconnu ton innocence. C'est à lui que tu dois ta gratitude, ma fille – dit humblement Licinius.

– Merci... mon seigneur... Votre décision... m'a redonné la vie.

– Vous êtes libre, servante, vous pouvez chercher à reprendre votre vie et à la reconstruire sur des bases de justice et de respect pour tous et pour les autorités romaines.

– Puis-je attendre le seigneur Licinius pour sortir ensemble ? – demanda la servante, dans l'espoir de sortir accompagnée de celui qui lui apportait sécurité durant ces heures si turbulentes de son existence.

– Malheureusement – dit le juge – le seigneur Licinius devra rester ici, car il a avoué être coupable du crime qui a victime Druzila, et pour cela, il sera conduit à la prison d'où vous avez été emmenée. Vous pouvez sortir seule, car désormais, la détention sera pour lui.

En se tournant vers Lélia, dans cette rapide séparation sans possibilité d'explications supplémentaires, l'administrateur lui demanda de chercher Décio dans sa petite maison, au nom de Jésus et en son nom personnel, pour lui demander de l'accueillir, car lui, Licinius, allait servir Jésus, là où le Maître le désirerait.

Ayant compris le message, sachant que ce n'était pas approprié pour Lélia de retourner au service du palais ni auprès de Serapis et Marcus, afin de ne pas être entraînée dans de nouvelles intrigues néfastes, la servante, confuse, s'éloigna émue et reconnaissante, promettant de chercher Décio et de lui parler de ce Jésus, au nom duquel Licinius la recommandait.

LA FORCE DE LA BONTÉ

À la fin de la journée, Lélia frappait à la porte de la petite maison de Décio, tandis que Licinius, désormais considéré comme le meurtrier de Druzila, à l'accusation à laquelle s'ajoutait le crime d'appartenir à la secte interdite du christianisme naissant, crime également avoué avec audace et enthousiasme, était emmené directement vers l'ambiance repoussante de la prison infectée, où il attendrait le moment final de son témoignage.

Au loin, Marcus imaginait que Lélia ne tarderait pas à être consumée par les griffes des bêtes sauvages et que, peu de temps après, elle reviendrait pour reprendre sa vie avec Serapis.

Dans cette Rome capricieuse, les préparatifs pour les célébrations populaires qui impliquaient plusieurs spectacles et divertissements du peuple opprimé et futile commençaient, maintenant ce dernier sous le contrôle des gouvernants rusés au prix de leurs plaisirs primitifs satisfaits.

En prison, Licinius rencontra de nombreux frères, dont le seul crime avait été d'avoir été trouvés en prière dans de petites communautés, car, avec l'approche des festivités, la garde prétorienne effectuait des actions éclairs la nuit, envahissant les maisons de la périphérie où ils savaient que les adeptes de la nouvelle croyance se rassemblaient, combattue par les autorités impériales comme nuisible à leurs intérêts, à ceux de l'État romain et aux traditions ancestrales sacrées, si superficiellement cultivées par les Romains eux-mêmes.

Là, dans l'obscurité de la prison, une atmosphère fraternelle s'établit entre ceux qui savaient que le moment de passer par la porte étroite était arrivé. Parmi eux, cependant, Licinius était le seul à s'être offert spontanément au sacrifice, et à avoir défendu avec audace le message chrétien, déclarant son adhésion fidèle à ces vérités qui, à partir de ce jour, ne quitteraient plus l'esprit et les pensées du juge Sérvio Túlio, qui, bien qu'ayant exercé son autorité en condamnant le criminel avoué, avait reçu de celui-ci les premières leçons de morale chrétienne, qui toucheraient quiconque sur Terre avec le minimum de sens du devoir à accomplir.

Depuis sa rencontre avec Licinius, Sérvio Túlio ne retrouverait plus la tranquillité placide qui caractérisait sa vie paresseuse et inutile.

Le réveil de la conscience allait provoquer les ravages nécessaires dans son dossier d'erreurs et de misères cachées, car Licinius lui parlerait avec la sincérité et l'arrogance que les autres redoutaient de confronter à une autorité aussi puissante qu'un magistrat romain. Et les vérités qu'il entendrait pénétreraient profondément dans son esprit, déclenchant d'innombrables processus de réflexion et d'auto-évaluation qui le conduiraient à une situation inconfortable face à lui-même.

– Qui serait cet homme qui assumait la culpabilité en luttant pour l'innocence d'une servante et qui, comme justification, ne possédait que les scrupules de sa conscience ? se demandait Sérvio, admiratif. D'où tirait-il un tel courage qui lui permettait d'affronter la mort cruelle sans la peur des puissants, toujours prêts à tuer lorsqu'ils sont victorieux, mais toujours prêts à fuir lorsqu'ils doivent faire face à la défaite et à la mort ?

Des nuits blanches, le magistrat les passa en méditation sur la réalité de sa vie, les erreurs secrètes de son caractère, la tiédeur de son sens de la justice, luttant contre lui-même et contre les conventions de cette société maladroite et sans profondeur.

Oui, c'était vrai que Licinius avait été emprisonné sous le poids de barres solides.

Mais face à la conscience qui se réveillait maintenant en Sérvio, serait-il pertinent de se demander lequel des deux, à ce moment-là, était le véritable prisonnier : celui qui avait la liberté de choisir la prison dans un geste de compassion et de miséricorde, comme l'avait fait Licinius, ou celui qui ne pouvait fuir sa propre cellule mentale, l'accusant de tant de maladresses secrètes, comme dans le cas de ce juge indigne ?

43.
DÉCOUVRIR LA VÉRITÉ

Pendant que Licinius, emprisonné, attendait déjà depuis plusieurs semaines le moment de suivre son destin, loin de là, Marcus n'imaginait pas ce qui se passait avec ce seul véritable ami qu'il avait eu dans toute sa vie.

Ses tâches quotidiennes, ses rêves amoureux, l'imaginaire de revenir ensuite au siège de l'Empire pour pouvoir poursuivre sa vie, faisaient de ses émotions un volcan prêt à entrer en éruption dans des déversoirs ardents d'une affection longtemps réprimée.

Entre-temps, il avait été informé par le magistrat Sérvio Túlio, qu'il avait consulté pour déterminer la condamnation de Lélia, que son exécution aurait lieu dans un délai de deux mois, période pendant laquelle, pour des raisons déjà expliquées, Marcus avait déliberé de rester hors de la ville.

Les fortes nostalgies lui oppressaient la poitrine.

En même temps, Serapis arrivait à la phase finale de la grossesse, au cours de laquelle, quelques semaines suffiraient pour annoncer la naissance.

Son état intime était très délicat.

L'absence de Marcus, bien qu'elle sache qu'il dominait l'affection du jeune homme, enchanté par la possibilité d'être père d'un garçon, la réconfortait un peu dans ses angoisses.

La solitude, cependant, la remplissait de méfiance, surtout en un moment aussi délicat de la réalité féminine, celui où la femme se voit comme un véhicule de la vie et, pour cela, cherche le soutien de quelqu'un qui puisse la guider avec des conseils et, plus expérimenté, lui offrir une paix et une confiance que la novice ne parvenait pas à trouver en elle-même.

Les crises successives de manque d'air, de malaise gastrique, de nausées, rendaient son état physique et émotionnel encore plus instable.

N'ayant personne à qui recourir afin de ne pas exposer les plans de Marcus au regard des autres, Serapis demanda à la servante de confiance de l'amant, qui était restée à ses côtés, d'aller au palais et de

LA FORCE DE LA BONTÉ

demander à ce que le seigneur Licinius vienne afin qu'elle puisse lui parler.

Il ne fallut pas longtemps avant que la servante revienne sans avoir rempli la demande.

Cela faisait un certain temps que Licinius n'avait pas été vu au palais, et personne ne connaissait son emplacement.

Surprise par cette disparition qui, selon son propre jugement, pourrait bien être une excuse qu'il se donnait après tant d'années de travail fidèle et dévoué, Serapis décida d'envoyer un message à l'amant par l'intermédiaire d'un porteur de confiance pour que le jeune homme revienne plus rapidement de son voyage.

Le trajet serait fait plus rapidement par un seul homme, de sorte que, si tout se passait comme elle l'espérait, Marcus serait bientôt dans ses bras.

Elle s'occupa d'écrire un message codé, afin qu'il ne soit pas compris par des yeux curieux qui pourraient y jeter un coup d'œil :

– « Seigneur Marcus, la mission arrive bientôt et nécessite votre présence urgente au petit palais. »

Avec cela, pensait Serapis à voix haute, je suis sûre qu'il reviendra vite.

Sa servante de confiance, sentant l'approche de la naissance, partit en quête du porteur qui, pour une modeste récompense, se proposa de délivrer ce message et, afin de garantir une rémunération supplémentaire à son retour, de se hâter comme exigé.

Licinius, en prison, retrouvant des compagnons chrétiens emprisonnés dans les mêmes conditions que lui, passait la majeure partie de son temps à parler de Jésus, enseignant les beautés qui leur étaient encore inconnues et, chaque jour davantage, comprenant la grandeur de Celui qui était venu dans le monde pour éveiller la bonté dans le cœur des hommes.

Son intérieur tremblait à l'idée de son destin possible. En même temps, la joie de se savoir sacrifié pour que Jésus vive à travers la figure de la servante innocente Lélia, lui donnait une sensation de joie et de grandeur inexplicables.

En même temps, il sentait qu'il devait aider Marcus et Serapis et qu'il ne serait pas juste de les exposer au risque d'être considérés comme des assassins unis pour réaliser le bonheur d'une union qui, seule, par la mort de Druzila, pourrait être concrétisée.

La grossesse de la chère servante d'autrefois était un précieux fardeau qu'il se devait de défendre de toutes ses forces, comme s'il était issu de sa propre force génératrice. Il ne comprenait pas la raison, mais ses sentiments lui dictaient le devoir de protéger Serapis afin que la naissance se déroule dans les meilleures conditions possibles.

Pour toutes ces raisons, il n'y avait pas d'autre solution qui conciliât l'innocence et la liberté de Lélia avec la préservation de Marcus et Serapis, à part sa propre condamnation.

À ses côtés, les forces de Zacharie le soutenaient, dans la paix qu'il ressentait et dans la transmission des flux vibrants venant du Très-Haut, afin qu'au moment difficile pour ses douleurs, les puissances spirituelles le soutiennent.

La parole de Licinius, dans l'obscurité de ces cachots où l'ignorance des hommes témoignait de leur propre perversité, devenait plus sage et sereine, aidant les autres affligés à rester tout aussi résignés.

Il y en avait certains, là, condamnés pour des délits mineurs, qui n'avaient jamais entendu parler de Jésus et qui n'avaient jamais imaginé la force profonde qu'il possédait.

Naufragés sans le gilet de sauvetage de la connaissance de soi, ils étaient des morceaux d'hommes emportés par les vides de l'incompréhension et qui, face à l'inexorabilité de cette heure, ne savaient où diriger leurs pensées.

Le désespoir les secouait, mais la tranquillité de ce groupe d'hommes et de femmes qui restaient raisonnablement sereins et équilibrés, les attirait comme quelqu'un qui souhaite découvrir où se trouve le trésor le plus précieux afin de l'usurper pour soi-même.

C'est pourquoi de nombreux individus se rassemblaient autour du groupe qui parlait des choses de l'esprit, des beautés du Royaume des Cieux que Jésus avait promises à ses élus.

Des angoisses étaient confessées, des crimes cachés étaient révélés les uns aux autres, comme si, pour pénétrer dans des paysages lumineux, ils devaient expurger d'eux-mêmes les plus grands défauts de leur intérieur, les révélant aux autres qui partageaient la même tragédie.

Là, personne ne faisait de censure, ni ne portait le visage de répulsion qui critique sans mots, ni de gestes d'impatience. Tous

LA FORCE DE LA BONTÉ

traversaient ces jours d'attente comme ceux qui se préparent, par un régime de l'âme, à la bénie chirurgie qui leur redonnera l'excellence à laquelle ils aspiraient, selon les promesses du Christ des jours lointains du passé.

Licinius, qui pour tous apparaissait comme le plus mature, celui qui savait le mieux articuler les expressions de consolation et de prudence, était recherché pour servir de réceptacle aux misères morales et, ainsi, il pouvait apprendre beaucoup de choses en observant la douleur intime causée par les perspectives à venir, rendant ceux qui étaient destinés au supplice, au lieu de tenter de fuir en adoptant des mesures surprenantes, se consacrer au travail de modifier leurs erreurs les plus cachées, en les révélant selon les expériences de la Vérité qui les trouverait peu après.

En réalité, les plus malheureux qui se trouvaient là, ne réclamaient pas pour les petits larcins auxquels ils avaient été contraints par la faim qui les maintenait captifs depuis longtemps.

Tous étaient fouettés par les drames de la conscience. L'abandon auquel ils avaient relégué des êtres chers, les paroles calomnieuses qu'ils avaient proférées pour nuire à d'autres créatures qu'ils enviaient, les mensonges qu'ils avaient propagés, les larmes qu'ils avaient fait couler des êtres qu'ils avaient victimisés par leurs erreurs, les séductions et les faux sentiments du cœur qui avaient causé la douleur de nombreuses âmes, les moments de fuite du devoir au cours des années passées, tout cela leur revenait à la bouche comme si cela venait de se produire.

Il semblait qu'une grande pierre ait été enlevée du noyau de la mémoire et que, enterrées depuis de longues décennies, les méchancetés humaines remontaient à la conscience éveillée, et ainsi en payaient le prix de leur révélation, après avoir semblé perdues dans l'oubli.

Tous savaient que, bientôt, la mort les cueillerait de la pire façon possible et, ceux qui avaient eu l'opportunité de comprendre les beautés de l'Évangile, aussi indifférents qu'ils aient pu être au cours de leur vie, étaient maintenant confrontés à la force inexorable qui leur demanderait tout ce qu'ils possédaient, même leur propre réalité, sous peine de ne pas être admis dans le grand cénacle où le Messie avait promis de réserver une place à ceux qui lui seraient fidèles.

La douleur intime des vérités mesquines non révélées surgissait maintenant comme un impératif de repentance tardive, par lequel les créatures indifférentes qui n'avaient jamais perçu que vivre n'était pas un jeu ou une fantaisie, craignant l'avenir, cherchaient à alléger le fardeau pourri de leurs erreurs, leurs peines, leurs haines et leurs mesquineries, afin que le poids spécifique de leur âme ne les empêche pas de s'élever vers le Royaume des Cieux.

Licinius comprenait les misères humaines et ne faisait rien d'autre que de les écouter et de leur offrir le réconfort de son sourire de compréhension.

La faim physique était cruelle et, les adultes les plus forts, sous la direction de Licinius, acceptaient de laisser leur propre ration pour que les vieillards, les malades et les femmes puissent avoir une plus grande part de nourriture.

Parmi les diverses occupations que son cœur généreux trouvait dans la cellule, il y avait celle de prendre soin des douleurs des autres, dans un environnement pour lequel peu étaient préparés.

Son leadership sans paroles avait fourni des énergies rééquilibrantes à ceux qui se trouvaient là, perdus dans le tumulte des événements, sans savoir où s'appuyer.

Beaucoup de ceux qui n'avaient pas connu le christianisme, dans l'humidité de ces ambiances tragiques, firent leur profession de foi, grâce à l'action courageuse d'individus inspirés comme Licinius et comme tant d'autres qui se proposaient au martyre afin que, dans le sang partagé, les plus forts aident, par leur bonté et leur compréhension, les plus faibles.

C'était là l'un des engagements de Lucilius, avant de se réincarner en Licinius, soutenu spirituellement par Zacharie. L'amour qu'il nourrissait pour ce vieux cordonnier désintéressé le poussait à demander la possibilité d'aider les souffrants jusqu'au dernier moment de sa vie.

Il désirait souffrir pour sauver et, même dans la souffrance, il aspirait à sauver ceux qui pouvaient l'entendre.

Comme Zacharie l'avait fait un jour avec Pilate, il se disposait à faire de même avec les inconnus emportés dans le désespoir par l'injustice des hommes de tous les temps.

Ainsi, renaissant en Licinius, le même esprit qui avait été responsable de la prison Mamertina dans le passé, recevait maintenant la mission de soutenir ceux qui se retrouvaient emprisonnés, se mettant parmi eux, leur apportant tout ce qu'il avait appris de l'exemple de Zacharie lorsqu'il s'était efforcé de soutenir celui qui s'était lavé les mains dans le procès de condamnation de Jésus.

Maintenant le centurion Lucilius n'était plus, que le serviteur Licinius, enveloppé par les lumières de Zacharie et d'autres esprits généreux, permettant qu'à travers leurs exemples, l'infinité des injustices sur Terre trouve la bonté semée dans les endroits les plus sordides.

La justice restait enfermée dans les palais.

La vérité des hommes se perdait dans les chemins bureaucratiques arrosés d'or et de faveurs.

L'espoir semblait avoir été fait prisonnier dans un endroit lointain, face aux crimes successifs qui touchaient les levées des pauvres et des démunis de Rome.

La paix était quelque chose que les dieux de pierre avaient expulsé de l'Empire, toujours désireux d'obtenir plus de serviteurs et d'esclaves, de tributs et de gloires vaines.

Seule la Bonté se proposait pour être l'infirmière des affligés dans cet antre d'agonie, avant-chambre de la mort annoncée avec des raffinements de festivité.

Oui, car les fêtes publiques approchaient, offertes au peuple pour acheter sa complaisance et son aliénation. Des fêtes qui poussaient à l'extrême tous les excès, favorisés par une large distribution de vêtements, de vin et de nourriture, et pendant lesquelles, tout au long de leurs journées, se succédaient d'innombrables viols, des crimes horribles, des scènes désagréables de violence et de vandalisme, au cours desquelles les misérables se blessaient les uns les autres, augmentant la charge de douleurs qu'ils répandaient partout où ils passaient.

Les malheureux ne recevaient aucune médication pour leurs maux. Ils s'infectaient avec des maladies plus graves, se connectant à la foule invisible qui, depuis longtemps, assombrissait l'atmosphère psychique de la capitale impériale à la recherche de plaisirs et de sensations physiques qu'ils ne pouvaient plus apprécier directement faute de corps charnel.

Seules les modestes communautés qui se réunissaient la nuit dans les petites maisons pauvres de la périphérie étaient des noyaux de force positive que le monde spirituel utilisait pour propager sa clarté sur les âmes de ce conglomérat d'iniquités. C'est pourquoi le processus de persécution auquel les adeptes du christianisme naissant étaient soumis avait été si important, étant la seule manière d'abréger le long chemin d'ascension, en aidant ceux qui devaient passer par de telles épreuves difficiles, expurgeant leurs fautes intérieures tout en impressionnant la foule inculte par l'exemple de la Bonté défiant la propre logique encore peu développée.

Des siècles de luttes acerbes, de sang et de larmes furent évités grâce à ces témoins silencieux pénétrant dans les esprits et les libérant des chaînes du mal, touchés par des gestes si héroïques qu'ils ne savaient pas comment les concrétiser en eux-mêmes, en raison de la misérable foi qu'ils attribuaient à des statues froides et fières.

La masse informe et vicieuse était l'héritage de la civilisation romaine.

Les quelques martyrs du courage, de la foi et de la bonté étaient l'invitation vivante à démontrer la supériorité de la civilisation du futur, qui serait un jour installée sur Terre.

Pendant ce temps, Servius Tullius restait préoccupé par la vision de Licinius devant ses jugements, qu'il rendait dans les procès, jusque-là toujours incontestables.

Cette gêne perdurerait pendant de longues années dans son existence, le contraignant à chercher des informations sur cette croyance, jusqu'alors perçue comme une secte de Juifs pervers et rebelles.

Pendant que la vie donnait à Licinius le temps nécessaire pour s'exercer comme infirmier des âmes dans ce lieu de tristesse, le messager retournait à Rome pour chercher la récompense promise, apportant un court message de Marcus à remettre à la même servante, celle qui servait de contact entre Serapis et le monde extérieur.

« Je suis en chemin pour revendiquer mon droit sur la mission » – tel était le contenu de la réponse.

Oui, Marcus anticipait son retour pour être présent au moment de la naissance.

Cette nouvelle eut le mérite d'apaiser l'esprit de Serapis qui, incertaine lorsqu'elle ne pouvait avoir son promis sous son regard dominant, craignait que ses projets personnels perdent leur efficacité avec l'éloignement du veuf.

Une partie de ses angoisses, en vérité, étaient produites par la peur de ne pas réussir à garder son contrôle sur les émotions de Marcus, ce qui pourrait faire en sorte que le jeune homme léger tombe dans les griffes de quelqu'un d'aussi astucieux, voire plus qu'elle.

La nouvelle du prochain arrivée de Marcus coïncidait avec le début des fêtes publiques qui se prolongeraient pendant plusieurs jours, enveloppant les autorités et la grande partie de la population dans les spectacles sanglants et vils.

Serapis restait déjà allongée la plupart du temps. Son ventre s'était tellement distendu qu'à en juger par son volume, il semblait que la créature ne pourrait en sortir.

En raison des proportions de son ventre, du poids et de l'inconfort que cela provoquait, elle était forcée de rester allongée sur le lit, recevant les soins des domestiques de Marcus, avec toujours une femme expérimentée à ses côtés, qui, en tant que sage-femme habile, était utilisée pour les naissances les plus délicates, lorsque la discrétion conseillait de ne pas appeler le médecin de famille.

Le volume de personnes qui se rassemblait aux portes du grand théâtre Flavien, vulgarisé aujourd'hui sous le nom plus courant de Colisée, donnait une bonne idée des dimensions et de l'attente de l'événement.

La petite caravane apportant Marcus arriva à Rome sans être remarquée, au crépuscule de la veille du début des festivités, le jeune veuf se dirigeant directement vers les appartements de celui qu'il appelait le petit palais, ou palais de Serapis et Marcus, dans leurs moments d'intimité.

L'arrivée de l'amant remplit l'esprit de la servante enceinte de légèreté, maintenant plus sûre de pouvoir poursuivre ses projets, ouvrant les bras pour accueillir l'homme qu'elle avait choisi comme point d'appui pour son avenir, bien qu'il ne fût pas l'homme de sa vie.

L'expression d'affection de Serapis, toujours habile dans ces théâtres où les démunis de tendresse sont les principaux spectateurs, fit fondre Marcus en caresses et mots tendres, lui promettant qu'il ne s'éloignerait plus jamais d'elle, sauf pour se rendre rapidement au palais, sa résidence officielle, pour se reposer et ajuster les détails nécessaires, afin de revenir plus tard.

Qu'il prépare un endroit pour lui dormir, car même cette nuit-là, il reviendrait pour passer les heures en sa compagnie.

Voyant la détermination du jeune homme, Serapis ne s'inquiéta pas de la décision de se rendre au palais, à condition qu'il revienne plus tard comme il l'avait promis.

Lucia resterait dans la pièce, avec celle qui serait sa future maman, près du nouveau bébé qui allait bientôt arriver. Personne d'autre ne savait où en était le destin du couple et de la petite Lucia, à l'exception de Licinius, déjà emprisonné depuis plusieurs semaines...

À son retour au palais, Marcus ordonna à Fabio, l'administrateur suppléant qui occupait le poste en l'absence de Licinius, de le chercher et de l'amener dans ses appartements pour qu'ils discutent rapidement.

— Monsieur, je n'ai pas eu de contact avec Monsieur Licinius, qui, depuis son départ, n'a pas été vu dans les appartements de cette maison, — informa Fabio, avec assurance.

— Que veux-tu dire, Fabio ? — demanda Marcus, curieux.

— C'est ce que je me demande, mon seigneur. Nous imaginions qu'il aurait reçu une autorisation de votre part, car il n'est pas venu à la maison, bien que ses affaires soient en place et que sa chambre abrite ses objets personnels.

— C'est très étrange... — dit Marcus, pensant à voix haute. — Bien, laisse ça pour plus tard. J'ai besoin de me préparer, car je dois encore rester quelques jours à l'extérieur, donc je veux que tu me fournisses des vêtements propres pour que je puisse les emporter avec moi.

— Oui, mon seigneur. En attendant, dois-je continuer à remplir les fonctions du seigneur Licinius ? — demanda-t-il respectueusement.

— Bien sûr, Fabio. Cependant, dès que Licinius apparaîtra, dis-lui de rester ici ou de me chercher dans les endroits qu'il connaît pour que je puisse m'entretenir avec lui.

— Je le ferai, mon seigneur.

Marcus ne comprenait pas ce qui se passait, mais il pensait que l'absence de son ami et administrateur était liée à un problème personnel qui nécessitait une séparation temporaire, ne laissant pas ce détail occuper son esprit, qui était désormais rempli d'excitation avec l'approche de Serapis et du moment décisif où il tiendrait enfin le fils tant attendu dans ses bras.

Comme c'était très courant dans la croyance confuse de l'époque, Marcus imaginait qu'un de ses ancêtres pourrait revenir dans ses bras, peut-être même son propre père, déjà décédé depuis longtemps, comme une façon de poursuivre la tradition familiale. Cette sensation ne faisait pas partie de la religion officielle, mais c'était une façon informelle pour les Romains de se référer à cette vague notion que tous les vivants possédaient de l'immortalité, qu'on meurt et qu'on renaît.

LA FORCE DE LA BONTÉ

Héritée des visions de nombreux peuples conquis, la malléabilité romaine acceptait d'intégrer des principes d'autres croyances qui semblaient logiques pour expliquer certaines réalités qui, autrement, ne seraient pas facilement expliquées.

Ainsi, dans les commentaires informels, il était courant de penser qu'un spectre d'un ancêtre se manifestait dans le corps d'un parent proche, maintenant ainsi les lignes de l'héritage imposées par les traditions.

– Qui sait, peut-être que c'est mon père qui revient ? – pensait Marcus, enthousiasmé, imaginant comment il l'élèverait, comment lui offrir la meilleure éducation, tout en maintenant l'union avec Serapis comme fondement de son sentiment le plus pur.

Une fois les préparatifs terminés, Marcus se souvint de chercher le juge Servius pour confirmer la décision de sacrifier Lélia.

Il consulta l'heure probable et se rendit compte qu'il était déjà trop tard pour une visite personnelle au magistrat qui, dans le respect apparent de ses traditions, gardait soigneusement son intimité.

Il délibéra de retourner à son refuge de bonheur et fixa le lendemain pour se rendre chez le juge, afin d'obtenir plus de détails sur la mort effective de la servante dangereuse.

Le retour de Marcus, comme promis, trouva Serapis affligée par les douleurs et l'inconfort qui l'assaillaient.

Il s'installa dans la même grande chambre qu'elle, laissant Lucia, la fille, dans son petit berceau, près d'eux. Il passa la nuit sans pouvoir dormir régulièrement, cherchant à soulager Serapis, lui essuyant le visage de la sueur chaude, lui donnant de l'eau quand cela était nécessaire, la ventilant pour qu'elle se sente mieux.

Le jour suivant apportait une grande émotion pour ce futur père, face à la possibilité de recevoir enfin la bénédiction tant attendue par tout Romain qui souhaitait transmettre la tradition familiale, car c'était au fils qu'incombait le devoir de préserver le culte des dieux tutélaires, des ancêtres de la famille, en veillant au bien-être des anciens membres, maintenant emportés aux Champs Élysées.

La femme n'avait pas la fonction d'accomplir de tels prodiges, car, en tant qu'enfant, elle devait adopter les dieux de ses parents et, une fois mariée, elle était soumise aux dieux du mari, empêchant ainsi la tradition du culte des ancêtres de perdurer dans le lignage d'une famille si un descendant mâle ne reprenait pas la défense du culte et des traditions.

LA FORCE DE LA BONTÉ

Ce concept avait déjà subi certaines modifications, ce qui avait même motivé l'instauration du culte comme moyen de s'assurer un héritier mâle qui succéderait, maintenant allumée la flamme de l'autel familial.

Pendant ce temps, l'atavisme systématique incorporé dans les plus anciennes traditions imposait son tribut à tous les Romains qui considéraient dans la filiation masculine, plus qu'une preuve de virilité, la notion que leur descendance, leur nom et leurs besoins après leur mort seraient pris en charge par ceux qui resteraient pour poursuivre le culte des anciens rituels.

La nuit passa lentement, et lorsque la lumière du soleil éclaira cette Rome festive, le bruit de la ville et la clameur du peuple donnaient une idée de la folie et de l'inconscience.

Baisant le visage de celle qui portait le message le plus significatif d'espoir pour son esprit de père impatient, Marcus se hâta de chercher le magistrat dès que l'heure serait propice, pour ne pas devenir un visiteur importun et déranger l'hôte avant l'heure.

Ainsi, au moment approprié, Marcus chercha à rencontrer le juge à son bureau, n'ayant pas réussi à le trouver car, en raison des festivités, il avait suspendu le traitement des affaires courantes.

Il ne s'était pas préparé à une telle circonstance. Il avait perdu beaucoup de temps ce matin-là et cela avait été inutile.

Il était déjà tard lorsqu'il arriva à la résidence du juge, se faisant annoncer par les serviteurs de la réception qui le conduisirent dans la salle spacieuse où il devait attendre.

– Cher Marcus, que la déesse Fortuna te couvre de bénédictions et que les bons vents t'aient amené ici, en ce jour de tant de mouvement et de fêtes dans notre vieille ville, – dit Servius, habile dans l'introduction de ses entretiens.

– Que les bons vents nourrissent aussi votre esprit, noble magistrat.

– Viens, assieds-toi, mon ami, – dit Sérvio, désireux de se montrer informel.

– Merci, mon seigneur. Je ne veux pas prendre votre précieux temps de repos, mais étant arrivé hier seulement de voyage, comme nous l'avions convenu avant mon départ, j'espère que la justice pour la mort de Druzila a été effectivement rendue.

– Eh bien, à ce stade, – dit le magistrat, énigmatique, en regardant le soleil se diriger vers le centre du ciel – je pense que les bêtes doivent déjà être nourries...

– Quel soulagement, mon seigneur. Ce n'était pas la vengeance qui prime, mais l'attitude de la servante devait être arrêtée afin qu'elle serve d'exemple aux autres. Il n'aurait pas été juste de laisser impuni ce qui aurait été interprété comme une faiblesse de notre justice, toujours si jalouse de ses devoirs.

– Oui, mon ami, l'exemple est ce qui nous enseigne tous, – commenta le juge, quelque peu philosophique. – Par exemple, un brave homme est venu me voir, se présentant en votre nom, m'apportant une lettre de votre part, me demandant grâce pour Lélia... son nom était... je n'arrive pas à m'en souvenir précisément. – Sérvio faisait semblant de chercher la réaction de Marcus.

– Licinius, n'est-ce pas ?

– C'est bien ça. Le seigneur Licinius est venu ici pour plaider l'innocence de Lélia. Tu étais au courant de cela, Marcus ?

– Eh bien, mon seigneur, Licinius a toujours été un ami avec qui j'ai appris beaucoup de choses, y compris à cultiver la bonté, bien que, dans la fonction que j'occupe, je ne puisse pas la pousser à des conséquences extrêmes.

– Il m'a dit que Druzila s'était suicidée et que Lélia était innocente. Cependant, je lui ai dit, sans révéler ta présence antérieure ici, demandant la condamnation de la servante, que cette version était incohérente et que, s'il n'y avait pas d'autre preuve, la jeune femme serait exécutée dans ces jours de festivités.

– Par Jupiter, monsieur le juge, cela me soulage, car pour moi, il n'y a aucun doute que Lélia est la seule coupable. Heureusement que j'étais ici pour préserver la vérité de sa culpabilité contre les efforts naïfs de la bonté de Licinius... – affirma Marcus, se félicitant de sa conduite.

– Eh bien, mon ami, je pense que cela ne doit pas être vu sous cet angle.

– Que voulez-vous dire ? – demanda Marcus, trouvant la remarque de Sérvio amusante. – La bonté de Licinius vous a-t-elle donné tant de travail, malgré sa correction en tant qu'observateur expérimenté ?

– Non, mon ami, grâce à lui, j'ai pu corriger une grave erreur que nous allions tous commettre, toi y compris.

— Je ne comprends pas, mon seigneur.

— Oui, parce que grâce à Licinius, j'ai pu constater l'innocence de Lélia, qui, à ce stade, doit être libre et heureuse, en train de veiller sur sa propre vie.

— Mais, vous avez dit que la justice avait été exécutée et que les bêtes devaient déjà être nourries. Je ne comprends pas, noble magistrat, – parla le jeune veuf, anxieux et irrité, montrant son inconfort.

— C'est très simple, Marcus. Lélia n'était pas coupable de la mort de Druzila, comme tu insistas à le dire et à le proposer. Si je l'avais condamnée, suivant ta demande insistante, j'aurais commis une erreur dont je ne me serais jamais pardonné, – dit le magistrat, simulant l'honnêteté, bien que souvent corrompu.

Désorienté par l'information, Marcus pâlit soudainement.

Si Lélia n'était pas morte et était considérée comme innocente, peut-être que Licinius avait incriminé Serapis. Cependant, la servante bien-aimée n'avait rien dit concernant une quelconque persécution et l'avait laissée tranquillement dans sa demeure tôt le matin.

Si ce n'était pas Serapis et que lui-même n'était pas sous suspicion, toute personne qui avait été arrêtée à la place de Lélia était innocemment sacrifiée.

— Noble juge, je n'ose contester les décisions sages issues de votre raisonnement compétent. Cependant, pour que Lélia soit mise en liberté, une autre créature a dû être arrêtée et condamnée comme criminelle à sa place, n'est-ce pas ? À la fin, mon honneur et le nom de ma famille ont été bafoués ! – affirma Marcus, dans l'intention de montrer son désir d'en savoir plus, peu importait qui avait été sacrifié pour venger son orgueil.

— Comme je l'ai promis, j'ai été inflexible dans toutes les situations jusqu'à ce que je puisse condamner le coupable et l'amener à la punition pour son arrogance et son ingratitude, mes paroles étaient vraies : à ce stade, les bêtes doivent être rassasiées, autant que ton orgueil familial.

— Qui a donc été condamné ?

— Ton homme de confiance, mon cher Marcus.

Pris par une furieuse indignation, le jeune homme se leva et demanda :

— Quoi ? J'ai cherché à ce qu'une criminelle soit condamnée et sa stupidité a condamné mon administrateur de confiance ? L'unique véritable ami que j'ai ?

— Calme-toi, mon bon ami, car la jeunesse de ton esprit doit encore mûrir dans la détermination de ceux qui, effectivement, doivent être considérés comme de véritables amis.

L'avertissement de Sérvio aida Marcus à se contrôler encore un peu, restant silencieux, comme s'il attendait des explications plus claires.

— Regarde ici le document incriminant que j'ai pris soin d'apporter chez moi afin de te le présenter le jour où il serait opportun d'expliquer à quel point les choses de la justice peuvent être capricieuses.

Et en disant cela, il tendit à Marcus un parchemin bien rédigé, dans lequel Licinius révélait l'auteur du crime, la manière dont il s'y était pris, l'utilisation du poison, la poursuite de Druzila, l'amour pour Serapis, la grossesse de la servante qu'il assumait comme sa responsabilité, l'accusation fausse du crime contre la servante Lélia.

Tout était là, avec une clarté et une logique que personne, à moins de le connaître personnellement, ne pouvait nier.

Voyant l'état d'insatisfaction du jeune homme, Sérvio lui remit d'autres documents révélant sa prudence en écoutant Lélia personnellement, confirmant tous les faits, sans avoir eu de contact avec Licinius, ainsi que la diligence qu'il avait ordonnée de mener à bien dans la demeure de Serapis, constatant son état avancé de grossesse.

Tout cela était plus cohérent que l'accusation portée contre la servante qui, désormais, avec le témoignage véridique de Licinius, ne pouvait plus être considérée coupable du crime, puisque le document de confession, corroboré par toutes les autres preuves et indices, réglait l'affaire en désignant Licinius comme coupable et Lélia comme innocente.

Voyant qu'il n'y avait aucune façon de nier les raisons des arguments que les documents attestaient, froids, Marcus se leva, exaspéré, et dit :

— Seigneur, je vous remercie beaucoup pour votre insistance à rechercher la vérité, mais en suivant le destin que vous avez choisi, je suis certain que votre prudence et votre expérience accuseront un innocent au lieu d'un coupable.

— Je pense que mon jugement en tant que magistrat est plus clair que le vôtre en matière de justice, mon jeune ami. Et à ce sujet, pour une question de conscience, je souhaite vous rendre le cadeau que votre générosité a fait parvenir entre mes mains, dans l'intention de me séduire et de me faire évaluer la situation, ce qui m'a presque conduit à l'erreur.

Voici les précieux biens avec lesquels votre générosité et votre empressement ont tenté de m'inciter au crime d'exécuter une innocente.

Bien que je l'aie considéré coupable en raison de la confession libre qu'il a faite, la position de Licinius m'a rempli d'une étrange lucidité qui m'a fait répugner à mes décisions erronées, même mentales, concernant les autres. Après l'avoir condamné en raison de la force des preuves, une période de profondes réflexions s'est ouverte pour moi sur moi-même et sur le monde dans lequel nous vivons, fruit de nos manières malsaines et intéressées. En outre, le seigneur Licinius s'est déclaré chrétien, et c'est au nom de cette croyance qu'il se présentait également pour suivre le sacrifice qui attend tous ceux qui se déclarent contre nos traditions. Mais grâce à sa foi, la lumière du courage et de la rectitude de la conscience l'imposait à assumer ce crime afin qu'une innocente ne meure pas à sa place, le véritable coupable selon ses propres paroles.

Donne l'ordre à un serviteur qui portait plusieurs objets dans ses mains de les apporter à Marcus, lui disant calmement :

– Ces objets sont la démonstration de tout cela. La valeur de Licinius m'a aidé à affronter mes propres responsabilités, endormies par la vie quotidienne avec la perversion des coutumes, l'intérêt des puissants et les influences des maîtres intéressés, toujours assoiffés du sang des innocents pour apaiser leurs propres culpabilités.

C'est pourquoi, je vous serais reconnaissant de vous considérer désormais comme "persona non grata" dans cette maison et que cette quasi-tragédie vous serve de réflexion sur la folie de vouloir forcer le destin à suivre le cours de nos désirs et de nos points de vue.

Que vous continuiez à acheter d'autres magistrats, cela ne m'étonne pas dans l'environnement dans lequel nous vivons. Cependant, j'espère que vous saurez que je ne suis plus à vendre, comme je l'étais auparavant, sans pour autant réprimander ceux qui se vendent, mais plutôt le moment où ils se réveilleront face à la responsabilité de ce qu'ils font.

En disant cela avec hauteur et noblesse, sans humilier l'invité avec l'agressivité et l'arrogance issues d'une fausse vertu, Sérvio se leva et demanda au serviteur de montrer à Marcus le chemin de la rue. Celui-ci, recueillant les cadeaux qui lui avaient été rendus, sortit, abasourdi et confus, sans savoir que faire.

Il n'était pas encore capable de comprendre le sens de la bonté et du sacrifice par idéal que Licinius était désormais capable de vivre au quotidien, servant même à modifier les décisions du magistrat lui-même, qui se vendait selon les intérêts des plus puissants de son époque.

Marcus devait faire quelque chose pour son ami. Qui sait si Licinius était encore en vie ?

Il ordonna à ses serviteurs de prendre la direction des portes du colisée, où la foule s'agita depuis le matin, dans le spectacle sanglant du jour de l'inauguration des festivités.

En enquêtant sur le responsable des exécutions, en utilisant son influence, il fut conduit jusqu'au fonctionnaire occupé, à qui il demanda :

– Les condamnés ont-ils déjà été exécutés ?

– Certains d'entre eux l'ont déjà été, seigneur.

– Où sont les prisonniers condamnés pour être chrétiens ?

– Ils sont dans les sous-sols, pour être amenés à l'arène à l'heure précise.

– Est-ce qu'il en reste un en vie ?

– Oui, mon seigneur. Par ordre supérieur, les plus forts seront consumés ce soir, sur le poteau incandescent, afin d'éclairer l'arène.

– Alors, je vous donne cette bourse d'argent si vous me conduisez là où ils sont maintenant.

Voyant le poids de la récompense, bien qu'il fût contre les ordres généraux, le centurion responsable de la prison lui dit de le suivre dans les sous-sols et lui permettrait d'être présent pendant quelques minutes seulement, sous peine de compromettre cette pratique illégale.

Ainsi, ils se mirent en route. Marcus suivit les indications du soldat, et après de nombreuses allées et venues dans les labyrinthes du colisée, dont le spectacle continuait sans interruption, ils arrivèrent devant la porte lourde où se rassemblaient les condamnés.

La lumière vacillante d'une torche éclaira l'intérieur, faisant cesser les murmures des prières, laissant place aux deux hommes.

– Pour lequel des condamnés vous intéressez-vous, seigneur ?

– Un nommé Licinius...

LA FORCE DE LA BONTÉ

– Que Licinius se présente, vite ! – cria le soldat, énergiquement, en tenant fermement son épée.

Il ne tarda pas à ce qu'un homme affaibli et en haillons se lève et vienne vers lui.

– Vous avez cinq minutes seulement, – dit le soldat en fermant bruyamment la porte.

Marcus n'en croyait pas ses yeux. Là se tenait son seul ami, celui qui était son confident et son fidèle serviteur.

En le voyant ainsi, Marcus ne put contenir les larmes de douleur.

– Licinius, que s'est-il passé, mon ami ? – dit Marcus, en l'embrassant, ce qui fut réciproqué avec affection et tendresse.

– Mon cher ami, comme Dieu est bon de m'accorder ce moment de joie de retrouver l'unique être véritablement aimé de mon cœur. Je n'aurais pas voulu mourir sans pouvoir te revoir.

– Mais comment en es-tu arrivé là ? Je n'y ai pas cru lorsque Sérvio, ce juge vénal et corrompu, m'a montré ta confession. Je pensais que c'était un mensonge bien monté pour sauver Lélia...

– Non, Marcus. Comme je te l'ai promis, tout ce que je pouvais faire pour sauver une innocente, je l'ai fait, mais les autorités semblaient délibérément opposées à mon intention. Peu importe les portes que j'ai frappées, il semblait qu'une force démoniaque contraire à mon désir de sauver s'était anticipée et m'empêchait de concrétiser mon souhait de libérer celle qui n'avait rien à se reprocher.

Marcus pleurait en constatant que cette force démoniaque était lui-même, qui voulait que les choses se passent selon ses intérêts personnels et sa vision limitée des choses.

– Ainsi, comme le juge Sérvio m'a dit que ce n'est qu'avec des preuves convaincantes qu'il changerait d'avis, j'ai été contraint de révéler les faits de la manière dont je l'ai fait, de façon à ce que la jeune femme ne soit plus soumise aux châtiments et violences d'une prison injuste.

– Mais ainsi, c'est toi qui vas mourir, un autre innocent, Licinius ! – affirma Marcus, angoissé.

– Mais de cette manière, ce ne sont ni toi ni Serapis ni ton fils qui mourrez, Marcus, mon ami.

Inspiré par Zacharie, Licinius poursuivit :

LA FORCE DE LA BONTÉ

– Jésus de Nazareth, le prophète à qui je me consacre par amour et par choix, nous a enseigné un jour qu'il n'y a pas de plus grand amour que celui qui donne sa propre vie pour ses amis.

Voici mon cadeau pour toi, pour Serapis et pour ton fils, Marcus. Pour tout ce que je dois à tes parents, à toi-même, je déclare que mon amour fraternel se réjouit d'offrir ma vie pour ceux que j'aime. Là où je serai, je chercherai à t'envelopper, mon ami, de douces vibrations d'amour.

Se sentant honteux de sa propre méchanceté, devant une si grande démonstration de bonté et de force, Marcus lui confia, amèrement :

– C'est moi qui ai ignoré tes efforts, mon ami. J'ai rendu visite aux juges et aux autorités pour empêcher que Lélia soit libérée. Si tu es ici aujourd'hui, c'est de ma faute, car si je n'avais pas fait cela, ils auraient fini par concevoir le suicide de Druzila et auraient libéré la servante. Mais je voulais la garder captive et favoriser sa mort, parce que je craignais que mon bonheur avec Serapis soit menacé par sa présence inopportune.

– Ne pense pas à cela maintenant, mon ami, dit Licinius doucement, s'efforçant d'alléger la conscience de Marcus. Je suis ici avec la joie de ceux qui arrivent au moment du témoignage de leur propre foi. Et si je peux te demander quelque chose, je souhaite qu'un jour tu puisses étudier cette doctrine d'élévation, d'amour et de bonté si différente de notre religion arrogante et indifférente. Ce n'est que par sa véritable compréhension que tu allégeras les angoisses et les douleurs les plus profondes qui nous attendent, à nous, les humains imparfaits et misérables. Cherche, dans les œuvres du Panthéon, un homme nommé Décio et présente-toi à lui en mon nom. Envoie-lui une affectueuse poignée de main de gratitude et dis-lui qu'à travers tous les enseignements que j'ai reçus de ses lèvres, j'ai trouvé la force d'être ici, aujourd'hui, témoignant de ma foi, en chemin vers la rencontre avec Jésus.

Il t'enseignera ce qu'il m'a enseigné et te fera comprendre ce que cela signifie donner sa vie pour ses amis, comme preuve du plus grand Amour qui soit.

En mon souvenir, ne poursuis pas Lélia, qui, j'en suis sûr, est totalement innocente de toute faute. Prends soin de Serapis dans ses besoins et l'immaturité de son âme, mais ne cesse pas de chercher Décio, qui t'enseignera ce qu'il faut pour affronter les épreuves du chemin. Sois un bon père, malgré toutes les circonstances de lutte, et fais toujours le

LA FORCE DE LA BONTÉ

Bien, afin que le Bien façonne la bonté dans ton cœur. Là, tu trouveras la force de tout surmonter et de tout vaincre.

À cet instant, alors que les larmes de Marcus l'empêchaient de parler, des coups forts à la porte signalèrent la fin de la rencontre.

S'efforçant de dire quelque chose, Marcus affirma :

– Mais, ce n'est pas juste que tu périsses comme une torche vivante au milieu des loups de la malice, comme on va le faire ce soir avec vous tous, Licinius !

– Mieux vaut mourir en devenant une lumière pour les autres, Marcus, que vivre dans les ténèbres sans se voir soi-même. Que Jésus te protège toujours, mon ami.

La porte s'ouvrit et Marcus dut se retirer, non sans avoir embrassé les mains sales et fines de Licinius, qui, également ému, retournait parmi ses frères de misère pour continuer ses prières, prenant soin de ne pas leur annoncer le destin de la nuit, afin de ne pas augmenter leur peur.

Dehors, Marcus, vaincu par sa propre méchanceté, se laissait conduire par les larmes qu'il s'efforçait de retenir pour ne pas paraître un homme sans dignité, dans cette société d'apparences et de mensonges.

Il quitta cet endroit en éprouvant du dégoût pour tout, y compris pour lui-même.

Maintenant, il ne lui restait plus qu'à retourner chez lui où sa maîtresse l'attendait pour l'accouchement qui se profilait.

Il pensait retourner au colisée cette nuit-là pour assister au spectacle de l'exécution de Licinius, comme une forme de châtiment envers lui-même. Tels étaient ses seuls projets pour ce qui semblait être son retour à la patrie de la joie et du bonheur dans cette Rome de désillusions et de tragédies.

44.
LA FORCE DE LA BONTÉ

Contredisant tous les appels de Serapis, qui ne se résignait pas à ne pas avoir près de lui le jeune homme qu'elle voulait tant contrôler, Marcus, déterminé, se présenta, dans la nuit, au spectacle infernal.

L'arène était pleine de poteaux sur lesquels étaient attachés divers chrétiens, dans certains cas jusqu'à trois ou quatre sur chaque structure, entourés de tas de bois sec, de troncs tordus, de paille et de tout ce qui pouvait s'enflammer avec éclat.

La foule attendait le début du spectacle et, en attendant, Marcus s'efforçait de s'approcher des différents poteaux pour identifier la position dans laquelle Licinius serait attaché.

Il ne tarda pas à repérer, même à une distance raisonnable, l'administrateur, malgré son état émacié et faible, repéré par son ami depuis les tribunes bondées.

Les organisateurs du spectacle cherchaient à obtenir les effets les plus excitants, raison pour laquelle ils avaient prévu d'illuminer les luttes de cette nuit-là avec les condamnés servant de torches vivantes.

Le colisée était aussi sombre que possible, surtout dans sa zone centrale, où seule une faible lumière permettait à peine de distinguer les silhouettes. Malgré cela, Marcus réussit à trouver son ami et se posta aussi près que possible de ce cadre qui s'illuminerait à mesure que les flammes crépitantes l'embrasseraient.

La plupart des condamnés chrétiens avaient le cœur oppressé, mais la foi en Jésus soutenait leurs sentiments. Tous portaient leurs vêtements pauvres couverts de suie pour qu'ils soient incinérés vivants.

Les autres condamnés, qui ne possédaient que les anciens dieux comme soutien, n'avaient véritablement rien.

Ils criaient désespérément, vociféraient des mots vils, promettaient de la vengeance, vomissaient des injures, demandaient grâce, dénonçaient les comportements illégaux des autorités respectées, maudissaient cette génération indigne, donnant libre cours à leur désespoir avant même que les tas de bois ne soient allumés.

LA FORCE DE LA BONTÉ

Dans le monde spirituel, le spectacle de ces héros du christianisme qui avançait enveloppait tous dans une atmosphère lumineuse.

De la même manière qu'au Circus Maximus, lors de l'exécution de Jean de Cleofas, Livia et Lucilio, le plan spirituel était là, revêtant toute la structure du gigantesque théâtre Flavien d'une couverture magnétique qui lui prêtait une forme singulière, si l'on l'observait depuis le plan éthéré.

Cela ressemblait à un immense récipient couvert d'un couvercle cristallin, lié aux plans supérieurs par un faisceau lumineux d'énergie, servant de soutien divin à tout ce qui se passait ces jours-là avec des centaines de personnes.

Le soutien invisible ne se limitait pas à ceux qui allaient être victimes des bêtes ou du feu, dans le témoignage de la foi ou dans la condamnation pour crimes communs.

L'aide des cieux n'arrivait pas seulement à ceux qui étaient exécutés pour telle ou telle raison, mais s'étendait sur toute la foule ignorante, perdue dans son illusion de pouvoir et de plaisir, de fantasme et de joie, d'excès et de divertissement.

De plus, cette aide ne se limitait pas aux incarnés qui se pressaient là, car le nombre d'esprits dans le besoin et en déséquilibre était considérablement plus grand.

Avec cette structure magnétique, l'Amour cherchait à s'occuper de tous les nécessiteux qui, tyrans, victimes ou spectateurs, étaient des êtres en chemin vers l'évolution.

D'immenses rangées d'esprits lumineux se rendaient dans cet environnement pour offrir protection et éveiller ceux qui permettaient d'être touchés par la compassion.

Surtout à ce moment-là, des entités nobles s'approchaient du lieu pour recueillir les courageux chrétiens, parmi lesquels Licinius, les dirigeant vers les plans de beauté et de paix que le Maître avait promis à ses fidèles jusqu'à la fin.

Pour ceux qui s'étaient efforcés de passer par la porte étroite, les bénédictions du Royaume des Cieux les attendaient.

Au poteau où l'administrateur serait attaché, des entités généreuses et amies qui avaient déjà traversé l'épreuve de tout donner, jusqu'à leur propre corps charnel, pour les autres, se liaient.

LA FORCE DE LA BONTÉ

Zacharie, Cleofas, Livia, Siméon, Étienne l'enveloppaient, tandis qu'innombrables disciples directs du Divin Maître se retrouvaient liés au groupe des souffrants, organisant le secours.

En tant que leader des chrétiens qui donnaient leur vie là même, dans cette Rome, autrefois, Simon Pierre était parmi ceux qui se donnaient le plus pour soutenir les désespérés.

Au point qu'au centre de l'arène, il se tenait debout, à la fois majestueux et humble, en prière pour Jésus en ce moment tragique où de nombreuses âmes succomberaient et d'autres se comprommettraient dans l'erreur.

Le spectacle était prêt à commencer.

Marcus souffrait de la conscience du mal qu'il avait fait et qu'il n'arrivait pas à pardonner.

Des soldats ironiques et indifférents surgissaient d'une ouverture dans le sol, portant de petites torches dans leurs mains, se plaçant au pied de chaque mât qui serait enflammé.

Stimuler par le mouvement, la foule exulta en montrant une soif anxieuse de sang et d'agonie.

Le conducteur des festivités ordonna que la musique bruyante annonce le début de la célébration et, avec des cris stridents, il rendit hommage à la grandeur de Rome et des dieux qui la soutenaient, tandis que le public présent saluait la sagesse de César, ce Adrien absent de la ville qui, avec son esprit cosmopolite, réprouverait probablement ce spectacle dantesque, devant le supporter pendant que, dans l'intervalle, le peuple réclamait son besoin d'émotion.

Les gens s'agitaient et les victimes, de plus en plus terrifiées, commençaient à crier, à pleurer bruyamment, à se désespérer face à l'approche de la douleur imminente.

À ce moment-là, les chrétiens qui s'étaient réunis plus tôt dans les cachots tentaient de regarder le ciel étoilé, dans l'espoir de discerner Jésus, dans l'espoir ferme qu'ils nourrissaient.

Sachant que le moment était venu, Zacharie, Cleofas, Siméon et Livia s'approchèrent de Licinius en prière de joie pour la victoire de cet ancien soldat valeureux, de cet homme, Lucilio, qui avait aidé à protéger la vie de Pilate, de celui qui avait soutenu la tâche de Zacharie dans le passé, qui avait été capturé dans les catacombes sous l'empereur Néron, qui avait été dévoré par les lions lors de la même cérémonie où Livia avait

LA FORCE DE LA BONTÉ

été tuée, et où Jean de Cleofas, le prédicateur intrépide, avait succombé par Amour pour la cause du Maître.

Là se trouvait celui qui, désormais, ne serait pas victime du hasard, d'être au mauvais endroit au mauvais moment. Maintenant, il était là, en sacrifice pour la vie des autres, dans la démonstration du véritable Amour et de la Bonté qui fortifie celui qui les cultive.

Les esprits amis formèrent autour de lui un cercle de forces spirituelles afin qu'il ne manque ni courage ni détermination dans ce douloureux moment de son témoignage, accepté par le Christ comme preuve de sa compréhension du message libérateur.

Une grande auréole éclatante entoura sa position dans l'arène, annonçant au monde spirituel qu'un combattant dévoué du Bien, exerçant la Véritable Bonté, se trouvait là.

Au son des trompettes de guerre, les soldats s'approchèrent des monticules de bois, également trempés de liquide inflammable.

Cependant, avant que les flammes ne soient attisées par la force du vent qui balayait l'atmosphère, Cleofas et Zacharie s'approchèrent de Licinius et, intuitivement, invitèrent le héroïque serviteur du Maître :

– Licinius, voici ta grande occasion. Viens, mon fils, chante fort, chante haut, ta voix sera le soutien des plus faibles et le message pour les fous qui entendent et voient cette tragédie, disait Zacharie, doucement.

– C'est ça, Licinius, chante comme nous chantions cet après-midi dans l'arène du cirque. Souviens-toi, mon frère. Ta voix sera le trophée de la Bonté qui se lèvera dans cet environnement que le temps finira par détruire et ronger.

Inspiré par l'intuition claire qui lui venait à cet instant décisif de son témoignage personnel, Licinius commença à chanter le cantique que les chrétiens entonnaient lors de leurs rencontres.

Sa voix prit de la vigueur au contact des énergies spirituelles qui l'entouraient et, sans comprendre comment cela se produisait, les autres chrétiens qui l'écoutaient, eux aussi synchronisés dans la même bande fluide, l'accompagnèrent dans le chant, remplissant l'air de cette mélodie modeste et simple qui parlait de la grandeur de Jésus, de sa Bonté et de son désir de mourir pour ses amis, comme preuve du plus grand Amour qui soit.

Ces strophes chantées par ceux qui allaient être martyrisés imposèrent un moment de doute parmi les soldats eux-mêmes qui, prêts à

LA FORCE DE LA BONTÉ

enflammer les bûchers, s'arrêtèrent, fascinés par cette démonstration singulière d'un courage inédit et incompris.

Impressionnés par cet exemple de courage doux, certains soldats se retrouvaient confus et, face à la voix qui se répandait dans l'arène, réduisant au silence même les membres du public, les forces spirituelles se rapprochaient des cœurs adoucis ou émus, confus ou impressionnés, et leur inspiraient des pensées de noblesse, devant les exemples de noblesse qu'ils étaient en train de voir.

Comme un cantique final des condamnés, la voix de tous, parmi lesquels celle de Licinius se distinguait, parvint aux oreilles de Marcus et, à cet instant, la douleur morale de son esprit devint insupportable.

Les vers parlaient de la beauté de l'Amour de celui qui donne tout, même sa propre vie, pour ses amis. La preuve d'une fidélité absolue qui ne se lie pas aux conventions du monde, aux obligations de la famille, mais seulement à la sincère dévotion d'un être envers un autre.

Marcus entendait cela comme des épines qui lui pénétraient le cœur.

Voyant l'atmosphère de l'endroit, qui impressionnait les spectateurs, l'organisateur renforça l'appel des clairons et l'ordre fut obéi par les soldats, qui enflammèrent les foyers des piédestaux.

Les flammes montèrent, brisant la magie de cet instant d'élévation.

Les cris d'euphorie de la foule halluciné se firent entendre et les gémissements et grimaces de plusieurs des condamnés témoignaient de la douleur qu'ils ressentaient en ce moment extrême. L'odeur de la chair brûlée se répandit, blessant les narines, et la fumée du bitume donna un aspect brumeux à l'événement, tandis que toutes les tribunes s'illuminaient, tandis que sur l'arène, la lumière devenait plus éclatante.

Marcus cria le nom de Licinius et lui demanda pardon, au milieu de la foule excitée et euphorique, sans se soucier de qui pouvait entendre sa confession douloureuse au pied du poteau de martyr de son ami.

Licinius avait déjà été retiré de là par la force généreuse de la bonté qu'il avait semée dans le cœur de ses amis invisibles.

Pendant ce temps, dans le plan spirituel, Zacharie savait la douleur de ce Marcus, le même Sávio qui avait servi dans la garde choisie par le centurion Lucilio pour l'escorte de Pilate et qui avait accepté de continuer la tâche de l'empoisonner en exil sous le commandement de cette Fúlvia d'autrefois et de Serapis d'aujourd'hui.

Oui, ce Marcus était Sávio qui, après avoir été empoisonné par sa cruelle amante Fúlvia, avait été recueilli par Zacharie, le cordonnier qui avait ingéré le poison qu'il avait lui-même destiné à Pilate.

Là se trouvait Sávio, soumis à la bonté de Zacharie, qui, dans le plan spirituel, avait servi de soutien dans la modeste cabane située à l'orée de la caverne qui abritait l'esprit d'un Pilate suicidé et d'une Fúlvia pervertie, tous deux torturés par un Sulpice cruel et vengeur.

Sachant l'importance de ce repentir, Zacharie conduisit l'esprit de Licinius, l'ancien Lucilio, jusqu'à son ami agonisant.

Étendant les mains en direction de Marcus, Zacharie dit à celui qui venait de perdre sa vie physique :

– Lucilio, mon fils, si Jésus nous attend, il est aussi vrai que le désenchantement attend notre cher Marcus, qui t'aime tant, malgré ce qu'il est. Embrasse-le, mon fils, avant que nous partions.

Comprenant la nécessité de son ami face aux conseils de Zacharie, Licinius/Lucilio s'approcha de Marcus/Sávio et l'enlaça de ses bras spirituels, lui déposant ensuite un baiser sur le cœur, ce qui ressemblait davantage à une flèche lumineuse pénétrant les fibres musculaires éteintes de cet organe qui n'avait pas encore été, jusqu'alors, frappé si durement au cours de ces brèves heures depuis son retour à Rome. Puis il murmura à ses oreilles spirituelles :

– Marcus, sois toujours bon. Je serai à tes côtés, mon ami, et je prierai Jésus pour toi !

Marcus sentit intérieurement l'affection de Licinius et, dans un élan irraisonné, il se sentit en colère contre tout ce qu'il voyait. Contre cette société cruelle et lâche qui tuait les gens sans pitié, contre les juges, qu'un peu d'or ou de faveurs pouvaient corrompre, contre les dieux qui, du haut de leurs niches, se battaient pour dominer dans la cruauté et l'indifférence.

Dans un élan, il pensa à Serapis, qui l'attendait pour lui donner l'enfant tant espéré.

Ses forces furent canalisées pour chercher une issue.

Il perçut aussi qu'un nombre significatif de personnes, tout comme lui, quittait les lieux, impressionnées et repoussées par les scènes cruelles qu'elles avaient été témoins.

Il sortit du colisée et se dirigea vers la maison comme si son corps pesait une tonne et était sculpté dans du plomb. Il se rappelait les conversations avec Licinius, les enseignements qu'il en avait reçus, les exemples de bonté qu'il avait appris par sa conduite douce et compréhensive, les décharges et confessions de ses défauts et faiblesses aux oreilles attentives et compatissantes de celui qui, maintenant, n'existait plus parmi les vivants en chair et en os.

Il ne remarqua pas qu'il était déjà arrivé, transporté par le bras de solides serviteurs qui portaient la litière dans les rues tortueuses.

À l'intérieur de la maison, un mouvement intense démontrait qu'il se passait quelque chose de différent dans les deux plans de la vie, quelque chose qui agitait les gens et faisait travailler attentivement les esprits, parmi lesquels Livia, Siméon, Abigail et Cleofas, qui étaient venus là avec Zacharie et Licinius, ce dernier ayant été retiré du corps physique après les derniers témoignages de foi.

– Seigneur, seigneur, nous l'avons cherché partout et n'avons pas pu le trouver. Nous savions qu'il était à l'événement, mais il n'a pas été possible de le localiser à temps.

– Oui, femme, que s'est-il passé ? – demanda Marcus, désespéré, comme s'il était brusquement tiré de l'état de torpeur dans lequel la mort de Licinius l'avait plongé.

– Serapis est en travail, et il semble que ce soit un accouchement difficile et délicat.

En réalité, Serapis souffrait beaucoup en émettant des cris, bien qu'étouffés par le tissu qu'il mordait pour soulager la douleur.

Il ne fallut pas longtemps avant que les vagissements d'un bébé se fassent entendre dans l'atmosphère.

Cependant, Marcus ne se permit pas d'entrer dans la chambre avant que les personnes qui y étaient pour assister Serapis ne lui en donnent l'autorisation, compte tenu des difficultés de la parturiente.

Le temps passait lentement et, après de longs instants de silence, un autre cri d'enfant se fit entendre.

— Comment est-ce possible, est-ce que le bébé pleure encore ?

Pendant ce temps, ses interrogations furent vite répondues par l'une des femmes qui sortit de la chambre, souriant victorieusement. C'était la sage-femme qu'il avait engagée pour assister à l'accouchement.

— C'est un garçon ? – demanda Marcus, anxieux.

– Non, mon seigneur, répondit la femme en souriant, ce sont des garçons…

— Que voulez-vous dire ? – dit-il, presque en sursaut.

– Vous êtes père de jumeaux, monsieur Marcus. Dès que les enfants seront propres, vous les aurez dans vos bras.

Marcus n'en revenait pas de joie.

Finalement, il avait été béni par les dieux, non pas avec un, mais avec deux garçons.

Un instant, il oublia les tragédies du colisée et se concentra uniquement sur l'avenir de sa famille.

– Et, Serapis, est-il bien ? – demanda-t-il, préoccupé par la femme aimée.

– Oui, très fatiguée par l'effort, mais rien qu'une journée de repos rigoureux ne puisse réparer.

– Merci, Diana, voici ta récompense pour tout, ayant tout bien tourné comme je l'espérais – dit le père, euphorique, en passant à ses mains encore couvertes de sang, la bourse de pièces de monnaie avec laquelle il rémunérait les services de la sage-femme qui, après s'être lavé les mains et s'être recomposée, quitta la maison afin que Marcus ait de la vie privée avec les enfants et la femme aimée.

Le même Sávio et la même Fúlvia qui avaient tenté de tuer Pilate, maintenant se joignaient pour lui redonner la vie, tout comme à l'autre qui avait également été son amant et qui l'avait servi dans les intérêts de détruire l'union de Livia et Publius en tant que Lictor, le fonctionnaire fidèle de l'ex-gouverneur romain en Palestine, Sulpicius.

Tous deux, fidèles aux crimes et aux désordres, étaient conduits vers la vie physique en tant que frères, enfants de l'amante d'autrefois qui, après les avoir longtemps utilisés pour ses intérêts et conspirations, les recevait maintenant pour le long chemin de la rémission collective.

Marcus ne le savait pas encore, mais cette nuit-là, il serait confronté à un autre choc, aussi cruel ou plus que la perte de Licinius.

La douce joie de la paternité serait assombrie par la découverte que ses deux enfants souffraient de graves déficiences physiques.

Sulpicius avait les deux bras nettement déformés. Les mêmes bras qu'il avait utilisés dans le passé pour blesser, tuer, flageller, humilier, étaient maintenant presque amputés de son corps charnel. Ce n'étaient que de petits appendices déformés.

En même temps, Pilate se présentait au monde avec des orbites oculaires sans vigueur, donnant l'impression que la nature avait oublié de produire les organes visuels nécessaires à une vie normale, en plus du fait que, héritier de lui-même, depuis sa naissance, le ventre de l'enfant restait blessé, à la hauteur de l'union du cordon ombilical, à cause du suicide commis dans le passé, ce qui rendait la région ventrale vulnérable, favorisant la prolifération de bactéries, qui s'installaient là où le fœtus recevait auparavant la nourriture maternelle avant sa naissance, infectant et maintenant une fistule douloureuse dans le corps de l'enfant aveugle.

Marcus et Serapis seraient les parents de deux créatures considérées comme monstrueuses dans leur corps, dans cette société aux préjugés et vices moraux, qui cachait sa monstruosité sous des tuniques brillantes, des palais de marbre et des larmes cachées.

La douleur de ceux qui persistaient dans les erreurs de la malice était en train de venir chercher le prix de leur pratique, tandis que ceux qui avaient appris la force de la Bonté étaient là, lumineux et libres des tissus du mal et de la souffrance, en compagnie des amis bienveillants et d'autres martyrs qui fertilisaient le sol de la Terre, au centre du monde, avec l'exemple du courage qui affronte les flammes des adversités avec le chant de la Foi vivante, de la confiance en Dieu et de la certitude que l'Amour triomphe toujours sur la haine, la Bonté sur le mal.

Zacharie et Lucilio continuaient, accomplissant la demande de Jésus, de soutenir Pilate à toutes les étapes de son parcours, ainsi que ceux qui échouaient avec lui.

Ainsi, chers lecteurs, le geste simple qui transmet force et espoir aux cœurs abattus, aux estomacs affamés, aux malades souffrants, représentera le carburant de la bonté qui les renforcera dans l'heure difficile de leur propre témoignage.

La Bonté est une force dévastatrice, heureuse esclave de l'Amour, tandis que la larme est l'effet nuisible de l'égoïsme.

Il est vrai que nous manquons de poursuivre la démonstration des effets, dont les causes ont été semées par Pilate, Sulpicius, Fúlvia.

Sávio, Aurelia et d'autres personnages que vous connaissez déjà de notre précédent "L'Amour ne t'oublie jamais."

LA FORCE DE LA BONTÉ

De la même manière, il sera nécessaire de mieux connaître la figure de Cláudio Rufus, Lélia, Décio, ainsi que d'approfondir le récit sur Serapis, Marcus et les deux enfants, Pilate et Sulpicius réincarnés, parmi d'autres personnages qui n'affecteront guère le parcours des personnages de ce "La Force de la Bonté."

Cependant, ne perdez pas votre temps à attendre simplement la suite du récit de leurs chemins tortueux.

Des deux histoires, brille le message de Jésus, renforçant ceux qui savent aimer et ceux qui se consacrent à la Bonté.

Acceptez l'invitation et entreprenez cette lutte qui transformera votre vie et celle de votre famille.

Ces lignes qui se terminent ici, temporairement, sont cette demande sincère.

Vous êtes capable de comprendre la véritable signification du Bien, et dans la force de sa pratique, vous trouverez le soutien nécessaire pour vaincre vos propres obstacles, l'aide invisible qui est toujours disponible pour ceux qui acceptent de transformer l'orgueil, l'égoïsme, la vanité, l'ambition, la cupidité, la luxure, en engrais pour la naissance de l'arbre fruitier et fécond.

Pensez-y. Les plantes enracinent leurs racines dans le fumier et produisent des fruits sucrés et des fleurs parfumées.

Faites de même. Laissez vos défauts et erreurs être simplement le fertilisant pour que vos idéaux de Bonté fructifient et parfument la Terre et la Vie elle-même.

La Bonté est la force de la Vie, l'usine qui illuminera le Royaume de Dieu qui sera implanté dans le sein de l'humanité, avec votre aide.

"Que votre lumière brille ! Que la paix soit avec vous !"

Pour vous, mon frère/sœur d'humanité, avec beaucoup d'affection,

Lucius (26/01/2004)

LA FORCE DE LA BONTÉ
Sous les mains de la miséricorde

  Clôturant la trilogie entamée par le roman L'Amour Ne T'Oublie Jamais et La Force de la Bonté, le prochain roman de Lucius, Sous les Mains de la Miséricorde, présente au lecteur, avec des traits vifs et émouvants, la compréhension du mécanisme de la compassion par lequel le Créateur guide l'évolution des créatures, cherchant toujours à les soutenir, comme Il l'a fait avec Pilate, Sulpicius, Fúlvia, Sávio, à travers les cœurs généreux de Zacharie, Livia, Siméon, Cléophas, Licinius, Décio, entre autres.

  Désormais, Marcus/Sávio récoltera l'expérience douloureuse qui pourrait lui permettre une évolution plus rapide ou, au contraire, le conduire à contracter de nouvelles dettes.

  Il est veuf, et rien ne l'empêche de prendre Serapis pour épouse. Sa fille Lucia est très attachée à l'ancienne servante de son palais, aujourd'hui mère de ses deux fils. Sa richesse lui permet de vivre dans le faste, et cette amante, devenue mère de ses enfants, est la femme qu'il a toujours désirée.

  Dans cette œuvre, cependant, cher lecteur, chère lectrice, vous pourrez entrevoir que l'amour continue de ne pas oublier les affligés, et que ce n'est qu'avec la force de la véritable bonté que nous pourrons réunir les conditions nécessaires pour nous relever devant l'aube de nos fautes et affronter le Soleil éclatant de la Miséricorde, apportant l'aurore d'un horizon de beautés et de bonheurs immortels, non seulement pour nous, mais pour tous nos frères et sœurs de la Terre.

Les plus grands succès de Zibia Gasparetto

L'auteur, qui a vendu plus de 20 millions de titres, a contribué au renforcement de la littérature spiritualiste sur le marché de l'édition et à la popularisation de la spiritualité. En savoir plus sur les succès de l'auteur.

Romances dictées par l'esprit Lucius

La Fuerza de la Vida
La Verdad de cada uno
La vida sabe lo que hace
Ella confió en la vida
Entre el Amor y la Guerra
Esmeralda
Espinas del Tiempo
Lazos Eternos
Nada es por Casualidad
Nadie es de Nadie
El Abogado de Dios
El Mañana a Dios pertenece
El Amor Venció
Encuentro Inesperado
Al borde del destino
El Astuto
El Morro de las Ilusiones
¿Dónde está Teresa?
Por las puertas del Corazón
Cuando la Vida escoge
Cuando llega la Hora

LA FORCE DE LA BONTÉ
Cuando es necesario volver
Abriéndose para la Vida
Sin miedo de vivir
Solo el amor lo consigue
Todos Somos Inocentes
Todo tiene su precio
Todo valió la pena
Un amor de verdad
Venciendo el pasado

LA FORCE DE LA BONTÉ
Livres d'Eliana Machado Coelho et Schellida

Corazones sin Destino
El Brillo de la Verdad
El Derecho de Ser Feliz
El Retorno
En el Silencio de las Pasiones
Fuerza para Recomenzar
La Certeza de la Victoria
La Conquista de la Paz
Lecciones que la Vida Ofrece
Más Fuerte que Nunca
Sin Reglas para Amar
Un Diario en el Tiempo
Un Motivo para Vivir

Eliana Machado Coelho et Schellida, des romances qui captivent, enseignent, émeuvent et et qui peuvent changer votre vie !

LA FORCE DE LA BONTÉ

Romances d'Arandi Gomes Texeira et le Conde J.W. Rochester

El Condado de Lancaster
El Poder del Amor
El Proceso
La Pulsera de Cleopatra
La Reencarnación de una Reina
Ustedes son dioses

Livres de Vera Kryzhanovskaia et JW Rochester

La Venganza del Judío
La Monja de los Casamientos
La Hija del Hechicero
La Flor del Pantano
La Ira Divina
La Leyenda del Castillo de Montignoso
La Muerte del Planeta
La Noche de San Bartolomé
La Venganza del Judío
Bienaventurados los pobres de espíritu

LA FORCE DE LA BONTÉ
Cobra Capela
Dolores
Trilogía del Reino de las Sombras
De los Cielos a la Tierra
Episodios de la Vida de Tiberius
Hechizo Infernal
Herculanum
En la Frontera
Naema, la Bruja
En el Castillo de Escocia (Trilogia 2)
Nueva Era
El Elixir de la larga vida
El Faraón Mernephtah
Los Legisladores
Los Magos
El Terrible Fantasma
El Paraíso sin Adán
Romance de una Reina
Luminarias Checas
Narraciones Ocultas
La Monja de los Casamientos

LA FORCE DE LA BONTÉ

Livres de Mónica de Castro et Leonel

A Pesar de Todo
Con el Amor no se Juega
De Frente con la Verdad
De Todo mi Ser
Deseo
El Precio de Ser Diferente
Gemelas
Giselle, La Amante del Inquisidor
Greta
Hasta que la Vida los Separe
Impulsos del Corazón
Jurema de la Selva
La Actriz
La Fuerza del Destino
Recuerdos que el Viento Trae
Secretos del Alma
Sintiendo en la Propia Piel

World Spiritist Institute

www.ingramcontent.com/pod-product-compliance
Lightning Source LLC
LaVergne TN
LVHW041737060526
838201LV00046B/843